Katrin Berty

Kollokationen als Problemgrößen der Her-Übersetzung

Empirische Untersuchungen syntagmatischer Übersetzungseinheiten zur Herleitung allgemeiner wie sprachspezifischer Übersetzungsstrategien

Heidelberger Studien
zur Übersetzungswissenschaft

Joachim Kornelius, Jekatherina Lebedewa (Hg.)

Band 25

Katrin Berty

Kollokationen als Problemgrößen der Her-Übersetzung

Empirische Untersuchungen syntagmatischer Übersetzungseinheiten zur Herleitung allgemeiner wie sprachspezifischer Übersetzungsstrategien

WVT Wissenschaftlicher Verlag Trier

Berty, Katrin: Kollokationen als Problemgrößen der Her-Übersetzung.
Empirische Untersuchungen syntagmatischer Übersetzungseinheiten zur Herleitung allgemeiner wie sprachspezifischer Übersetzungsstrategien / Katrin Berty. -
Trier: WVT Wissenschaftlicher Verlag Trier, 2017
(Heidelberger Studien zur Übersetzungswissenschaft; 25)
Zugl.: Ruprecht-Karls-Univ. Heidelberg, Diss., 2016
ISBN 978-3-86821-717-9

Umschlaggestaltung: Brigitta Disseldorf

ISBN 978-3-86821-717-9

WVT Wissenschaftlicher Verlag Trier
Bergstraße 27, 54295 Trier
Postfach 4005, 54230 Trier
Tel.: (0651) 41503 / 9943344, Fax: 41504
Internet: http://www.wvttrier.de
E-Mail: wvt@wvttrier.de

Vorbemerkung und Dank

Bei dieser Arbeit handelt es sich um eine für den Druck adaptierte Fassung meiner 2016 an der Neuphilologischen Fakultät der Universität Heidelberg verteidigten Dissertation. Betreut wurde mein Dissertationsprojekt von Herrn Prof. Dr. Joachim Kornelius, dem ich zutiefst zu Dank verpflichtet bin für die immerwährende fachliche und auch moralische Unterstützung, und vor allem für seine Menschlichkeit und Nachsicht. Danken möchte ich auch Frau Prof. Dr. Jekatherina Lebedewa für die Übernahme des Zweitgutachtens und die Unterstützung meines Promotionsverfahrens, und Herrn Dr. Frank J. Harslem für die konstruktiv-kritische Lektüre einer ersten Fassung der Arbeit. Nicht-akademischer Dank gebührt meinen Freunden und meiner Familie für ihre Ermunterung, Bestärkung und Rücksichtnahme, allen voran David.

Dir!!
Alles Liebe
Heidelberg, Okt. '17

Inhaltsverzeichnis

1 Gegenstand und Zielsetzung

Als interkulturelles und zwischensprachliches Handeln gewährleistet das Übersetzen die Verständigung zwischen dem Sender eines in schriftlicher Form vorliegenden ausgangssprachigen Textes und einem zielsprachigen Empfänger.[1] In der so genannten Hin-Übersetzung ist dabei die Ausgangssprache die Mutter- oder Erstsprache und die Zielsprache die Fremdsprache des Übersetzers. In der Her-Übersetzung ist die Ausgangssprache die Fremdsprache des Übersetzers und die Zielsprache die Muttersprache. Wissenschaftliche Auseinandersetzungen mit dem Übersetzen fragen übergeordnet danach, was *beim* Übersetzen und *durch* das Übersetzen mit dem Text, der Sprache und mit der Kommunikation an sich passiert, welchen Einfluss der Übersetzer darauf hat und wodurch dieser Einfluss bedingt ist. Zu den grundsätzlichen Einwirkungen auf die Handlungsabläufe des Übersetzungsprozesses und auf die Beschaffenheit des Übersetzungsprodukts, d.h. des Zieltextes, zählen zum einen die inhaltliche und formale Gestalt des Ausgangstextes, dessen Sender- und Empfängerpragmatik, die Vorgaben des Übersetzungsauftrags und damit verbunden das Profil des Zieltextempfängers. Zum anderen steht die Übersetzung in einer Linie mit den Kenntnissen und Fähigkeiten des Übersetzers, mit seinem Sprach- und Sachwissen und seinem professionellen Erfahrungshorizont.

Ein Text wird beim Übersetzen in der Regel als Ganzes betrachtet, doch zeigen Beobachtungen aus der Übersetzungslehre und -praxis, dass der Übersetzer den Ausgangstext im Hinblick auf die Produktion des Zieltextes rezipiert und ihn dabei in "übersetzbare" Segmente zerlegt. Dabei sind aus übersetzungswissenschaftlicher Perspektive jene Größen von besonderem Interesse, die an der Schnittstelle zwischen Sprachsystem und Sprachverwendung liegen. In dieser Arbeit wird daher das Phänomen des gebundenen Wortgebrauchs und seiner Einheiten in der Übersetzung aus der Fremd- in die Muttersprache beleuchtet. Dieser Wortgebrauch ergibt sich aus der sich wiederholenden, üblichen Kombination von Wörtern zu syntagmatischen Einheiten, mit denen Personen, Gegenstände, Sachverhalte oder Handlungen versprachlicht werden. Er spiegelt somit die wortkombinatorischen Normen einer Einzelsprache wider, die mit Coseriu (1952ff.) nicht als Regelwerk für die Sprachverwendung zu verstehen sind, sondern als die Ergebnisse einer von der Sprachgemeinschaft getroffenen Auswahl aus den Möglichkeiten des Sprachsystems.

Die Einheiten des gebundenen Wortgebrauchs konkretisieren sich als "Kollokationen". Diese sind als sprachliche Größen unterhalb der Satzgrenze vergleichsweise stabil und ein fester Bestandteil der Alltags- und auch der Fachkommunikation. Zwar bestehen sie nicht zwingend aus zwei Wörtern, doch stets zwei Komponenten, die mit Hausmann (1979ff.) als "Basis" und dem "Kollokator" bezeichnet werden können. Die Basis-Komponente ist das im Sprachkontrast invariable Element der Kollokation, der Kollokator variiert mit der Einzelsprache: Das *Haar* wird im Deutschen *schütter* oder

---

1 Personenbezeichnungen schließen in dieser Arbeit beide Geschlechter mit ein, werden jedoch aus Gründen der Lesbarkeit stets in der maskulinen Form gebraucht.

licht, das *hair* im Englischen *sparse* (*spärlich/ *dürftig/ dünn), die *cheveux* im Französischen *clairsemés* (*spärlich/ *verstreut/ *vereinzelt) und das *pelo* im Spanischen *ralo* (*spärlich/ *fadenscheinig/ dünn).[2] Die Kollokation ist Ausdruck der einzelsprachlichen und kulturellen Gebrauchsnormen und sie tritt in der Sprachverwendung statistisch nachweisbar wiederholt auf. Daher verfügt sie über den für den gebundenen Wortgebrauch typischen Wiedererkennungswert innerhalb des Sprachgebrauchs einer Sprachgemeinschaft. Das Augenmerk des (Fremd-)sprachenanwenders wie auch des Übersetzers wird jedoch häufig erst über den Sprachkontrast auf die Kollokation gelenkt.

Der Übersetzer arbeitet mit der Kollokation als normtypischer und im alltäglichen Sprachgebrauch üblicher Wortverbindung in Texten eines breiten Textsortenspektrums auf der Ebene der *parole* der Ausgangs- und gleichzeitig der Zielsprache. Daher stellt nicht nur die einzelsprachliche und kulturelle Prägung der Kollokation eine besondere Herausforderung dar, sondern auch ihre doppelte Ko- und Kontextgebundenheit. Der Umgang mit der Kollokation in der Übersetzung wird zudem dadurch erschwert, dass der gebundene Wortgebrauch eine Vielfalt von Verbindungen umfasst und die Kollokationsmöglichkeiten einzelner Wörter vor allem dem angehenden Übersetzer unüberschaubar erscheinen mögen. Kollokationen können im Kontext des Übersetzens folglich grundsätzlich als sprachliche Regel- und gleichzeitig als Problemgrößen gelten.

In universitären Lehrveranstaltungen zur Her-Übersetzung von gemein- und fachsprachlichen Texten wurde beobachtet, dass die Kollokation des Ausgangstextes in den deutschen Zieltexten nicht immer als solche wiedergegeben wird. Die anekdotische Evidenz führt zur Annahme, dass kollokative Strukturen bei der Übertragung in den Zieltext zumindest teilweise eingeebnet werden. Gleichzeitig wurde vermehrt eine Unsicherheit der angehenden Übersetzer im Umgang mit Kollokationen auch bei der Produktion von Zieltexten in ihrer Muttersprache Deutsch bemerkt. Diese Unsicherheit äußert sich zum einen in Fragen und Kommentaren der Studierenden wie etwa "*Pläne aufstellen...* sagt man das im Deutschen normalerweise so?" Zum anderen wird sie daran ersichtlich, dass es in den Zieltexten zum Teil lineare Kombinationen von Wörtern gibt, die zwar nach dem syntaktischen Muster einer Kollokation gebildet sind, deren lexikalisches Erscheinungsbild jedoch nicht dem "Normalen" entspricht.

Eine derartige Kombination von Wörtern im Satz oder Text ist dabei nicht von vornherein als "Fehler" zu verstehen, sondern als Einheit, die von den Normen des Sprachgebrauchs abweicht und dadurch "auffällt". Weder gefährdet diese Einheit die Rezeption des Textes bzw. die Kommunikation unmittelbar noch wird sie von jedem

---

2 Beispiele sind kapitelweise nummeriert und jeweils graphisch hervorgehoben. Beispiele aus den erhobenen Daten sind durch Anführungszeichen markiert, alle anderen Beispiele sind kursiv gesetzt; in letzteren weisen vorangestellte Asterisken auf die Unüblichkeit einer Wortkombination hin. Grundsätzlich sind in Beispielen die Komponenten von Kollokationen und freien Wortverbindungen in ihrer grammatischen Grundform dargestellt.

Textempfänger ähnlich negativ bewertet wie ein Verstoß gegen grammatische Regeln. Allerdings bleiben Abweichungen von den wortkombinatorischen Gebrauchsnormen auch nicht ohne Konsequenzen. In der mündlichen Kommunikation und gerade in weniger formellen Gesprächssituationen werden sie weniger bemerkt als in Texten, die in schriftlicher Form vorliegen. Im Kontext des professionellen Übersetzens können Formulierungen, die vom üblichen Wortgebrauch abweichen, noch einmal eine ganz andere Relevanz haben. Der Übersetzer ist bei der Produktion des Zieltextes nicht nur dem Autor des Ausgangstextes verpflichtet, sondern in der Praxis stets auch seinem Auftraggeber und dem Empfänger seiner Übersetzung. Hinzu kommt, dass die Formulierungen des Übersetzers einem kritischen Lektorat standhalten müssen. In der Folge verringert eine Nicht-Beachtung der syntagmatischen Vereinbarkeit zweier oder mehrerer Wörter zum einen das Kollokationspotential des Zieltextes, das dessen sprachliche Verdichtung bzw. stilistische Aufwertung bewirkt. Zum anderen wirkt sich eine Verletzung der Kollokabilität im Zieltext dahingehend zu Ungunsten des Übersetzers aus, dass die wortkombinatorischen bzw. verallgemeinert die sprachlich-stilistischen Erwartungen des Empfängers an "einen" Text nicht erfüllt werden. Dabei ist zwar sicherlich je nach Sorte und Funktion des Textes, nach der Form, in der er vorliegt und nach dem Medium, über das er gesendet wird, zu unterscheiden, doch ist die übersetzerische Qualität des Zieltextes, die in erster Linie für eine "reibungslose" Kommunikation zwischen ausgangssprachigem Sender und zielsprachigem Empfänger steht, gemindert.

Andererseits stellt eine "Gebrauchsauffälligkeit" (Elspaß 1998, vgl. hierzu Kapitel 6.5.2) nicht nur eine Abweichung von den Gebrauchsnormen dar. Sie kann überdies gleichzeitig eine kreative, innovative Übersetzungslösung sein, in Fällen, in denen der Ausgangstext dies erfordert, etwa weil die Ausgangseinheit ebenfalls eine begründbare Abweichung von den Normen darstellt. Sprachnormen und sprachliche Kreativität und Innovation schließen sich daher nicht von vorherein aus, sondern wirken zusammen.

Vor diesem Hintergrund und anknüpfend an die übergeordnete Fragestellung der Übersetzungswissenschaft wird die Stabilität der Kollokation in der Her-Übersetzung als syntagmatischer Übersetzungseinheit untersucht. Die "Übersetzungseinheit Kollokation" wird dabei grundsätzlich als ein aus zwei Einheiten zusammengesetztes Ganzes betrachtet: der Einheit des Ausgangstextes in Form einer Kollokation und der zugehörigen Einheit im Zieltext. Der Untersuchung vorangestellt wird zum einen die Frage, was beim Übersetzen und durch das Übersetzen mit der Kollokation eines fremdsprachigen Ausgangstextes geschieht und inwiefern dies im Zusammenhang mit den Eigenschaften der Kollokation als Übersetzungseinheit steht. Der zweite Fokus der Untersuchung liegt auf den gebrauchsauffälligen Zieleinheiten. Überprüft werden soll, ob es sich hierbei um Ausnahmen in einzelnen Zieltexten handelt oder ob diese regelmäßig auftreten. Die Frage nach dem Zustandekommen der wortkombinatorischen Gebrauchsauffälligkeiten wird dabei in Bezug auf die Eigenschaften der Kollokation als Übersetzungseinheit gestellt. Von Interesse sind bei alldem überdies der

Einfluss der Sprache des Ausgangstextes und die Bedeutung des Erfahrungsstands der angehenden Übersetzer.

Zur ersten Klärung dieser Fragen werden Lernerkorpora untersucht, die sich aus Her-Übersetzungen von Studierenden des Übersetzens und der Übersetzungswissenschaft zu Ausgangstexten des Englischen, des Spanischen und des Französischen und damit der Sprachen zusammensetzen, die im Übersetzungskontext am häufigsten mit dem Deutschen kombiniert werden. Über die Analyse ausgewählter syntagmatischer Übersetzungseinheiten sollen Tendenzen, Gemeinsamkeiten und Unterschiede im Übersetzen von Kollokationen aus der Fremd- in die Muttersprache aufgezeigt werden.

Mit dem Schwerpunkt auf der Her-Übersetzung wird der Blickwinkel geändert: Kollokationen werden in der Regel mit dem Wortschatzlernen oder der Textproduktion in der *Fremdsprache* in Verbindung gebracht. Davon zeugen nicht nur zahlreiche Untersuchungen der Kollokationsforschung, sondern auch deren lexikographische Ergebnisse: Kollokations- und Kombinationswörterbücher richten sich zumeist explizit an den Fremdsprachenlerner, nicht jedoch an den Muttersprachler. Auch in den bisherigen übersetzungsbezogenen Untersuchungen werden Kollokationen in erster Linie als Problemgröße der Produktion des fremdsprachigen Zieltextes in der Hin-Übersetzung betrachtet. Dabei scheint die Verschiebung des Fokus' auf die Her-Übersetzung vor allem angesichts der berufspraktischen Relevanz des Übersetzens in die Muttersprache berechtigt. Dabei gilt erstens auch für die Her-Übersetzung, dass der Übersetzer mit dem Phänomen des gebundenen Wortgebrauchs und seinen häufig unscheinbaren Einheiten in weitaus größerem Maße konfrontiert ist als mit Idiomen oder geflügelten Worten, die in der Übersetzung wiederholt problematisiert werden. Zweitens reichern u.a. Kollokationen als Einheiten des gebundenen Wortgebrauchs einen Text stilistisch an und tragen zu seiner syntaktisch-semantischen Kohärenz und lexikalischen Kohäsion bei. Drittens haben die unscharfen Grenzen zu den freien Wortverbindungen eine übersetzerische Gratwanderung zur Folge, und viertens bergen Kollokationen aufgrund der übereinzelsprachlich festen Basis-Komponente und des mit der Einzelsprache variierenden Kollokators ein erhöhtes Risiko der Interferenzbildung beim Übersetzen.

Bei alldem steht die Anforderung an den Übersetzer im Vordergrund, sein Produkt unter Berücksichtigung der Kommunikationssituation, der Vorgaben des Übersetzungsauftrags und vor allem der Konventionen der Zielsprache und -kultur anzufertigen. Diese ist im Falle der Her-Übersetzung die Muttersprache, weshalb der Umgang mit den semantischen und syntaktischen Kongruenzregeln und Gebrauchsnormen und den damit verbundenen Bedingungen der Wortkombinatorik im Grunde stillschweigend vorausgesetzt wird. Gleichzeitig sind die an einen vom Muttersprachler professionell übersetzten fremdsprachigen Text geknüpften Qualitätserwartungen besonders hoch.

Die eingangs dargestellten vorempirischen Beobachtungen aus der Übersetzungslehre zeichnen jedoch bezüglich der (zumeist implizit) geforderten Handlungssicherheit im Umgang mit Kollokationen bei der Produktion des muttersprachlichen Zieltextes ein anderes Bild. Daher wäre es ein wünschenswertes Ziel der empirischen Untersuchung, festzustellen, ob der Übertragung von Kollokationen aus der Fremd- in die Muttersprache eine bestimmte Regelhaftigkeit zugrunde liegt, die angehenden Übersetzern zur Orientierung dienen kann und auf deren Grundlage sie nicht-intendierte gebrauchsauffällige Einheiten in ihren Übersetzungsprodukten vermeiden können.

Bearbeitet wird das Forschungsanliegen in drei Teilen. Der erste Teil enthält die theoretischen Grundlagen zur Bearbeitung der Fragestellung: In Kapitel 2 wird das der Arbeit zugrunde liegende Verständnis von der Übersetzung als Prozess und Produkt dargelegt und es werden erste Überlegungen zur Bedeutung des gebundenen Wortgebrauchs in der Übersetzung angestellt. Neben den Konzepten der Hin- und der Her-Übersetzung wird das Übersetzen unter dem Aspekt des zwischensprachlichen Handelns und als kognitiver Prozess betrachtet. In diesem Zusammenhang wird nicht nur das Übersetzen in über- und untergeordneten Einheiten skizziert, sondern es werden auch die Faktoren herausgearbeitet, die den Übersetzungsprozess und das Übersetzungsprodukt bedingen. Damit zusammenhängend wird das Konzept des gebundenen Wortgebrauchs erklärt und seine Einheiten als Problem- und als Regelgrößen der Übersetzung betrachtet. In Kapitel 3 werden die Einheiten des gebundenen Wortgebrauchs als Kollokationen konkretisiert und die Entwicklung einer eigenständigen Kollokationsforschung nachgezeichnet. Beginnend mit der Darstellung der Herausbildung und Festigung des Kollokationsbegriffs im Britischen Kontextualismus wird über verwandte Konzepte aus der Semantik und die phraseologische Perspektive zur anwendungsbezogenen Kollokationsforschung und ihren Erträgen hingearbeitet. Daran anknüpfend erfolgt in Kapitel 4 die Darstellung der Rezeption der Ergebnisse der Kollokationsforschung in der Übersetzungswissenschaft. Auf einen Überblick über bisherige übersetzungswissenschaftliche Arbeiten zu Kollokationen folgt die Entwicklung des der Arbeit zugrunde liegenden Kollokationsbegriffs. Diskutiert werden dabei die syntaktisch-semantische Beziehung und der Kollokationsstärkegrad. Eine erweiterte Typologie der Kollokationen wird hergeleitet und die Kollokation als Einheit des gebundenen Wortgebrauchs im Kontext der Her-Übersetzung verortet. In Kapitel 5 wird die Idee des Übersetzens in Makro- und Mikroeinheiten wieder aufgegriffen, um die Kollokation als Übersetzungs- und Arbeitsgröße im Prozess und im Produkt der Her-Übersetzung zu bestimmen.

Im zweiten Teil der Arbeit wird das Design der empirischen Untersuchung der Fragestellung entworfen und ausgeführt. In Kapitel 6 wird der Aufbau einer empirischen Untersuchung zur Überprüfung der aus den Kapiteln 2 bis 5 hervorgegangenen Annahmen und der vorempirischen Beobachtungen zur Stabilität der Übersetzungseinheit Kollokation, sowie zum Aufzeigen bestimmter Tendenzen, Gemeinsamkeiten und Unterschiede beim Übersetzen von Kollokationen aus der Fremd- in die Muttersprache dargestellt. Die Forschungshypothesen und Leitfragen werden formuliert und die Erhebung und Aufbereitung der syntagmatischen Daten beschrieben. Das für die Untersuchung konzipierte Verfahren zur Analyse der Übersetzungseinheiten und das Verfahren der Datenauswertung und Kategorisierung der Einheiten werden vorgestellt.

Für die syntagmatisch auffälligen Einheiten wird ein Begriff entwickelt und ein Konzept entworfen, um sie erfassen, analysieren und entsprechend einordnen zu können. Die Ausführung der in Kapitel 6 konzipierten Studien erfolgt in den Kapiteln 7, 8 und 9. In Kapitel 7 werden die syntagmatischen Daten der ersten Studie zur Analyse von Übersetzungseinheiten im Lernerkorpus "Angehende Übersetzer I" dargestellt und statistisch ausgewertet. Die Übersetzungseinheiten werden deskriptiv analysiert. Dabei wird je Einheiten-Kategorie die Verteilung der Zieleinheiten auf die Ausgangseinheiten der Studie untersucht, die Variation des Wortlauts der Zieleinheiten ermittelt, die Qualität der Bindung zwischen den Komponenten der Kollokationen und freien Wortverbindungen bestimmt sowie die strukturelle und semantische Äquivalenz zwischen Ausgangs- und Zieleinheit beschrieben. Kapitel 8 enthält entsprechend die Ausführung der zweiten Studie und damit die Auswertung der Daten aus dem Übersetzungskorpus "Angehende Übersetzer II". Dabei ist vor allem zu überprüfen, inwiefern die aus der Analyse der Einheiten der Studie 1 gewonnenen Erkenntnisse gleichermaßen auf die Einheiten der Studie 2 zutreffen. In Kapitel 9 werden die Ergebnisse der beiden Studien vergleichend zusammengeführt.

Der dritte Teil der Arbeit ist dem Transfer der Ergebnisse aus der empirischen Untersuchung gewidmet. In Kapitel 10 werden die Erträge aus dem theoretischen ersten Teil der Arbeit sowie aus der statistischen Auswertung und deskriptiven Analyse der syntagmatischen Übersetzungseinheiten in die Übersetzungspraxis und -lehre übertragen. Strategien für die Her-Übersetzung von Kollokationen werden daraus hergeleitet und in diesem Zusammenhang auch die im ersten Teil der Arbeit entworfenen Konzepte zum Übersetzungsprozess und zur Übersetzungskompetenz wieder aufgegriffen.

2 Übersetzung und gebundener Wortgebrauch

Im Folgenden wird das der Untersuchung zugrunde liegende Verständnis von der Übersetzung als Prozess und als Produkt dargelegt. Auf die Faktoren, die auf den Übersetzungsprozess und das Übersetzungsprodukt einwirken, wird ebenso eingegangen wie auf die Möglichkeit des Übersetzens in Einheiten. Daran anknüpfend werden die ersten Überlegungen zum Übersetzen der Einheiten des gebundenen Wortgebrauchs angestellt.

2.1 Übersetzung als Prozess und Produkt

Übersetzen ist zweckgerichtetes Handeln zur Gewährleistung der Verständigung zwischen dem Sender eines ausgangssprachigen Textes und einem zielsprachigem Empfänger. Das Übersetzen vollzieht sich als komplexer kognitiver Prozess, der zielgerichtet ist und auf den zahlreiche Faktoren von außen einwirken. Das Ergebnis des Prozesses ist ein Produkt, der Zieltext.

2.1.1 Hin-Übersetzung und Her-Übersetzung

Beim Übersetzen wird ein aus der Ausgangskultur (AK) hervorgegangener und in der Ausgangssprache (AS) verfasster Ausgangstext (AT) vom Übersetzer in die Zielsprache (ZS) und, damit zusammenhängend, in die Zielkultur (ZK) überführt. Das angestrebte Ergebnis des Übersetzens ist in der Regel ein funktionskonstanter, am zielsprachigen Empfänger ausgerichteter Zieltext (ZT). Vor allem aus übersetzungspraktischer und übersetzungsdidaktischer Perspektive wird beim Übersetzen zwischen der Hin-Übersetzung und der Her-Übersetzung unterschieden.[3] Bei der Hin-Übersetzung ist die Ausgangssprache die Mutter- oder Erstsprache und die Zielsprache die Fremdsprache des Übersetzers. In der Übersetzungsdidaktik handelt es sich bei der Muttersprache in der Regel um die "A-Sprache", bei der ersten Fremdsprache um die "B-Sprache" und bei der zweiten Fremdsprache um die "C-Sprache" des Übersetzers.

Abbildung (2.1): Hin-Übersetzung

Bei der Her-Übersetzung hingegen wird aus der Fremdsprache, das heißt aus der B-/C-Sprache in die Muttersprache, die A-Sprache übersetzt:

3 Zu den beiden Begriffen vgl. etwa Diller/Kornelius (1978: 97), Krings (1986), Schreiber (1993: 89) und Albrecht (2005: 44f.).

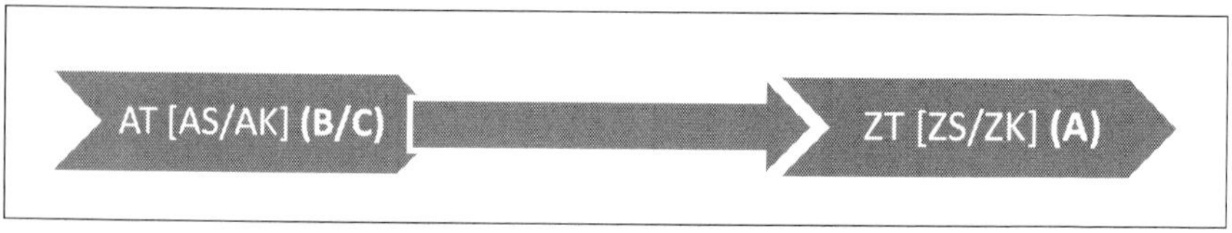

Abbildung (2.2): Her-Übersetzung

2.1.2 Das Übersetzen als zwischensprachliches Handeln und als kognitiver Prozess

Als zwischensprachliches und interkulturelles Handeln vollzieht sich das Übersetzen als kognitiver Prozess, dessen Abläufe in ihrer Komplexität bis heute nicht abschließend geklärt sind. Sowohl aus der empirischen Übersetzungswissenschaft (Krings 1986, Hansen 2006, Orbán 2008) als auch aus der (eigenen) Übersetzungspraxis heraus kann dabei festgestellt werden, dass sich dieser Prozess in drei übergeordneten Phasen vollzieht: der Rezeption des Ausgangstextes, dem Transfer der sprachlichen und kulturellen Informationen des Ausgangstextes in die Zielsprache und -kultur und der Produktion des Zieltextes.

Mit der Modellierung dieses Prozesses in drei Phasen haben sich etwa O. Kade (1981 [1968b]) und E. Nida/Ch. Taber (1969) auseinandergesetzt. In ihren kommunikationstheoretischen Modellen des Übersetzens ist die Berücksichtigung der Doppelfunktion des Übersetzers als Empfänger eines Ausgangstextes und Sender eines Zieltextes zentral. Bei Kade erfordert die jeweils folgende Phase den erfolgreichen Verlauf der vorhergehenden. Die erste Phase besteht aus der Kommunikation zwischen dem Sender des Ausgangstextes und dem Übersetzer in seiner Eigenschaft als Empfänger des Ausgangstextes, der diesen dekodiert. In der zweiten Phase findet der "Kodierungswechsel" von der Ausgangs- in die Zielsprache als Leistung des Übersetzers in seiner Eigenschaft als "Umkodierer" statt. Diese Phase wird als "Umschlüsselung" bezeichnet. In der dritten Phase erfolgt die Kommunikation zwischen dem Übersetzer in seiner Eigenschaft als Sender des Zieltextes und dem Empfänger des Zieltextes. Dies ist die "Realisierung" bzw. Enkodierung des Zieltextes. (Kade 1981 [1968b]: 203f.)

Wie Kade sehen auch Nida/Taber (1969) in der Übersetzung einen Prozess, der sich aus den drei Phasen "analysis", "transfer" und "restructuring" zusammensetzt. In der ersten Phase analysiert der Übersetzer die Oberflächenstruktur des im Ausgangstext Kommunizierten ("message") auf die grammatischen und semantischen Zusammenhänge hin. Während der zweiten Phase überführt der Übersetzer das analysierte "material" von der Ausgangs- in die Zielsprache. In der dritten Phase schließlich wird das transferierte Material aufbereitet, um das im Ausgangstext Kommunizierte in der Zielsprache adäquat abzubilden. (Nida/Taber 1969: 33ff.)

Im Unterschied zu diesen beiden Modellen steht in dem von G. Floros (2003) entworfenen Modell die kognitive Leistung des Übersetzers während des Übersetzungsvorgangs im Vordergrund. Entscheidend an diesem Modell ist, dass die Phasen der Übersetzung nicht voneinander getrennt und konsequent aufeinanderfolgend, sondern "ineinander verflochten" sind, da dies "der realen Übersetzungssituation eher entspricht". Floros stellt sein Modell im Hinblick auf den Umgang mit kulturellen Elementen in der Übersetzung auf. Er sieht in der Transferphase daher in erster Linie den Teil des Übersetzungsprozesses, in dem der Übersetzer vor dem Hintergrund des kontrastiven kulturellen Wissens überlegt, wie die ausgangssprachigen kulturellen Elemente in zielsprachige zu überführen sind. (Floros 2003: 62f.)

2.1.3 Die drei Phasen des Übersetzungsprozesses

Floros' (2003) Ansatz lässt sich von den kulturellen Elementen auf die sprachlichen Erscheinungen übertragen. Dabei wird angenommen, dass die Phasen ineinander übergreifen: Die Rezeption des Ausgangstextes stellt die Grundlage für den Transfer der sprachlichen und kulturellen Informationen in die Zielsprache und -kultur dar; die Transferphase wiederum bedingt die Abläufe in der Produktionsphase und deren Ergebnis, den Zieltext. Die Übergänge zwischen den einzelnen Phasen sind durchlässig und ermöglichen Zirkelbewegungen des Übersetzers, die etwa zu Aktualisierungen ursprünglicher Übersetzungslösungen führen können.

In der Rezeptionsphase des idealtypischen Übersetzungsprozesses steht das Erfassen des Ausgangstextes unter Einbeziehung der Vorgaben des Übersetzungsauftrags und über die Recherche sprachlicher und außersprachlicher Informationen im Vordergrund. Zunächst wird dabei der Text als Ganzes betrachtet, um den situativen Kontext zu bestimmen und die Profile des Verfassers, Senders und Empfängers des Ausgangstextes sowie des Zieltextempfängers zu erfassen. Im Weiteren arbeitet sich der Übersetzer von der Makrostruktur des Textes zur Mikrostruktur vor: Die Makrostruktur des Ausgangstextes wird erschlossen, indem der Text im Anschluss auf Absatz- und Satzebene rezipiert wird. Das Rahmenthema und die Subthemen des Textes, die Entwicklung der Themen innerhalb des Textes, und der Textaufbau werden bestimmt. Thematische Schwierigkeiten, inhaltliche Zusammenhänge sowie eventuelle Unstimmigkeiten werden erkannt und mögliche Probleme antizipiert. Die Rezeption der Mikrostruktur des Ausgangstextes findet vorrangig auf Satz- und Untersatzebene statt. Der Übersetzer erfasst pragmatische, semantische und grammatische Kohärenzen und Kohäsionen und richtet sein Augenmerk auf lexikalische und grammatische Auffälligkeiten, um sprach- und kulturbedingte Übersetzungsprobleme erkennen zu können. Dabei geht er semasiologisch vor, das heißt von der Form zum Inhalt sprachlicher Einheiten.[4]

---

4 Zum semasiologischen (*top-down*) und onomasiologischen Vorgehen (*bottom-up*) beim Übersetzen vgl. z.B. Wilss (1992: 20f.). Das Dekodieren von syntagmatischen Segmenten des Ausgangstextes kann mit Diller/Kornelius (1978) und Kimmes (2009) auch als "paradigmatisches" Vorgehen bezeichnet werden. Hierbei steht die Ermittlung unterscheidender semantischer Merkmale der Komponenten des Wortgefüges im Vordergrund. Mit Hilfe der semantischen Komponentenanalyse wird die Bedeutung des Segments des Ausgangstextes nach dem Ausschlussverfahren – welche seiner vielen Bedeutungen nimmt das Element des Ausgangstextes in diesem nicht Kontext an? – entschlüsselt (Diller/Kornelius 1978: 36).

In der sich anschließenden Transferphase legt der Übersetzer seine Rahmenstrategie zur Anfertigung der Übersetzung fest, die wiederum die in der Produktionsphase zum Einsatz kommenden Übersetzungsverfahren bedingt. Dabei hat er die Kommunikationssituation, die jeweiligen kulturellen Kontexte und sprachlichen Konventionen sowie die Vorgaben des Übersetzungsauftrags im Blick. Dieser Strategie entsprechend werden die Ergebnisse der Rezeptionsphase auf die Übersetzung übertragen: Das "Gerüst" des Zieltextes wird entworfen und die inhaltlichen und sprachlichen Informationen des Ausgangstextes in die Zielsprache überführt. Für die ermittelten Übersetzungsprobleme werden Lösungsansätze skizziert.

Die Produktionsphase schließlich baut auf den Ergebnissen der Transferphase auf: In einer zur Rezeption des Ausgangstextes umgekehrten Richtung erfolgt die Produktion des Zieltextes von der Mikro- zur Makrostruktur, das heißt vom einzelnen Wort oder der Wortgruppe zum Teilsatz, zum Satz, zum Textabschnitt, zum Text. Dabei geht der Übersetzer onomasiologisch vor. Orientierung bieten das in der Transferphase skizzierte Makrogerüst des Textes und die vorbereiten Lösungen der Übersetzungsprobleme.

Die folgende Skizze soll veranschaulichen, wie die drei Phasen und das semasiologische Vorgehen in der Rezeptionsphase, die Umwandlung der inhaltlichen und sprachlichen Informationen in der Transferphase und das zur Rezeption des Ausgangstextes umgekehrte onomasiologische Vorgehen des Übersetzers in der Produktionsphase im Übersetzungsprozess zusammenwirken.

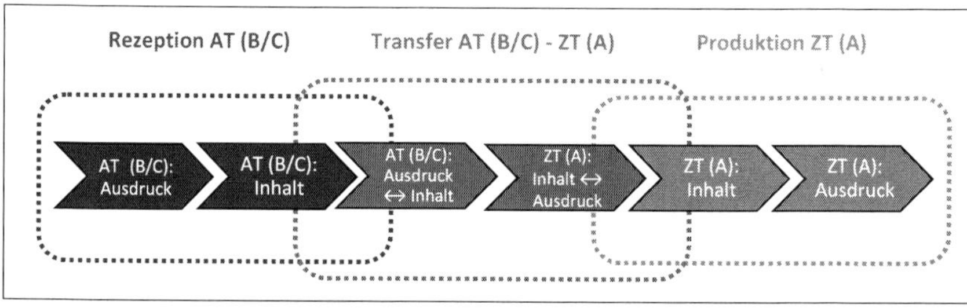

Abbildung (2.3): Die Her-Übersetzung in drei Phasen

Die Durchlässigkeit der Übergänge zwischen den Phasen äußert sich darin, dass der Übersetzer von der Produktionsphase wieder in die Rezeptions- und Transferphase zurückkehrt, um sicherzustellen, dass die semantischen und grammatischen Zusammenhänge des Ausgangstextes im Zieltext korrekt dargestellt sind. Dieses zirkuläre Vorgehen ist vor allem für die Überarbeitung erster Entwürfe des Zieltextes kennzeichnend und findet seinen Abschluss mit der finalen Revision der Übersetzung und Auftragserfüllung.

2.2 Den Prozess und das Produkt bedingende Faktoren

Mehrere Faktoren wirken auf den Übersetzungsprozess ein. Zu ihnen zählen einerseits die inhaltliche und formale Gestalt des Ausgangstextes, pragmatische Aspekte, die mit dem Sender, dem Empfänger, dem Entstehungsort und -zeitpunkt des Ausgangstextes im Zusammenhang stehen, sowie die Vorgaben des Übersetzungsauftrags und damit verbunden das Profil des Empfängers des Zieltextes. Andererseits sind die Abläufe des Übersetzungsprozesses und die Beschaffenheit des Übersetzungsprodukts wesentlich durch die Fähigkeiten des Übersetzers bedingt.

2.2.1 Die Kompetenzen des Übersetzers und die Übersetzungskompetenz

Zu den Kompetenzen, über die ein Übersetzer als Sprach- und Kulturmittler verfügt oder verfügen muss, gibt es zahlreiche Beiträge aus der Übersetzungsdidaktik (z.B. Wilss (1992), Risku (1998), Witte (2000), Nord (2002 und 2004), Kornelius (2004), Nord, Chr. (2010) sowie vor allem Schäffner/Adab (Hg.) (2000) und Fleischmann/ Schmitt/Wotjak (Hg.) (2004)). Ein einheitliches Konzept der Übersetzungskompetenz gibt es dabei zwar nicht, doch wird in der Regel von einem übergeordneten Begriff ausgegangen.

So versteht etwa Chr. Nord (2010) die Übersetzungskompetenz einerseits als eine "Hyper-" oder "Super"-Fertigkeit, als "fünfte Fertigkeit" neben den Sprachfertigkeiten "Sprechen, Schreiben, Hören, Lesen". Vereinfacht sieht Nord in dieser Kompetenz "eine Art, mit Wissen umzugehen, Wissen zur Lösung bestimmter Probleme einzusetzen, und [...] eine Sensibilität, ein 'Gespür' für mögliche Unterschiede im sprachlichen und nicht-sprachlichen Verhalten zweier Kulturen." (Nord 2010: 117ff.)

A. Neubert (2000) differenziert zwischen der Sprachkompetenz, der Textkompetenz, der Fachkompetenz, der Kulturkompetenz und der Transferkompetenz des Übersetzers. Der Transferkompetenz weist Neubert eine zentrale Stellung zu und bezieht sich damit, im Bezug auf die Hin-Übersetzung, auf die "tactics and strategies of converting L1 texts into L2 texts." (Neubert 2000: 7ff.)

Eine Transferkompetenz als Subkompetenz der Übersetzungskompetenz sieht auch A. Beeby, zusätzlich zu einer außersprachlichen Kompetenz, einer kontrastiven Sprachkompetenz und einer kontrastiven Textkompetenz (Beeby 2000: 186ff.)

G. Hansen (2006) arbeitet drei übergreifende Teilkompetenzen der Übersetzungskompetenz heraus, denen sie einerseits "prozedurales Können" und andererseits "angeeignetes Wissen" zuschreibt: erstens eine "übersetzerische Kompetenz", zweitens eine soziale, kulturelle und interkulturelle Kompetenz sowie drittens eine kommunikative Kompetenz, die wiederum in pragmatische und linguistische Kompetenz unterteilt ist (Hansen 2006: 27). Die übersetzerische Kompetenz definiert Hansen als "Fähigkeit, die für den Übersetzungsauftrag relevanten Informationen aus dem AT zu entnehmen und nach Bedarf des ZT-Empfängers im ZT funktionsgerecht wiederzugeben. Außerdem enthält sie das Wissen über verschiedene Übersetzungskonzepte, Übersetzungsmethoden und Übersetzungsstrategien [...] sowie Strategien zur Kontrolle und Bewertung von Übersetzungen [...]" (Hansen 2006: 26). Darüber hinaus zählen für Hansen auch Fähigkeiten zur Übersetzungskompetenz, die zumindest zum Teil durch die Persönlichkeit des Übersetzers bedingt sind, wie etwa sein Einfühlungsvermögen, sein Abstraktions- und Distanzierungsvermögen, seine Präzision und sein Einfallsreichtum (Hansen 2006: 26f.).[5]

Insgesamt lassen die hier skizzierten Begriffsbestimmungen, ebenso wie Beobachtungen aus der eigenen Übersetzungspraxis und -lehre, die Komplexität der Übersetzungskompetenz erkennen. Obschon sich die jeweils vorgenommenen Einteilungen der Übersetzungskompetenz in Subkompetenzen voneinander unterscheiden, zeichnen sich Gruppierungen von Fähigkeiten ab, die sich verallgemeinern und auf den Übersetzungsprozess übertragen lassen, wie im Folgenden dargelegt wird.

2.2.2 Die Übersetzungskompetenz im Übersetzungsprozess

Aus der Übersetzungspraxis und -lehre heraus wird die Übersetzungskompetenz für alle folgenden Ausführungen als übergeordnete Kompetenz definiert, welche die drei Phasen des Übersetzungsprozesses überdacht: Sie äußert sich in einer aufmerksamen Rezeption, einem geschickten Transfer und einer sorgfältigen Produktion.

Dabei beeinflussen das Sprachwissen, das methodische und das metakognitive Wissen des Übersetzers den Übersetzungsprozess und sein Ergebnis in entscheidender Weise.[6] Das *Sprachwissen* des Übersetzers ist zu verstehen als sprachtheoretisches, das heißt linguistisches Wissen einerseits und als differenziertes kontrastives sprachpraktisches Wissen andererseits.[7] Da das Übersetzen eine Form interkulturellen Handelns ist und in diesem Sinne die Kultur immer im Zusammenhang mit der Sprache betrachtet wird, wird das Sprachwissen um das *kulturelle Wissen* ergänzt.

Das *übersetzungsmethodische Wissen* zeigt sich zum einen im Transfer des erworbenen übersetzungswissenschaftlichen und linguistischen Wissens und in der zielgerichteten Anwendung übersetzungsspezifischer Methoden. Zu diesen zählen etwa die übersetzungsrelevante Text- und Satzanalyse, die Konzipierung von Rahmenstrategien für die Übersetzung und der flexible Einsatz von Übersetzungsverfahren. Zum

---

5 Diese Komponenten der Übersetzungskompetenz zeigen sich in einer von Hansen durchgeführten Studie, in der Schreibprozesse des Übersetzens elektronisch aufgezeichnet und in der Retrospektive von den Übersetzern nachverfolgt und kommentiert werden (vgl. Hansen 2006: 63ff., 78 und 169f.).

6 Zu den in der pädagogischen Psychologie unterschiedenen Wissensformen vgl. Ossner (2006: 31ff.).

7 Bezüglich aktivem und passivem Sprachwissen gibt es vermutlich nicht nur Unterschiede je nach Alter und Bildungsstand, sondern auch je nach Mutter- oder Erst-, Zweit- und Fremdsprache und je nach Grad der Beherrschung der jeweiligen Sprache(n). Für Sprachen, die wie im Falle des professionellen Übersetzers auf muttersprachlichem bzw. beinahe muttersprachlichem Niveau beherrscht werden, wird das Sprachwissen deutlich impliziter und automatischer umsetzbar sein als für Sprachen, die zu einem schwächeren Grad beherrscht werden.

anderen äußert es sich im effizienten Einsatz von ausgangs- und zielsprachigen Hilfsmitteln auf dem Weg zur Lösung von Übersetzungsproblemen.

Aus dem übersetzungsmethodischen Wissen ergibt sich das *übersetzungsbezogene metakognitive Wissen*. Es steuert die Reflexion über das übersetzerische Handeln und äußert sich in der *Übersetzungsbewusstheit*. Der Übersetzer ist so in der Lage, ausgangssprachige Texte im Hinblick auf die Kommunikationssituation zu erfassen und zu interpretieren (→ *Rezeptionskompetenz*), die Übertragung ausgangssprachiger Informationen in zielsprachige Informationen zu konzipieren und geeignete Übersetzungsstrategien festzulegen (→ *Transferkompetenz*), und sich schließlich unter der Berücksichtigung der Kommunikationssituation in der Zielsprache verständlich und differenziert auszudrücken (→ *Produktionskompetenz*). Es ergibt sich folgende Darstellung der Übersetzungskompetenz in den drei Phasen des Übersetzungsprozesses:

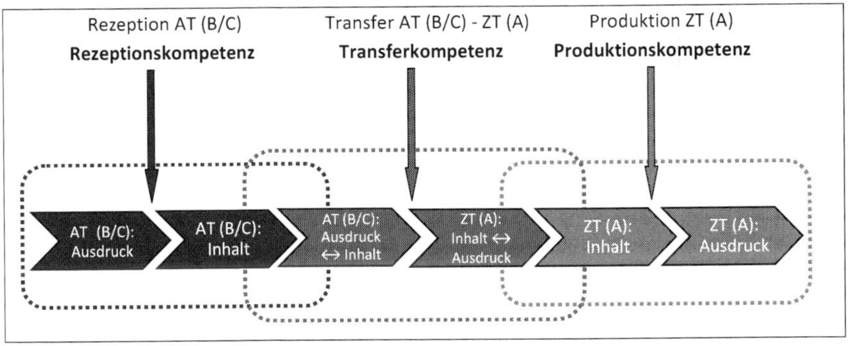

Abbildung (2.4): Die Übersetzungskompetenz in den drei Phasen der Her-Übersetzung

In den Bereich der Rezeptionskompetenz fallen die ausgangssprachliche Kompetenz, die sich auf alle Ebenen der Sprache (System, Norm, Verwendung, vgl. Kapitel 2.3.1) erstreckt, die ausgangskulturelle Kompetenz und das Sach- bzw. Fachwissen. Zur Transferkompetenz können das kontrastive Sprachwissen, das kontrastive Kulturwissen sowie das Übersetzungswissen gezählt werden, das sich in der Wahl geeigneter Übersetzungstechniken zur Umsetzung der Rahmenstrategie für die Übersetzung äußert. Die Produktionskompetenz ist im Wesentlichen durch die zielsprachliche Kompetenz auf der Ebene des Sprachsystems, der Sprachnorm und der Sprachverwendung, durch die zielkulturelle Kompetenz und die übersetzungstechnische Kompetenz zusammengesetzt, die sich in der Ausführung und ggf. Änderung der ausgewählten Übersetzungstechniken zeigt. Phasenübergreifend kommen außerdem die Fähigkeit zu einer effizienten Recherche nach inhaltlichen und sprachlichen Informationen sowie Schlüsselkompetenzen wie Zeit- und Selbstmanagement, Teamwork und Kundenkommunikation hinzu. Überdies sind das Abstraktions- und Distanzierungsvermögen und die Kreativität in diesem Zusammenhang zu nennen (vgl. hierzu u.a. Hansen 2006: 27).

Nicht zuletzt wird die Übersetzungskompetenz durch die fachliche Kompetenz sowie sicherlich auch durch die (Berufs-)erfahrung begünstigt.

Beobachtbar ist die Übersetzungskompetenz sowohl am Übersetzungsprozess als auch am -produkt. Dabei zeigt sich auch, dass das Übersetzen eine sehr individuelle Leistung darstellt. Ersichtlich wird dies an den sprachlichen Variationen verschiedener Übersetzungen eines bestimmten ausgangssprachlichen Textinhalts.[8]

2.2.3 Das Übersetzen von und in Einheiten

Verschiedene Beobachtungen aus der Übersetzungspraxis und -lehre legen nahe, dass der Übersetzer den Ausgangstext im Hinblick auf die Anfertigung der Übersetzung rezipiert und ihn dabei in "übersetzbare" Einheiten zerlegt. Der professionelle Übersetzer arbeitet sich dabei von der Makro- zur Mikrostruktur des Textes vor; der angehende Übersetzer hingegen tendiert vor allem zu Beginn des Studiums dazu, den umgekehrten Weg zu wählen. Es ist daher davon auszugehen, dass der Umfang der Text- und Satzsegmente als übergeordnete Übersetzungseinheiten mit zunehmender Routine im Übersetzen und auch mit dem Fach- und Sprachwissen des Übersetzers größer wird. Grundsätzlich jedoch kann vom Text- zum Wortsegment absteigend zwischen über- und untergeordneten Übersetzungseinheiten unterschieden werden. Da der professionelle Übersetzer einen Ausgangstext mit Blick auf die anzufertigende Übersetzung liest bzw. rezipiert, ist überdies anzunehmen, dass er den Ausgangstext in einer anderen Art und Weise segmentiert als der Laie oder auch der Sprachenlerner, für den das Übersetzen primär einen fremdsprachendidaktischen Zweck erfüllt.

Aus übersetzungspraktischer Perspektive ist hinzuzufügen, dass sich das Übersetzen nicht auf die Übertragung der segmentierten Einheiten des Ausgangstextes beschränkt und diese stückartig zum Zieltext zusammengefügt werden, sondern dass sich der Übersetzer während des Übersetzens horizontal zwischen den Einheiten und vertikal über die Grenzen der Einheiten hinaus in größeren Zusammenhängen bewegen kann (vgl. hierzu auch Korff/Levy 2007: 177).[9]

2.3 Die Einheiten des gebundenen Wortgebrauchs in der Übersetzung

Aus der Perspektive des Übersetzens von untersatzmäßigen Einheiten können auch die Einheiten des gebundenen Wortgebrauchs betrachtet werden. Um ihre Bedeutung in der Übersetzung zu klären, wird im Folgenden zunächst das Konzept der sprachlichen Gebrauchsnormen beleuchtet.

---

8 Vgl. in diesem Zusammenhang etwa den Ausschnitt aus der Gegenüberstellung der in den Studien 1 und 2 analysierten Ausgangs- und Zieltexte in Kapitel 6.5.8.

9 Zum Konzept der "Übersetzungseinheit" vgl. Kapitel 5.

2.3.1 Sprachliche Gebrauchsnormen und gebundener Wortgebrauch

Unter den sprachlichen Gebrauchsnormen können Regeln für den Sprachgebrauch verstanden werden, die von den Sprachnutzern allgemein anerkannt und angewandt werden. Sprachliche Normen können je nach Blickwinkel und Zweck, für den man sie in Betracht zieht, einerseits primär sozialer Natur sein, da sie sich in einer Gemeinschaft von Sprachnutzern herausgebildet haben. Diese Perspektive bietet sich vor allem in Fällen an, in denen die Akzeptabilität sprachlicher Erscheinungen geprüft wird. Im Folgenden soll das Verständnis von sprachlichen Gebrauchsnormen entwickelt werden, das dieser Untersuchung der Kollokation in der Her-Übersetzung zugrunde gelegt wird.[10]

Die Unterscheidung von "System", "Norm" und "Rede": Die Auseinandersetzung mit dem Norm-Phänomen der Sprache ist im Wesentlichen von E. Coseriu geprägt. Coserius Konzeption der Norm entsteht zu Beginn der 1950er Jahre im Rahmen des später verschriftlichten Kongressbeitrags "Sistema, norma y habla" (1952, Centro Lingüístico de Montevideo). In diesem Beitrag diskutiert er Saussures Dichotomie der Sprache und kommt zu dem Schluss, dass diese unzureichend sei: Die Schnittstelle zwischen *langue* und *parole* bleibe unberücksichtigt, obwohl diese einen wesentlichen Teil der Realität der Sprache ausmache. Es gebe Elemente, die sich überindividuell in der Rede finden ließen, die aber klar in die *langue*, das heißt in das System der Möglichkeiten der sprachlichen Realisierung einzuordnen seien. (Coseriu 1973^3: 55)

Diese Elemente sind zum einen "sozial" in dem Sinne, dass sie sich in der Rede einer Sprachgemeinschaft wiederholen und somit als "normal" betrachtet werden können. Zum anderen liefern sie eine Erklärung dafür, weshalb es dem Individuum möglich ist, das soziale Gebilde, das die *langue* auch darstellt,[11] umzusetzen. Für Coseriu sind diese Elemente nicht Teil des "funktionellen Systems" sprachlicher Formen (*sistema funcional*), sondern des "normalen Systems" (*sistema normal*) und werden auf einer Sprachbeschreibungsebene erfasst, die *langue* und *parole* miteinander verbindet: "Die Sprachnorm enthält [...] all das, was in der einer funktionellen Sprache entsprechenden Rede traditionell, allgemein und beständig, wenn auch nicht notwendig funktionell ist, nämlich alles, was man 'so und nicht anders' sagt (und versteht)." (Coseriu 1988: 297; vgl. auch Coseriu 1973^3: 55f.)

---

10 Der hier verwendete Begriff der sprachlichen Gebrauchsnorm ist nicht zu verwechseln mit den übersetzerischen Normen, die sich auf Regelmäßigkeiten im Verhalten des Übersetzers in einem spezifischen soziokulturellen Kontext beziehen und die herausgearbeitet werden, indem man aus Übersetzungen zusammengesetzte Korpora auf wiederkehrende Erscheinungen hin untersucht. In der Übersetzungsforschung geht dieses Konzept der Norm im Wesentlichen auf G. Toury zurück (vgl. Toury 1978ff., außerdem Chesterman 1993, Baker 1998: 163ff. und Shuttleworth/Cowie 1997: 113ff.). Darauf aufbauende Konzepte sind die "laws of how translators translate" (Toury 1995) und die "universals of translation" (Baker 1993), die sich auf statistisch relevante Phänomene in Übersetzungskorpora beziehen.

11 Coseriu sieht in der *langue* Saussures drei verschiedene Konzepte: Sprachbesitz, soziale Institution und funktionelles System (Coseriu 1973^3: 45).

Das Verhältnis zwischen Norm und System kann wie folgt beschrieben werden: Einerseits ist das System umfassender als die Norm, da es "eine offene Technik darstellt, die virtuell auch noch nicht Realisiertes beinhaltet, das aber aufgrund der distinktiven Oppositionen und der Kombinierungsregeln ihres Gebrauchs möglich wäre." (Coseriu 1988: 299). Andererseits geht die Norm über das System hinaus, da sie auch nicht-funktionelle Realisierungen enthält (Coseriu 1988: 298).[12] In diesem Sinne gibt es die Norm in allen Bereichen der Sprache. Zur Veranschaulichung dieses Konzepts im lexikalischen Bereich führt J. Kabatek (www1) das Beispiel "rasierbar" an: "Ein Wort wie 'rasierbar' etwa entspricht einem deutschen Wortbildungsmuster, wahrscheinlich aber nicht der deutschen Norm. Es ist ein vom System her mögliches Wort (und als solches ist es auch virtuell schon existent und wird verstanden), doch ist es im Deutschen nicht üblich, nicht 'normal'."

Norm und Rede stehen ebenfalls in einem wechselseitigen Verhältnis zueinander, wobei vorausgesetzt wird, dass die Rede die gemeinschaftliche Norm *und* das System beinhaltet. Einerseits beeinflusst die Norm die Rede durch die Einschränkung der Möglichkeiten des Systems innerhalb des Rahmens der traditionellen Realisierungen (vgl. auch Coseriu 1973[3]: 98). Andererseits ist die Rede essentiell für die Vermittlung der Norm als jene Realisierungen des Systems, die innerhalb einer Sprachgemeinschaft *üblich* sind.[13]

Sprachliche Gebrauchsnormen: Die Normen des überindividuellen Sprachgebrauchs erstrecken sich auf alle Bereiche der Sprache. Sie dienen den Sprachnutzern zur Orientierung bei der Textproduktion und -rezeption. Dabei beziehen sie sich immer auf einen bestimmten Zustand der Sprache, das heißt auf einen Ausschnitt der Entwicklung der Sprache innerhalb einer Gemeinschaft. Sprachliche Gebrauchsnormen sind anpassungsfähig an neue Gegebenheiten des außersprachlichen Kontextes, d.h. sie können sich verändern.[14] Bei alldem ist zu berücksichtigen, dass von den Gebrauchsnormen der Sprache auch absichtlich abgewichen werden kann, um beim Hörer bzw. Leser eine bestimmte Wirkung zu erzielen (z.B. das gezielte Auslösen von Erstaunen, Neugier, bestimmter Gefühle, das Anregen der Phantasie usw.). Diesem bewussten Spiel mit den Gebrauchsnormen der Sprache begegnet man vor allem in bestimmten Sorten

---

12 Vgl. *sistema funcional* vs. *sistema normal.*

13 Den individuellen Sprachgebrauch schließt das Konzept einer übergeordneten Norm strenggenommen aus. Coseriu führt aus diesem Grund zusätzlich den Begriff der "norma individual" ein und bezeichnet damit den regulären, sich wiederholenden Sprachgebrauch eines Individuums (Coseriu 1973[3]: 96 und 101). Dabei ist jedoch zu bedenken, dass die individuellen Sprachgewohnheiten nicht allgemeingültig sind und somit auch keine normative Kraft haben, weshalb die Bezeichnung "Norm" in diesem Zusammenhang nicht unbedingt passend ist (vgl. auch Bartsch 1987[2]: 72).

14 Hierbei muss jedoch gewährleistet sein, dass die Veränderung, die zunächst eine Abweichung von den (alten) Normen darstellt, von den Mitgliedern einer Sprachgemeinschaft verstanden wird; neue Veränderungen müssen also die Form alter Muster haben (Bartsch 1987[2]: 204).

literarischer Texte (etwa Gedichte) oder auch in Texten mit Appellfunktion (z.B. Werbeslogans). Herausgearbeitet werden können sprachliche Gebrauchsnormen über repräsentative Befragungen unter Mitgliedern einer Sprachgemeinschaft, die allerdings mit einem hohen Zeit- und Arbeitsaufwand verbunden sind. Eine vergleichsweise einfach umzusetzende und zuverlässige Methode stellt die Analyse von Korpora gesprochener und schriftlicher Texte dar.

Wortkombinatorische Normen: Im Universalwörterbuch des Duden-Verlags (2007[6]) etwa wird Sprachnorm definiert als "Gesamtheit der in einer Sprachgemeinschaft (in Bezug auf Rechtschreibung, Aussprache, Grammatik u. Stil) als üblich und richtig festgelegten Regeln." Allerdings sollte stets unterschieden werden zwischen präskriptiven und deskriptiven Normen: Die präskriptiven Normen sind etwa in Grammatiken und Wörterbüchern festgehalten, wohingegen die deskriptiven Normen sich aus empirischen Beobachtungen des Sprachgebrauchs ableiten (vgl. auch Kleppin 1998: 132ff.). In dieser Arbeit werden die sprachlichen Gebrauchsnormen nicht als Regelwerk für die Verwendung der Sprache verstanden, sondern als die Ergebnisse einer Auswahl, die die Sprachnutzer aus den Möglichkeiten des Sprachsystems getroffen haben. Diese in einer Sprachgemeinschaft etablierte Sprachverwendung lässt sich beobachten und beschreiben. Aus der sich wiederholenden und daher üblichen Verwendung bestimmter Verbindungen von Wörtern zu syntaktisch-semantischen Einheiten, um Personen, Gegenstände, Sachverhalte oder Handlungen zu versprachlichen, ergibt sich der die wortkombinatorischen Normen einer Sprache widerspiegelnde "gebundene" Wortgebrauch. Der Begriff findet u.a. in den fremdsprachendidaktischen und metalexikographischen Arbeiten F. J. Hausmanns (1989b ff.) Verwendung und wird für alle folgenden Überlegungen und Analysen übernommen; diese beziehen sich auf das Übersetzen und somit in der Regel auf die Schriftsprache.

2.3.2 Die Einheiten des gebundenen Wortgebrauchs in der Übersetzung

Der gebundene Wortgebrauch zeigt sich in lexikalisch und morphosyntaktisch vergleichsweise stabilen Strukturen unterhalb der Satz- und oberhalb der Ein-Wort-Grenze (Hausmann 1989c: 9). Diese Einheiten haben zwar nicht unbedingt die gleiche Ausdruckskraft wie etwa Sprichwörter oder feste Formeln, zeichnen sich jedoch dadurch aus, dass ihre Komponenten üblicherweise im linearen Verbund miteinander auftreten. Diese von Hausmann (1984: 395ff.) als "Affinität" bezeichnete Bindung zwischen Wörtern in bestimmten Wortkombinationen trägt dazu bei, die syntaktisch-semantische Kohärenz und lexikalische Kohäsion eines Satzes bzw. Textes zu steigern. Zudem verfügen die Einheiten des gebundenen Wortgebrauchs durch ihr frequentes Vorkommen in Texten über einen Wiedererkennungswert in der Sprachverwendung, der mit einer bestimmten Erwartungshaltung des Textempfängers einhergeht.[15] Im

15 Ähnliches stellt auch W. Wilss fest, wenn er von einem "phraseologische[n] Erwartungshorizont des ZT-Lesers" ausgeht (Wilss 1992: 81).

Kontext des Übersetzens können die Einheiten des gebundenen Wortgebrauchs als syntaktisch-semantische Größen im Ausgangs- und im Zieltext betrachtet werden.

Die Einheiten des gebundenen Wortgebrauchs als Problemgrößen: Aufgrund ihrer Sprach- und Kulturabhängigkeit stellen die Einheiten des gebundenen Wortgebrauchs für den Übersetzer eine Herausforderung dar. Im Sprachkontrast wird deutlich, dass eine lexikalische 1:1-Äquivalenz dieser Einheiten in der Ausgangs- und Zielsprache häufig nicht gegeben ist. Die deutsche Adjektiv-Substantiv-Kombination *dünner Kaffee* etwa lautet auf Englisch *weak coffee* (*schwacher* Kaffee), auf Spanisch *café aguado* (*wässriger* Kaffee). Der deutschen Substantiv-Verb-Verbindung *eine Entscheidung treffen* entspricht im Englischen *to make a decision* (eine Entscheidung *machen*) und im Spanischen *tomar una decisión* (eine Entscheidung *nehmen*). Im Deutschen und Englischen ist eine *Stirn niedrig* (*low* forehead), im Spanischen jedoch *estrecha* und damit *eng*.

Eine weitere Schwierigkeit stellen die fließenden Übergänge zwischen "gebundenem" und "freiem" Wortgebrauch dar, aufgrund derer viele Einheiten des gebundenen Wortgebrauchs in der Sprachverwendung "unscheinbar" sind.[16] Häufig werden sie nur dann in das Blickfeld des Übersetzers gerückt, wenn er darauf hingewiesen wird, dass er sie entgegen den Gebrauchsnormen der Zielsprache gebildet und etwa bei der Übersetzung ins Deutsche möglicherweise **Maßnahmen aufgenommen*, einer Sache eine **starke Bedeutung* zugeschrieben oder ein **Konto aufgemacht* hat.

Die Einheiten des gebundenen Wortgebrauchs als Regelgrößen: Die Einheiten des gebundenen Wortgebrauchs sind allerdings in Anbetracht der alltagssprachlichen Realität gleichermaßen Regelgrößen der Übersetzung. Sie begegnen dem Übersetzer in einem breiten Textsortenspektrum und in weitaus größerem Maße als etwa Idiome. Sie sind normtypische Einheiten des Wortschatzes einer Sprachgemeinschaft und daher "übliche" Einheiten der Textrezeption und -produktion auch des Übersetzers. Untersuchungen im Bereich der Leseforschung haben ergeben, dass der Übersetzer länger bei einer Einheit des gebundenen Wortgebrauchs als bei einer freien Kombination verweilt (Grauer 2009: 171f.). Dies kann darauf hindeuten, dass der Übersetzer den syntagmatischen Zusammenhalt der Wortkombination in der Ausgangssprache erkennt und sie in der Übersetzung als Einheit behandelt, vor allem wenn man davon ausgeht, dass der Übersetzer den Ausgangstext immer schon im Hinblick auf die Produktion des Zieltextes rezipiert.

Beim Operieren mit diesen Einheiten muss der Übersetzer die semantischen und syntaktischen Kongruenzregeln, sowie die sprachlichen Gebrauchsnormen und die mit ihnen zusammenhängenden Bedingungen bezüglich der Kombinierbarkeit von Wörtern in der Ausgangs- und in der Zielsprache beachten. Dabei ist zu berücksichtigen, dass der Übersetzer sein Produkt, das heißt seinen Zieltext unter Einbeziehung der Kommunikationssituation, der zielkulturellen und -sprachlichen Konventionen und der Vorgaben des Übersetzungsauftrags anfertigt. Von der Erfüllung dieser Anforderun-

16 Zu den fließenden Übergängen zwischen gebundenem und freiem Wortgebrauch vgl. u.a. Hausmann (1989b: viii).

gen an den Zieltext hängt gleichzeitig die Akzeptanz der Übersetzung seitens des zielsprachigen Empfängers ab. Wird der Übersetzer diesen Anforderungen nicht oder nur teilweise gerecht, ist in bestimmter Weise die Qualität seines Übersetzungsprodukts gemindert.[17] Vor diesem Hintergrund werden in den folgenden Kapiteln die Einheiten des gebundenen Wortgebrauchs, ihre Eigenschaften und ihre Bedeutung in der Übersetzung näher betrachtet.

17 Dabei ist zu bedenken, dass der erfahrene Übersetzer auf der Basis seiner hochentwickelten Sprachkompetenz einen zum Ausgangstext semantisch äquivalenten und nach den sprachlichen und kulturellen Gebrauchsnormen strukturierten und formulierten Zieltext sicher zu erstellen vermag. Der Zieltext des angehenden Übersetzers jedoch kann immer nur als Annäherung an ein in jeglicher Hinsicht qualitativ hochwertiges Übersetzungsprodukt verstanden werden.

3 Kollokationen als Einheiten des gebundenen Wortgebrauchs

Der die wortkombinatorischen Normen einer Sprache widerspiegelnde gebundene Sprachgebrauch realisiert sich in Form von lexikalisch und morphosyntaktisch vergleichsweise stabilen Strukturen unterhalb der Satz- und oberhalb der Ein-Wort-Grenze, den "Kollokationen".[18] Die Bezeichnung Kollokation kann auf das lateinische Verb "collocare" und seine Bedeutung "nebeneinander setzen" zurückgeführt werden (Hausmann 1989b: v). Im Folgenden wird die Herausbildung einer eigenständigen Kollokationsforschung nachgezeichnet. Dabei werden jene Ansätze fokussiert, die für die Rezeption der Kollokationsforschung in der Übersetzungswissenschaft besonders prägend sind. Die übersetzungsbezogene Kollokationsforschung wird in Kapitel 4 dargestellt.

3.1 Die Grundlegung der Kollokationsforschung

3.1.1 Die Kollokation im britischen Kontextualismus

Eine erste systematische theoretische Auseinandersetzung mit der Kollokation ist in den Anfängen des Britischen Kontextualismus zu sehen. Der Britische Kontextualismus bildete sich in den 1950er Jahren aus dem europäischen Strukturalismus heraus. Er wurde von J. R. Firth begründet und zunächst in der so genannten Londoner Schule entwickelt. Die Grundlage von Firths "kontextueller Bedeutungstheorie" (Lyons 1991: 18) stellt seine Zusammenarbeit mit dem Funktionalisten und Sozialanthropologen B. Malinowski dar; Malinowski sah in der Sprache eine Form des gesellschaftlichen Handelns und vertrat die Ansicht, dass die Bedeutung eines sprachlichen Zeichens aus seinem jeweiligen sprachlichen, situativen und kulturellen Kontext hergeleitet werden muss (Albrecht 2000[2]: 83). Der von Malinowski in diesem Zusammenhang geprägte Bedeutungsbegriff wird verstanden als Funktion des Zeichens im sprachlichen und situativen Kontext (Steiner 1983: 91). Von Firth aufgenommen wird dies zu einem der zentralen Konzepte des Britischen Kontextualismus.

Auf dem Bedeutungsbegriff Malinowskis aufbauend arbeitet Firth verschiedene Ebenen der kontextuellen Sprachbeschreibung heraus, wobei die Beschreibung des tatsächlichen Sprachgebrauchs im Vordergrund steht: "Meaning [...] is to be regarded as a complex of contextual relations, and phonetics, grammar, lexicography and semantics each handles its own components of the complex in its appropriate context." (Firth 1968a: 24)

Zudem entwickelt Firth den Struktur- und Systembegriff der Londoner Schule: "Structure consists of elements in interior syntagmatic relation and these elements have their places in an order of mutual expectancy. [...] Systems of commutable terms

18 Zur Festlegung der Kollokation als Einheit des gebundenen Sprach- bzw. Wortgebrauchs siehe auch Hausmann (1989b: viii) und Hausmann (1989c: 9), Kornelius (1995a: 153) sowie Holderbaum/Kornelius (2001: 534).

or units are set up to state the paradigmatic values of the elements." (Firth 1968b: 200) Das System stellt dabei die paradigmatische Dimension des Sprachzeichens dar (*paradigmatic value*) und umfasst die Gesamtheit der Elemente, die dem Sprecher zur Verfügung stehen, wenn er eine kontextadäquate Äußerung formulieren will. Die Struktur besteht aus der vom Sprecher je nach sprachlichem und situativem Kontext gewählten syntagmatischen Aneinanderreihung sprachlicher Einheiten (*syntagmatic relations*). (Palmer 1968a: 7, Steiner 1983: 93, Albrecht 2002^2: 85).

Vor diesem Hintergrund erfolgt die Beschreibung des Sprachgebrauchs auf allen von Firth herausgearbeiteten Ebenen. Auf der phonetischen, morphologischen und syntaktischen sowie lexikalischen Ebene geschieht dies stets vor dem Hintergrund des sprachlichen, auf der semantischen Ebene vor dem Hintergrund des situativen Kontextes, wobei auf allen Ebenen jeweils differenziert wird zwischen dem paradigmatischen Kontext (*system*) und dem syntagmatischen Kontext (*structure*). Diese kontextualistische Sprachbeschreibung bzw. die "Kontextualisierung" ist charakteristisch für die Modelle und Methoden der Firth'schen Schule (Steiner 1983: 94ff.).

Auf der Basis der Betrachtung der Bedeutung sprachlicher Zeichen über ihren sprachlichen und situativen Kontext untersucht und beschreibt Firth in seinem Aufsatz "Modes of Meaning" (Firth 1957b) den Sprachgebrauch in kurzen literarischen Texten unterschiedlicher Genres und unterschiedlicher Autoren und arbeitet dabei bestimmte, auf den Gegebenheiten des Sprachgebrauchs basierende "Muster" heraus, die auf den jeweiligen "Autorenstil" schließen lassen.[19] Vor dem Hintergrund des im Rahmen der kontextuellen Bedeutungstheorie entwickelten System(Paradigmatik)-Struktur(Syntagmatik)-Konzepts führt Firth dabei den Begriff der "collocation" und damit verbunden die Begriffe der "meaning by collocation" und der "collocability" ein (Firth 1957b: 194):

> [Edward Lear's limericks] are so well known that they may serve as an illustration of the phonetic and phonological modes of meaning [...]. Once started on a limerick, there are modal expectancies for the initiated at all these levels, at the grammatical, stilistic, and indeed at a variety of social levels. At this point in my argument, still confining our references to the language of limericks, I propose to bring forward as a technical term, meaning by 'collocation', and to apply the test of 'collocability'. (Firth 1957b: 194)

Unter der Kollokabilität versteht Firth die Möglichkeit von Wörtern, mit bestimmten anderen Wörtern gemeinsam aufzutreten, das heißt eine Verbindung im Sinne einer Kollokation einzugehen, wie etwa "night" und "dark". Die Grenzen der Kollokabilität legt Firth nicht explizit fest. Er unterscheidet aber wohl zwischen üblichen und weniger üblichen Kollokationen: "This kind of study of the distribution of common words may be classified into general or usual collocations and more restricted technical or personal collocations." (Firth 1957b: 195, Beispiel ebd.)

---

19 Ähnlich wie J. R. Firth geht einige Jahre später E. Leisi (vgl. Kapitel 3.1.2) davon aus, dass sich anhand der syntaktisch-semantischen Analyse literarischer Werke über frequente Wortkombinationen individuelle Autorenstile bestimmen lassen (Leisi 1985^2: 204ff.).

Bei der *meaning by collocation* handelt es sich um die Bedeutung, die ein Wort auf syntagmatischer Ebene innerhalb der Kollokation durch das Wort, das mit ihm verbunden wird, das heißt durch seinen syntagmatischen Kontext (→ *structure*) erlangt und die von der konzeptuellen Bedeutung des Wortes abweichen kann:

> Meaning by collocation is an abstraction at the syntagmatic level and is not directly concerned with the conceptual or idea approach to the meaning of words. One of the meanings of *night* is its collocability with *dark,* and of *dark*, of course, collocation with *night*. (Firth 1957b: 195)

Zugleich impliziert diese kollokative Bedeutung auch die Bedeutung, die den Bestandteilen der Wortverbindung durch ihre Substitutionsmöglichkeiten auf paradigmatischer Ebene zukommt (→ *system*):

> The collocability of *lady* is most frequently with *young*, but *person* with either *old* or *young*. In this amusing language [i.e. the language of Edward Lear's limericks] there is no *boy* or *young man* or *woman*, neither are there any plurals for *man*, *person*, or *lady*. (Firth 1957b: 195)

Auf dieser Grundlage arbeitet Firth aus den von ihm untersuchten Texten die "patterns of collocation" heraus, kollokative Muster, die er vor allem in Verbindungen aus zwei in einem Satz nebeneinander gestellten Wörtern erkennt, wie z.B. "dark night, tender love, manly breast" (Firth 1957b: 196f.). Dabei sieht Firth die Anzahl möglicher Kollokationen innerhalb eines syntaktischen Musters als begrenzt:

> One of the meanings of *ass* is its habitual collocation with an immediately preceding *you silly*, and with other phrases of address or of personal reference. [...] There are only limited possibilities of collocation with preceding adjectives, among which the commonest are *silly*, *obstinate*, *stupid*, *awful*, occasionally *egregious*.[20] (Firth 1957b: 195)

Firths vergleichsweise vage Definition der Kollokation im Sinne eines gemeinsamen Vorkommens bzw. einer Zusammengehörigkeit von Wörtern auf der syntagmatischen Ebene steht in Zusammenhang mit seinem System-Struktur-Konzept und der Definition der Struktur als "elements in interior syntagmatic relation [that] have their places in an order of mutual expectancy" (Firth 1968b: 200). Die syntagmatische Beziehung zwischen sprachlichen Elementen beruht für Firth folglich auf einer wechselseitigen Erwartbarkeit dieser Elemente. Firth gelangt außerdem zu dem Schluss, dass das Phänomen der Kollokabilität und der kollokativen Bedeutung auf andere Sprachen übertragbar ist und sich somit verallgemeinern lässt: "This kind of mutuality may be paralleled in most languages and has resulted in similarities of poetic diction in literatures sharing common classical sources." (Firth 1957b: 196)

Insgesamt ist der auf die Sprachbeschreibung auf lexikalischer Ebene ausgelegte Kollokationsbegriff von Firth noch sehr weit gefasst. Seine "Kollokationstheorie der lexikalischen Bedeutungen" (Lyons 1991: 17) wird in den 1960er Jahren von seinen Schülern aufgegriffen und weiter ausgebaut. Vor allem M. A. K. Halliday und J. Sinc-

---

20 Vgl. hierzu das Beispiel in Firth (1957b: 195): "(i) An ass like Bagson might easily do that. (ii) He is an ass. (iii) You silly ass! (iv) Don't be an ass!"

lair, aber auch S. Greenbaum entwickeln Firths Ansatz weiter und analysieren in erster Linie das statistisch messbare Miteinander von sprachlichen Einheiten (vgl. hierzu etwa Lehr 1996 oder Holderbaum 2003). Halliday (1961) überarbeitet Firths System-Struktur-Konzept und greift im Rahmen der Sprachbeschreibung auf lexikalischer Ebene Firths Begriff des "set" wieder auf und führt den "range of collocation" ein (Halliday 1961: 276). Unter dem *set* ist eine offene Gruppierung von Wörtern auf der paradigmatischen Ebene (→ *system*) zu verstehen, nach ihrer Möglichkeit, auf der syntagmatischen Ebene Verbindungen mit anderen Wörtern einzugehen, die Kollokationen (→ *structure*):

> Collocation is the syntagmatic association of lexical items, quantifiable, textually, as the probability that there will occur, at n removes (a distance of n lexical items) from an item x, the items a, b, c... Any given item thus enters into a range of collocation, the items with which it is collocated being ranged from more to less probable; [...] Items can then be grouped together by range of collocation, according to their overlap of, so to speak, collocational spread. The paradigmatic grouping which is thereby arrived at is the 'set'. (Halliday 1961: 276)

Zur Veranschaulichung dieses Konzepts sei ein Beispiel angeführt, das sich bei Holderbaum (2003: 11) findet: die (quasi-)synonymen Lexeme "Plan, Strategie, Konzept" bilden mit den Verben "festlegen, verfolgen, ausarbeiten, entwerfen" Wortzweierverbindungen. Plan, Strategie und Konzept können in einem *set*[21] zusammengefasst werden, da sie mit den gleichen bzw. ähnlichen Wörtern kollokieren, sie also in etwa das gleiche "Kollokationsspektrum"[22] haben.[23] Die Berücksichtigung dieses *range of collocation* oder "collocational range" (Sinclair 1966: 426) ist prägend für die an Firths Studien anschließende Kollokationsforschung, die von den ersten Zielsetzungen, wie etwa der Herausarbeitung von Kollokationsmustern im Sinne einer kontextualistischen Sprachbeschreibung, abweicht. Grundlegend ist dabei die Unterscheidung in "node" bzw. "nodal item" und "collocate". Mit diesen Bezeichnungen sind die Komponenten der Kollokation gemeint, wobei der *node* immer die lexikalische Einheit ist, deren Kollokationsspektrum untersucht werden soll, das "central word" (Sinclair 1966: 61). Die *collocates* sind die Einheiten, mit denen der *node* eine Kollokation eingeht (Sinclair 1991: 115). In dem zuvor zitierten Beispiel eines *set* sind demnach innerhalb der Substantiv-Verb-Kollokationen die Substantive "Plan, Strategie, Konzept" jeweils *no-*

---

21 In Hausmann (1985: 127) als "Kollokationsfeld" übersetzt.

22 Die Bezeichnung "Kollokationsspektrum" wird u.a. von Holderbaum (2003: 94) verwendet. F. J. Hausmann, der in seinem Aufsatz "Kollokationen im Deutschen Wörterbuch" u.a. die grundlegenden Termini der britischen Kollokationsforschung diskutiert, gibt diesen Begriff auch mit den deutschen Entsprechungen "Kollokationspotential", "Kollokationsumfang", "Kollokationsbereich" und "Kollokationsradius" wieder (Hausmann 1985: 124).

23 Aus anderen Arbeiten übernommene Beispiele sind als solche gekennzeichnet. Eigene Beispiele sind kursiv gesetzt; in letzteren weisen vorangestellte Asterisken auf die Unüblichkeit einer Wortkombination hin. Die Komponenten von Kollokationen und freien Wortkombinationen sind in ihrer grammatischen Grundform dargestellt.

des, die Verben "festlegen, verfolgen, ausarbeiten, entwerfen" jeweils *collocates*. Die *nodes* kollokieren mit je vier *collocates*, das heißt der *collocational range* eines jeden *node* innnerhalb dieses *set* ist in Zahlen ausgedrückt gleich vier.

Auch die syntaktische Distanz zwischen *node* und *collocate* wird analysiert und als "collocational span" bezeichnet (Sinclair 1966: 415). Greift man aus Holderbaums Beispiel eines *set* die Kollokation "Ziel + verfolgen" heraus, ist die Kollokationsspanne[24] in den Sätzen *Er verfolgt ein Ziel* gleich eins, in *Das Ziel, das er verfolgt, scheint unerreichbar* gleich zwei, und in *Das Ziel, das doch so unerreichbar scheint, verfolgt er weiterhin* gleich fünf. Zwar kann die "Spannweite" einer Kollokation kaum eindeutig bestimmt werden,[25] doch sie ist für korpuslinguistische Untersuchungen zu Kollokationen relevant, in denen die minimale bzw. maximale Anzahl von Wörtern zwischen *node* und möglichen *collocates* im Satz oder Text festgelegt wird.

In ihren statistischen Untersuchungen greifen Firths Schüler außerdem den Gedanken auf, zwischen üblichen und selteneren Kollokationen (Firth 1957b: 195) zu differenzieren. Die Unterscheidung in "casual collocation" und "significant collocation" (Sinclair 1966: 418) bzw. in "principal collocation" und "occasional collocation" (Greenbaum 1970: 56) basiert auf der statistischen Vorkommenshäufigkeit bestimmter Wortverbindungen in den analysierten Texten und ist vor allem auf die Untersuchung des Kollokationsbestandes einer Einzelsprache unter Einbezug umfangreicher Textkorpora ausgerichtet. Zum anderen wird die Analyse des Kollokationsbestandes einer Einzelsprache auf bestimmte Arten syntagmatischer Verknüpfungen beschränkt, indem mögliche Kollokationen etwa über die Zugehörigkeit ihrer Komponenten zu bestimmten Wortarten oder über ihre syntaktischen Funktionen und die dadurch bedingten Muster auf syntagmatischer Ebene eingegrenzt werden (Greenbaum 1970: 13ff.).[26]

Auf den aus dem Britischen Kontextualismus hervorgegangenen lexikalischen und statistischen Kollokationskonzepten wird, vor allem in Kombination miteinander, in der Kollokationsforschung bis heute aufgebaut. Dies gilt vor allem für korpus- und

---

24 Vgl. zu dieser Bezeichnung auch Hausmann (1985: 195).

25 Vgl. hierzu etwa Greenbaum (1970: 11).

26 Greenbaum (1970: 11) etwa sieht in einem "am Wort orientierten" Ansatz in der Kollokationsforschung den Nachteil, dass syntaktische Einschränkungen der Kollokabilität nicht berücksichtigt werden: "A serious disadvantage of a purely item-orientated approach to the study of collocations [i.e. an approach to studying collocations "based exclusively on linear co-occurrence of items [that] would not include the syntactic and semantic statements that are often essential in a treatment of collocations"] is that it obscures syntactic restrictions on collocations." In diesem Zusammenhang schlägt Greenbaum seinen "integrated approach" vor: "A more valuable, if more modest, contribution might be made to the study of collocations if a relatively homogeneous class of items were selected and an investigation undertaken of the collocation of each item in the class with other items that are related syntactically in a given way." (Greenbaum 1970: 13). Die aus diesem Ansatz hervorgehenden Untersuchungen Greenbaums zu Kollokationsfeldern basieren auf Befragungen von Muttersprachlern des Englischen zu so genannten "verb intensifier collocations" (Greenbaum 1970: 14ff.).

computerlinguistische Untersuchungen sowie in Ansätzen auch für einige Fragestellungen der anwendungs- und der übersetzungsbezogenen Kollokationsforschung.

3.1.2 Kollokationsähnliche Konzepte aus der Semantik

Zum Teil bereits vor der Begründung der Kollokationstheorien des Britischen Kontextualismus haben sich Konzepte herausgebildet, die Schnittpunkte mit der Kollokationsforschung aufweisen und dort rezipiert werden (etwa in Holderbaum 2003 und Halkiopoulou 2007). Im Fokus der Ansätze der syntagmatischen Semantik stehen dabei die linearen Bedeutungsbeziehungen zwischen Wörtern und deren Beschreibung. Sie stehen zwar nicht in einer Linie mit der Kollokationsforschung im engeren Sinne, bereichern diese jedoch um Überlegungen zu semantisch begründeten Zusammengehörigkeitsbeziehungen zwischen Wörtern.

"Wesenhafte Bedeutungsbeziehungen": Die "wesenhaften Bedeutungsbeziehungen" von W. Porzig (1934) gehen aus der Wortfeldtheorie hervor, in deren Rahmen die Bedeutung eines Wortes nicht mehr für sich allein, sondern nur im Zusammenhang mit den Bedeutungen anderer Wörter untersucht wird.[27] Unter einer wesenhaften Bedeutungsbeziehung versteht Porzig die semantische Zusammengehörigkeit von Wörtern, die "im wesen der gemeinten bedeutungen selbst gründet" (Porzig 1973 [1934]: 78). Im "Wesen" eines Wortes, worunter wohl die Gesamtheit seiner Bedeutungselemente zu verstehen ist, sind die Bedeutungen anderer Wörter mit enthalten: "Wie das *gehen* die *füße* voraussetzt, so das *greifen* die *hand*, das *sehen* das *auge*, das *hören* das *ohr*, das *lecken* die *zunge*, das *küssen* die *lippen*." (Porzig 1973 [1934]: 78). Das Verb *tasten* etwa enthält folglich bereits Bedeutungselemente des Substantivs *Hand*, das Adjektiv *blond* bereits Bedeutungselemente des Substantivs *Haar*.

Sich auf Ferdinand de Saussures systemorientierten Zeichenbegriff stützend geht Porzig davon aus, dass die Bedeutung eines sprachlichen Zeichens durch ihr Verhältnis zu den Bedeutungen anderer sprachlicher Zeichen bestimmt ist und sieht im System der Sprache ein System der Bedeutungen. Zur Analyse dieses Bedeutungssystems greift er eine Gruppe von Bedeutungen heraus, die "unter sich enger zusammengehören". (Porzig 1973 [1934]: 79)

Diese Zusammengehörigkeit von Wortbedeutungen auf der syntagmatischen Ebene sieht Porzig vor allem in der Beziehung von jeweils zwei Wörtern (Porzig 1973 [1934]: 81 und 87f.). Die syntagmatische Wortzweierverbindung ist für ihn die "elementarste" Relation zwischen zwei Wörtern, obgleich er einräumt, dass das "Bedeutungsfeld" der Wörter innerhalb ihrer syntagmatischen Relation weiter reicht: "offenbar gehört nämlich alles das bedeutungsmäßig zusammen, was innerhalb einer solchen notwendigen beziehung austauschbar ist" (Porzig 1973 [1934]: 81). Die syntagmatische Beziehung zweier Wörter hat bei Porzig also immer auch eine paradigmatische

27 Zur Herausbildung der Wortfeldtheorie sei auf die Arbeiten von G. Ipsen (1924f.), J. Trier (1931f.) und L. Weisgerber (1939f.) verwiesen.

Dimension, weshalb Hyperonyme, Hyponyme und Synonyme der Bestandteile der Verbindung mitberücksichtigt werden müssen.

Die im "Wesen" der Wortbedeutungen begründeten Beziehungen zwischen zwei Wörtern auf syntagmatischer Ebene sieht Porzig vor allem zwischen Verb und Substantiv, aber auch zwischen Adjektiv und Substantiv, wie er etwa an den Beispielen "bellen" und "Hund" oder "schwül" und "Witterung" veranschaulicht (Porzig 1973 [1934]: 83). Bei diesen und allen weiteren von Porzig angeführten Beispielen handelt es sich allerdings um sehr eindeutige syntagmatische Zusammengehörigkeiten von Wörtern, betrachtet man sie vom Verb bzw. Adjektiv aus: *bellen* und *schwül* etwa sind aufgrund ihrer Bedeutungsmerkmale nur eingeschränkt mit anderen Wörtern als *Hund* und *Witterung* kombinierbar. So ist denn auch "vom substantivum aus gesehen die beziehung weniger eindeutig. *Greifen* kann man nur mit der hand, aber die *hand* kann noch manches andere tun als greifen." (Porzig (1973 [1934]: 84)

Vor allem in dieser letzten Überlegung zur Wortkombinatorik kann eine Parallele zur theoretischen sowie anwendungsbezogenen Kollokationsforschung gesehen werden, obschon dort in Substantiv-Verb- und Substantiv-Adjektiv-Verbindungen in der Regel vom Substantiv als Kern ausgegangen wird. Zudem wird der Grundgedanke von der Gerichtetheit der Beziehung zwischen den Komponenten der kollokativen Wortverbindung durch eine terminologische Differenzierung der Komponenten etwa in *node* und *collocate* sowie vor allem durch den Begriff des Kollokationsradius' und dessen Bemessungen insgesamt greifbarer.

"Lexikalische Solidaritäten": Gleichermaßen mit der syntagmatischen Semantik in Zusammenhang gebracht werden kann E. Coserius Begriff der "lexikalischen Solidaritäten" (Coseriu 1967), den er unter anderem mit Bezug auf Porzigs wesenhafte Bedeutungsbeziehungen und damit auf die Wortfeldtheorie entwickelt. Lexikalische Solidaritäten sind für Coseriu, ebenso wie die wesenhaften Bedeutungsbeziehungen für Porzig, semantische Beziehungen zwischen Wörtern, die aus dem funktionellen System der Sprache heraus zu erklären sind, wobei er in seinen Ausführungen und den von ihm zur Veranschaulichung gegebenen Beispielen ebenso wie Porzig bestimmte Wortzweierverbindungen fokussiert. Wesentlich ist für Coseriu dabei, dass es sich bei Wortzweierverbindungen nicht um Beziehungen zwischen nur zwei Wörtern handelt, sondern dass die semantische Zusammengehörigkeit auf syntagmatischer Ebene unter Einbeziehung der paradigmatischen Dimension der Wörter bestimmt werden muss (Coseriu 1967: 296). In diesem Sinne versteht er unter den lexikalischen Solidaritäten "syntagmatische Erscheinungen, die paradigmatisch bedingt sind" und die darauf zurückgeführt werden können, dass "eine Einheit, gleich welcher Ebene eines Paradigmas, in einem anderen Paradigma als unterscheidender Zug funktioniert. Z. B. 'Baum', eine Einheit des Paradigmas 'Pflanze', funktioniert als unterscheidender Zug im Paradigma der Verben wie 'schneiden' u.ä., wodurch gerade eine Einheit 'fällen' entsteht" (Coseriu 1967: 297).

Aus der strukturellen Semantik heraus analysiert Coseriu zunächst die semantischen Zusammenhänge der Wörter einer Sprache und kategorisiert sie mit den Begriffen "Wortfeld", "Klasse", "Klassem" (paradigmatische Ebene) sowie "Lexem" und "Archilexem" (syntagmatische Ebene).[28] Außerdem unterscheidet Coseriu zwischen "einseitigen" und "mehrseitigen" lexikalischen Solidaritäten, wobei die einseitigen Solidaritäten in ihrer Funktion auf die syntagmatische Ebene beschränkt sind und die mehrseitigen Solidaritäten sowohl als Syntagma als auch als Paradigma funktionieren (Coseriu 1967: 298).

Von Interesse im Hinblick auf die Einheiten des gebundenen Wortgebrauchs ist vor allem Coserius Unterscheidung in "determinierte" und "determinierende Lexeme" einer lexikalischen Solidarität, anhand derer er die Gerichtetheit der lexematischen Beziehung darlegt. Der leitende Gedanke ist hierbei die inhaltliche Bestimmung der Wörter eines Paradigmas durch die Wörter eines anderen Paradigmas und die sich daraus ergebende lexikalische Solidarität auf syntagmatischer Ebene. Das Lexem, dessen Inhalt (oder dessen übergeordnetes Archilexem oder Klassem) in einem anderen Lexem als inhaltsunterscheidender Zug mitgegeben ist, gilt als das determinierende Lexem, und das durch das determinierende Lexem bestimmte Lexem wird als determiniertes Lexem bezeichnet (Coseriu 1967: 296f.).

Je nach Art des inhaltsunterscheidenden Zuges (gesamter Inhalt des determinierenden Lexems, dessen Archilexem oder Klassem) arbeitet Coseriu drei Arten lexikalischer Solidaritäten heraus: Die "Affinität" (→ Klassem), die "Selektion" (→ Archilexem) und die "Implikation" (→ Lexem) (Coseriu 1967: 299f.). Eine Affinitität besteht demnach etwa zwischen den Substantiven *Fleisch/Suppe* und den Verben *schneiden/löffeln*: inhaltsunterscheidend ist das Klassem *fest/flüssig*. Eine Selektion besteht beispielsweise zwischen den Lexemen der Verbindung *Gitarre* + *zupfen*: inhaltsunterscheidend ist das Archilexem *Instrument*. Eine Implikation besteht innerhalb der Substantiv-Verb-Verbindung *Kopf* + *nicken*, da die Bedeutung *Kopf* bereits in der Bedeutung *nicken* enthalten ist. *Kopf* wäre also das determinierende Lexem, *nicken* das determinierte Lexem.[29]

"Lexikalische Clichés": Schnittpunkte zur Kollokation finden sich darüber hinaus in dem ebenfalls von Coseriu geprägten Begriff des "lexikalischen cliché". Da dieser jedoch nur am Rande eines im Nachhinein verschriftlichten Vortrags behandelt wird,

---

28 Das Wortfeld definiert Coseriu als "ein lexikalisches Paradigma, das durch die Aufteilung eines lexikalischen Inhaltskontinuums unter verschiedene in der Sprache als Wörter gegebene Einheiten entsteht, die durch einfache inhaltsunterscheidende Züge in unmittelbarer Opposition zueinander stehen". In der Klasse sieht Coseriu "die Gesamtheit der Lexeme, die unabhängig von der Wortfeldstruktur durch einen gemeinsamen inhaltsunterscheidenden Zug [= das Klassem] zusammenhängen. [...] Lexeme, die zu derselben Klasse gehören [...] können grammatisch gleiche Funktionen übernehmen und erscheinen in grammatisch, bzw. lexikalisch analogen Kombinationen." Das Lexem ist dabei "jede in der Sprache als einfaches Wort gegebene", das Archilexem eine dem Inhalt eines Wortfeldes entsprechende Einheit. (Coseriu 1967: 294f.)

29 In der "Implikation" ist eine Parallele zu Porzigs "wesenhaften Bedeutungsbeziehungen" zu sehen (vgl. auch Halkiopoulou 2006: 57).

findet er im Rahmen der Kollokationsforschung kaum Erwähnung. Allein bei Hausmann (2007: 226) findet sich im Zusammenhang mit kollokationsverwandten Konzepten ein Hinweis zu Coserius *clichés*, der hier aufgegriffen wird.

Den Begriff des lexikalischen *cliché* als sprachlicher Einheit führt Coseriu vor dem Hintergrund seiner grundsätzlichen Unterscheidung der *langue* in System und Norm ein.[30] Er bezieht sich damit auf die von Ch. Bally vorgenommene Unterscheidung in feste Worteinheiten ("unités dissolubles") und übliche Wortgruppierungen ("groupements usuels")[31]:

> Zur Norm gehören auch 'lexikalische Clichées' [sic], d.h. traditionell fixierte, aber durch keine Notwendigkeit rechtzufertigende lexikalische Syntagmen (die 'von der Gewohnheit gebilligten Kombinationen' bei Ch. Bally, *Traité de stylistique française*, I., S. 73). So z.B. frz. *chemin de fer - voie ferrée* (aber nicht das Gegenteil), [...] *gravement malade - grièvement blessé* [...]. (Coseriu 1973^2: 42).

Führt man die genannten Beispiele weiter aus, wird erkennbar, dass weder **chemin ferré* noch **voie de fer* bzw. weder **grièvement malade* noch **gravement blessé* übliche Kombinationen des Französischen sind. Das lexikalische *cliché* ist folglich Ausdruck zum einen der beschränkten Kombinierbarkeit von Wörtern miteinander, zum anderen der Kombination von Wörtern zu Wortverbindungen auf der Grundlage des üblichen, des "normalen" Sprachgebrauchs. Damit kommt das *cliché* dem Begriff der Kollokation recht nahe.

Über die Kontrastierung mit dem Konzept des lexikalischen *cliché* wird auch der Begriff der Solidaritäten klarer: Die lexikalischen *clichés* sind Einheiten der Norm als Auswahl aus den Möglichkeiten des Systems. Die lexikalischen Solidaritäten hingegen sind bei Coseriu Einheiten des (Bedeutungs-)Systems, da sie durch das Sachwissen, die "Kenntnis der 'Sachen'" bestimmt sind (Coseriu 1973^2: 56). Damit wäre etwa die Wortkombination aus *Katze* und *getigert* als Solidarität einzuordnen, die Kombination aus *Katze* und *fressen* als *cliché*.

Die semantisch bedingte syntaktische Verträglichkeit zweier Wörter: Mit Bedeutungsrelationen auf syntagmatischer Ebene beschäftigt sich auch E. Leisi in einem Teil seiner "Praxis der englischen Semantik" (1985^2: [1973]). In seinen Ausführungen hierzu bezieht er sich sowohl auf Porzigs wesenhafte Bedeutungsbeziehungen als auch auf Coserius lexikalische Solidaritäten. Er umschreibt den Gegenstand der syntagmatischen Semantik auch als "Betrachtung von Wortbedeutungen unter dem Gesichtspunkt ihrer Verknüpfung mit anderen Elementen im Satz, eventuell auch über die Satzgrenze hinaus" (Leisi 1985^2: 196). Die "Kombinierbarkeit aus semantischen Gründen" (Leisi 1985^2: 205 und 213) von Wörtern mit anderen Wörtern, die über ein gemeinsames Bedeutungselement verfügen, ist in Leisis syntagmatischer Semantik zentral. Leisi geht davon aus, dass alle syntaktischen Bezüge auch semantische Relationen voraussetzen:

---

30 Zur Unterscheidung von System und Norm bei Coseriu vergleiche Kapitel 2.3.1.

31 Vgl. hierzu Hausmann (1979: 189) sowie Kapitel 3.2.1.

"Wenn sich zwei Bedeutungen syntaktisch vertragen oder nicht vertragen, so läßt sich dies auf einzelne Elemente der Bedeutungen zurückführen." (Leisi 1985^2: 199).

Zwischen den Konstituenten einer syntagmatischen Verbindung darf kein semantischer "Widerspruch" bestehen: So ist die Verbindung "Bach + fließen" widerspruchsfrei, da "flüssig" das gemeinsame Bedeutungselement der Konstituenten ist, die Verbindung "Bach + wehen" hingegen ist semantisch widersprüchlich, da es kein gemeinsames Bedeutungsmerkmal der Konstituenten gibt. Hiervon ausgehend glaubt Leisi, dass bestimmte Wörter nur mit bestimmten anderen Wörtern semantisch kongruente syntaktische Beziehungen eingehen können, wobei er seine Überlegungen mit empirischen Untersuchungen untermauert.[32] Nach Leisi findet eine derartige Beziehung zwischen zwei Wörtern mit gemeinsamem Bedeutungselement ihren Ausdruck in der Kollokation (Leisi 1985^2: 200, Beispiel ebd.).

3.1.3 Die Kollokation in der Phraseologieforschung

Im Zentrum des Interesses der Phraseologie, die sich mit den Wortverbindungen einer Sprache befasst, denen die Funktion eigenständiger Lexeme zuteilwerden kann, standen lange Zeit die Redewendungen oder Idiome.[33] Im breiten Spektrum der phraseologischen Einheiten sind die Idiome zweifelsohne auch für den Nicht-Linguisten die Wortverbindungen, die am ehesten ins Auge fallen. Da sich die Gesamtbedeutung des Idioms nicht über die Bedeutungen seiner einzelnen Komponenten erschließt, wird die Aufmerksamkeit des Lesers bzw. Hörers auf das "Besondere", die "Andersartigkeit" des Ausdrucks gelenkt.

Die Kollokation hingegen wurde vor allem in den früheren Arbeiten der Phraseologieforschung in einen Grenzbereich zwischen den phraseologischen Einheiten und den freien Wortverbindungen oder in die Peripherie der phraseologischen Phänomene eingeordnet. Mittlerweile jedoch haben sich die Kollokationen philologienübergreifend als eigenständige Kategorie auch dieser Disziplin etabliert.[34] Zumeist sind sie Thema der angewandten Subdisziplinen, konkret der Phraseodidaktik und Phraseo-

---

32 Vgl. etwa die von Leisi (1985^2: 202) angeführten Beispiele aus einer Korpusuntersuchung, die mit einer Sprecherbefragung kombiniert wurde.

33 Die Herausbildung einer eigenständigen Phraseologieforschung ist in den 1930er und 40er Jahren in der ehemaligen Sowjetunion zu sehen. In den ersten Theoriebildungen liegt der Schwerpunkt auf der Begrenzung des Forschungsgegenstands, der Klassifizierung der phraseologischen Einheiten sowie der Herausarbeitung der ihnen gemeinsamen Merkmale. Im Zentrum der Arbeiten der Phraseologie stand und steht außerdem die Erfassung und Beschreibung ihrer Einheiten. (Palm 1995: 110ff.). In diesem Sinne hat vor allem die Phraseographie im Laufe der Zeit nennenswerte Ergebnisse hervorgebracht: Für nahezu alle Sprachen liegen mittlerweile ein- und mehrsprachige idiomatische Wörterbücher vor.

34 Beispielhaft seien hier Arbeiten aus der hispanistischen Phraseologieforschung angeführt, wie etwa Koike (2001), Larreta Zulategui (2002), Corpas Pastor (2003), Alonso Ramos (2006 und 2010) und Mellado Blanco (2008b).

graphie. Übergeordnetes Ziel ist dabei häufig, das Kollokationsphänomen über eine syntaktische und semantische Beschreibung zu erfassen und die Kollokation darauf aufbauend gemäß phraseologischen Kriterien (s.u.) zu kategorisieren.

Mit Blick auf eine allgemeine Verortung der Kollokation im breiten Spektrum der phraseologischen Einheiten scheint die Klassifikation der "Phraseologismen" von H. Burger (2007³: 36-42) exemplarisch. Sie soll im Folgenden im Sinne einer Orientierung in ihren Grundzügen dargestellt werden. Zunächst sind mit Burger (2007³: 15-32) die Merkmale phraseologischer Einheiten festzulegen: Eine phraseologische Einheit ist erstens polylexikal, sie besteht aus zwei oder mehr lexikalischen Komponenten. Sie ist zweitens in ihrer morphosyntaktischen und lexikalischen Erscheinung in der Sprachgemeinschaft gebräuchlich, und in psycholinguistischer, struktureller, pragmatischer und semantischer Hinsicht vergleichsweise fest. Die Einheit ist drittens durch die syntaktischen und semantischen Regeln der Verknüpfung nicht voll erklärbar und zwischen der phraseologischen Bedeutung, das heißt der Bedeutung der Wortverbindung als Ganzem, und der Summe der Bedeutungen der einzelnen Komponenten besteht ein semantischer Unterschied. Als Abgrenzungskriterium der phraseologischen von der freien Wortverbindung ist dieses Merkmal der Idiomatizität graduell (Burger 2007³: 37).

Vor diesem Hintergrund unterscheidet Burger außerdem grundsätzlich zwei Arten phraseologischer Wortverbindungen: Auf der einen Seite stehen feste Wortverbindungen, die alle drei Merkmale aufweisen. Dies sind die "idiomatischen" bzw. "teilidiomatischen" Phraseologismen. Auf der anderen Seite stehen Wortverbindungen, die zwar erstens polylexikal und zweitens fest im Sinne von in der Sprachgemeinschaft gebräuchlich sind, doch trifft das dritte Merkmal der Idiomatizität nicht auf sie zu, d. h. die wörtliche Bedeutung der Wortverbindung ist mit der phraseologischen Bedeutung identisch. Burger bezeichnet diese Gruppe von Wortkombinationen als "nichtidiomatische Phraseologismen" (Burger 2007³: 14f. und 31f.).

Die phraseologischen Wortverbindungen teilt Burger auf einer ersten Ebene in "referentielle", "strukturelle" und "kommunikative" Phraseologismen ein. Kommunikative Phraseologismen können mit "Routineformeln" wie etwa "Grüß Gott" gleichgesetzt werden. Strukturelle Phraseologismen stellen grammatische Beziehungen in Sätzen bzw. Texten her, wie z.B. "zwar... aber" (Burger 2007³: 36, Beispiele ebd.).

Die referentiellen Phraseologismen unterteilt Burger in zwei Gruppen. Die Einheiten der ersten Gruppe dienen der Bezeichnung von Objekten und Sachverhalten. Bei diesen "nominativen Phraseologismen" handelt es sich um syntaktische Einheiten unterhalb der Satzgrenze, weshalb Burger sie auch als "satzgliedwertige Phraseologismen" bezeichnet. Zum anderen erfüllen referentielle Phraseologismen die Funktion, Aussagen über Objekte und Sachverhalte zu versprachlichen. In diesen Fällen handelt es sich um "propositionale Phraseologismen"[35], die ganze Sätze ausmachen. Burger

35 Die Termini "nominative Phraseologismen" und "propositionale Phraseologismen" übernimmt Burger von R. Gläser (1990) (Burger 2007³: 37).

bezeichnet sie aus diesem Grunde auch als "satzwertige Phraseologismen". (Burger 2007³: 36f.)

Die satzwertigen phraseologischen Einheiten untergliedert Burger nach ihrer syntaktischen Funktion bzw. ihrer Funktion im Text wiederum in zwei Gruppen. Er unterscheidet "feste Phrasen", zu denen Ausdrücke zählen wie *Alle Achtung!* oder *Das ist ja der Gipfel!* und "topische Formeln", denen Sprichwörter wie *Es ist noch kein Meister vom Himmel gefallen* und Gemeinplätze wie *Man gönnt sich ja sonst nichts* zugeordnet werden können. (Burger 2007³: 39-42)

Nach ihrer semantischen Funktion bzw. nach dem Grad ihrer Idiomatizität unterteilt Burger die satzgliedwertigen, das heißt nominativen phraseologischen Wortverbindungen in drei Gruppen: "Idiome", wie etwa *jdm. Fersengeld geben*, "Teil-Idiome", wie z.B. *blauer Brief*, und die nicht- bis schwachidiomatischen "Kollokationen", wie *Vorbereitungen treffen* oder *Haare kämmen.* (Burger 2007³: 37-38)

In Burgers Basisklassifikation ist die Kollokation folglich eine referentielle, nominative, das heißt satzgliedwertige, nicht- bis schwach-idiomatische phraseologische Einheit und damit ein "Phraseologismus im weiteren Sinne" (Burger 2007³: 32). Diese Einordnung ist in der nachstehenden Abbildung veranschaulicht.

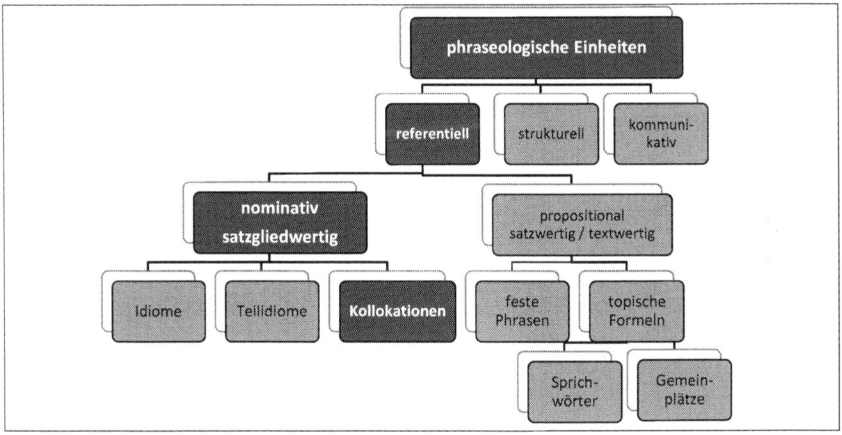

Abbildung (3.1): Die Basisklassifikation der phraseologischen Einheiten nach Burger (2007³), eigene Zusammenstellung[36]

36 Die Zusammenstellung basiert auf einzelnen Schaubildern in Burger (2007³: 37-42). Über seine "Basisklassifikation" hinausgehend unterscheidet Burger weitere Typen phraseologischer Wortverbindungen. Dabei fallen die "Modellbildungen" des Typs *Auge um Auge*, *von Jahr zu Jahr* in keine der aufgestellten Kategorien. Weitere Typen von Phraseologismen, die Burger unterscheidet, können in der Regel nicht konkret einer, sondern verschiedenen Kategorien zugeordnet werden. Beispielhaft seien hier "Zwillings"- oder Paarformeln wie *Kaffee und Kuchen* oder *auf und davon* und die "kompara-

3.2 Die anwendungsbezogene Kollokationsforschung

Für zahlreiche Arbeiten aus dem Bereich der Kollokationsforschung stellt den Ausgangspunkt die Frage dar, wie der Sprachenanwender mit den Kollokationen umgeht, wie sie erlernt, vermittelt und anwenderfreundlich aufbereitet und zugänglich gemacht werden können. In diesem Zusammenhang können überdies die Überlegungen von H. E. Palmer, auf den der Begriff der "collocation" teilweise auch zurückgeführt wird (vgl. etwa Holderbaum 2003), erwähnt werden: In seinem "Second Interim Report on English Collocations" (1933) weist Palmer darauf hin, dass diese Wortverbindungen auf syntagmatischer Ebene in der Wortschatzdidaktik als Einheiten verstanden werden müssen:

> [E]ach one of them [i.e. the collocations] must or should be learnt, or is best or most conveniently learnt as an integral whole or independent entity, rather than by the process of piecing together their component parts. (Palmer 1933: 4, zitiert in Barnbrook/ Mason/Krishnamurthy 2013: 25)

Ausgehend von diesem Grundgedanken argumentiert Palmer für eine systematische Analyse und Klassifizierung der Kollokationen, um sie für den Fremdsprachenlerner des Englischen greifbarer zu machen. Die richtungsweisenden fremdsprachenlexikographischen und -didaktischen Ansätze der Kollokationsforschung haben sich jedoch erst Jahre später herausgebildet. Teils bauen sie auf den Ergebnissen der aus dem Britischen Kontextualismus hervorgegangenen Kollokationsforschung auf, teils sind sie phraseologiegeprägt[37]. Im Folgenden werden sie vorgestellt.

3.2.1 F. J. Hausmann: Kollokation = Basis + Kollokator

Ab den späten 1970er Jahren stellt der deutsche Romanist F. J. Hausmann die Kollokationen im Sinne von Verbindungen zweier Wörter auf der syntagmatischen Ebene in den Mittelpunkt seiner lexikographischen und fremdsprachendidaktischen Forschung. In seinen ersten Arbeiten zur Konzeption eines Kollokationswörterbuchs stützt Hausmann sich zum Teil auf die anglistische Kollokationsforschung, vor allem jedoch auf den "Traité de stylistique française" von Ch. Bally aus dem Jahr 1909 (Hausmann 1979 und 1985). Aus den von Bally unterschiedenen freien Wortverbindungen ("associations libres et occasionnelles"), festen Einheiten ("unités dissolubles") und phraseologischen Wortfolgen bzw. üblichen Wortgruppierungen ("séries phraséologiques ou groupements usuels") greift Hausmann letztere Gruppe heraus und setzt sie mit dem Terminus "collocations" gleich (Hausmann 1979: 189).

Zum Zwecke ihrer lexikographischen Erfassung definiert Hausmann die Kollokation nach dem Ausschlussprinzip: Die Kollokation kann seiner Meinung nach weder wie in der Kollokationsforschung des britischen Kontextualismus als eine wahrschein-

---

tiven Phraseologismen" wie *arm wie eine Kirchenmaus* oder *schreien wie am Spieß* genannt (Burger 2007[3]: 45-53).

37 Die Bezeichnung "phraseologiegeprägt" wird von Lehr (1996: 57) übernommen.

liche Verbindung zweier Wörter definiert werden, noch vereinfacht als übliche Wortgruppierung im Sinne Ballys (Hausmann 1979: 190f.). Hausmann betrachtet die Kollokation als Ausdruck der linguistischen Norm im Sinne E. Coserius[38], das heißt er sieht in ihr eine von der Sprachgemeinschaft getroffene Auswahl aus den theoretisch möglichen Wortverbindungen des Sprachsystems, deren Willkürlichkeit durch den Sprachvergleich ersichtlich wird:

> Si ces combinaisons appartiennent à la langue en tant que système, les vraies collocations[39] relèvent plutôt de la langue en tant que norme. Au lieu d'une créativité libre, il y a contrainte plus ou moins arbitraire des mots sur les mots, contrainte qui se révèle lors de la comparaison avec d'autres langues [...]. (Hausmann 1979: 191)

Über den Sprachvergleich legt Hausmann dar, dass jeweils eine Inhaltskomponente der Kollokation in allen Sprachen dem gleichen Bild entspricht und dass von dieser Komponente aus, die er als "base", in späteren Arbeiten übersetzt als "Basis" bezeichnet, die Verbindung zu betrachten ist. In der Regel handelt es sich bei den Basen um Substantive, die Personen, Gegenstände, Sachverhalte und Handlungen realisieren und damit Ausgangspunkt für sprachliche Formulierungen sind.

> Beispiel (3.1): (DE) *Backenzahn + ziehen* = (EN) *molar + to pull out* (~Backenzahn + herausziehen) = (ES) *muela + sacar* (~Backenzahn + hervorholen) = (FR) *molaire + arracher* (~Backenzahn + herausreißen)

Die zweite Komponente bezeichnet Hausmann als "collocatif", in späteren Arbeiten übersetzt als "Kollokator".[40] Die Beziehung zwischen Basis und Kollokator beschreibt Hausmann als eine sich ergänzende und hierarchisch geordnete. Damit legt er die Gestalt der Kollokation dar: Die Basis vervollständigt die Bedeutung des Kollokators, der Kollokator fügt der Basis ein Bedeutungsmerkmal bei. Ausgangspunkt für die Betrachtung der gesamten Verbindung ist dabei stets die Basis, weshalb es sich bei der Kollokation um eine "combinaison orientée" handelt. (Hausmann 1979: 192)

In der von Hausmann herausgearbeiteten Orientiertheit der Kollokation können Parallelen sowohl zu den Überlegungen Coserius zu der Gerichtetheit seiner "lexikalischen Solidaritäten" (vgl. Kapitel 3.1.2) als auch zu Ansätzen, die sich aus dem britischen Kontextualismus heraus entwickelt haben (*node → collocate*, vgl. Kapitel 3.1.1) gesehen werden. Hausmanns Unterscheidung zwischen Basis und Kollokator als Komponenten der Kollokation sowie die Festlegung der hierarchischen Ordnung dieser beiden Komponenten, das heißt die Gerichtetheit der syntagmatischen Beziehung zwischen üblicherweise miteinander auftretenden Wörtern, sind grundlegend für seine weiteren lexikographischen und wortschatzdidaktischen Betrachtungen der Kollokationen.

---

38 Vgl. hierzu Kapitel 2.3.1.

39 Die "echte Kollokation" stellt Hausmann der "gewöhnlichen Kookkurrenz" ("cooccurrence banale") gegenüber (Hausmann 1979: 191).

40 Bei der Herausarbeitung der Gerichtetheit der Kollokation orientiert sich Hausmann an den Arbeiten des französischen Wortschatzdidaktikers R. Galisson, der die Komponenten typischer Verbindungen aus zwei Wörtern als "terme-noyau" (~Kernwort) und "terme-satellite" (~Satellitenwort) bezeichnet (Hausmann 1984: 402).

In seinem Aufsatz "Wortschatzlernen ist Kollokationslernen" (1984) stellt Hausmann eine Typologie der "nicht-fixierten" Wortverbindungen auf, die ebenfalls grundlegend für die fremdsprachendidaktische Kollokationsforschung wird. Ausgehend von der Annahme, dass die Fähigkeit von Wörtern, mit anderen Wörtern auf syntagmatischer Ebene kombiniert aufzutreten, begrenzt und unbegrenzt sein kann, unterscheidet Hausmann zunächst fixierte und nicht-fixierte Wortkombinationen. Bei den fixierten Wortkombinationen handelt es sich um Redewendungen und um nach den Regeln der Wortbildung zusammengesetzte Komposita. Die nicht-fixierten Wortverbindungen unterteilt Hausmann, erstens, in Kollokationen im Sinne von Wortkombinationen, deren Komponenten in einer "affinen" Beziehung zueinander stehen (Beispiel 3.2a: *der Hund knurrt* → *Hund* + *knurren*). Eine zweite Gruppe sieht er in freien Wortverbindungen, bei denen die morphosyntaktisch "regelgerechte" Kombinierbarkeit der Wörter kaum eingeschränkt ist und die er auf Grund ihrer "unauffälligen Üblichkeit" als "Ko-Kreationen" bezeichnet (Beispiel 3.2b: *der Hund schläft* → *Hund* + *schlafen*). Die dritte Kategorie der nicht-fixierten Wortverbindungen sieht Hausmann in den nicht regelgerecht gebildeten Wortverbindungen, die dadurch auffallend unüblich werden (Beispiel 3.2c: **der Hund isst* → **Hund* + *essen*). Er bezeichnet sie als "Konter-Kreationen". (Hausmann 1984: 399f.)

Unter der "Affinität" versteht Hausmann "die 'Neigung zweier Wörter, kombiniert [miteinander] aufzutreten'" (Hausmann 1984: 398). Als affine Kombinationen sind die Kollokationen für Hausmann "Halbfertigprodukte der Sprache, welche der Sprecher nicht kreativ zusammensetzt, sondern als Ganzes aus der Erinnerung holt und der Hörer als bekannt empfindet." (Hausmann 1984: 398f.).[41] Auch in späteren Arbeiten (z. B. Hausmann 1989b) wird nicht ganz klar, was Hausmann mit der Bezeichnung des sprachlichen "Halbfertigprodukts" genau meint. Kornelius (1995a: 154) bezeichnet Kollokationen auch als "Versatzstücke" oder "stage props of language". Von Hausmanns anwendungsbezogenen Kollokationsverständnis ausgehend könnte man annehmen, dass der Sprachenanwender die Basis, von der die Betrachtung der Kollokation ausgeht, als "fertigen" Bestandteil der Kollokation vorliegen hat und er den fehlenden passenden Kollokator suchen muss, um die Kollokation insgesamt vollständig verwendbar zu machen.

Vereinfacht definiert Hausmann die Kollokation als "typische, spezifische und charakteristische Wortzweierverbindung", die von der "unspezifischen, banalen" freien linearen Verbindung zweier Wörter zu unterscheiden ist, wobei er einräumt, dass die

---

41 Bei dieser Äußerung handelt es sich im Grunde genommen um eine bloße Annahme, denn bislang gibt es noch keine verlässlichen Untersuchungsergebnisse zur Repräsentation von Kollokationen im mentalen Lexikon des Menschen. Auch Chr. Grauer (2009) räumt in seiner empirischen Untersuchung zur Kollokationsverarbeitung ein, dass die Frage, wie Kollokationen im menschlichen Gehirn abgespeichert werden, nicht abschließend geklärt ist (Grauer 2009: 172). Insgesamt jedoch deuten die Ergebnisse von Grauers Untersuchung auf eine erkennbare kognitive Verfügbarkeit der Kollokation als Ganzes hin.

Übergänge zwischen diesen beiden Arten von Wortkombinationen fließend sind (Hausmann 1985: 118). Ob für eine Wortverbindung die genannten Kollokationskriterien gegeben sind, will Hausmann jedoch in der Fremdsprachenlehre und -lexikographie nicht über die Frequenz ihres Vorkommens in Sprach- und Textkorpora bestimmen, sondern über die Analyse der Wortkombination auf eine Basis-Kollokator-Struktur hin (Hausmann 1985: 126).[42] Dem Phänomen der Kollokation legt Hausmann so eine Systematik zugrunde, in der Lerner und Lehrer von Fremdsprachen Orientierung für den Umgang mit diesen Wortverbindungen finden können.

Die Typologie der Kollokationen nach F. J. Hausmann: Kollokationen als syntagmatische Verbindungen von zwei Wörtern typologisiert Hausmann in seinem Beitrag "Le dictionnaire de collocations" (Hausmann 1989a: 1010). Er schränkt die Möglichkeiten der Kollokationsstruktur nach der Wortart bzw. nach der syntaktischen Funktion der Kollokationskomponenten auf sechs Typen (a-f) ein. In den Kollokationen, in denen zumindest ein Bestandteil ein Substantiv ist, stellt dieses die Basis gegenüber attributiven und verbalen Kollokatoren dar. Adverbien sind nie, Adjektive und Verben nur gegenüber Adverbien bzw. adverbialen Kollokatoren die Basis-Komponente (vgl. auch Hausmann 2004: 315). Die Typologie stellt Hausmann zwar mit Blick auf das Französische auf, doch lässt sie sich, auch gemäß Firth, der das Phänomen der *collocability* als ein sprachenübergreifendes betrachtet (vgl. Kapitel 3.1.1), auf das Spanische, das Portugiesische und das Italienische, das Englische, das Deutsche und vermutlich auf weitere indogermanische Sprachen übertragen. In der nachstehenden Abbildung der Typologie und in den zugehörigen Beispielen ist die Basis-Komponente jeweils unterstrichen.

Typ a: <u>Substantiv</u> + Adjektiv (Attribut)
Beispiel (3.3, ES) <u>*pelo*</u> + *rubio*, (DE) *blond* + <u>*Haar*</u>
Typ b: <u>Substantiv</u> + Verb
Beispiel (3.4, FR) <u>*cheval*</u> + *hennir* , (DE) <u>*Pferd*</u> + *wiehern*
Typ c: Verb + <u>Substantiv</u> (Objekt)
Beispiel (3.5, EN) <u>*flower*</u> + *to pick*, (DE) <u>*Blume*</u> + *pflücken*
Typ d: <u>Verb</u> + Adverb
Beispiel (3.6, ES) <u>*estudiar*</u> + *aplicadamente*, (DE) <u>*lernen*</u> + *fleißig*
Typ e: <u>Adjektiv</u> + Adverb
Beispiel (3.7, EN) *seriously* + <u>*ill*</u>, (DE) *schwer* + <u>*krank*</u>
Typ f: Substantiv + (Präposition) + <u>Substantiv</u>[43]
Beispiel (3.8, FR) *tablette* + *de* + <u>*chocolat*</u>, (DE) *Tafel* + <u>*Schokolade*</u>

Abbildung (3.2): Typologie der Kollokationen nach Hausmann (1989a), mit eigenen Beispielen

42 In dem zitierten Aufsatz aus dem Jahr 1985 "Kollokationen im deutschen Wörterbuch. Ein Beitrag zur Theorie des lexikographischen Beispiels" grenzt Hausmann seinen Kollokationsbegriff von dem des Britischen Kontextualismus ab, der für ihn zu sehr auf dem frequenten Miteinandervorkommen von Wörtern gründet (Hausmann 1985: 124).

43 In diesem Kollokationstyp stellt in der Regel das zweite Substantiv die Basis-Komponente dar (vgl. auch Hausmann 1989b: viii).

Zwar sind Kollokationen für Hausmann grundsätzlich Wort*zweier*verbindungen, doch räumt er in späteren Arbeiten ein, dass die Kollokationsstruktur auch komplexerer Natur sein kann, wenn Kollokationen mit gleicher Basis-Komponente miteinander Verbindungen eingehen. Aus der Kombination von zwei binären Worteinheiten ergibt sich folglich eine Wort*dreier*verbindung, bestehend aus einer Basis und zwei Kollokatoren. Häufig sind diese "Tripelkollokationen" Kombinationen aus Adjektiv, Substantiv und Verb (vgl. Hausmann 2004: 316).

Beispiel (3.9): (EN) *cherry* + *ripe* (Kollokationstyp a) wird kombiniert mit *cherry* + *to pick* (Kollokationstyp c) → *to pick ripe cherries*; (DE) *Kirsche* + *reif* (Kollokationstyp a) wird kombiniert mit *Kirsche* + *pflücken* (Kollokationstyp c) → *reife Kirschen pflücken*

Insgesamt ist die von Hausmann aufgestellte Typologie auf den Fremdsprachenlerner ausgerichtet. In Kombination mit der von ihm herausgearbeiteten hierarchischen Gerichtetheit der Komponenten wird die Kollokation als Phänomen des fremdsprachigen Wortschatzes transparenter in ihrer Gestalt und somit für den Lerner greifbarer. So wird Hausmanns Kollokationstypologie auch in vielen fremdsprachenlexikographischen und -didaktischen sowie übersetzungsbezogenen Untersuchungen zu Kollokationen rezipiert.[44]

Die Erweiterung des Kollokationsbegriffs: In seinen Beiträgen jüngeren Datums erweitert Hausmann seinen Kollokationsbegriff in struktureller wie lexikalisch-semantischer Hinsicht. So haben für Hausmann etwa bestimmte Komposita Kollokationsstatus: Ein Kompositum sei dann eine Kollokation, wenn die Basis bei der Übersetzung in eine andere Sprache keine Schwierigkeiten bereite, der Kollokator jedoch unvorhersehbar sei (vgl. Hausmann 2004: 317). In den von Hausmann gegebenen Beispielen wird gezeigt, dass ein deutsches Kompositum beim Wortschatzlernen dann als Kollokation betrachtet werden kann, wenn das Grundwort Basis-Charakter hat und das Bestimmungswort als Kollokator funktioniert: DE/FR "Schiebedach" / "toit ouvrant".[45] Auch Funktionsverbgefüge zählt Hausmann (2007: 218) explizit zu den Kollokationen.[46]

Darüber hinaus weitet Hausmann, nachdem er in früheren Arbeiten von der Kollokation als nicht-fixierter, voll-transparenter und damit nicht-idiomatischer Wortverbindung ausgegangen war (vgl. etwa Hausmann 1989a: 1010), sein Kollokationsverständnis auf den Bereich der teilidiomatischen Wortverbindungen aus. Den idiomatischen Status einer Wortkombination bestimmt der Grad der Abweichung der Gesamtbedeutung von den jeweiligen wörtlichen bzw. freien Bedeutungen der Komponenten. Zwischen den beiden Anfangs- und Endpunkten der Skala "idiomatische" und "nicht-idiomatische Wortverbindung" liegt ein recht großer Bereich des "Teil-Idiomatischen".

---

44 Vgl. z.B. Reder (2006a und 2006b), Halkiopoulou (2006), Angelone (2007), Grauer (2009), Kimmes (2009) und Konecny (2010).

45 Ausführlicher diskutiert Konecny (2010: 138ff.) den Kollokationsstatus von Komposita.

46 Auf beide Aspekte wird in Kapitel 4.2.3 noch einmal eingegangen.

In teilidiomatischen Wortkombinationen nehmen die Komponenten innerhalb der Verbindung teils ihre wörtlichen, teils ihre übertragene Bedeutung an: Sie sind semantisch halb-transparent.

Zu den teilidiomatischen Wortkombinationen mit Kollokationsstatus zählt Hausmann "feste Attribuierungen" und Vergleichsphraseme bzw. "formelhafte Vergleiche", sowie Verbindungen aus einem in seiner wörtlichen Bedeutung gebrauchten Substantiv und einer Redewendung (Hausmann 2004 und 2007). Dabei bleiben die von ihm geprägte Kollokationssyntax und die Verortung der Kollokation im Bereich der Norm der *langue* die zentralen Ausgangspunkte seiner Argumentation: "Kollokationen [...] sind normtypische phraseologische Wortverbindungen, die aus einer Basis und einem Kollokator bestehen." (Hausmann 2007: 218). Hausmann zeigt, dass sich auch in teilidiomatischen Wortkombinationen ein "Schema der normalen syntaktischen Verteilung von Basis und Kollokator" abzeichnet (Hausmann 2004: 314), wobei die Verbindung durch den Kollokator teilidiomatisch wird: "In der Kollokation wird das Basiswort banal gebraucht (*Aufzug, Passagier, Streit* [...]). Die Spanne des Kollokatorgebrauchs geht von wenig idiomatisch (*holen* in *Aufzug holen*, aber nicht *rufen*) bis zu stark idiomatisch (*blind* in *blinder Passagier*)." (Hausmann 2007: 218) Mit "banal" meint Hausmann dabei weiterhin so viel wie "semantisch autonom" (vgl. weiter oben im Text) und bestätigt damit die von ihm konstatierte Grundvoraussetzung für den Kollokationsstatus teilidiomatischer Wortverbindungen, der häufig erst im Sprachkontrast ersichtlich wird.

Exkurs: Teilidiomatische Wortverbindungen mit Kollokationsstatus. Da Hausmann in seinen Überlegungen zu den teilidiomatischen Kollokationen nicht allzu sehr ins Detail geht, werden diese in erster Linie als "Denkanstöße" verstanden und im Folgenden in einer Art Exkurs ausführlicher dargestellt und diskutiert.

Feste Attribuierungen: Die festen Attribuierungen wie etwa der bereits zitierte "blinde Passagier" haben in der Regel eine binäre Struktur aus Adjektiv und Substantiv, wobei das Substantiv dem von Hausmann aufgestellten Kollokationstyp "a" entsprechend als Basis fungiert. Das Basis-Substantiv ist dabei in seiner freien Bedeutung, das heißt in seinem wörtlichen Sinn gebraucht, das Adjektiv, der Kollokator, weist häufig eine metaphorische Bedeutung auf. Allerdings stellt sich die Bestimmung des Kollokationsstatus fester Attribuierungen als eine Gratwanderung heraus: Ein ebenfalls von Hausmann (2004: 315) gegebenes Beispiel einer teilidiomatischen festen Attribuierung ist der "blaue Brief". Dessen Kollokationsstruktur stellt sich wie folgt dar: In seiner freien Bedeutung handelt es sich bei dem Bezeichneten um eine schriftliche Mitteilung auf blauem Papier. In der figurativen Gesamtbedeutung der Kombination handelt es sich zwar immer noch um eine schriftliche Mitteilung, allerdings steht das Adjektiv *blau* nicht für die Bestimmung der Farbe des Briefpapiers, sondern für den Mitteilungsinhalt die *Versetzung des Schülers in die nächsthöhere Klassenstufe ist gefährdet*. Ähnlich verhält es sich mit dem (amerikanisch-)englischen *pink slip*, wörtlich einem Schreiben auf rosafarbenem Papier, im übertragenen Sinne allgemein einem Kündigungsschreiben oder, im schulischen Kontext, einer schriftlichen Ermahnung. Beide teilidiomatischen Wortverbindungen können als Kollokationen eingestuft werden, da freie und gebundene Bedeutung der Basis-Komponente identisch sind, wie an der nachstehenden Darstellung (vgl. dazu Konecny 2010: 64ff.) ersichtlich wird:

Beispiel (3.10a, DE)	*blauer*	*Brief*
Bedeutung frei	von blauer Farbe	schriftliche Mitteilung, Schreiben
Bedeutung gebunden	"Versetzungsgefahr des Schulkindes"	schriftliche Mitteilung, Schreiben
Kollokationssyntax	Kollokator	Basis

Beispiel (3.10b, EN)	*pink*	*slip*
Bedeutung frei	rosafarben	schriftliche Mitteilung, Schreiben
Bedeutung gebunden	Kündigung; Ermahnung	schriftliche Mitteilung, Schreiben
Kollokationssyntax	Kollokator	Basis

Ein Gegenbeispiel hierzu stellt die Attribuierung *schwarzes Schaf* dar, bei der es sich wie bei der französischen *brébis galeuse* je nach Kontext um eine nicht-idiomatische freie oder um eine vollidiomatische Wortverbindung handelt. In letzterem Fall nehmen in beiden Sprachen weder das Adjektiv noch das Substantiv ihre freien Bedeutungen *Paarhufer* und *dunkelfarbig* bzw. *räudig* an, sondern verbinden sich zum Begriffsinhalt *Mensch, dessen Verhalten nicht den Erwartungen seiner unmittelbaren sozialen Umgebung entspricht.* Aufgrund der fehlenden freien Bedeutung einer der beiden Komponenten innerhalb der Verbindung kann keine Kollokationsstruktur vorliegen: Die Betrachtung der Kombination geht nicht klar von einer der beiden Komponenten aus:

Beispiel (3.11a, DE)	*schwarzes*	*Schaf*
Bedeutung frei	dunkelfarbig	Schaf, Paarhufer
Bedeutung gebunden	im Verhalten nicht den Erwartungen der unmittelbaren sozialen Umgebung entsprechend	Mensch
Kollokationssyntax	---	---

Beispiel (3.11b, FR)	*brébis*	*galeuse*
Bedeutung frei	Schaf, Paarhufer	räudig
Bedeutung gebunden	Mensch	im Verhalten nicht den Erwartungen der unmittelbaren sozialen Umgebung entsprechend
Kollokationssyntax	---	---

Als Grenzfall stellt sich die Einordnung fester Attribuierungen in den Bereich der Kollokationen vor allem dann heraus, wenn die Basis in ihrer freien Bedeutung polysem ist: So bedeutet etwa *Hund* in dem von Hausmann (2004: 315) angeführten Beispiel einer für ihn teilidiomatischen festen Attribuierung "krummer Hund" neben *Haustier* auch *Mensch* bzw. *Mann*. Ähnlich verhält es sich mit der Bedeutung des Substantivs in der englischen Wortzweierverbindung *lucky dog*. Die Bedeutung *Mann/man* nehmen *Hund* und *dog* allerdings nur in der Verbindung mit bestimmten Adjektiven wie *krumm*, *gemein* bzw. *lucky* oder auch *sly* an, weshalb es durchaus berechtigt wäre, die genannten Attribuierungen als vollidiomatische Wortverbindungen einzustufen.

Beispiel (3.12a, DE)	*krummer*	*Hund*
Bedeutung frei	gebogen	Haustier, Mann
Bedeutung gebunden	nicht rechtschaffen	Mann
Kollokationssyntax	---	---

Beispiel (3.12b, EN)	*lucky*	*dog*
Bedeutung frei	glücklich	Haustier, Mann
Bedeutung gebunden	glücklich	Mann
Kollokationssyntax	---	---

Zwischenfazit 1: Weisen feste Attribuierungen die mit Hausmann etablierte Kollokationsstruktur aus Basis und Kollokator auf und nimmt die Basis innerhalb der kollokativen Verbindung eindeutig und ausschließlich ihre freie Bedeutung an, entsprechen sie dem von Hausmann herausgearbeiteten *Kollokationstyp a (Substantiv (= Basis) + Adjektiv)*. Die syntaktische Reihenfolge der Komponenten ist sprachenspezifisch und der syntaktische Abstand zwischen den Kollokationskomponenten, der *collocational span*, ist in der Regel gleich null (vgl. Beispiele 3.10a und 3.10b).

Formelhafte Vergleiche: Eine weitere Gruppe teilidiomatischer Wortverbindungen mit möglichem Kollokationsstatus bilden für Hausmann die "formelhaften Vergleiche"[47], die aus einem in seiner freien Bedeutung gebrauchten Adjektiv oder Verb und einer mit der Konjunktion "wie" eingeleiteten idiomatischen Vergleichsformel bestehen (Hausmann 2004: 314). Die Kollokationsstruktur dieser Verbindungen mag auf den ersten Blick nicht ersichtlich sein, da sie aus mehr als den gewöhnlich für die Kollokation festgelegten zwei Wörtern bestehen. Orientiert man sich jedoch an der mit Hausmann etablierten Kollokationssyntax aus Basis und Kollokator, lässt sich zeigen, dass die Betrachtung und somit die Rezeption und Produktion des formelhaften Vergleichs von dem in seiner freien Bedeutung verwendeten und somit "voll"-transparenten Adjektiv bzw. Verb ausgeht, es somit eine Basis-Komponente gibt. Der Vergleichsteil, der innerhalb der Wortverbindung eine figurative Bedeutung annimmt, kann häufig durch ein einfaches Adverb ersetzt werden.

47 Burger bezeichnet diese Vergleichsphraseme auch als "komparative Phraseologismen" (Burger 2007[3]: 46).

Beispiel (3.13a, DE)	*dumm*	*wie Bohnenstroh*[48]
Bedeutung frei	dumm, wenig intelligent	nach Art des Bohnenstrohs, eines minderwertigen Strohersatzes
Bedeutung gebunden	dumm, wenig intelligent	sehr
Kollokationssyntax	Basis	Kollokator

Beispiel (3.13b, FR)	*con*	*comme la lune*
Bedeutung frei	dumm, dämlich	nach Art des Mondes
Bedeutung gebunden	dumm, dämlich	sehr
Kollokationssyntax	Basis	Kollokator

Beispiel (3.14a, DE)	*brüllen*	*wie am Spieß*
Bedeutung frei	brüllen, schreien	als wäre ein Gegenstand/eine Person aufgespießt
Bedeutung gebunden	brüllen, schreien	sehr laut, lange und unkontrolliert
Kollokationssyntax	Basis	Kollokator

Beispiel (3.14b, ES)	*gritar*	*como un descosido*
Bedeutung frei	brüllen, schreien	wie ein Wilder
Bedeutung gebunden	brüllen, schreien	sehr laut, lange und unkontrolliert
Kollokationssyntax	Basis	Kollokator

In Abhängigkeit der wörtlichen oder figurativen Bedeutung der Kollokator-Komponente der Wortverbindung muss ein formelhafter Vergleich allerdings nicht immer (teil-)idiomatisch sein. Burger (2007[3]), der die nominativen Phraseologismen in die drei Kategorien Idiom, Teilidiom und Kollokation unterteilt[49], zählt die nicht-idiomatischen formelhaften Vergleiche zu den Kollokationen und die idiomatischen Vergleiche zu den Teilidiomen, "je nachdem wie durchsichtig der Vergleich (das tertium comparationis und der Vergleichsspender) ist". So ordnet er etwa das Vergleichsphrasem "flink wie ein Wiesel" in den Bereich der für ihn stets nicht- bis schwach-idiomatischen Kollokationen ein, die Verbindung "dumm wie Bohnenstroh" hingegen in den Bereich der Teilidiome (Burger 2007[3]: 47f., Beispiele ebd.).

Zwischenfazit 2: Weist ein konventioneller, das heißt nicht innovativer verbaler oder adjektivischer formelhafter Vergleich die in ihrer freien Bedeutung gebrauchte kollokationsspezifische Basis-Komponente auf, von der die Betrachtung der Wortverbindung ausgeht, kann er als Kollokation gelten. Die Basis-Komponente ist dabei das Adjektiv bzw. das Verb. Der stets durch die Konjunktion "wie" eingeleitete Vergleichsteil bestimmt das Adjektiv bzw. das Verb näher und hat in der Regel eine figurative Bedeutung, die durch ein Adverb paraphrasiert werden kann; er übernimmt die Funktion

48 Die beispielhafte Vergleichsformel "dumm wie Bohnenstroh" wurde übernommen von Hausmann (2004: 314).

49 Vgl. hierzu die Ausführungen in Kapitel 3.1.3.

des Kollokators. Üblicherweise ist der *collocational span* zwischen den Komponenten der formelhaften Vergleiche wie im Falle der festen Attribuierungen gleich null (vgl. Beispiele 3.13a bis 3.14b).

Redewendungen: Eine ähnliche Kollokationsstruktur wie im Falle der formelhaften Vergleiche sieht Hausmann in den Verbindungen aus einem in seiner freien Bedeutung gebrauchten Substantiv und einer Redewendung, die beispielsweise durch ein einfaches Verb paraphrasiert werden kann: "Der Kollokator kann Redewendung sein: *vom Zaun brechen* in *Streit vom Zaun brechen*." (Hausmann 2007: 218)

Beispiel (3.15a, DE)	*Streit*	*vom Zaun brechen*
Bedeutung frei	Streit, heftige Auseinandersetzung	*kaum erkennbar*
Bedeutung gebunden	Streit, heftige Auseinandersetzung	provozieren
Kollokationssyntax	Basis	Kollokator

Beispiel (3.15b, EN)	*to be spoiling for*	*fight*
Kollokationssyntax	Kollokator	Basis
Bedeutung frei	*kaum erkennbar*	Streit, heftige Auseinandersetzung
Bedeutung gebunden	provozieren	Streit, heftige Auseinandersetzung
Kollokationssyntax	Kollokator	Basis

Weitere Beispiele für diese Art der teilidiomatischen Kollokation sind in Verbindungen aus einem Verb, das in seiner freien Bedeutung gebraucht wird und damit innerhalb der Kollokation die Basis-Funktion innehat, und einer Redewendung oder auch einer Paarformel, die durch ein Adverb paraphrasiert werden kann, zu sehen: (DE) *prüfen + auf Herz und Nieren*, (DE) *schlagen + kurz und klein*, (ES) *contar + con todo lujo de detalles*. Die syntaktische Reihenfolge der Kollokationskomponenten ist umkehrbar, der *collocational span* zwischen den Komponenten ist wohl häufig, jedoch nicht immer gleich null.

Zwischenfazit 3: Auch Redewendungen können Bestandteil einer teilidiomatischen Kollokation sein. Die Komponente, die innerhalb der teilidiomatischen Wortkombination ihre freie Bedeutung beibehält, stellt dabei stets die Basis dar. Die Redewendung fungiert als Kollokator-Komponente und kann durch ein einfaches Verb bzw. Adverb paraphrasiert werden. Die Einheiten dieser teilidiomatischen Kollokationskategorie sind allerdings nicht sehr zahlreich

Kombinationen mit "ungewöhnlicher" Kollokationssyntax: Teilidiomatische Kombinationen mit "ungewöhnlicher" Kollokationssyntax sieht Hausmann u.a. in den Substantiv-Verb-Verbindungen "Bauklötze staunen" und "(nur) Bahnhof verstehen" (Hausmann 2004: 315). Läge eine normale Kollokationssyntax vor, müsste die Betrachtung der Verbindung vom Substantiv ausgehen, das in den von Hausmann herausgearbeiteten Kollokationstypen mit substantivischer Komponente stets Basisfunktion hat. In diesen seltenen teilidiomatischen Wortkombinationen jedoch wird das Substantiv mit übertragener Bedeutung gebraucht und kann, wie im Falle der anderen teilidiomatischen Kollokationen, nur Kollokator-Funktion haben. Das Verb hingegen behält auch innerhalb der Verbindung seine freie Bedeutung bei, weshalb es die Basis-Komponente darstellt.

Beispiel (3.16a, DE)	*Bauklötze*	*staunen*
Bedeutung frei	(bunte) Bausteine	sich wundern
Bedeutung gebunden	sehr, äußerst	sich wundern
Wortart	Substantiv	Verb
Normale Kollokationssyntax	Basis	Kollokator
Tatsächliche Kollokationssyntax	Kollokator	Basis

Beispiel (3.16b, DE)	*Sturm*	*klingeln*
Bedeutung frei	sehr starker Wind	läuten, die Türklingel betätigen
Bedeutung gebunden	laut und andauernd	läuten, die Türklingel betätigen
Wortart	Substantiv	Verb
Normale Kollokationssyntax	Basis	Kollokator
Tatsächliche Kollokationssyntax	Kollokator	Basis

Abschließendes Fazit: Feste Attribuierungen, adjektivische und verbale formelhafte Vergleiche sowie Gefüge aus einem Substantiv oder Verb und einer Redewendung lassen die kollokationstypische Struktur erkennen, sofern es eine Komponente gibt, die innerhalb der Wortverbindung ihre freie Bedeutung beibehält und von der aus die Betrachtung der Einheit ausgeht. Insgesamt handelt es sich bei den teilidiomatischen Kollokationen jedoch um festere und in sich geschlossenere Einheiten, die aufgrund des idiomatischen Status ihrer Kollokator-Komponente zudem deutlich weiter von freien Wortkombinationen entfernt sind als die nicht-idiomatischen Kollokationen.

3.2.2 Kollokationen in der Fremdsprachenlexikographie M. Bensons

Ab Mitte der 1980er Jahre bringt auch der US-amerikanische Slawist M. Benson seine fremdsprachenlexikographische und wortschatzdidaktische Perspektive in die Diskussion um die Kollokationsproblematik ein. Bensons Anliegen ist die Erstellung eines auf den Fremdsprachenlerner ausgerichteten Kollokationswörterbuchs für das Englische. Seine Überlegungen hierzu stützt er u.a. auf die Kollokationsbegriffe von A. P. Cowie und von R. Mackin (Benson 1985a: 5) und das Kollokationsverständnis von Lexikographen aus der damaligen Sowjetunion, wobei er sich vor allem an den Arbeiten von J. Apresjan/I. Mel'čuk/A. Žolkovskij orientiert (Benson 1985a: 8ff. und Benson 1985b: 63). Benson definiert die Kollokation als "a group of words that occurs repeatedly, i.e. recurs, in a language" bzw. als "recurrent combination" (Benson 1985b: 61). In der Einleitung seines in Kooperation mit E. Benson und R. Ilson verfassten Kollokationswörterbuch[50], das zu den Standardnachschlagewerken für die Textproduk-

50 Benson, Morton, Benson, Evelyn, and Ilson, Robert (1986): *The BBI Combinatory Dictionary of English: A Guide to Word Combinations*. Amsterdam/Philadelphia: John Benjamins.

tion in der Fremdsprache Englisch gezählt werden kann, ist die Definition der Kollokation ausdifferenzierter: "In English, as in other languages, there are many fixed, identifiable, non-idiomatic phrases and constructions. Such groups of words are called recurrent combinations, fixed combinations or collocations." (Benson/Benson/Ilson 1986: ix)

Benson verortet die Kollokation zwischen den Idiomen und den freien Kombinationen. Er grenzt die Kollokation als transparente Einheit, deren Bedeutung sich aus der Summe der Bedeutung ihrer Komponenten ergibt, gegenüber den Idiomen ab: "[T]he meaning of the whole does reflect the meaning of the parts[.]" (Benson 1985a: 5). Bensons Unterscheidung zwischen Kollokationen und freien Kombinationen jedoch bleibt ungenau. Sie beruht im Wesentlichen auf der begrenzten Synonymie im Sinne der Substituierbarkeit des Kollokators oder Partnerworts bei gleichbleibender Bedeutung. Außerdem dient die Häufigkeit des Vorkommens der Kollokation als Abgenzungskriterium: "Collocations differ from free combinations in two ways. First, the synonymy of the verb is restricted. Secondly, and most important, the combination occurs frequently." (Benson 1985a: 5)[51]

Benson unterscheidet dabei zwischen lexikalischen Kollokationen im Sinne von Wortzweierverbindungen und grammatischen Kollokationen im Sinne von Konstruktionen (Benson 1985b: 62f. und Benson/Benson/Ilson 1986: ix). Die lexikalischen Kollokationen bestehen aus zwei Komponenten, die den Wortarten Substantiv, Adjektiv, Adverb und Verb zugeordnet werden können. Zur Beziehung der Komponenten der lexikalischen Kollokation untereinander hält Benson fest, dass beide Komponenten gleichwertig, das heißt neben- und nicht wie bei F. J. Hausmann hierarchisch geordnet sind: "[L]exical collocations contain no subordinate element; they usually consist of two "equal" lexical components[.]" (Benson 1985b: 62). Benson nimmt also keine qualitative Unterscheidung der Komponenten lexikalischer Kollokationen vor.

Die grammatischen Kollokationen ordnet Benson, ausgehend von N. Chomskys (1965) Unterscheidung der grammatischen Konstruktionen in "loose associations" und "close constructions", als *close constructions* ein und definiert sie als "recurrent combination, usually consisting of a dominant word (verb, noun, adjective), followed by a 'grammatical word', typically a preposition" (Benson 1985b: 61). In der grammatischen Kollokation sieht Benson demnach im Gegensatz zur lexikalischen Kollokation sehr wohl eine hierarchische Ordnung der Komponenten.[52]

---

51 Zum idiomatischen Gehalt von Kollokationen sowie zu deren Abgrenzung gegenüber anderen Einheiten des gebundenen und freien Sprachgebrauchs vgl. Kapitel 3.2.1 und 4.2.

52 Im Hinblick auf die Erfassung syntagmatischer Strukturen in Wörterbüchern nimmt J. Albrecht (1991) eine ähnliche Trennung in "Kollokationen" und "Rektionen" vor. Kollokationen definiert Albrecht dabei als "jede Form von semantisch motivierte[r] Einschränkung" bzw. als "alle Fälle, in denen zwei oder mehr lexikalische Einheiten nicht aus *sachlichen*, sondern aus *sprachlichen* Gründen gemeinsam auftreten, ohne dabei eine völlig lexikalisierte Verbindung einzugehen." Unter der Rektion hingegen versteht Albrecht "[j]ede Form von syntaktisch motivierter Einschränkung der Kombinationsmöglichkeiten von lexikalischen Einheiten", wenngleich er einräumt, dass eine "semantikfreie" lexikographische Beschreibung auch dieser Wortkombinationen nicht möglich ist.

Die Typologie der Kollokationen im BBI: Benson/Benson/Ilson (1986: xxiv-xxviii) unterscheiden für das Englische sieben Typen von lexikalischen Kollokationen; diese finden sich, wie an den hier gegebenen Beispielen zu sehen ist, auch in anderen indoeuropäischen Sprachen. Interessant ist die Differenzierung in "CA-collocations" und "EN-collocations", die Benson bereits in seinen ersten Arbeiten zur Kollokationsforschung einführt. Daran wird Bensons Anliegen ersichtlich, die Kollokationen dem fremdsprachigen Englischlerner systematisch zugänglich zu machen. "CA-Kollokationen" sind nach Benson Verbindungen aus einem Substantiv und einem Verb, dessen Inhalt für ein positives, das heißt schaffendes und/oder aktivierendes Handeln steht ("*C*reation and/ or *A*ctivation"), z.B. "to compile a dictionary" (schaffend), "to set an alarm" (aktivierend). Die "EN-Kollokationen" hingegen sind zusammengesetzt aus einem Substantiv und einem Verb, das ein negatives, das heißt vernichtendes und/oder rückgängig machendes Handeln ausdrückt ("*E*radication and/or *N*ullification"), z.B. "to reject an appeal" (vernichtend), "to annul a marriage" (rückgängig machend). Sowohl in den CA- als auch in den EN-Kollokationen sind die Verben in der Regel transitiv, intransitive Verben bilden mit Substantiven die Gruppe der L4-Kollokationen (Benson 1985a: 10-13, Beispiele ebd.).

L1: Verb + Substantiv CA-collocation
Beispiel (3.17): C-collocation: (ES) *componer + canción*, (DE) *Lied + komponieren*
Beispiel (3.18): A-collocation: (EN) *to set + alarm(clock)*, (DE) *Wecker + stellen*
L2: Verb + Substantiv, EN-collocation
Beispiel (3.19): E-collocation: (EN) *to cancel + appointment*, (DE) *Termin + absagen*
Beispiel (3.20): N-collocation: (ES) *cancelar + reserva* , (DE) *Buchung + stornieren*
L3: Adjektiv + Substantiv
vgl. Beispiel (3.3, ES) *pelo + rubio*, (DE) *blond + Haar*
L4: Substantiv + Verb
vgl. Beispiel (3.4, FR) *cheval + hennir* , (DE) *Pferd + wiehern*
L5: Substantiv + Substantiv
vgl. Beispiel (3.8, FR) *tablette + de + chocolat*, (DE) *Tafel + Schokolade*
L6: Adverb + Adjektiv
vgl. Beispiel (3.7, EN) *seriously + ill*, (DE) *schwer + krank*
L7: Verb + Adverb
vgl. Beispiel (3.6, ES) *estudiar + aplicadamente*, (DE) *lernen + fleißig*

Abbildung (3.3): Typologie der lexikalischen Kollokationen nach Benson/Benson/Ilson (1986: xxiv-xxviii), mit eigenen Beispielen

Im Bereich der grammatischen Kollokationen unterscheiden Benson/Benson/Ilson (1986: ix-xxiii) für das Englische acht Typen, von denen zumindest die Typen G1 bis G7 auch auf andere indoeuropäische Sprachen übertragbar sind. Dabei enthalten die gram-

Wie im Fall der Kollokation besteht auch zwischen den Komponenten der Rektion eine hierarchische Ordnung, wobei "[d]as bedingende ('regierende') Element **a** [...] in der Regel lexikalischer, die abhängige ('regierte') Kategorie **b** grammatischer Natur" ist (Albrecht 1991: 310-312).

matischen Kollokationstypen G1, G2, G3, G5 und G6 Ausnahmen, von deren Aufnahme in das Kollokationswörterbuch Benson et al. absehen (vgl. Anmerkungen in den Fußnoten). Dieser Ausschluss bestimmter "Subtypen" grammatischer Kollokationen scheint das Ergebnis lexikographischer Methodik. Zu den Bestandteilen einer grammatischen Kollokation zählen neben den Präpositionen auch Infinitivanschlüsse und Teilsätze.

G1: Substantiv + Präposition[53]

Beispiel (3.21, EN) *respect + for*, (DE) *Achtung + vor*

G2: Substantiv + to + Infinitiv[54]

Beispiel (3.22, EN) *(it's a) pleasure + to meet (you)*, (DE) *(es ist mir eine) Freude + (Sie) kennenzulernen (~ schön, Sie kennenzulernen)*

G3: Substantiv + that clause

Beispiel (3.23, EN) *(we came to the) conclusion + that (we...)*, (DE) *(wir kamen zu dem) Schluss, dass (wir...)*

G4: Präposition + Substantiv

Beispiel (3.24, EN) *for + no reason*, (DE) *aus + keinem besonderen Grund (~ grundlos)*

G5: Adjektiv + Präposition[55]

Beispiel (3.25, EN) *indifferent + towards*, (DE) *indifferent + gegenüber*

G6: Prädikatsadjektiv + to + Infinitiv[56]

Beispiel (3.26, EN) "ready + to + go" (Benson/Benson/Ilson 1986: xix), (DE) *bereit + zu + gehen*

G7: Adj. + *that* clause

Beispiel (3.27, EN) *hopeful + that*, (DE) *zuversichtlich + dass*

G8: Diese Kategorie umfasst insgesamt neunzehn "Verb-Muster".[57]

Abbildung (3.4): Typologie der grammatischen Kollokationen nach Benson/Benson/Ilson (1986: ix-xxiii), mit eigenen Beispielen

53 Kombinationen mit den sehr frequenten Präpositionen "of", "by", nehmen Benson/Benson/Ilson nicht in ihr Kollokationswörterbuch auf. Ebensowenig werden Substantive, die von Präpositionalgruppen gefolgt werden, wie etwa "in regard to", erfasst, da sie in der Regel synoym zu "about" gebraucht werden (Benson/Benson/Ilson 1986: x).

54 Benson et al. verzichten auf die Aufnahme von Konstruktionen, in denen der Infinitiv durch "in order to" ersetzt werden kann. Auch Konstruktionen, in denen der Infinitiv durch einen Relativsatz paraphrasiert werden kann, werden nicht erfasst (Benson/Benson/Ilson 1986: x, f.).

55 Nicht berücksichtigt werden, wie beim Typ G1, die von Verben abgeleiteten Präpositionen, und adjektivisch gebrauchte Partizipien + "by". Konstruktionen mit der Präposition "of" werden berücksichtigt, wenn das Subjekt der Konstruktion ein Lebewesen ist (Benson/Benson/Ilson 1986: xvii).

56 In dieser Kategorie werden unpersönliche Konstruktionen und persönliche Konstruktionen erfasst. Nicht aufgenommen werden Partizipien, die Teil einer Passiv-Struktur sind, sowie Kombinationen aus Adjektiv und final gebrauchtem Infinitiv (Benson/Benson/Ilson 1986: xii, ff.).

57 Beispielhaft seien hier die Muster (G) = Verb + Verb in der Verlaufsform, z.B. "they enjoy watching television", und (H) = transitives Verb + Objekt + to + Infinitiv, z.B. "she asked me to come", genannt (vgl. Benson/Benson/Ilson 1986: xiv, ff.).

3.2.3 Die Rezeption und Synthese der Ansätze Hausmanns und Bensons in der Wortschatzdidaktik und Fremdsprachenlexikographie

Die für ähnliche Zwecke konzipierten Kollokationsbegriffe von F. J. Hausmann und M. Benson weisen mehrere Gemeinsamkeiten auf. Zum einen sind beide Begriffe phraseologiegeleitet: So stützt sich Hausmann auf Ballys *Traité de stylistique française*, der Palm (1995: 106) zufolge die Herausbildung der Phraseologieforschung "besonders beeinflußt" hat,[58] Benson findet Orientierung vor allem bei Mel'čuk sowie bei Cowie und Mackin (Benson 1985f.). Zum anderen handelt es sich jeweils um vergleichsweise eng gefasste Begriffe, vergleicht man sie etwa mit den Kollokationsdefinitionen der Vertreter des britischen Kontextualismus (vgl. Kapitel 3.1.1). Darüber hinaus verstehen sowohl Hausmann als auch Benson unter der (lexikalischen) Kollokation eine einzelsprachspezifische und auffallend übliche Kombination bestehend aus zwei Wörtern, die zwischen den Redewendungen einerseits und den freien Wortverbindungen andererseits zu verorten ist.

Allerdings schließt Hausmann grammatische Elemente als Bestandteile von Kollokationen aus, wohingegen Benson sein Kollokationsverständnis auf die Ebene der Grammatik ausweitet. Dies erleichtert dem Sprachenanwender zwar nicht unbedingt den Vergleich zwischen der Fremdsprache und der Muttersprache, mag ihm jedoch bei der Textproduktion in der Fremdsprache zur Orientierung genügen.

Eine Diskrepanz besteht auch in der Verortung der Kollokation im Bereich der festen Wortverbindungen bei Benson, und im Bereich der nicht-fixierten Wortkombinationen bei Hausmann. Ein auf den ersten Blick eindeutiger Unterschied findet sich außerdem in der Ordnung bzw. Hierarchie der Kollokationskomponenten: Während Hausmann seinen Kollokationsbegriff darauf stützt, dass die syntagmatische Beziehung zwischen Basis und Kollokator eine hierarchisch gerichtete und die Basis dem Kollokator übergeordnet ist, besteht zwischen den Komponenten der lexikalischen Kollokation bei Benson ein Verhältnis der "Gleichberechtigung". Am Aufbau des Kollokationswörterbuchs von Benson/Benson/Ilson (1986ff.) jedoch wird ersichtlich, dass die Kollokationen in der Regel unter der Komponente verzeichnet sind, die in der Terminologie von Hausmann der übergeordneten Basis entspricht.[59]

Ausdruck der Nähe der beiden Kollokationskonzepte ist sicherlich auch Hausmanns "Praktische Einführung" in die deutsche Ausgabe des *BBI* (Hausmann 1989b). Daraus geht hervor, dass die lexikalischen Kollokationen des *BBI* dem Kollokationsverständnis Hausmanns entsprechen. In der Darlegung des Aufbaus und der Handhabung des Wörterbuchs werden die Typologisierung der lexikalischen Kollokationen des *BBI* mit der Klassifikation der Kollokationen bei Hausmann (1989a) zusammenge-

58 Vgl. in diesem Zusammenhang auch die Definition der Phraseologie und die Verortung der Kollokation im Spektrum der phraseologischen Einheiten bei Blumenthal/Hausmann (2006a: 10): "[...] on appelle *phraséologie*, comme nous le proposons, l'ensemble des unités polysegmentales codées en langue, que ce soit dans le système ou dans la norme [...]".

59 Vgl. zu diesem letzten Punkt auch Bahns (1996: 28).

führt und je Typ die Basis- und die Kollokatorkomponenten festgelegt (vgl. Hausmann 1989b: vi, ff.):

Typ 1, in Hausmanns früherer Klassifikation "Typ c", kommt Bensons L1(CA-) und L2 (EN-)-Kollokationen nahe: Verb + Substantiv[60] (Objekt) bzw. Substantiv (Objekt) + Verb ; vgl. Beispiel 3.5: (EN) *flower* + *to pick*, (DE) *Blume* + *pflücken*
Typ 2, in der früheren Klassifikation "Typ a", entspricht Bensons L3-Kollokation: Adjektiv + Substantiv; vgl. Beispiel 3.3: (ES) *pelo* + *rubio*, (DE) *blond* + *Haar*
Typ 3, in der früheren Klassifikation "Typ b", entspricht Bensons L4-Kollokation: Substantiv (Subjekt) + Verb; vgl. Beispiel 3.4: (FR) *cheval* + *hennir* , (DE) *Pferd* + *wiehern*
Typ 4, in der früheren Klassifikation "Typ f", entspricht Bensons L5-Kollokation: Substantiv + (Präposition) + Substantiv; vgl. Beispiel 3.8: (FR) *tablette* + *de* + *chocolat*, (DE) *Tafel* + *Schokolade*
Typ 5, in der früheren Klassifikation "Typ e", entspricht Bensons L6-Kollokation: Adverb + Adjektiv; vgl. Beispiel 3.7: (EN) *seriously* + *ill*, (DE) *schwer* + *krank*
Typ 6, in der früheren Klassifikation "Typ d", entspricht Bensons L3-Kollokation: Verb + Adverb bzw. Adverb + Verb; vgl. Beispiel 3.6: (ES) *estudiar* + *aplicadamente*, (DE) *fleißig* + *lernen*

Abbildung (3.5): Zusammenführung der Kollokationstypologien von Hausmann und Benson/Benson/Ilson nach Hausmann (1989b), mit eigenen Beispielen

Weitere Untersuchungen zu Kollokationen stützen sich auf die Gemeinsamkeiten der Kollokationsbegriffe von Hausmann und Benson. Exemplarisch sind in diesem Zusammenhang die Arbeiten von J. Bahns zur lexikographischen Erfassung und zur Wortschatzdidaktik der Kollokationen des Englischen (Bahns 1993 und vor allem 1996 und 1997), sowie Chr. Konecnys Studie zu Kollokationen des Italienischen[61] und zu deren didaktischer Aufbereitung zu nennen, in der u.a. Bensons Begriff der lexikalischen Kollokation und Hausmanns Basis-Kollokator-Konzept zusammengeführt werden (Konecny 2010: 89f.).

3.2.4 Lexikographische Ergebnisse der Kollokationsforschung

Neben dem *BBI* hat die Kollokationsforschung in der Fremdsprachenlexikographie in den vergangenen Jahren weitere Ergebnisse in Form von speziellen, korpusbasierten Kollokationswörterbüchern hervorgebracht. Für das Englische ist dies das von C. McIntosh, B. Francis und R. Poole herausgegebene *Oxford Collocations Dictionary for Students of Englisch* (Oxford University Press 2009[2] [2002]). Für das Deutsche gibt es das aus dem "Wortschatzportal" der Universität Leipzig hervorgegangene *Wör-*

60 Die Basis-Komponente ist hier jeweils durch Unterstreichung hervorgehoben.

61 Im Zusammenhang mit den Kollokationen des Italienischen sei außerdem auf die lexikologisch-lexikographische Studie von L. Giacomini (2012) hingewiesen.

terbuch der Kollokationen im Deutschen von U. Quasthoff (De Gruyter 2011) sowie das *Kollokationenwörterbuch für den Alltag* von A. Häcki-Buhofer, M. Dräger, S. Meier und T. Roth (Francke 2014). Für das Französische und das Spanische liegen zum Zeitpunkt dieser Untersuchung noch keine Kollokationswörterbücher vor, doch dürfen in diesem Zusammenhang ein Gemeinschaftsprojekt der Universitäten Nancy und Köln (P. Bernard, P. Blumenthal et al.)[62] sowie ein Kollokationswörterbuchprojekt der Universidade da Coruña (M. Alonso Ramos)[63] nicht unerwähnt bleiben. Auf den Einsatz dieser Nachschlagewerke sowie allgemeinerer Kombinations- und Produktionswörterbücher[64] bei der Verifizierung von Kollokationen im Zuge des Übersetzens wird in Kapitel 6.3 noch einmal näher eingegangen.

Darüber hinaus sind die aus dem Bereich der Übersetzungswissenschaft hervorgegangenen Projekte zur lexikographischen Aufbereitung der Kollokationen zu nennen. Sie sind für den Umgang mit Kollokationen in der Produktionsphase des Übersetzungsprozesses und damit für sehr viel spezifischere Zwecke konzipiert als die bereits genannten Kollokationswörterbücher. In Kapitel 4.1 werden diese übersetzungsbezogenen lexikographischen Arbeiten eingehender besprochen.

3.3 Zusammenschau

Zeichnet man die Herausbildung der Kollokationsforschung nach, wird ersichtlich, dass die Kollokation wohl aufgrund der Komplexität des sprachlichen Phänomens, das sie darstellt, nicht verallgemeinernd unter ein Konzept bzw. eine linguistische Kategorie zu fassen ist. Die gemeinsame Grundidee ist jedoch, dass bestimmte Wörter mit bestimmten anderen Wörtern zusammen auftreten. Es lassen sich Verbindungen zwischen den frühen Ansätzen des britischen Kontextualismus bzw. der dort herausgearbeiteten "gegenseitigen Erwartbarkeit" von Wörtern, den von Porzig dargelegten wesenhaften Bedeutungsbeziehungen, den von Coseriu konzipierten lexikalischen Soli-

---

62 Das korpusbasierte Kollokationswörterbuch, das aus dem gemeinsamen lexikographischen Projekt der Universitäten Köln (Romanisches Seminar, Projektbeteiligte: P. Blumenthal, S. Diwersy, D. Davison, A. Grutschus, E. Wolst, J. Mielebacher) und Nancy/ Centre National de Recherche Scientifique (Projektbeteiligte: P. Bernard, J. Lecomte) hervorgehen soll, könnte eine Lücke in der lexikographischen Landschaft des Französischen schließen. Für nähere Informationen sei auf die Homepage des Projekts verwiesen (vgl. www2).

63 Es handelt sich hierbei um ein Kollokationswörterbuchprojekt der von Margarita Alonso Ramos geleiteten Forschungsgruppe DiCE (*Diccionario de Colocaciones del Español*). Detaillierte Informationen finden sich auf der Homepage des Projekts (vgl. www3).

64 Für das Spanische z.B. BOSQUE, Ignacio (Dir.) (2004): *REDES. Diccionario combinatorio del español contemporáneo*. Madrid: SM.

Für das Französische z.B. ZINGLÉ, Henri/ROBECK-ZINGLÉ, Marie-Louise (2003): *Dictionnaire combinatoire du français. Expressions, locutions et constructions.* Paris: La Maison du Dictionnaire.

daritäten und normbestimmten *clichés* und der semantisch begründeten syntaktischen Verträglichkeit zweier Bedeutungen, die Leisi offenlegt, ziehen: Im Grunde sind dies verschiedene, doch ähnliche Aspekte ein und desselben Phänomens. Dabei wird die Kollokation im Kontextualismus als Mehrworteinheit gesehen, die in einem *sprachlichen und situativen Kontext* eine bestimmte Funktion erfüllt; begründet ist das Kollokationskonzept in der Beobachtung des Sprachgebrauchs und in der Häufigkeit des gemeinsamen Vorkommens bestimmter Wörter im Verbund innerhalb eines Textkorpus. Die von Coseriu und Porzig analysierten Wortzweierverbindungen entsprechen vor allem hinsichtlich der Zusammenstellung der Wortarten zunächst den von den britischen Kontextualisten untersuchten Einheiten. Sie stellen allerdings nur einen Ausschnitt aus dem Bereich der Wortzweierkombinationen dar, den der semantisch eindeutig zusammenhängenden Verbindungen des Typs *Blume* + *blühen*, *Pferd* + *satteln*, *Biene* + *summen*, usw. Dabei ist bei der Beschreibung der lexikalischen Solidaritäten, ebenso wie bei der Bestimmung der wesenhaften Bedeutungsbeziehungen, die Zusammengehörigkeit von Wörtern innerhalb eines *Systems von Bedeutungsrelationen* vordergründig, dessen Struktur sprachtheoretisch herausgearbeitet wird. Coserius lexikalische *clichés* wiederum sind Ausdruck der begrenzten Kombinierbarkeit von (zwei) Wörtern auf der Grundlage des "normalen" Sprachgebrauchs.

In ihrer Gesamtheit führen diese Aspekte u.a. dazu, dass kollokative Einheiten auch in der Phraseologie als eigenständige Kategorie und Forschungsgegenstand berücksichtigt werden. Im Vordergrund steht dabei eher die Beschreibung und Abgrenzung der Einheit nach syntaktischen und semantischen Kriterien, und der Kollokationsbegriff ist, im Vergleich zu den kontextualistischen Ansätzen, entsprechend enger gefasst.

In der häufig phraseologiegeleiteten anwendungsbezogenen Kollokationsforschung tritt die Betrachtung der Zusammengehörigkeit der Bedeutungsmerkmale der Komponenten der Wortverbindung allerdings in den Hintergrund. Das wiederholte gemeinsame Auftreten von Wörtern gilt als ein Indiz für deren lexikalische Zusammengehörigkeit, die schließlich mehr oder weniger als gegeben angenommen wird. Der Zugang zur Untersuchung der so hervorgegangenen Wortkombinationen wird durch die Herausarbeitung ihrer Grundstrukturen erleichtert, und macht sie für die Anliegen der anwendungsbezogenen linguistischen Forschung greifbarer. Für die Arbeiten vor allem der fremdsprachendidaktischen und -lexikographischen Kollokationsforschung stellt dabei die einzelsprachliche Gebundenheit der Kollokation in der Regel den Ausgangspunkt dar. Ähnliches gilt für Untersuchungen zu Kollokationen aus dem Bereich der Übersetzungswissenschaft, wie in den folgenden Ausführungen gezeigt wird.

4 Kollokationen in der Übersetzungswissenschaft

Auf den Ausführungen in Kapitel 3 aufbauend sollen im Folgenden zunächst die Verwendung des Kollokationsbegriffs in der Übersetzungswissenschaft und die darauf gründenden Untersuchungen dargestellt werden. Daran anknüpfend wird das Verständnis der Kollokation für die empirische Untersuchung von Kollokationen in der Her-Übersetzung dargelegt.

4.1 Die übersetzungsbezogene Kollokationsforschung

In den übersetzungsbezogenen Studien im Bereich der Kollokationsforschung wird die Kollokation in der Regel aus der Perspektive des (zumeist) allgemeinsprachlichen Übersetzens betrachtet.[65] Problematisiert wird dabei in der Regel die Hin-Übersetzung der Kollokation bzw. die Produktion des fremdsprachigen Zieltextes. In diesem Sinne wird in vielen Studien der Schwerpunkt auf die Entwicklung verschiedener für das Übersetzen von Kollokationen in die Fremdsprache geeigneter Hilfsmittel gelegt.

4.1.1 Zur lexikographischen Aufbereitung syntagmatischer Daten für den Übersetzer

J. Kornelius (1995a ff.) befasst sich als einer der ersten Sprach- und Übersetzungswissenschaftler systematisch mit der Übersetzung und der an den speziellen Bedürfnissen des Übersetzers orientierten lexikographischen Aufbereitung von Kollokationen. Ausgerichtet an der Didaktisierung des Übersetzens und der systematischen Wortschatzarbeit weit fortgeschrittener fremdsprachiger Englischlerner stützt sich Kornelius auf den Kollokationsbegriff von Hausmann, weil "die Affinitätsbeziehung zwischen Basis und Kollokator die Bedingungen beim Übersetzen abbildet." Zwar gebe es "komplexere, im Sinne der linguistischen Beschreibung leistungsstärkere Modelle, [...] doch stehen diese der Übersetzungspraxis und den Bedingungen des Spracherwerbs eher fern." (Holderbaum/Kornelius 2001: 537). Kornelius betrachtet Kollokationen als Übersetzungseinheiten[66] und begreift sie als Wortzweierverbindungen, die von "unauffälligen Größen der Rezeption" zu "Problemgrößen" in der Produktionsphase des Übersetzungsprozesses werden (Kornelius 1995a: 154). Ausgangspunkt dabei ist, dass der Übersetzer die Kollokation in der Ausgangssprache idealerweise als Zweierfügung erfasst und von der Basis ausgehend nach Kollokatoren in der Zielsprache sucht (Kornelius 1995a: 157 sowie Holderbaum/Kornelius 2001: 537). Geeignete Hilfsmittel sollten diesen Suchprozess während der Produktion des fremdsprachigen Zieltextes ermöglichen und effizienter gestalten. Der Übersetzer benötigt ausreichend sprachliche Informationen, um die Auswahl der passenden Kollokation treffen zu können bzw. um

65 Fachsprachliche Kollokationen in der Übersetzung stehen u.a. im Fokus der Arbeiten von A. Caro Cedillo (2004), S. Halkiopoulou (2006), F. Księżyk (2014).

66 Zur Kollokation als Übersetzungseinheit vgl. Kapitel 5.

Übersetzungslösungen abzusichern. Das von Kornelius konzipierte elektronische Kollokationswörterbuch soll diesen Anforderungen gerecht werden: Die aus einem englischsprachigen Zeitungskorpus extrahierten Kollokationen sind nach den sechs von Hausmann aufgestellten Typen kategorisiert und die Kollokatoren einer Basis in so genannten *Tableaus* nach übergreifenden semantischen Merkmalen gruppiert. Die im Zeitungskorpus besonders frequenten Kollokatoren sind graphisch hervorgehoben. Mit aufgenommen werden auch als freie Kombinationen eingestufte Wortverbindungen aus dem Korpus, da zum einen eine "schnittfreie Einteilung" der beiden Wortverbindungstypen nicht möglich ist und die freien Kombinationen zum anderen eine Auswahl sichern, "mit der sich eine schreibstimulierende Wirkung bei der Textproduktion verbindet". (Kornelius 1995a: 160 und 165)

Nachstehende Abschrift des *Tableau*-Beispiels zu verbalen Kollokatoren des englischen Substantivs "mist" veranschaulicht die Struktur des Wörterbucheintrags:

MIST		
Bewegung		
~comes	~hovers	
~creeps	~penetrates	
~drifts across	**~rises**	
~drives by	~s run	
~extends over	~s shift	
~floats	**~spreads**	
~gathers	**~sweeps**	
~glides over	~s wander	
	Bewegungsrichtung	
aufsteigend	*fallend*	*kreisend*
~lifts	~descends	~circles round
~mounts	**~falls**	**~curls**
~rises	~rolls down	~eddies
~rolls up	~settles	~wheels
	~sinks	~rolls over
bedecken	*umhüllen*	
~clings to	**~closes over/round**	
~covers	~envelopes	
~hangs over	~s surround	
~occupies	~wraps	
~rests		
Intensität		
abnehmen	*zunehmen*	
~clears	**~gathers**	
~crumbles	~s congregate	
~dissolves	~deepens	
~escapes	~increases	
~melts	~thickens	
~vanishes		

Abbildung (4.1): *Tableau* nach Kornelius (1995a: 165)

Die Ergonomik der Eintragsstruktur des Kollokationswörterbuchs und der onomasiologischen Anordnung der Kollokatoren ist durch die Ergebnisse von Leseexperimenten mit Blickbewegungsaufzeichnungen bestätigt, die Kornelius in Kooperation mit Medizinern und Physikern durchgeführt hat: Die Anordnung der sprachlichen Information, der Basen und Kollokatoren ist im Eintrag so gestaltet, dass das Auge des im Umgang mit (Print-)Wörterbüchern geschulten Übersetzers diese deutlich schneller erfassen und filtern kann als in herkömmlichen Print-Wörterbüchern (Kornelius 1995a: 166ff.).

Im Entwurf dieses Kollokationswörterbuchs für Übersetzer sowie in Kornelius' ersten Aufsätzen zu Kollokationen in Wörterbüchern und im Übersetzungsprozess ist der Grundstein für zahlreiche weitere übersetzungswissenschaftliche Studien zu einzelnen Aspekten des Themenbereichs des gebundenen Sprachgebrauchs im Kontext des Übersetzens zu sehen.

So entwickelt etwa A. Holderbaum Kornelius' Konzept eines idealtypischen elektronischen Kollokations- und Textproduktionswörterbuchs für weit fortgeschrittene Fremdsprachenlerner und Übersetzer des Englischen weiter (Holderbaum 2003: 137ff.). Ausgehend von der Kollokation als Problemgröße beim Übersetzen und Dolmetschen in die Fremdsprache untersucht Holderbaum ausführlich die Hilfsmittellage für die Rezeption, Verifizierung und Produktion von Kollokationen des Englischen. Dabei analysiert sie zum einen die lexikographische Aufbereitung von Kollokationen in Wörterbüchern des Englischen in Printversion und auf CD-Rom, wobei sie den einschlägigen Lerner- und Kollokationswörterbüchern *BBI Dictionary of English Word Combinations* (Benson/Benson/Ilson 1997) und *Oxford Collocations Dictionary for Students of English* (Deuter et al. 2002) besondere Aufmerksamkeit schenkt. Zum anderen untersucht sie die Erfassung und das Vorkommen von Kollokationen in Online-Wörterbüchern, -Textkorpora und -Datenbanken, bzw. deren Geeignetheit für die Kollokationsrecherche. Als Ergänzung bzw. Alternative zu den vorhandenen Hilfsmitteln entwirft Holderbaum eine zweisprachige Online-Kollokationsdatenbank für das Sprachenpaar Englisch-Deutsch (Holderbaum 2003: 145-150). Dabei orientiert sie sich an der von Hausmann (1989a und 1989b) aufgestellten Typologie der Kollokationen und an Kornelius' Überlegungen zur Konzeption eines Kollokations- und Textproduktionswörterbuchs für weit fortgeschrittene Fremdsprachenlerner und Übersetzer (Holderbaum 2003: 137ff.). Die von ihr vorgeschlagene Eintragsstruktur der Datenbank umfasst separate Basis- und Kollokatorenfelder sowie zusätzliche Felder für eine Definition der Kollokation, für Kontextbeispiele, synonyme Kollokationen und Angaben zu ihrer Verwendung. Die Online-Kollokationsdatenbank selbst soll durch registrierte Nutzer befüllt und fortlaufend aktualisiert werden und bietet sich wohl in erster Linie als Hilfsmittel für die Hin-Übersetzung an.[67]

67 Die Kollokationsdatenbank ist online verfügbar (vgl. www4).

4.1.2 Studien zum Kollokationswissen und Übersetzen

Der an die Arbeiten von Kornelius und Holderbaum anknüpfende Beitrag von E. Angelone (2007) besteht in der Konzeption eines elektronischen "Kollokations-Trainers" für weit fortgeschrittene Englisch-Lerner, im Besonderen für Studierende der Übersetzungswissenschaft. Obgleich Angelone die Kollokationen aus der Perspektive des Fremdsprachenanwenders betrachtet, kehrt er sich von den Methoden der Wortschatzarbeit im schulischen Fremdsprachenunterricht zugunsten von Lernstrategien ab, die eigens auf die Kollokationskompetenz von Übersetzern und Dolmetschern zugeschnitten sind. Ziel des Übersetzers ist dabei, "not so much to create entirely new constructions when translating, but rather to make sure that the base and collocator when translated function together as a valid unit with meaning rendered in the target language paralleling intended meaning in the source language as closely as possible." (Angelone 2007: 100). In diesem Sinne soll das von Angelone entwickelte Wortschatz-Tool *Electronic Collocation Organization and Retrieval (E-COR)* während des Übersetzungsprozesses das Suchen, Überprüfen, Abspeichern und Wiederaufrufen von Kollokationen ermöglichen. Der Idee von *E-COR* liegt die praxisbasierte Überzeugung zugrunde, dass Zwei-Wort-Kollokationen in der Fremdsprache in einem weit fortgeschrittenen Stadium des Spracherwerbs nicht wie einfache Vokabeln gelernt werden können. *E-COR* soll als Hilfsmittel genutzt werden können, um das Kollokationswissen in der Fremdsprache Englisch selbst dann noch auszubauen, wenn die Sprachkompetenz sich bereits auf einem sehr hohen Niveau befindet, wie es bei Studierenden der Übersetzungswissenschaft der Fall ist. Angelone betont, dass das Arbeiten mit Kollokationen für den Übersetzer in der Fremdsprache häufig nicht so sehr eine Frage der Textproduktion ist, sondern vielmehr darin besteht, zwischen semantisch synonymen Wortverbindungen zu unterscheiden, um dabei möglichst die in der Zielsprache "stärkste" Kollokation herauszufiltern (Angelone 2007: 61). Über *E-COR* soll der Nutzer auf die online frei zugängliche Konkordanz- und Textanalysesoftware *Collins Cobuild Concordance and Collocations Sampler*, die für die Verifizierung und Produktion von Kollokationen in der Zielsprache Englisch eingesetzt werden kann, und auf zwei Zeitungsarchive (*Utah Daily Herald, Las Vegas Sun*) zugreifen (Angelone 2007: 40). Der Verifizierungs-Komponente in *E-COR* liegt somit das Prinzip des "cross-checking" im Sinne eines gegenprüfenden Vergleichs sprachlicher Informationen zugrunde (Angelone 2007: 118f.). Dabei soll die Verifizierung von Kollokationen nicht nur dazu dienen, abzusichern, welche Wörter miteinander kombiniert werden können, sondern auch dazu, welche Wörter empirisch begründet *nicht* miteinander kombiniert werden (Angelone 2007: 135). In der *Retrieval*-Komponente soll darauf aufbauend eine nutzerspezifische Datenbank verifizierter Kollokationen des Englischen angelegt werden können. *E-COR* ist demnach für eine korpusbasierte Konkordanz- und Kollokationssuche konzipiert, wobei Angelone sowohl auf die Basis-Kollokator-Begrifflichkeiten als auch die Typologie der binären Kollokationen nach Hausmann zurückgreift (Angelone 2007: 57). Insgesamt handelt es sich bei *E-COR* um ein methodisch und didaktisch solide unterfüttertes Modell, das jedoch bislang nicht in die Praxis umgesetzt worden ist.[68]

4.1.3 Kollokationsfelder im Vergleich

Eine in der Übersetzungspraxis einsetzbare Software für die Recherche englischer Kollokationen hat A. Kimmes (2009) mit dem *Collocation|Analyzer* vorgelegt. Dem *Analyzer* stellt Kimmes zwei korpusbasierte Untersuchungen der Kollokationsspektren von sechs Verben des Denkens (*to consider, to meditate, to muse, to ponder, to reflect, to think*; *New York Times online*) und vier semantischen Feldern (*love, result, trouble, work*; *Washington Post online*) voran. Dabei stützt auch sie sich im Wesentlichen auf den Kollokationsbegriff und die Kollokationstypologie Hausmanns. Zur Klassifizierung der aus ihrem knapp 40 Millionen Wörter umfassenden englischsprachigen Korpus extrahierten syntagmatischen Daten stellt sie außerdem die Kategorien "grammatical collocations and other constructions" und "determiner" auf (Kimmes 2009: 127 und 313). Als *determiner* bezeichnet sie Adjektive, Adverbien und Pronomen wie *all, another, any, more (of), much, sort of* u.a. und definiert sie als "words [that] tend to be acceptable with any kind of noun and can therefore be regarded as free combinations" (Kimmes 2009: 316), also Wörter, die im Verbund mit Substantiven hochfrequente freie Kombinationen bilden. Kimmes untersucht dabei nicht nur den Kollokationsradius der von ihr ausgewählten 48 englischen Substantive, sondern auch, ob den Basen eines semantischen Feldes[69] jeweils ähnliche Kollokatoren zugeordnet werden können. Sie gelangt zu dem Ergebnis, dass eine eindeutige semantische Nähe der von ihr untersuchten Basen nicht die möglicherweise zu erwartenden Überschneidungen ihrer jeweiligen Kollokationsspektren impliziert (Kimmes 2009: 455). Letztere stellen sich in Kimmes' Untersuchung darüber hinaus als überraschend groß heraus.[70] Diese Ergebnisse veranlassen Kimmes dazu, den ihrer Meinung nach vergleichsweise engen Kollokationsbegriff Hausmanns zu überdenken, wobei sie gleichzeitig vor einem rein frequenzbasierten Kollokationsverständnis in der Übersetzungstheorie und -praxis warnt (Kimmes 2009: 497f.) Die Synthese ihrer Erkenntnisse führt Kimmes zur Entwicklung des *Collocation|Analyzer* (Kimmes 2009: 470-496). Auch dieses elektronische Hilfsmittel richtet sich an den Übersetzer, für den die Kollokation bei der Textproduktion des fremdsprachigen Zieltextes eine Problemgröße darstellen kann; allerdings ist die Perspektive, die hinter der Entwicklung des *Collocation|Analyzer* steht, anders als bei *E-COR* (Angelone 2007) nicht die der praktischen Anwendung in Lehr-/ Lernkontexten.

Dem *Collocation|Analyzer* liegt ein umfangreiches Textkorpus zugrunde und die jeweiligen Kollokationen können innerhalb eines sprachlichen Kontextes angezeigt

68 Zur Funktionsweise von *E-COR* und seinem Einsatz in der Lehre vgl. außerdem Angelone/Connelly (2007).

69 Zur Theorie und Analyse von Bedeutungsfeldern vgl. Ipsen (1924f.), Trier (1931f.), Weisgerber (1939f.), Goeke/Kornelius (1984) sowie Kapitel 3.1.2.

70 Zu den Bemessungen des *collocational range* ausgewählter Basen vgl. auch Kimmes/Kornelius (2009).

werden. Zudem erlaubt das Tool über eine Schnittstelle die Verifizierung und Bedeutungsklärung möglicher Kollokatoren mittels zweier einschlägiger Kollokationswörterbücher des Englischen und dem *Merriam-Webster Dictionary and Thesaurus Online*. Der *Collocation|Analyzer* soll nicht nur dazu dienen, Kollokationen zu finden und Kombinationswörter zu verifizieren, sondern auch dazu, den Kollokationsradius bestimmter semantisch verwandter Elemente eines Feldes miteinander zu vergleichen, wodurch der Übersetzer durchaus auch seine sprachlichen Kompetenzen schulen kann. Zwar ist die Anzahl der im *Collocation|Analyzer* zum Zeitpunkt seiner Veröffentlichung enthaltenen Stichwörter mit den von Kimmes in ihrer Arbeit untersuchten 48 Basen (s.o.) noch vergleichsweise klein, doch dürfte die Anlage weiterer Einträge technisch gesehen durchaus möglich sein.[71]

4.1.4 Die Kollokation als Lese- und Übersetzungsgröße

Chr. Grauer befasst sich in seinen Studien mit den Verarbeitungsprozessen beim Lesen und Übersetzen von Kollokationen, die er als "Mikroeinheiten der Übersetzung" versteht (Grauer 2009: 44). Dabei verwendet er ebenfalls den von Hausmann geprägten Kollokationsbegriff sowie dessen Typologie der Kollokationen und der "nicht-fixierten" Wortverbindungen *Kollokation*, *Ko-Kreation* und *Konter-Kreation* (Hausmann 1984).[72] Grauer untersucht zum einen, wie Studierende des Übersetzens und der Übersetzungswissenschaft das Internet für die übersetzungsrelevante Wissensrecherche und die Recherche nach sprachlichen Informationen in der Hin-Übersetzung, das heißt in diesem Fall in die Fremdsprache Englisch, nutzen. Grauers Fazit fällt ernüchternd aus: Nicht nur verwendeten seine Probanden eine äußerst geringe Anzahl unterschiedlicher Online-Hilfsmittel und informierten sich insgesamt nur oberflächlich über den Hintergrund des zu übersetzenden Textes, auch die Suche nach der Übersetzung von Kollokationen des Ausgangstextes erfolgte nicht systematisch von der Basis zum Kollokator, sondern in vielen Fällen nach der gesamten Kollokation in populären zweisprachigen Online-Wörterbüchern wie LEO oder PONS (Grauer 2009: 108 und 111). Zum anderen analysiert Grauer mittels Blickbewegungsaufzeichnungen die Kollokationen als Lesegrößen in englischen und deutschen Texten und weist nach, dass "Kollokationen deutlich länger fixiert werden als Ko-Kreationen" (Grauer 2009: 171). Des Weiteren untersucht Grauer die Kollokationsproduktion beim Übersetzen in die und aus der Fremdsprache Englisch in simulierten Prüfungssituationen. Im Fokus stehen dabei die individuellen Leistungen der Probanden einer Gruppe von Examenskandidaten in Übersetzungen englischer und deutscher Texte. Grauer vergleicht jeweils die Anzahl der Kollokationen des Ausgangstextes mit der Anzahl der Kollokationen des jeweiligen Zieltextes und stellt diese wiederum der Anzahl der von ihm als "kollokative Fehlbildungen" (Grauer 2009: 188) eingestuften Wortkombinationen gegenüber. Hierbei gelangt Grauer u.a. zu der Erkenntnis, dass "die Studierenden beim Übersetzen in

71 Zum *Collocation|Analyzer* vgl. auch Kimmes/Koopmann (2008).

72 Vgl. hierzu die Ausführungen in Kapitel 3.2.1.

die Muttersprache nicht über dasselbe Problembewusstsein verfügen wie beim Übersetzen in die Fremdsprache." (Grauer 2009: 201). Dies steht in einer Linie mit den Beobachtungen, die H.-P. Krings (1988) gut zwanzig Jahre zuvor in seinen mit Lautes-Denken-Protokollen durchgeführten Untersuchungen von Übersetzungsprozessen Studierender philologischer Studiengänge angestellt hat.

Grauer kontrastiert seine Resultate aus den Leseexperimenten und der Kollokationsproduktion beim Übersetzen schließlich mit einer Untersuchung von Kollokationen im mündlichen Sprachgebrauch außerhalb des Übersetzungskontextes. Ein interessantes Ergebnis seiner Analyse der Redebeiträge in Fernseh-Talkshows ist die deutliche Häufung von so genannten Hesitationen im Zusammenhang mit Kollokationen; in diesen kurzen Unterbrechungen des Redeflusses sieht Grauer ein Anzeichen für den im Vergleich zu freien Wortverbindungen größeren mentalen Produktionsaufwand von Kollokationen (Grauer 2009: 213f.). Aus den Ergebnissen seiner einzelnen Studien heraus definiert Grauer abschließend die Kollokation als "Translationseinheit" im Übersetzungsprozess, als "variable" Größe unterhalb der Satzebene, "auf die sich der Übersetzer im Zuge des Übersetzungsprozesses mental konzentriert" (Grauer 2009: 217 und 219).

4.1.5 Weitere Betrachtungen zur Kollokation im Kontext des Übersetzens

Aus dem Bereich der Übersetzungswissenschaft gibt es ferner Arbeiten, die sich nicht primär mit Kollokationen beschäftigen, sich mit diesen jedoch als sprachliche Größen der Übersetzung und konkret der Produktion des Zieltextes auseinander setzen. Zu nennen ist hier zum einen das Lehrbuch von P. Newmark (1988), in dem vor allem Übersetzungsverfahren und -strategien herausgearbeitet werden, die Anhaltspunkte für die Lösung bestimmter sprachlicher, kultureller und textbezogener Übersetzungsprobleme bieten können. Für Newmark ist die Kollokation neben dem Wort eine von zwei lexikalischen Untereinheiten in dem von ihm als "natürliche" Übersetzungseinheit festgelegten Satz (Newmark 1988: 65f). In einem Unterkapitel konstatiert auch er die mit den Kollokationen verbundene Übersetzungsproblematik: "Translation is sometimes a continual struggle to find appropriate collocations [...]. If grammar is the bones of a text, collocations are the nerves, more subtle and multiple and specific in denoting meaning, and lexis is the flesh." (Newmark 1988: 213)

Auch G. Corpas Pastor (2003: 185-191) schenkt der Übersetzung von Kollokationen im Rahmen ihrer phraseologischen Studien Aufmerksamkeit und betrachtet vor allem die semantische Äquivalenzbeziehung zwischen ausgangssprachiger und entsprechender zielsprachiger Kollokation. Sie orientiert sich dabei am Kollokationsbegriff Hausmanns, und wählt die Kollokator-Komponente als Ausgangspunkt, um beispielhaft zu zeigen, wie semantisch unterschiedlich das Spanische und das Englische dieselben Sachverhalte darstellen; sie argumentiert daher dafür, die Kollokation als Ganzes zu übersetzen (Corpas Pastor 2003: 191). Hierfür kontrastiert Corpas das substantivische Kollokationsspektrum des englischen Adjektivs "heavy" mit seinen spanischen Äquivalenten. Dabei wird deutlich, dass mit der Basis keine semantische Verschiebung einhergeht, mit dem Kollokator hingegen häufig schon: Die englische Kollokation *heavy traffic*, die wörtlich übersetzt **schwerer Verkehr* bedeutet, wird im Spanischen zu *tráfico denso* und damit zu *dichtem Verkehr*.[73]

Mit einem sehr deutlichen Bezug zur Übersetzungspraxis befasst sich zum anderen N. Keller (2006) in ihrer Studie zu webbasierten Terminologiedatenbanken mit der Aufnahme von Kollokationen in terminologische Datenbanken. Keller weist den Kollokationen in der von ihr hergeleiteten Struktur eines terminologischen Eintrags aufgrund ihrer Bedeutung für die Produktion des Zieltextes eine eigenständige Datenkategorie neben Begriffsdaten, Sprachdaten und Verwaltungsdaten zu (Keller 2006: 60ff.).[74]

In einer übersetzungsdidaktisch ausgerichteten Arbeit zum kooperativen Übersetzen beleuchtet W. Orbán (2008) die Kollokation als eine von mehreren sprachlichen Größen, die ein Übersetzungsproblem darstellen können. Ein Ergebnis der von ihr durchgeführten Reihenversuche zum gesprächsbasierten Übersetzen englischer und deutscher Alltags- und Fachtexte in der Kleingruppe ist die Geeignetheit der Methode des kooperativen Übersetzens zur Vermeidung von "Kollokationsverstößen" (Orbán 2008: 382).

Schließlich stellt auch V. Bilić (2014: 316-321) Beobachtungen zur Produktion und zum Übersetzen von Kollokationen an. In Bilićs Untersuchung zur kooperativen Übersetzungsvorbereitung und Wissensrecherche im Zuge der Rekonstruktion und Übersetzung deutsch- und englischsprachiger Auswandererbriefe aus der ersten Hälfte des 20. Jahrhunderts steht die Kollokation zwar nicht im Mittelpunkt, doch wurde sie als Stilgröße berücksichtigt: Der inhaltlich und stilistisch repetitive Charakter der analysierten Briefsammlungen wurde auch an der geringen Anzahl und Variation der verwendeten Kollokationen erkennbar.

4.2 Die Kollokation im Kontext der Her-Übersetzung

In den zuvor skizzierten übersetzungswissenschaftlichen Untersuchungen zu Kollokationen werden die Grundideen der für die Herausbildung der Kollokationsforschung wesentlichen Ansätze zusammengeführt. Zum einen sind dies die vor allem in der Korpuslinguistik weiterentwickelten Ansätze des Kontextualismus, zum anderen sind es phraseologiegeleitete Ansätze aus der Wortschatzdidaktik und Fremdsprachenlexikographie.

Im Hinblick auf die Komplexität der Übersetzung als Prozess und Produkt erweisen sich diese Ansätze als komplementär: Die anwendungsbezogenen Ansätze machen die Kollokation über die Offenlegung ihrer gerichteten Basis-Kollokator-Struktur als sprachliches Phänomen für den Übersetzer im Übersetzungsprozess greifbar. Die kog-

73 Weitere kontrastive und übersetzungsbezogene Studien zu Kollokationen im Sprachenpaar Spanisch/Englisch finden sich etwa bei Beeby (1996), im Sprachenpaar Spanisch/Französisch bei Gallego Hernández (2006) und im Sprachenpaar Spanisch/Deutsch bei Larreta Zulategui (2001), Domínguez Burgos (2000), Caro Cedillo (2004) und Holzinger (2014).

74 Vgl. außerdem Keller/Prien (2007: 125ff.)

nitiven Bedingungen beim Übersetzen sind darin einbezogen. Ergänzend hierzu sind in den kontextualistischen, am Sprachgebrauch orientierten Ansätzen die *parole*-getragenen und normgeleiteten sprachlichen Bedingungen beim Übersetzen und die Übersetzung als Produkt berücksichtigt. Denn für den Übersetzer ist die Kollokation eine Einheit der Norm, mit der er auf der Ebene der *parole* arbeitet, und die er über den in umfangreichen Textkorpora abgebildeten tatsächlichen Sprachgebrauch verifiziert.

Untersuchungen zu Kollokationen im Übersetzungskontext sind zumeist empirisch angelegt. Die Kollokation wird häufig als Übersetzungseinheit begriffen und gilt als sprachliche Problemgröße vor allem bei der Produktion des fremdsprachigen Zieltextes in der Hin-Übersetzung. Es werden Methoden zur Unterstützung des Übersetzungsprozesses ausgearbeitet, bei denen die Verifizierung fremdsprachiger Kollokationen zentral ist. In der Regel stützen sich die Untersuchungen auf den von Hausmann geprägten Kollokationsbegriff: Die Kollokation wird als Zusammenspiel zweier Komponenten, Basis und Kollokator, verstanden, die in einer Art hierarchisch geordnetem Verhältnis zueinanderstehen: "Der Kollokator ist ein Wort, das beim Formulieren in Abhängigkeit von der Basis gewählt wird [...]" (Hausmann 2007: 218). Dieser Ansatz wird auch für die vorliegende Untersuchung übernommen und im Folgenden ausgebaut.

4.2.1 Die Kollokation als Einheit des gebundenen Wortgebrauchs

Die Kollokation ist eine Einheit des gebundenen Wortgebrauchs und damit Ausdruck der sprachlichen und kulturellen Gebrauchsnormen. Als solche ist die Kollokation eine innerhalb des Sprachgebrauchs einer Sprachgemeinschaft statistisch nachweisbar rekurrente Kombination von Wörtern. Damit einher geht der für den gebundenen Wortgebrauch typische Wiedererkennungswert der Kollokation in der Sprachverwendung, der wiederum eine (stilistische) Erwartungshaltung des Textrezipienten bedingt. In diesem Sinne kann die Kollokation als eine Art Ausdrucksschema betrachtet werden.[75] Zu den Charakteristika eines sprachlichen Schemas gehören seine Wiederholbarkeit, seine überindividuelle Verfügbarkeit und seine Verarbeitungsleichtigkeit (Wilss 1992: 169).[76] Schemata erleichtern sprachliches Handeln und tragen auch dazu bei, Kommunikation effizienter zu gestalten.

Der Übersetzer arbeitet mit der Kollokation als Einheit des gebundenen Wortgebrauchs und damit der Norm in Texten eines breiten Textsortenspektrums, und zwar

75 Beispiele für sprachliche Schemata sind etwa Gebots- und Verbotsformulierungen auf Schildern, Texte auf Grußkarten oder die in gängigen Textverarbeitungsprogrammen enthaltenen Schnellbausteine zum Schreiben von Briefen. Wilss (1992: 172ff.) führt darüber hinaus konjunktionale englische Partizipialkonstruktionen als Schemata an, die sich durch syntaktische Strukturgleichheit oder -ähnlichkeit auszeichnen.

76 Unterstützt wird diese Annahme durch die Ergebnisse übersetzungsbezogener empirischer Untersuchungen der Leseforschung (Grauer 2009: 171f.), durch die der Rückschluss auf eine wie auch immer geartete Verankerung der Kollokation im mentalen Lexikon und auf ihre Verfügbarkeit in der Textrezeption und -produktion des Sprechers naheliegt.

gleichzeitig in der Ausgangs- und in der Zielsprache der Übersetzung. In diesem Sinne stellt die einzelsprachliche und kulturelle Prägung des gebundenen Wortgebrauchs und seiner Einheiten im Kontext des Übersetzens eine besondere Herausforderung dar. Gleichzeitig ist zu berücksichtigen, dass der gebundene Wortgebrauch eine Vielfalt von Verbindungen umfasst: Die Kollokationsmöglichkeiten einzelner Wörter können überaus zahlreich sein (vgl. etwa Kimmes 2009) und sind doch begrenzt.

Ein Anhaltspunkt für den Umgang nicht nur mit der Vielfalt der Einheiten des gebundenen Wortgebrauchs, sondern auch mit seinen Grenzen bietet sich beim Übersetzen mit der von Hausmann etablierten Kollokationssyntax aus Basis und Kollokator und der hierarchischen Ordnung der Kollokationskomponenten.

4.2.2 Die hierarchische Beziehung zwischen Basis und Kollokator

Die hierarchisch orientierte Beziehung zwischen Basis und Kollokator ist grundlegend für die Betrachtung der Kollokation im Kontext des Übersetzens. Daher soll im Folgenden noch einmal skizziert werden, in welchem Verhältnis die Kollokationskomponenten zueinander stehen, warum die Betrachtung der Kollokation immer von der Basis ausgeht und warum beim Formulieren der Kollokator in Abhängigkeit von der Basis gewählt wird.

Die Struktur der Kollokation: Anschaulich lässt sich das hierarchische Verhältnis zwischen den Komponenten der Kollokation über deren Wortarten bzw. über die "Kollokationssyntax" (Hausmann 2004: 315) erklären. Die von Hausmann (1989b) aufgestellte Typologie der Kollokationen[77] dient dabei als Ausgangspunkt:

Typ 1: Verb + Substantiv (Objekt) bzw. Substantiv (Objekt) + Verb (= Typ c, Hausmann 1989a); Beispiel (4.1, FR/DE) *vache* + *traire* / *Kuh* + *melken*

Typ 2: Adjektiv + Substantiv (= Typ a, Hausmann 1989a); Beispiel (4.2, ES/DE) *pelo* + *rizado* / *Haar* + *gelockt*

Typ 3: Substantiv (Subjekt) + Verb (= Typ b, Hausmann 1989a); Beispiel (4.3, ES/DE) *vaca* + *pastar* / *Kuh* + *grasen*

Typ 4: Substantiv + (Präposition) + Substantiv (= Typ f, Hausmann 1989a); Beispiel (4.4, EN/DE) *sheet* + *of* + *paper* / *Blatt* + *Papier*

Typ 5: Adverb + Adjektiv (= Typ e, Hausmann 1989a); Beispiel (4.5, FR/DE) *strictement* + *confidentiel* / *streng* + *vertraulich*

Typ 6: Verb + Adverb bzw. Adverb + Verb (= Typ d, Hausmann 1989a); Beispiel (4.6, EN/DE) *to win* + *narrowly* / *knapp* + *gewinnen*

Zwischen der Kombination der Wortarten innerhalb der Kollokation und der Verteilung der Komponenten-Funktionen "Basis" (in der Typologie jeweils unterstrichen) und "Kollokator" besteht ein direkter Zusammenhang: Das Substantiv steht für Personen, Gegenstände und Sachverhalte und bedingt daher die durch Verben realisierten Handlungen und die durch Adjektive zugeschriebenen Eigenschaften. Aus diesem

77 Vgl. hierzu auch die Ausführungen in Kapitel 3.2.1.

Grund hat das Substantiv in einer Kollokation immer die Basis-Funktion (Typ 1, 2, 3 und 4). In Verb-Adverb-Kollokationen kann nur das Verb die Funktion der Basis erfüllen, da das Adverb gemäß seiner Eigenschaft die Handlung näher bestimmt (Typ 6). Auch für Adjektiv-Adverb-Verbindungen (Typ 5) gilt diese Regel: Hier stellt stets das Adjektiv das Zentrum der Verbindung dar, das durch das Adverb genauer definiert wird.

> Dans la collocation, le statut des deux partenaires combinés n'est pas égal. L'un des partenaires, par ex. *le célibataire*, est autonome sur le plan sémantique. L'autre partenaire (*endurci*) ajoute une caractérisation qui ne modifie pas l'identité du caractérisé. On appellera *base* de la collocation le partenaire caractérisé (le substantif dans a-c, le verbe dans d, l'adjectif dans e, l'un des substantifs dans f) et *collocatif* le partenaire caractérisant qui ne reçoit son identité sémantique que par la collocation. Le rapport base-collocatif est l'orientation de la collocation. (Hausmann 1989a: 1010)

Aus dem Zusammenspiel der Wortarten und der dadurch bedingten Gewichtung der beiden Kollokationskomponenten lässt sich also der syntaktische und semantische *Kern* der Kollokation in Form ihrer Basis-Komponente bestimmen.[78] Daraus wiederum erklärt sich das hierarchische Verhältnis der Kollokationskomponenten und die Rezeption und Produktion der Kollokation von der Basis zum Kollokator.

Besonders deutlich kann das hierarchische Verhältnis der Kollokationskomponenten zum einen über die vergleichende Analyse der Kollokationsradien von Basis und Kollokator und veranschaulicht werden. Zum anderen wird es immer wieder durch den Sprachkontrast ersichtlich: Die Basis ist in ihrer freien Bedeutung in allen Sprachen "gleich", die freie Bedeutung des Kollokators hingegen variiert mit der Einzelsprache, wie das in der Kollokationsforschung vielzitierte Beispiel des Zähneputzens veranschaulicht:

> Beispiel (4.7): (DE) <u>Zähne</u> + putzen = (FR) <u>dents</u> + brosser/laver (~Zähne + *bürsten/waschen) = (EN) <u>teeth</u> + to brush (~Zähne + *bürsten) = ES) <u>dientes</u> + lavar (~Zähne + *waschen)

Dem Übersetzer kann eine Offenlegung der besonderen Gestalt der Kollokation zur Orientierung dienen und einen souveräneren Umgang mit dieser sprachlichen "Problemgröße" bei der Produktion des Zieltextes in der Hin- und in der Her-Übersetzung ermöglichen.

Komplexe Kollokationsgefüge: Aus der Kollokationstypologie Hausmanns gehen Kollokationen zwar als Wort*zweier*verbindungen hervor. Allerdings kann die Kollokationssyntax auch komplexer sein: zwei (oder mehr) binäre Kollokationen mit gleicher Basis-Komponente können miteinander verschmelzen, wodurch Tripel- oder Quadrupelstrukturen entstehen (vgl. auch Hausmann 2004: 316). Häufig sind dies Kombinationen aus Adjektiv, Substantiv und Verb.

> Beispiel (4.8, DE/EN) "[...] er streichelte den knurrenden Hund [...]"[79]: <u>*Hund*</u> + *knurrend* (Kollokationstyp 2, hervorgegangen aus Typ 3) | <u>*Hund*</u> + *streicheln* (Typ 1); "You

78 Zu Kollokationen mit "ungewöhnlicher" Kollokationssyntax vgl. Kapitel 3.2.1.

79 Gustav Freytag: *Verlorene Handschrift, Kapitel 34* (vgl. www73).

reach down to pet a growling dog."[80]: dog + *growling* (Typ 2, hervorgegangen aus Typ 3) | dog + *to pet* (Typ 1)

4.2.3 Die Erweiterung des Kollokator-Begriffs unter übersetzungspraktischen Aspekten

Auf der Grundlage der Gerichtetheit der Basis-Kollokator-Struktur und des syntaktisch-semantischen Kerns der Kollokation lässt sich der Kollokator-Begriff aus übersetzungspraktischer Perspektive um bestimmte Aspekte erweitern:

Teilidiomatische Wortkombinationen: Kollokationen fungieren als Versprachlichungen von mehr oder weniger alltäglichen Handlungen und Phänomenen und stellen einen ungleich größeren Teil der Gemeinsprache dar als die Idiome. In der Regel gelten Kollokationen als nicht- bis schwach-idiomatisch und in diesem Sinne semantisch volltransparent: Die Summe der freien Bedeutungen der Komponenten ergibt in den meisten Fällen die Gesamtbedeutung der Kollokation. Gängige Verfahren zur Abgrenzung von Idiomen und Nicht-Idiomen, die sich mit Kornelius (1995a: 159) und Holderbaum (1999: 73ff.) auf den Bereich der Kollokationen anwenden lassen, sind die im Duden Band 11 (2002^2: 10) angeführten fünf Proben auf Veränderbarkeit der Wortverbindung "Kommutation", "Attribuierung", "Diskontinuität", "Permutation" und "morphologische Veränderung". Holderbaum (1999: 75) ergänzt diese Operationen in einer Arbeit zu englischen Idiomatiken noch um einige weitere, vorwiegend morphosyntaktische Verfahren (Umkehr von Negation und Affirmation, Umformung von Aussage-, Frage- und Imperativsatz, Umkehr des *genus verbi* sowie Intonationsveränderungen). Diese Operationen lassen sich bei Idiomen in der Regel nicht durchführen, ohne deren Festigkeit aufzuheben. Auf die Kollokationen hingegen sind diese Verfahren mit wenigen Einschränkungen anwendbar: Kollokationen sind in morphosyntaktischer Hinsicht anpassungsfähiger bzw. modellierbarer als Idiome.

Hausmann (2004 und 2007) argumentiert für den Kollokationsstatus bestimmter Typen teilidiomatischer fester Wortverbindungen. Diese Argumentation ist, wie in Kapitel 3.2.1 dargelegt, nachvollziehbar. Auch Holderbaum (2003: 30ff.) zählt in ihrer übersetzungsbezogenen und lexikographisch orientierten Untersuchung konventionelle metaphorische Wortzweierkombinationen wie etwa "nagender Zweifel" zu den Kollokationen. Corpas (2003: 187) nimmt in ihrer semantisch motivierten kontrastiven Untersuchung der im Englischen mit dem Adjektiv "heavy" gebildeten Adjektiv-Substantiv-Kollokationen und ihren jeweiligen Entsprechungen im Spanischen Kollokationen auf, die bildhafte Vergleiche darstellen: "heavy sky" (**schwerer* Himmel) und "cielo arcilloso" (**tönerner* Himmel).

Unter dem Aspekt der Kollokation als Einheit des gebundenen Wortgebrauchs im Kontext des Übersetzens ist die Berücksichtigung derartiger teilidiomatischer Wortkombinationen sinnvoll, weil sie im Zuge der Verifizierung der Kollokation über

80 Kaplan, Harriet, Bally, Scott J., and Garretson, Carol (1995^2): *Speechreading: a way to improve understanding*. Washington, DC: Gallaudet University Press, 44.

den Sprachgebrauch und der Suche nach synonymen Kollokatoren Teil der Auswahl an Formulierungsmöglichkeiten des Übersetzers sind. Ein wesentliches Entscheidungskriterium für die Kategorisierung als Kollokation ist die Art der syntaktisch-semantischen Beziehung der Komponenten (vgl. Kapitel 3.2.1). In diesem Sinne ist in jedem einzelnen Fall zu überprüfen, ob es eine Basis gibt, die in der Verbindung semantisch autonom gebraucht ist und keine übertragene Bedeutung annimmt (Hausmann 2004: 312 und 314). Nur wenn die Basis der Problemgröße "frei" ist und die figurative Bedeutung des Kollokators in der Rezeptionsphase des Übersetzungsprozesses entschlüsselt wird, kann der Übersetzer, ausgehend von der Basis, direkter auf Strategien zurückgreifen und den Kollokator der zu übersetzenden Einheit sinngemäß und nicht zwingenderweise ebenfalls mit übertragener Bedeutung in die Sprache des Zieltextes übertragen; bei vollidiomatischen Verbindungen ist dies nicht der Fall. In diesem Sinne können teilidiomatische feste Attribuierungen, adjektivische und verbale Vergleichsphraseme sowie Gefüge aus Substantiven oder Verben und Redewendungen nach positiver Strukturprobe aus übersetzerischer Perspektive wie Kollokationen behandelt werden (vgl. Kapitel 3.2.1, Beispiele ebd.).

Daneben gibt es noch weitere Wortverbindungen mit der für die Kollokationen typischen Syntax aus Basis- und Kollokator-Komponente:

Funktionsverbgefüge: Aus der Perspektive des Übersetzens können auch Funktionsverbgefüge mit und ohne Präposition als Kollokationen betrachtet werden. Auch Albrecht (1991: 312), G. Wotjak (1994: 654), Hausmann (2007: 218, vgl. auch Kapitel 3.2.1) und Burger (2007[3]: 55) ordnen die Funktionsverbgefüge den Substantiv-Verb-Kollokationen zu.

Funktionsverbgefüge sind in diesem Sinne syntagmatische Verbindungen aus einem Substantiv, in der Regel ein Präpositionalobjekt bzw. Akkusativobjekt, und einem (Voll-)Verb. Dieses verliert im Funktionsverbgefüge seine eigentliche lexikalische Bedeutung und wird zum Funktionsverb, das in erster Linie dazu dient, "die Tempus-, Modus-, und Genusmerkmale zu tragen, die die Prädikation erfordert". Bestimmte Funktionsverbgefüge unterliegen als Einheit syntaktischen Restriktionen, in dem Sinne, dass dem Substantiv in der Regel kein Attribut hinzugefügt werden kann und es normalerweise nicht pronominalisierbar ist. (Glück 2000, Eintrag "Funktionsverbgefüge")

Das Substantiv ist häufig formal mit einem Verb verwandt, durch welches das Funktionsverbgefüge auch paraphrasiert werden kann: *Vorbereitungen treffen → vorbereiten, in Aufregung versetzen → aufregen, in Erwägung ziehen → erwägen.* Werden Funktionsverbgefüge häufig in den Bereich der Grammatik eher als in den Bereich der Lexik eingeordnet, unterstreicht hingegen etwa J. Van Pottelberge, dass Funktionsverbgefüge einem umstrittenen Grenzbereich zwischen Syntax und Phraseologie zuzuordnen sind (vgl. Pottelberge 2007: 436f.).

Die Kollokationsstruktur des Funktionsverbgefüges zeigt sich besonders deutlich im Sprachkontrast. Die Basis stellt dabei das Substantiv dar, das übereinzelsprachliche und -kulturelle Gegenstände bzw. Sachverhalte repräsentiert und damit Teile der Realität abbildet, von denen die sprachlichen Äußerungen ausgehen. In der Regel gibt es zum Substantiv des ausgangssprachigen Funktionsverbgefüges ein 1:1-Äquivalent derselben Wortart in der Zielsprache. Das Verb des Funktionsverbgefüges jedoch kann von Sprache zu Sprache unterschiedlich sein. Funktionsverbgefüge ohne Präposition, in denen das Substantiv Objektfunktion hat, haben eine klare hierarchische Kollokationsstruktur des von Hausmann aufgestellten *Typ 1 (Substantiv (Objekt, = Basis) + Verb)*: Das Substantiv des Gefüges ist stets Basis, das Funktionsverb stets Kollokator; die Betrachtung der Einheit geht vom Substantiv aus (vgl. auch Hausmann 2007: 218):

Beispiel (4.9a, FR)	*faire*	*observation*
Struktur (Typ 1)	Verb	Substantiv (Objekt)
Kollokationssyntax	Kollokator	Basis

Beispiel (4.9b, DE)	*Beobachtung*	*anstellen*
Struktur (Typ 1)	Substantiv (Objekt)	Verb
Kollokationssyntax	Basis	Kollokator

Funktionsverbgefüge mit Präposition: In der Kollokationsforschung werden die Kollokationen in der Regel von den Konstruktionen abgegrenzt. Kimmes (2009: 313) hingegen argumentiert für die Berücksichtigung "grammatischer Kollokationen" im Kontext der Hin-Übersetzung: "The strict separation of lexical and grammatical collocations is not applicable to (foreign) text production." Auch vor dem Hintergrund der Her-Übersetzung sind Elemente mit primär grammatischer Bedeutung nicht von vornherein als Kollokationsbestandteile auszuschließen, vor allem mit Blick auf die Produktionsphase des Übersetzungsprozesses. Präpositionen etwa kommen in Kombination mit einem Substantiv durchaus als Bestandteil der Basis-Komponente in Frage.

So stellen Funktionsverbgefüge mit Präposition einen eigenen Kollokationstyp dar. Diesem liegt die Struktur "(Präposition + Substantiv) + Verb" zugrunde. Die Präposition und das Substantiv bilden zusammen die Basis, von der die Betrachtung der Kollokation ausgeht; das Verb nimmt die Position des Kollokators ein. Formal nicht äquivalent und damit unvorhersehbar ist in den meisten Fällen auch die Präposition, die Teil des Funktionsverbgefüges ist:

Beispiel (4.10a, EN)	*to take*	*into*	*account*
Struktur	Verb	Präposition	Substantiv
Kollokationssyntax	Kollokator	Basis	

Beispiel (4.10b, DE)	*in*	*Betracht*	*ziehen*
Struktur	Präposition	Substantiv	Verb
Kollokationssyntax	Basis		Kollokator

Gefüge aus Präposition, Substantiv und Verb: Dem gleichen Kollokationstyp wie die Funktionsverbgefüge mit Präposition entsprechen feste Gefüge aus einer Präposition, einem Substantiv und einem Vollverb. Den syntaktisch-semantischen Kern dieser Gefüge aus Präposition, Substantiv und Verb stellt das Substantiv dar. Im Verbund mit dem Substantiv kann die Präposition nicht frei ausgetauscht bzw. je nach Kontext angepasst werden. Die Präposition ist folglich an das Substantiv gebunden und daher ebenfalls Bestandteil der Basis-Komponente. Aus der Perspektive des Fremdsprachenanwenders wird zudem ersichtlich: Die Wahl der Präposition ist in diesen Fällen nicht vorhersehbar, sie muss zusammen mit dem Substantiv gelernt werden. Nachstehende Beispiele sollen die Kollokationssyntax vergleichend veranschaulichen:

Beispiel (4.11a, DE)	*vor*	*Angst*	*zittern*
Struktur	Präposition	Substantiv	Verb
Kollokationssyntax	Basis		Kollokator
Bedeutung frei	lokal, temporal	Schreck, Angst	zittern
Bedeutung gebunden	kausal	Schreck, Angst	zittern

Beispiel (4.11b, EN)	*with*	*fear*	*to tremble*
Struktur	Präposition	Substantiv	Verb
Kollokationssyntax	Basis		Kollokator
Bedeutung frei	relational	Schreck, Angst	zittern
Bedeutung gebunden	kausal	Schreck, Angst	zittern

Wortzusammensetzungen: Bei der Übersetzung von Kollokationen sind Wortzusammensetzungen zwar zu berücksichtigen, denn über den Sprachkontrast wird ersichtlich, dass ein Kompositum des Deutschen in anderen Sprachen die Form einer Kollokation haben kann und umgekehrt. Komposita werden in dieser Arbeit jedoch nicht allgemein den syntagmatischen Wortverbindungen zugeordnet. Sie fallen in den Bereich der Wortbildung und folgen in erster Linie morphologischen Regeln, und anders als die Kollokationen nicht primär den Normen des gebundenen Sprachgebrauchs.

4.2.4 Die Herleitung einer erweiterten Typologie der Kollokationen

Nach den bisherigen Ausführungen bleibt festzuhalten, dass Kollokationen als Einheiten des gebundenen Wortgebrauchs normtypische, im alltäglichen Sprachgebrauch übliche Wortverbindungen sind, die sich durch die besondere Syntax aus den zwei Komponenten Basis und Kollokator auszeichnen. Die syntaktisch-semantische Beziehung zwischen den beiden Kollokations*partnern* Basis und Kollokator ist hierarchisch gerichtet: Die Betrachtung der Kollokation geht stets von der Basis-Komponente der Einheit aus.

Kollokationen können nicht- bis teilidiomatisch sein, wobei die Basis-Komponente immer die Form eines einzelnen, in seiner Bedeutung "freien" Lexems hat und der Kollokator auch aus mehr als einem Wort bestehen und figurative Bedeutung haben kann. Aus der Zusammenfügung der beiden Partner ergibt sich die gebundene Bedeutung der Kollokation, die im Falle der teilidiomatischen Kollokationen von den addierten freien Bedeutungen der beiden Kollokationskomponenten abweicht.

Des Weiteren können Kollokationen mit den Präpositionen auch sprachliche Elemente enthalten, denen primär grammatische Bedeutung zugeschrieben wird. Diese können je nach Kollokationstyp die Basis-Komponente ergänzen, wie im Falle der Funktionsverbgefüge mit Präposition, oder die Position des Kollokators einnehmen, wie in bestimmten substantivischen Präpositionalgefügen.

Grundsätzlich können binäre Kollokationen mit gleicher Basis zu komplexeren Einheiten verschmelzen und so Tripel- oder Quadrupeleinheiten bilden.

Als Konsequenz aus diesen Überlegungen und anknüpfend an die in Kapitel 4.1 dargestellten übersetzungsbezogenen Untersuchungen von Kollokationen wird eine Kollokationstypologie aufgestellt, welche die *Basis* der Kollokation und die begrenzte Zahl an Formen, die sie annehmen kann, als Ausgangspunkt für die Rezeption und die Produktion der Einheit in der Übersetzung fokussiert.

Die Typologie basiert auf den von Hausmann (1989b) herausgearbeiteten grundlegenden sechs Kollokationstypen, die um einen siebten Typ (Präposition + Substantiv, Basis + Verb, Kollokator) erweitert werden. Die teilidiomatischen Kollokationen (vgl. Kapitel 3.2.1) sind implizit berücksichtigt: Sofern die Basis-Komponente innerhalb der Wortverbindung in ihrer freien Bedeutung gebraucht ist, entprechen feste Attribuierungen dem Kollokationstyp 2 (Substantiv, Basis + Adjektiv, Kollokator); nicht- und teilidiomatische formelhafte Vergleiche mit adjektivischer Basis lassen sich auf Grund des als Adverb fungierenden Vergleichsteils dem Kollokationstyp 5 (Adjektiv, Basis + Adverb, Kollokator) und die formelhaften Vergleiche mit verbaler Basis dem Kollokationstyp 6 (Verb, Basis + Adverb) unterordnen. Die teilidiomatischen Kollokationen bestehend aus Verb oder Substantiv und Redewendung können dem Typ 1 (Substantiv (Objekt), Basis) + Verb, Kollokator) bzw. 6 (Verb, Basis + Adverb, Kollokator) untergeordnet werden; die syntaktische Reihenfolge der Komponenten ist dabei je Sprache festgelegt und wird in der Regel nicht umgekehrt. Es ergibt sich nachstehende Kollokationstypologie (die Basis-Komponente ist jeweils durch Unterstreichung hervorgehoben):

Typ 1: <u>Substantiv (Objekt)</u> + Verb
vgl. Beispiel (4.1): (DE) <u>*Kuh*</u> + *melken*, (FR) <u>*vache*</u> + *traire*
vgl. Beispiele (4.9a) und (4.9b): (DE) <u>*Beobachtung*</u> + *anstellen*, (FR) <u>*observation*</u> + *faire*

Typ 2: <u>Substantiv</u> + Adjektiv
vgl. Beispiel (4.2): (DE) <u>*Haar*</u> + *gelockt*, (ES) <u>*pelo*</u> + *rizado*

Typ 3: <u>Substantiv (Subjekt)</u> + Verb
vgl. Beispiel (4.3): (DE) <u>*Kuh*</u>+ *grasen*, (ES) <u>*vaca*</u> + *pastar*

Typ 4: Substantiv (+ Präposition) + <u>Substantiv</u>
vgl. Beispiel (4.4): (DE) *Blatt* + <u>*Papier*</u>, (EN) *sheet of* + <u>*paper*</u>

Typ 5: Adverb/adverbial gebrauchtes Adjektiv + <u>Adjektiv</u>
vgl. Beispiel (4.5): (DE) *streng* + <u>*vertraulich*</u>, (FR) *strictement* + <u>*confidentiel*</u>

Typ 6: Adverb/adverbial gebrauchtes Adjektiv/adverbiale Umschreibung[81] + <u>Verb</u>
vgl. Beispiel (4.6): (DE) *knapp* + <u>*gewinnen*</u>, (EN) <u>*to lose*</u> + *narrowly*

Typ 7: <u>Präposition + Substantiv</u> + Verb
vgl. Beispiele (4.10a) und (4.10b): (DE) <u>*in Betracht*</u> + *ziehen*, (EN) *to take* + <u>*into account*</u>, sowie Beispiele (4.11a) und (4.11b): (DE) <u>*vor Angst*</u> + *zittern*, (EN) *to tremble* + <u>*with fear*</u>

Abbildung (4.2): Erweiterte Kollokationstypologie

81 Die adverbialen Umschreibungen haben die Funktion einer Verbgruppenadverbiale.

4.2.5 Die Stärke der Bindung zwischen den Kollokationskomponenten

Der Kollokationsstatus von Wortverbindungen: Die Analyse des syntaktisch-semantischen Zusammenhangs zwischen miteinander kombinierten Wörtern ist in vielen Fällen nicht ausreichend, um eine Wortverbindung als Kollokation zu kategorisieren. Vor allem ist es schwierig, Kollokationen "schnittfrei" von freien Wortverbindungen abzugrenzen (Kornelius 1995a: 160). Anhaltspunkte hierfür sind in der Introspektion, in der Befragung anderer Sprecher, in der Verifizierung der Wortverbindung über Wörterbücher und im Vergleich von Häufigkeiten, mit denen Wortkombinationen in einem umfangreichen Textkorpus vorkommen, zu sehen. Dabei ist die Zusammensetzung des Korpus (Textquellen, Textsorten, Erscheinungsjahr und -ort der Texte) zu berücksichtigen und es gilt zu bedenken, dass Wortverbindungen mit niedrigen Treffer-Quoten im Korpus auch den individuellen Sprachgebrauch widerspiegeln können. Daher ist eine manuelle Auswertung der Treffer vor allem in diesem Fall unerlässlich. Die Frequenz des Vorkommens einer Wortkombination ist zwar allein noch kein Kriterium für ihre Einordnung in den Bereich der Kollokationen, doch gibt sie einen ersten Eindruck von der Üblichkeit der Wortverbindung und stellt neben der Kollokationssyntax einen weiteren Anhaltspunkt für den Übersetzer dar.

Die Stärke der Bindung zwischen den Kollokationskomponenten: In Übereinstimmung mit Hausmann besteht zwischen den beiden Kollokationskomponenten eine affine syntaktisch-semantische Beziehung. Die Stärke der Bindung zwischen den Kollokationspartnern ist nicht für alle Kollokationen gleich. In der Kollokationsforschung gibt es je nach Untersuchungszweck verschiedene Überlegungen zur "Kollokationsstärke" und ähnlichen Konzepten. So wird etwa in der Fremdsprachenlexikographie von A. P. Cowie je nach dem "Grad der Kombinierbarkeit der Kollokationskonstituenten mit weiteren Elementen" zwischen "restricted" und "open collocations" unterschieden (Bahns 1996: 16, mit Bezug auf Cowie (1978)). Der Gedanke hinter den so genannten offenen und beschränkten Kollokationen bezieht sich auf die Kollokationsspektren der Kollokationskomponenten, wobei sich "[d]er jeweilige Grad der 'Offenheit' bzw. 'Restringiertheit' der Kombinationsmöglichkeiten von Lexemen [...] auf einer Skala bzw. einem Kontinuum lokalisieren [lässt]" (Bahns 1996:17). Dies lässt die Idee einer Art "Kollokationsstärke" erkennen.

Auch im *Oxford Collocations Dictionary for Students of English* (nachfolgend abgekürzt als *OxCD*), einem korpusbasierten Kollokationswörterbuch, das in erster Linie an Fremdsprachenlerner gerichtet ist, wird in der einleitenden Erklärung zum Kollokationsbegriff darauf hingewiesen, dass Kollokationen zwischen Idiomen und freien Verbindungen liegen und dass sie unterschiedlich "stark" bzw. "schwach" sein können, wenngleich auf die Ursache und Qualität dieser "Stärke" nicht näher eingegangen wird. In den Vorbemerkungen der ersten Auflage des Wörterbuchs heißt es hierzu:

> Combinations of words in a language can be ranged on a cline from the totally free – *see a man/car/book* – to the totally fixed and idiomatic – *not see the wood for the trees*. [...] Between these two extremes, there is a whole range of nouns that take the verb see

> in a way that is neither totally predictable nor opaque as to meaning. These run from the fairly 'weak' collocation *see a film* [...] through the 'medium strength' *see a doctor* to the 'stronger collocations' of *see danger/reason/the point*. All these combinations, apart from those at the very extremes of the cline, can be called collocation. (OxCD 2002: VII)

Obgleich der Begriff der Stärke der Kollokation im *OxCD* vage bleibt, ist der Grundgedanke greifbar und kann für die Ziele dieser Untersuchung ausgebaut werden. In diesem Sinne kann die "Stärke" der Bindung zwischen den Kollokationskomponenten zunächst mit deren Kollokationsspektren in Verbindung gebracht werden, das heißt mit der Anzahl der üblicherweise mit der Basis- oder der Kollokator-Komponente[82] kollokierenden Lexeme. Je weniger Kombinationsmöglichkeiten es für ein Lexem gibt, desto stärker wird seine syntagmatische Beziehung zu anderen Wörtern sein (z.B. *eingefleischt*, *Jungfer*, *drosseln*), gleich ob es sich dabei um ein Wort handelt, das in Kollokationen hauptsächlich die Funktion der Basis oder hauptsächlich die Funktion des Kollokators hat. Besonders stark ist eine Kollokation, wenn eine der Komponenten (in der Regel der Kollokator) mehr oder weniger ausschließlich in Kombination mit der anderen Komponente (in der Regel die Basis) auftritt, wenn also der Inhalt des Kollokators den Inhalt der Basis voraussetzt, wie z.B. das Verb *wiehern* das *Pferd* und das Adjektiv *schütter* das *Haar*. Je kleiner folglich der Kollokationsradius ist, umso höher dürfte der Stärkegrad der Bindung zwischen den Kollokationspartnern sein und umso gefestigter ist die Kollokation vermutlich im Sprachgebrauch. In diesem Sinne dürfte zwischen der Stärke der Kollokation und ihrer kognitiven Verfügbarkeit bei der Textrezeption und -produktion auch im Kontext des Übersetzens ein Zusammenhang bestehen.

Anhaltspunkte für die Bestimmung der Stärke einer Kollokation bieten folglich der syntaktisch-semantische Zusammenhalt der Komponenten und die Kollokationsspektren von Basis und Kollokator. Sofern korpusbasiert gearbeitet wird, können die Vorkommensfrequenz und das statistische Assoziationsmaß einen weiteren Hinweis auf die Qualität der Wortkombination liefern.[83]

4.2.6 Die Kollokation als Einheit des gebundenen Wortgebrauchs in der Her-Übersetzung

Beim Übersetzen, das sich auf der Ebene der *parole* der Ausgangs- und Zielsprache vollzieht, ist die Kollokation als normtypische, im alltäglichen Sprachgebrauch übliche Wortverbindung stets ko- und kontextgebunden. Neben der Herausforderung, die sich durch die einzelsprachliche und kulturelle Prägung des gebundenen Wortgebrauchs und durch die Bedingungen der Wortkombinatorik stellt, sind daher bei der Überset-

---

82 Zum semantisch bedingten Kollokationspotential von Kollokatoren vgl. Bergerova (2012) und vor allem Konecny (2010).

83 Auf die Bestimmung der Kollokationsstärke wird in Kapitel 6.5.5 näher eingegangen.

zung von Kollokationen immer auch die Kommunikationssituation und die Vorgaben des Übersetzungsauftrags zu berücksichtigen.

Anspruchsvoll wird der Umgang mit Kollokationen in der Hin- und in der Her-Übersetzung zudem dadurch, dass der gebundene Wortgebrauch eine Vielfalt von Verbindungen umfasst und die Kollokationsmöglichkeiten einzelner Wörter unüberschaubar zahlreich sein können. Orientierung kann der Übersetzer dabei in der von Hausmann (1979ff.) etablierten Kollokationssyntax aus Basis und Kollokator und deren hierarchischer Ordnung und in der Kollokationsstärke finden und so die Vielfalt der Einheiten des gebundenen Wortgebrauchs und die Grenzen der Kollokationsbildung souveräner handhaben.

Wie dargelegt, wurde in den bisherigen übersetzungsbezogenen Untersuchungen die Kollokation vor allem als Problemgröße der Produktion des fremdsprachigen Zieltextes in der Hin-Übersetzung betrachtet. Mit der Untersuchung der Kollokation in der Her-Übersetzung, das heißt der Übersetzung in die Mutter- oder Erstsprache des Übersetzers, wird nun ein Perspektivenwechsel vorgenommen. Dabei wird im Folgenden zunächst festgelegt, wie die Kollokation im Übersetzungsprozess und -produkt als Einheit verortet werden kann.

5 Die Kollokation als Übersetzungseinheit

Beobachtungen aus der Übersetzungspraxis heraus zeigen, dass der Übersetzer den Ausgangstext im Hinblick auf den anzufertigenden Zieltext rezipiert und ihn dabei in "übersetzbare" Einheiten segmentiert, wobei er sich von der Makro- zur Mikrostruktur des Textes vorarbeitet (vgl. Kapitel 2.2.3). Vom Text- zum Wortsegment absteigend kann somit zwischen über- und untergeordneten Übersetzungseinheiten unterschieden werden. Dabei nimmt der Umfang der übergeordneten Übersetzungseinheiten mit der Professionalität bzw. Routine des Übersetzers und auch mit dessen Fach- und Sprachwissen zu. Der Lerner hingegen zerlegt den Ausgangstext in kleinere Einheiten, bis hin zu einzelnen Wortsegmenten. Ziel der folgenden Ausführungen ist es, die Kollokation im Übersetzungsprozess und -produkt zu verorten und darzulegen, inwiefern sie als "Übersetzungseinheit" betrachtet werden kann.

5.1 Zum Begriff der Übersetzungseinheit

Das Konzept der Übersetzungseinheit ist kein einheitliches. Die Sichtung der einschlägigen übersetzungswissenschaftlichen Literatur zu diesem Thema lässt erkennen, dass die einzelnen Begriffskonzeptionen in wesentlichen Punkten deutlich voneinander abweichen. Letzteres gilt vor allem in Bezug auf die Fragen, ob die Übersetzungseinheit als eine inhaltliche oder eine formale Einheit betrachtet werden soll, und ob diese Einheit ein Segment des Ausgangs- oder des Zieltextes ist. Doch auch in Begriffsbestimmungen, die bezüglich der grundlegenden Eigenschaften der Übersetzungseinheit übereinstimmen, wird die Abgrenzung bzw. Eingrenzung dessen, was auf formaler bzw. inhaltlicher Ebene des Ausgangs- bzw. Zieltextes konkret als Übersetzungseinheit gelten soll, sehr unterschiedlich gehandhabt.

Häufig steht dabei die Frage nach den Schritten, in denen übersetzt wird, im Vordergrund. Dies resultiert zumeist aus der Absicht, das Übersetzen in der universitären Ausbildung lehr- und lernbar zu machen. Die für die Thematik dieser Untersuchung relevantesten Ansätze zur Übersetzungseinheit werden im Folgenden dargelegt und miteinander in Zusammenhang gebracht. Näher betrachtet werden dabei das jeweilige Verständnis der Übersetzungseinheit als Einheit des Ausgangs- oder des Zieltextes, die semantische Dimension und die formalen und inhaltlichen Grenzen der Übersetzungseinheit.

5.1.1 Die Übersetzungseinheit als Segment des Ausgangs- bzw. Zieltextes

Im Zuge der Herausarbeitung von Äquivalenzbeziehungen zwischen Ausgangs- und Zieltext definiert O. Kade (1968a) als einer der ersten Übersetzungswissenschaftler die Übersetzungseinheit. Sein Konzept der Übersetzungseinheit ist sowohl ausgangs- als auch zieltextbezogen. Er sieht in ihr "das kleinste Segment des AS-Textes, für das dank der potentiellen Äquivalenzbeziehungen ein Segment im ZS-Text gesetzt werden kann, das die Bedingungen der Invarianz auf der Inhaltsebene erfüllt." (Kade 1968a: 90, zitiert in Koller 2004⁷: 100).[84]

Auch J.-P. Vinay/J. Darbelnet (1977²) formulieren in ihrer komparativen Stilistik des Französischen und des Englischen die Idee einer "unité de traduction". Sie verstehen die Übersetzungseinheit als Einheit des Wortschatzes und gleichzeitig als kognitive Einheit, die vom Übersetzer im Ausgangstext erfasst wird. Sie betrachten sie als das kleinste Segment der Äußerung im Sinne einer Abfolge von Zeichen, die in einer Art und Weise miteinander zusammenhängen, dass sie nicht getrennt voneinander übersetzt werden dürfen ("le plus petit segment de l'énoncé dont la cohésion des signes est telle qu' ils ne doivent pas être traduits séparément"). Bei diesen Einheiten kann es sich um einzelne Wörter handeln sowie um syntagmatische Verbindungen aus mehreren Wörtern. Der Grad des inneren Zusammenhalts ("degré de cohésion") der Segmente variiert. (Vinay/Darbelnet 1977²: 37)

Besondere Aufmerksamkeit schenken Vinay/Darbelnet in diesem Sinne den Wortverbindungen mit einem geringeren Grad des Zusammenhalts, in denen die einzelnen Komponenten dennoch in einer Affinitätsbeziehung zueinander stehen (Vinay/ Darbelnet 1977²: 41 ff.). Für die so genannten *groupements par affinité* führen Vinay/ Darbelnet eine Reihe von Beispielen an, die in den Bereich der kollokativen Wortverbindungen eingeordnet werden könnten. Eine Kategorisierung der affinen Wortverbindungen nehmen Vinay und Darbelnet allerdings nicht vor.

Als lineare Gruppe von Wörtern und Strukturen der Ausgangssprache, für die ein zielsprachiges Äquivalent gefunden werden kann, begreifen auch H.-J. Diller/J. Kornelius (1978) die Übersetzungseinheit. Richtungsweisend für die Auswahl der Übersetzungseinheit ist die Einschätzung des gemeinten außersprachlichen Sachverhalts (Diller/Kornelius 1978: 23). Diller/Kornelius argumentieren dafür, dass die Segmentierung des Ausgangstextes in syntagmatische Übersetzungseinheiten nach einer paradigmatischen Dekodierung der ausgangssprachigen Einheit und Ermittlung der kleinsten sie konstituierenden distinktiven Bedeutungseinheiten immer schon unter der Berücksichtigung der Einteilungen der Zielsprache durchgeführt werden muss (Diller/ Kornelius 1978: 20 und Diller/Kornelius 1978: 30f).

Im Zentrum der didaktischen Überlegungen zur Übersetzungseinheit von G. Thiel (1990) steht die Entwicklung der übersetzerischen Kompetenz. Die Übersetzungseinheit ist hier Mittel zum Zweck: Übersetzungsprobleme sollen erkannt und gelöst werden. Thiel geht dabei konsequent vom Ausgangstext aus: Der angehende Übersetzer soll diesen als Teil der übersetzungsrelevanten Textanalyse schrittweise methodisch segmentieren, wobei die Segmente die semantischen Grundzusammenhänge des Ausgangstextes darstellen. Thiel versucht, die Übersetzungseinheit unter Einbeziehung aller drei semiotischen Ebenen zu definieren und legt dabei ein Hierarchieverhältnis zwischen den Ebenen zugrunde, das absteigend von der Pragmatik über die Semantik zur Syntax reicht,

84 Auch G. Corpas Pastor (2003) versteht unter der Übersetzungseinheit eine Einheit gleichen Inhalts und gleicher oder unterschiedlicher Form im Ausgangs- und Zieltext, wenngleich sie für diese Einheiten keine klaren Grenzen festlegt (Corpas 2003: 187ff.).

weshalb "semantische Relationen im Text [...] einerseits mit der syntaktischen, andererseits mit der pragmatischen Textdimension verknüpft [sind]." (Thiel 1990: 187). Unklar bleibt allerdings, ob und wie die Übersetzungseinheit begrenzt werden kann, damit sie für den Lehrenden und den Lernenden greifbar wird.

5.1.2 Formale und inhaltliche Grenzen der Übersetzungseinheit

Kade (1968a) hingegen betrachtet die Übersetzungseinheit bewusst als dynamisches Ganzes, das als solches nicht klar eingegrenzt werden kann: Als Übersetzungseinheit kommen somit Textabschnitte, Sätze, Wortgruppen und einzelne Wörter in Frage. In eben dieser von Kade statuierten Variabilität sieht beispielsweise W. Koller (2004^7) die Spezifik der Übersetzungseinheit, die sie von anderen, sprachsystembezogenen Einheiten unterscheidet. Ferner weist Koller darauf hin, dass Übersetzungseinheiten im Kontext des Übersetzens zwischen Sprachen, die miteinander verwandt sind, größeren Umfangs sein müssten, als zwischen Sprachen, die nicht miteinander verwandt sind. (Koller 2004^7: 100f.)

Dieser Ansicht ist auch J. Albrecht, der den Umfang der linearen Übersetzungseinheit zudem in Abhängigkeit von der angewandten Übersetzungsmethode setzt (Albrecht 2005: 37). Außerdem ist Albrecht der Meinung, dass "sich die Länge der Übersetzungseinheit umgekehrt proportional zur 'Wörtlichkeit' der Übersetzung im syntagmatischen Sinn verhält" (Albrecht 2005: 37), wobei er unter der syntagmatischen Wörtlichkeit "eine möglichst genaue Abbildung der Reihenfolge der zeichenhaften Elemente des AS-Textes im ZS-Text" versteht (Albrecht 2005: 51). Je länger folglich die Übersetzungseinheit ist, desto unwahrscheinlicher wird die Beibehaltung der Beschaffenheit und der Reihenfolge der Bestandteile der Einheit im Zieltext sein.

Vinay/Darbelnet, die die Übersetzungseinheiten im Wesentlichen im Bereich der Lexik verorten, halten fest, dass die Übersetzung eines Wortes im Grunde von seinem Kontext abhängt und dass die Übersetzungseinheit einen begrenzten Kontext darstellt, in der Form eines Syntagmas, innerhalb dessen eine Komponente die Übersetzung der anderen bedingt: "En principe, la traduction d'un mot dépend de son contexte. L'unité de traduction est un contexte restreint; c'est un syntagme dont l'un des éléments détermine la traduction de l'autre [...]." (Vinay/Darbelnet 1977^2: 42)

I. Sorvali (2004) legt in ihren Ausführungen zur Übersetzungseinheit einen Schwerpunkt auf die Frage, was professionelle Übersetzer unter einer Übersetzungseinheit verstehen. Sie sieht in der Übersetzungseinheit eine dynamische Einheit, die während des Prozesses mal größer, mal kleiner ist (Absatz, Satz, Phrase, Wort): "Translating [...] takes place in layers, i.e. employing units that represent different levels. [...] The unit and its functions change according to the situation in the course of the translation process [...]." (Sorvali 2004: 361)

5.1.3 Die Übersetzungseinheit als kognitive Einheit

Neben der Verortung der Einheit im Ausgangs- und Zieltext, den semantischen und strukturellen Relationen der Komponenten der Übersetzungseinheit sowie ihrer formalen und inhaltlichen Begrenzung, wird in mehreren Konzeptbildungen zur Übersetzungseinheit auch deren kognitive Dimension berücksichtigt.

So begreifen etwa Vinay/Darbelnet (1977²) die Übersetzungseinheit als "unité de pensée" (vgl. Kapitel 5.1.1), und auch W. Wilss' "Textbausteine" (Wilss 1996: 128ff. und Wilss 1997) stellen kognitive Einheiten im Übersetzungsprozess dar, wenngleich die "Bausteine" nicht explizit als Übersetzungseinheiten bezeichnet werden. Wilss, der seine Aussagen im Wesentlichen auf die Fachsprache bzw. auf die Übersetzung fachtextbezogenen Wortschatzes bezieht, geht davon aus, dass sich der Übersetzer einer Art "Baukasten" bedient: Die "Bausteine" versteht Wilss als Wortbildungsmuster, auf die der Sprachanwender in seiner "mentalen Grammatik" zurückgreifen kann, und die dem Übersetzer dazu dienen, sich in der Vielfalt der syntaktisch-semantischen Abhängigkeitsbeziehungen von Wortbildungserscheinungen zurechtzufinden (Wilss 1997: 44). Dies setzt voraus, dass der Übersetzer in kognitiven Gesamtstrukturen operiert und über ein sprachliches Bewusstsein verfügt. Wilss weist darauf hin, dass die Existenz von Textbausteinen nicht für die "Sprachverwendung als künstlerische Produktion", sondern nur für die "Sprachverwendung als Handwerk" gilt (Wilss 1997: 39). Allerdings betrachtet er das Arbeiten mit "vorgefertigten" Textbausteinen auch kritisch (Wilss 1997: 38). Als kognitiver Prozess und kreative Tätigkeit darf das Übersetzen nicht missverstanden werden als ein vom Übersetzer während des Übersetzungsprozesses nicht hinterfragtes Ersetzen bzw. Verschieben und Einsetzen von Versatzstücken.

Mit dem Übersetzen als kognitiver Tätigkeit befassen sich auch S. Korff/M. Levy (2007), die ihre Überlegungen zur Übersetzungseinheit auf den konkreten Übersetzungsprozess und auf Einzeltexte beziehen. In erster Linie verstehen sie die Übersetzungseinheit als mentales Konzept, das im Sinne der *scenes-&-frames*-Semantik eine Szene aktiviert und so beim Übersetzen den zielsprachigen Formulierungsprozess auslöst. Ausgehend vom menschlichen Textverstehen, das dadurch gekennzeichnet ist, dass verschiedene Ebenen parallel verarbeitet werden und sich gegenseitig aktivieren, betonen Korff/Levy, dass sich das Übersetzen nicht auf die einzelnen Einheiten beschränkt, sondern dass sich der Übersetzer während des Übersetzens horizontal zwischen den Einheiten und vertikal über die Grenzen der Einheiten hinaus in größeren Zusammenhängen bewegen kann (Korff/Levy 2007: 177). Aus übersetzungspraktischer Perspektive ist dem uneingeschränkt zuzustimmen (vgl. auch Kapitel 2.2.3).

5.2 Die syntagmatische Übersetzungseinheit

In der Regel steht die Konzeptualisierung der Übersetzungseinheit in engem Zusammenhang mit der Durchleuchtung des Übersetzungsprozesses zum einen und der Didaktisierung des Übersetzens zum anderen. Durch eine funktionale Begriffsbestimmung soll die Übersetzungseinheit im Folgenden nicht nur für didaktische Zwecke genutzt, sondern auch zum Gegenstand sprachanalytischer bzw. empirischer Untersuchungen werden können. Dabei gilt zunächst zu klären, wie eine Übersetzungseinheit beschaffen sein muss, um sie greifbar zu machen, und auf welcher Sprachebene sie zu verorten ist.

5.2.1 Die Übersetzungseinheit als Arbeitsgröße des Übersetzers

Im Kontext der Begriffsbestimmung der Übersetzungseinheit wird gelegentlich diskutiert, ob die Einheiten, mit denen der Übersetzer beim Übertragen eines Ausgangstextes in einen Zieltext operiert, der *langue* oder der *parole* zuzuordnen sind (Korff 2004: 88). Als übergeordnete Übersetzungseinheiten der *parole* können der Satz, der Textabschnitt aber auch der Text als Ganzes betrachtet werden. Einheiten dieser Beschaffenheit und Größe sind allerdings für didaktische Zwecke nur eingeschränkt operationalisierbar und vor allem zu Beginn des Übersetzerstudiums ungeeignet, denn die zu erkennenden und zu lösenden Übersetzungsprobleme stellen sich auf dieser Ebene häufig als noch zu komplex dar. Die Möglichkeit, die Einheit über den Prozess der Übersetzung hinweg als Ganzes zu betrachten und zu erhalten, wird somit geringer.

Die Betrachtung einzelner Wörter oder lexikalischer Morpheme als Übersetzungseinheiten der *langue* ist ebenfalls mit Schwierigkeiten verbunden, da ein Wort durch seinen "co-text" und seinen "context" bedingt ist.[85] Ein Wort kann also nur in seiner sprachlichen und situationellen Umgebung rezipiert und übersetzt werden, weshalb es schwierig ist, es auch außerhalb eines Textzusammenhangs zu betrachten.

Weniger problematisch und an der Übersetzungspraxis orientiert erscheint in dieser Hinsicht die isolierte Betrachtung von Mehr-Wort-Einheiten. So ziehen etwa Vinay/Darbelnet (1977²: 37) und Diller/Kornelius (1978: 37) Syntagmen und lineare Strukturen und Wortgruppen des Ausgangstextes als Übersetzungseinheiten in Erwägung. Auch W. Orbán (2008: 350) stellt in ihrer empirisch angelegten Studie zum kooperativen Übersetzen fest, dass das Übersetzens in der Praxis mit der Übertragung von Wortgruppen, Wendungen, Syntagmen und ähnlichen lexikalischen Verbindungen beginnt (vgl. auch Kornelius/Orbán/Stewart (2010)).

Zu einem ähnlichen Schluss gelangt auch Chr. Grauer (2009): In seiner empirischen Untersuchung zur Verarbeitung von Ausgangstexten beobachtet er, dass Übersetzer den Umfang der "Translationseinheit" den jeweiligen Gegebenheiten des Ausgangstextes anpassen. Grauer definiert die Translationseinheit folglich als eine Art variable Arbeitsgröße des Übersetzers und stellt gleichzeitig fest, dass diese sich in der Regel nicht auf Satzlänge ausdehnen lässt. Vielmehr weisen Grauers Untersuchungsergebnisse auf eine gleichzeitige Verarbeitung von nur zwei bis drei Wörtern hin (Grauer 2009: 216 f.).

An die Erkenntnisse aus der übersetzungsbezogenen Kollokationsforschung anknüpfend können auch die Einheiten des gebundenen Wortgebrauchs, die als Ausdruck wortkombinatorischer Gebrauchsnormen die Schnittstelle zwischen Sprachsystem und Sprachverwendung abbilden, als Übersetzungseinheiten betrachtet werden.[86] Dies steht im Einklang mit der Praxis des Übersetzens von gebundenem Wortgebrauch: Hier arbeitet der Übersetzer mit Einheiten der Norm auf der Ebene der *parole*, und dies gleichzeitig in einer Ausgangs- und einer Zielsprache (vgl. Kapitel 4.2).

---

85 Diese Unterscheidung geht zurück auf J. C. Catford: co-text = sprachlicher Kontext, context = situationeller Kontext (Catford 1965: 31).

86 Zu den sprachlichen Gebrauchsnormen vgl. Kapitel 2.3.1.

5.2.2 Die Festlegung der Kollokation als Übersetzungseinheit

Wie in Kapitel 4.1 dargelegt, werden Kollokationen in zahlreichen übersetzungswissenschaftlichen Arbeiten als Übersetzungseinheiten behandelt. Als Gefüge des gebundenen Wortgebrauchs stellt die Kollokation eine formale und inhaltliche Einheit der sprachlichen Gebrauchsnormen dar, die durch die syntagmatische Zusammengehörigkeit ihrer Komponenten bedingt ist.[87] Da es sich bei der Kollokation um eine in einer Vielzahl von Texten rekurrente Erscheinung handelt, wird sie einerseits vom Textproduzenten verwendet und andererseits vom Textrezipienten erkannt und auch erwartet. Aufgrund ihrer Eigenschaft als syntaktische und lexikalisch-semantische Einheit des Wortschatzes einer Sprachgemeinschaft kann sie aus Texten isoliert und analysiert werden. Dass es sich bei Kollokationen um Größen handelt, die vom Übersetzer in Ausgangs- und Zieltexten häufig länger fokussiert werden, belegen auch die empirisch angelegten übersetzungsprozessorientierten Untersuchungen von Orbán (2008) und vor allem von Grauer (2009).[88]

Die Grundlage für die Festlegung der Kollokation als Übersetzungseinheit ist in der von F. J. Hausmann begründeten hierarchischen Beziehung der Kollokationskomponenten zu sehen, die bedingt, dass die Betrachtung der Kollokation von der Basis zum Kollokator, das heißt von der System- zur Norm-Komponente erfolgt (Hausmann 2008: 4).[89] Davon ausgehend dürfte die Basis-Komponente beim Übersetzen das Kernstück der Übersetzungseinheit Kollokation sein: Von ihr dürften sowohl die Rezeption der Gesamtbedeutung der Einheit und deren Transfer als auch die Produktion des zielsprachigen Äquivalents ausgehen.

Die Kollokation als Einheit im Übersetzungsprozess: Auf dieser Grundlage kann nun auch das in Kapitel 2.1.3 skizzierte Modell des dreiphasigen Übersetzungsprozesses auf die Her-Übersetzung von Kollokationen übertragen werden: Wie eingangs erwähnt, legt die Praxis des Übersetzens die Annahme nahe, dass der Übersetzer während der Rezeptionsphase den Ausgangstext in Einheiten zerlegt, wobei er sich von der Makro- zur Mikrostruktur des Textes vorarbeitet. Die Übersetzungseinheiten liegen so zunächst oberhalb, dann auf und schließlich unterhalb der Satzgrenze, wo sie die Form syntagmatischer Verbindungen wie z.B. Kollokationen haben. Zugleich erfolgt die Einteilung eines Ausgangstextes in Übersetzungseinheiten während der Rezeptionsphase immer bereits im Hinblick auf die Produktion des Zieltextes. Mit der Übersetzungseinheit Kollokation arbeitet der Übersetzer daher über Ausgangs- und Zieltext hinweg.

---

87 Vgl. die Kapitel 2, 3 und 4.

88 In der semantischen Zusammengehörigkeit der Komponenten der Kollokation sieht auch A. Caro Cedillo in ihrer Arbeit zu fachsprachlichen Kollokationen des Spanischen und des Deutschen das Argument für deren Status als Übersetzungseinheiten: Die semantische Abhängigkeit des Kollokators von der Basis zeige, dass die Kollokation eine "konzeptuelle Einheit" sei; eine freie Kombination hingegen sei keine konzeptuelle Einheit und folglich auch keine Übersetzungseinheit (Caro Cedillo 2004: 95).

89 Vgl. hierzu auch Kapitel 3.2.1.

In der Her-Übersetzung wird die Kollokation für den Übersetzer in seiner Rolle als Empfänger des Ausgangstextes eine *Rezeptionseinheit* seines mentalen fremdsprachigen Lexikons sein. Im idealisierten Übersetzungsvorgang würde der Übersetzer versuchen, die kollokative Eigenschaft der ausgangssprachigen Einheit bei der Übertragung in die Zielsprache beizubehalten, da er um die Funktion und die Ausdruckskraft des gebundenen Wortgebrauchs weiß.[90] Auf der Basis der Rezeption des Ausgangstextes würde die Kollokation für den Übersetzer als Produzent des Zieltextes in der Her-Übersetzung daher zu einer *Produktionseinheit* seines mentalen mutter- oder erstsprachlichen Lexikons.

Die Kollokation als Einheit im Übersetzungsprodukt: Im Hinblick auf das Übersetzungsprodukt wird entscheidend sein, was mit der Kollokation in der Rezeptions- und in der Transferphase des Übersetzungsprozesses passiert. In der Transferphase wandelt der Übersetzer unter anderem die sprachlichen Informationen des Ausgangstextes in zielsprachige Informationen um. In diesem Zusammenhang stellen sich zwei grundsätzliche Fragen: Ist die Kollokation im Übersetzungsprozess ein syntagmatisches Ganzes, das vom Übersetzer in der Phase der Rezeption des fremdsprachigen Ausgangstextes innerhalb eines bestimmten Kontextes als syntaktisch-semantische Einheit unterhalb der Satzgrenze kognitiv erfasst wird? Werden auf der Grundlage der Ergebnisse der Rezeptionsphase der Bedeutungsinhalt und die Struktur bzw. Form der Ausgangseinheit in der Transferphase des Übersetzungsprozesses derart umgewandelt, dass sie als Kollokation oder als syntaktisch und semantisch gleichwertige Einheit in den Zieltext eingebettet wird?

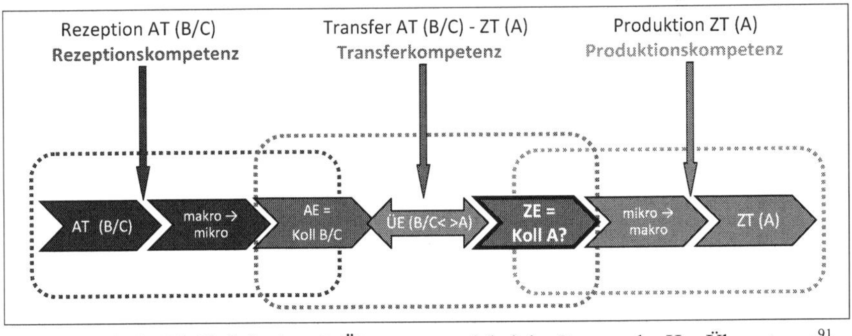

Abbildung (5.1): Die Kollokation als Übersetzungseinheit im Prozess der Her-Übersetzung[91]

Erste Antworten auf diese Fragen sollten über eine empirische Untersuchung von Produkten der Her-Übersetzung gefunden werden können, deren Ergebnisse zumindest in

90 Vgl. hierzu Kapitel 2.3.3.

91 Legende: AT/ZT = Ausgangs-/Zieltext, AE/ZE = Ausgangs-/Zieleinheit, ÜE = Übersetzungseinheit, A = A-Sprache bzw. Mutter- oder Erstsprache des Übersetzers, B-/C = B- oder C-Sprache bzw. erste oder zweite Fremdsprache des Übersetzers.

einem bestimmten Maße Rückschlüsse auf Übersetzungsprozesse zulassen. Die Übersetzungseinheit Kollokation wird dabei verstanden als ein aus zwei Einheiten zusammengesetztes Ganzes: der Ausgangseinheit in Form einer Kollokation und der wie auch immer gestalteten Einheit im Zieltext.

6 Die Kollokation in der Her-Übersetzung: Eine empirische Untersuchung von Übersetzungseinheiten

In den vorhergehenden Kapiteln wurde ausgehend von den Ergebnissen der Kollokationsforschung und ihrer Rezeption in der Übersetzungswissenschaft der dieser Arbeit zugrunde liegende Kollokationsbegriff entwickelt, wobei die hierarchische Beziehung zwischen den Kollokationskomponenten, die Struktur der Wortverbindung und die Stärke der Bindung zwischen den Kollokationspartnern fokussiert und herausgearbeitet wurden. Auf dieser Grundlage wurde die Kollokation als Übersetzungseinheit und Arbeitsgröße im Prozess und im Produkt der Her-Übersetzung definiert. Als Einheiten des gebundenen Wortgebrauchs werden Kollokationen dabei stets als *Problem*- und als *Regel*größen der Übersetzung betrachtet.

Aus den theoretischen Vorüberlegungen der Kapitel 2 bis 5 gehen verschiedene Annahmen und Vermutungen zur Kollokation in der Übersetzung hervor: So dürfte zwischen der Stärke einer Kollokation und ihrer Verfügbarkeit bei der Textrezeption und -produktion im Kontext des Übersetzens ein Zusammenhang bestehen (vgl. Kapitel 4), und die Basis-Komponente als syntaktisch-semantischer Kern der Kollokation dürfte die Konstante der Übersetzungseinheit darstellen, von dem aus die Rezeption der Gesamtbedeutung der Einheit, deren Transfer und auch die Produktion des zielsprachigen Äquivalents ausgehen (vgl. Kapitel 5). In engem Zusammenhang mit diesen Überlegungen zur Kollokation als Übersetzungseinheit steht die Frage, ob die Kollokation im Übersetzungsprozess vom Übersetzer in der Phase der Rezeption des fremdsprachigen Ausgangstextes innerhalb eines bestimmten Kontextes als syntaktisch-semantisches Ganzes wahrgenommen wird (vgl. Kapitel 5).

Durch eine empirische Untersuchung sollen nicht nur die aus dem ersten Teil der Arbeit hervorgegangenen Annahmen überprüft, sondern auch bestimmte Tendenzen, Gemeinsamkeiten und Unterschiede beim Übersetzen von Kollokationen aus der Fremd- in die Mutter- oder Erstsprache aufgezeigt werden. Darüber hinaus werden die voreempirischen Beobachtungen zur Stabilität der Übersetzungseinheit Kollokation wieder aufgegriffen, die im Rahmen wissenschaftlicher Übungen zum Übersetzen von gemeinsprachlichen Texten aus der Fremd- in die Muttersprache angestellt wurden. So wurde etwa beobachtet, dass kollokative Strukturen der fremdsprachigen Ausgangstexte bei der Her-Übersetzung teilweise eingeebnet werden, das heißt, dass bei der Produktion des Zieltextes die Wahl des angehenden Übersetzers (bewusst oder unbewusst) nicht immer auf äquivalente Kollokationen der Muttersprache zu fallen scheint. Zudem fielen in Zieltexten lineare Kombinationen von Wörtern auf, die zwar nach dem Muster kollokativer Strukturen gebildet sind, sich jedoch in ihrem Erscheinungsbild vom "normalerweise Gebräuchlichen" abheben.[92]

---

92 Nicht-übersetzungswissenschaftliche Untersuchungen wie die von S. Elspaß (1998) zu Phraseologismen in politischen Reden bestätigen die Beobachtung, dass die Einheiten des gebundenen Sprachgebrauchs anfällig für Abweichungen von der normalen Formulierung sind.

Im Verlauf dieses Kapitels werden der Aufbau zweier Studien zur Analyse der Übersetzungseinheiten sowie die Erhebung, Aufbereitung, Analyse und Auswertung der syntagmatischen Daten dargelegt. Die Beispiele wurden nachträglich zur Veranschaulichung des Analyseverfahrens eingefügt.[93] Es handelt sich dabei mehrheitlich um Ausgangs- und Zieleinheiten der Studie 1.

6.1 Die Analyse von Übersetzungseinheiten

Bisher hat man sich in der Übersetzungswissenschaft der Kollokation je nach Forschungsziel vorwiegend mittels der Analyse monolingualer allgemeiner und spezifischer Wörterbücher, einsprachiger Textkorpora (etwa Angelone 2007 und vor allem Kimmes 2009) oder auch der Blickbewegungsaufzeichnung genähert (Grauer 2009).[94] Einen weiteren Zugang zur Kollokation in der Übersetzung soll die Analyse zweisprachiger Übersetzungseinheiten bieten, die aus einer Kollokation des Ausgangstextes und einer wie auch immer gestalteten entsprechenden Einheit im Zieltext bestehen (vgl. Kapitel 5.2.2). Bei dieser Einheitenanalyse handelt es sich um eine am Übersetzungprodukt orientierte Methode, die in bestimmtem Maße Rückschlüsse auf die Prozesse der Her-Übersetzung aus der Fremd- in die Muttersprache zulässt.

Im Rahmen zweier Studien werden Übersetzungen untersucht, die von Gruppen von Studierenden der Übersetzungswissenschaft mit deutscher Mutter- bzw. Erstsprache angefertigt wurden. Dieses Vorgehen hat den Vorteil, dass zu einzelnen Ausgangstexten von überschaubarer Länge mehrere zum gleichen Zeitpunkt erstellte Zieltexte analysiert werden können und so ersichtlich wird, ob und wie viele unterschiedliche Zieleinheiten es zu einer Ausgangseinheit geben kann. Die beiden für die Studien zusammengestellten Lernerkorpora stellen einen exemplarischen Querschnitt dar und zeigen somit einen Ausschnitt der sprachlichen Realität im Kontext des Übersetzens. Ihre Untersuchung dient dem Aufzeigen von Tendenzen im Hinblick auf das Übersetzen von Kollokationen in die Muttersprache. Vor diesem Hintergrund wird im Folgenden der Aufbau der Studien skizziert. Eine detaillierte Beschreibung der methodischen Analyse der Übersetzungseinheiten erfolgt in den Kapiteln 6.2 bis 6.5.

---

93 In den Beispielen sind die analysierten Einheiten aus den Ausgangs- und Zieltexten in Anführungszeichen gesetzt. Die Komponenten von Kollokationen und freien Wortkombinationen sind in ihrer grammatischen Grundform dargestellt.

94 Weitere korpusbasierte übersetzungsbezogene Studien zu Kollokationen liegen etwa mit Domínguez Burgos (2000) und Caro Cedillo (2004) vor. Auch in allgemeineren Untersuchungen des Übersetzungsprodukts und -prozesses werden korpuslinguistische Methoden eingesetzt (vgl. etwa Hansen 2003, die mit Parallelkorpora arbeitet). In Untersuchungen mit vorwiegend didaktischem Ziel kommen Lautes-Denken-Protokolle (z.B. Hönig/Kußmaul 2003[6], Kußmaul 2007, Hansen 2006 sowie Krings 1986), "Retrospektion mit Replay" (Hansen 2006) und Übersetzungsanalysen (z.B. Orbán 2008) zum Einsatz.

6.1.1 Die Überprüfung der Vorannahmen und die Beschreibung der Übersetzungseinheiten: Die Studien 1 und 2

Aus den vorempirischen Beobachtungen zur Stabilität der Übersetzungseinheit Kollokation lassen sich Hypothesen herleiten, die den beiden Studien vorangestellt werden: Bei der Her-Übersetzung entspricht einer Kollokation des fremdsprachigen Ausgangstextes im muttersprachlichen Zieltext nicht immer eine Kollokation (Hypothese 1). Einer Kollokation des fremdsprachigen Ausgangstextes kann im muttersprachlichen Zieltext eine wortkombinatorisch "auffällige" Einheit entsprechen (Hypothese 2).

Studie 1 – "Angehende Übersetzer I": In der Studie 1 werden Gruppen von Übersetzungen (Proben) aus dem Englischen, dem Französischen und dem Spanischen ins Deutsche untersucht. Die Zieltexte stammen von angehenden Übersetzern mit ersten substantiellen Übersetzungserfahrungen. Durch die unterschiedlichen Sprachen der zu übersetzenden Ausgangstexte soll in dieser ersten Studie versucht werden, die Effekte, die sich aus der Ausgangssprache für die Zieltexte ergeben, zu analysieren und zu beschreiben.

Studie 2 – "Angehende Übersetzer II": In der Studie 2 werden nur noch Gruppen von Übersetzungen aus einer Fremdsprache, dem Englischen, untersucht. Angefertigt werden die Übersetzungen von Studierenden, die sich bereits am Ende ihrer universitären Übersetzerausbildung befinden.

Die in den beiden Studien erhobenen syntagmatischen Daten werden deskriptiv analysiert und statistisch ausgewertet. In den Proben werden absolute Häufigkeiten und Anteile von Zieleinheiten unterschiedlicher Kategorien festgestellt.[95] Um einen qualitativen Vergleich der Proben zu ermöglichen, wird darauf geachtet, dass die einzelnen Proben ähnlich groß sind, das heißt, zum einen in etwa die gleiche Anzahl von untersuchten Wortkombinationen des Ausgangstextes und zum anderen eine ähnliche Anzahl von Übersetzungen enthalten.

Die Gesamtauswertung der Studien erfolgt je Lernerkorpus. Dabei ist die Beantwortung folgender Leitfragen relevant: Sind die in den Hypothesen genannten Phänomene in allen Proben der Studie vertreten? Treten die in den Hypothesen 1 und 2 genannten Phänomene unabhängig von der Sprache des Ausgangstextes auf? Darauf folgend werden die Hypothesen 1 und 2 zunächst qualitativ geprüft und die Häufigkeitenverteilung abschließend auf Signifikanz getestet.[96] Die statistische Auswertung der Daten je Studie wird durch eine Darstellung der deskriptiven Analyse der Übersetzungseinheiten ergänzt.

6.1.2 Die Ergebnisse der Studien 1 und 2 im Vergleich

An die statistische und deskriptive Analyse der Übersetzungseinheiten der Studien 1 und 2 schließt sich ein Vergleich der Verteilung der Zieleinheiten auf die verschiedenen Kategorien an.

---

95 Zu den Kategorien vgl. Kapitel 6.5.2.

96 Nähere Ausführungen hierzu finden sich im Kapitel 6.6.

Der Vergleich der Studien 1 und 2 (Substudie 1): Um einen Eindruck davon zu bekommen, ob mehr bzw. weniger Übersetzungserfahrung oder -routine das Übersetzen von Kollokationen in die Muttersprache und das Auftreten von Auffälligkeiten bei der Kollokationsbildung in den Proben beeinflusst, werden die in den Studien 1 und 2 ermittelten Häufigkeiten der Ausgangs- und Zieleinheiten der einzelnen Kategorien in den Lernerkorpora "Angehende Übersetzer I" und "Angehende Übersetzer II" miteinander verglichen. Übergeordnete qualitative Unterschiede und Ähnlichkeiten in den beiden Studien werden ebenfalls herausgearbeitet.

Der Vergleich gepaarter Proben aus den Studien 1 und 2 (Substudie 2): Um das Vorkommen von wortkombinatorisch auffälligen freien Wortverbindungen in Zieltexten einer Gruppe von Übersetzern festzustellen, werden Übersetzungen miteinander verglichen, die zu zwei unterschiedlichen Zeitpunkten und zu zwei unterschiedlichen Ausgangstexten angefertigt wurden. Als Datengrundlage hierfür werden aus den Studien 1 und 2 die Ergebnisse von je zwei Proben, für die gepaarte Daten vorliegen, verwendet. Die Ausgangssprache soll dabei kein Auswahlkriterium sein. Mögliche Unterschiede zwischen den Ergebnissen der verbundenen Proben werden abschließend auf Signifikanz geprüft.

6.2 Die Erhebung und Aufbereitung der syntagmatischen Daten

6.2.1 Zur Auswahl und Zusammensetzung der Gruppen von Übersetzungen

Die Auswahl der Übersetzungen für die Studien 1 und 2 erfolgt systematisch. Zunächst wird das Profil der Übersetzer zur Anfertigung der zu analysierenden Zieltexte festgelegt: Bei den Übersetzern soll es sich um Studierende der Übersetzungswissenschaft deutscher Mutter- oder Erstsprache handeln. Um zu gewährleisten, dass diese bereits ein erkennbares Maß an praktischer Erfahrung im Übersetzen haben und mit den grundlegenden Abläufen des Übersetzens als Prozess vertraut sind, sollen sie sich zumindest in der Mitte oder am Ende ihres Studiums befinden. Verbunden mit dem Übersetzerprofil wird auch das Zieltextprofil festgelegt: Bei den Zieltexten soll es sich um Übersetzungen handeln, die durch die geplante Studie möglichst "unbeeinflusst" sind. Dies bedeutet, dass die Studierenden ihre Übersetzungen nicht in dem Wissen anfertigen sollen, dass diese gezielt auf syntagmatische Strukturen untersucht werden. Außerdem sollen die Zieltexte zur Verwendung für die Auswertung in einer mehr oder weniger kontrollierten Situation entstanden sein, um zum einen die für die Übersetzung aufgewandte Zeit und die verwendeten Hilfsmittel einzugrenzen und genau zu definieren; zum anderen soll ein bestimmtes Maß an Konzentration und damit verbundener Qualität der Übersetzung gesichert sein. Für die Auswahl der Zieltexte kommen daher die am Institut für Übersetzen und Dolmetschen der Universität Heidelberg abgehaltenen Lehrveranstaltungen zur Vorbereitung auf die Zwischen- bzw. Abschlussprüfung im Fach "Übersetzen gemeinsprachlicher Texte aus der Fremdsprache" in Betracht. In diesen wissenschaftlichen Übungen werden für gewöhnlich prüfungsvorbereitende "Probeklausuren" geschrieben, so dass den Studierenden bewusst ist, dass die von ihnen erstellten Zieltexte korrigiert und bewertet werden. Es handelt sich folglich um eine simulierte Prüfungssituation. In dieser simulierten Prüfungssituation erhalten die Kursteilnehmer einen vom Dozenten ausgewählten und ihnen unbekannten Ausgangstext zu einem ihnen bekannten Semesterthema. Der Ausgangstext ist in der ersten Fremdsprache der Sprachenkombination der Teilnehmer verfasst. Sein Umfang ist an der durch den Dozenten vorgegebenen Bearbeitungszeit ausgerichtet. Der den Teilnehmern im Vorfeld der Übersetzung gegebene fiktive Übersetzungsauftrag sieht in der Regel die funktionskonstante Übersetzung des Textes ins Deutsche unter Beibehaltung der Sender-, Empfänger-, Orts- und Zeitpragmatik sowie der Textsorte vor. Beim Übersetzen dürfen in den prüfungsvorbereitenden Kursen folgende Hilfsmittel benutzt werden: allgemeine einsprachige Wörterbücher in der Ausgangssprache und des Deutschen[97] sowie außerdem die Bände *Rechtschreibung*, *Stilwörterbuch* und *Richtiges und gutes Deutsch* der Duden-Reihe. Auf digitale bzw. online-Nachschlagewerke kann nicht zugegriffen werden, wodurch webbasierte frequenzorientierte Abgleichungen eines Übersetzungsvorschlags durch die Kursteilnehmer ausgeschlossen sind.

Durch die Orientierung an den Prüfungsvorgaben dürften Übersetzungssituation, Aufgabenstellung, zur Verfügung gestellte Hilfsmittel, die Länge sowie das thematische und lexikalische, grammatische und stilistische Profil der Ausgangstexte und der damit verbundene Schwierigkeitsgrad der Übersetzung für alle Proben je Studie auch bei unterschiedlichen Ausgangssprachen vergleichbar sein.

Die Teilnehmerzahl in den prüfungsvorbereitenden Lehrveranstaltungen variiert in der Regel je nach Ausgangssprache und Semester. In einer ersten systematischen Auswahl werden aus den Veranstaltungen mit wenigstens 15 Teilnehmern alle von deutschen Muttersprachlern erstellten Zieltexte herausgefiltert.[98] In einem zweiten Schritt wird die Anzahl der gesammelten Zieltexte je Probe mittels einer zufälligen Auswahl angeglichen, um den Vergleich der Proben zu erleichtern. Die in den Studien auszuwertenden Daten werden somit aus insgesamt neun Proben von Her-Übersetzungen aus dem Französischen (VD2), Spanischen (VD3.1 und VD3.2) und Englischen (VD1, EX1.1, EX2.1, EX2.2, EX3.1 und EX3.2) gewonnen. Die deutschen Zieltexte stammen von Studierenden aus insgesamt sechs Übersetzungskursen (aus drei Kursen liegen gepaarte Proben vor), wobei jeder Studierende in nur jeweils einem Kurs übersetzt.

6.2.2 Zur Durchführung der Datenerhebung

Die Vorbereitungen und das Festlegen der Ausgangs- und Zieleinheiten: Die Übersetzungen der einzelnen Proben werden gesammelt, anonymisiert, mit einem Zieltext-Code versehen und in ihrem exakten Wortlaut in eine elektronische Form gebracht. Orthographie- und Interpunktionsfehler werden beim Übertragen der Übersetzungen über-

---

97 In der Regel *Duden Universalwörterbuch* und *Brockhaus-Wahrig Deutsches Wörterbuch*.

98 Die Probengröße entspricht dem Gruppenprofil prüfungsvorbereitender Lehrveranstaltungen im Fach Übersetzungswissenschaft an der Universität Heidelberg.

nommen; auf eine Kennzeichnung wird bewusst verzichtet, um das Gesamtbild des Zieltextes möglichst nicht zu verzerren. Die Zieltexte werden den jeweiligen Ausgangstexten in tabellarischer Form gegenübergestellt.[99] Je Probe wird zudem ein Profil angelegt. Hier finden sich neben der Kurzbezeichnung der Probe, der Anzahl der Zieltexte, dem Fachsemester der Übersetzer und der Lehrveranstaltung, in deren Rahmen sie die Zieltexte angefertigt haben, auch Angaben zu Ausgangs- und Zielsprache der Übersetzung, zur Bearbeitungszeit und zu den zugelassenen Hilfsmitteln (vgl. Kapitel 7.1.1 und 8.1.1).

Die Analyse des Ausgangstextes und die Auswahl der Ausgangseinheiten (AE): Nach der Erfassung der Eckdaten der Probe wird der Ausgangstext zunächst unter dem Aspekt seiner Übersetzung analysiert. Je Studie und Proben ist die Auswahl der jeweiligen Ausgangstexte (Ausgangssprache, Thema und Beschaffenheit) vorgegeben durch den Dozenten des Kurses, der für die Probe ausgewählt wurde. Hierbei wurde der Ausgangstext nicht im Hinblick auf das Vorkommen von Kollokationen überprüft oder dahingehend bearbeitet, um der Tatsache, dass Kollokationen sprachliche Elemente sind, die natürlicherweise in nahezu allen Texten vorkommen und somit zum sprachlichen Alltag gehören, gerecht zu werden.

In einem nächsten Schritt werden die auf ihre Übersetzung zu untersuchenden Einheiten des Ausgangstextes festgelegt. Hierzu werden in Frage kommende Wortkombinationen des Textes auf ihre Kollokationsstruktur hin analysiert und mit den Einträgen in ausgewählten ausgangssprachigen Nachschlagewerken und ihrem Vorkommen in ausgangssprachigen Textkorpora abgeglichen (vgl. Kapitel 6.3.1 und 6.4.1). Auf der Grundlage der Rechercheergebnisse wird aus den möglichen Wortkombinationen eine Auswahl getroffen. Die Anzahl der festgelegten Ausgangseinheiten ist dabei für alle Proben ähnlich, da dieses Vorgehen vor allem den qualitativen Vergleich der Untersuchungsergebnisse erleichtert. Bei der Auswahl der Ausgangseinheiten wird jeweils überprüft, ob es sich um eine ausgangssprachige Kollokation handelt und ob es eine dazu äquivalente Kollokation der Zielsprache gibt. Bei der Auswahl der Einheiten wird außerdem darauf geachtet, dass je Probe Kollokationen unterschiedlicher Stärkegrade vertreten sind.[100] Einheiten, die sich an der Grenze zwischen freier Kombination und Kollokation befinden und über einen entsprechend niedrigeren Kollokationsstärkegrad verfügen, werden ebenfalls bewusst aufgenommen.

Die so festgelegten Ausgangseinheiten werden mittels einer Typologie klassifiziert, die auf der in Kapitel 4.2.4. aufgestellten Kollokationstypologie basiert. Die Ergebnisse der Recherche in den Nachschlagewerken und Korpora zu den jeweiligen Ausgangseinheiten (AE)[101] und ihre Kollokationsstruktur werden dokumentiert. In den Ausgangstexten werden die Ausgangseinheiten entsprechend markiert.[102] In die Pro-

---

99 Vgl. Kapitel 6.5.8.

100 Zur Kollokationsstärke vgl. Kapitel 4.2.5.

101 Zu den verwendeten Abkürzungen vgl. Kapitel 6.8.

102 Vgl. Kapitel 6.5.8.

benprofile werden neben dem Thema, der Sorte und der Funktion des Textes die Anzahl der ausgewählten Ausgangseinheiten aufgenommen.

Die Analyse der Zieltexte und die Begrenzung der Zieleinheiten (ZE): An die Festlegung der Ausgangseinheiten schließt sich die Analyse der Zieltexte und Zieleinheiten an. In den Zieltexten selbst wird die Übersetzung der Ausgangseinheiten markiert und auf ihre lexikalische und grammatische Struktur hin analysiert. Eine genauere Untersuchung der semantischen Äquivalenz zwischen Ausgangs- und Zieleinheit erfolgt im Rahmen der deskriptiven Analyse der Übersetzungseinheiten in den Studien 1 und 2.

Die Zieleinheiten werden in ihrem Wortlaut erfasst, die Struktur der Kombination festgehalten. Danach erfolgt der Abgleich der Einheiten mit ihrem Vorkommen in ausgewählten zielsprachigen Nachschlagewerken und Korpora (vgl. Kapitel 6.3.2 und 6.4.2). Die Anzahl der Zieleinheiten wird ebenfalls in das Probenprofil aufgenommen.

6.2.3 Die Typologie für die Beschreibung der Struktur der Ausgangs- und Zielkombinationen

Alle erhobenen Ausgangs- und Zieleinheiten werden morphosyntaktisch und semantisch analysiert und mittels einer Kombinationstypologie vereinfacht linguistisch beschrieben. Bei den ausgewählten Ausgangseinheiten handelt es sich ausnahmslos um Kollokationen mit in der Regel einem, in Ausnahmefällen zwei Kollokatoren. Sie werden den in Kapitel 4.2.3f. herausgearbeiteten Kollokationstypen zugeordnet.

Die Zieleinheiten werden vor der späteren Einordnung in Kategorien zunächst als Wortkombinationen bestehend aus zwei (oder mehr) Komponenten betrachtet. Dabei wird die Komponente, die semantisch der Basis der Ausgangseinheit entspricht bzw. entsprechen soll, als "Basis" gehandelt, gleichgültig ob die Zieleinheit sich als eine Kollokation oder eine freie Wortverbindung realisiert.

Für die Beschreibung der Zieleinheiten wird ebenfalls auf die in Kapitel 4.2.4 aufgestellte Kollokationstypologie zurückgegriffen. Die "Kollokationsformeln" der Typen werden aufgelöst, auf die Wortarten der Typenkomponenten reduziert und somit zu "Kombinationsformeln". Im Falle des Typs 1 werden nach Sichtung der Zieleinheiten der ersten Übersetzungssamples der Studie 1 außerdem zwecks einer etwas detaillierteren Beschreibung der Einheit Subtypen hinzugefügt (L1.1-L1.4). Des Weiteren wird eine Kategorie für "strukturelle Sonderfälle" (LX) geschaffen, in die Zieleinheiten eingeordnet werden, deren Kombinationssyntax von der normalen Typologie abweicht. Die hergeleitete Kombinationstypologie ist in der nachstehenden Übersicht dargestellt. Bei den hier angeführten Beispielen handelt es sich um einzelne Ausgangs- und Zieleinheiten der Studien 1 und 2.

Kombinationstypologie für die Analyse der Übersetzungseinheiten	
Kollokationstyp 1: Substantiv (Objekt) + Verb → Kombinationstypen L1.1 - L1.4	
L1.1	Substantiv (Akkusativ-Objekt, Basis/"Basis") + Verb Beispiel (6.1a) (ES) Ausgangseinheit VD3.2_AE3 "iniciativa + tomar" Beispiel (6.1b) (DE) Zieleinheit VD1_ZT4_ZE2 "Geld + verdienen"
L1.2	Substantiv (Akkusativ-Objekt, Basis/"Basis") + (Verb + Präposition) Beispiel (6.2a) (EN) Ausgangseinheit EX2.1_AE8 "contract + to draw up" Beispiel (6.2b) (DE) Zieleinheit EX3.2_ZT1_ZE6 "Suche + sich begeben auf"
L1.3	Substantiv (Dativ-Objekt, Basis/"Basis") + Verb Beispiel (6.3) (DE) Zieleinheit EX1.1_ZT3_ZE5 "Aufgabe + nachgehen"
L1.4	Substantiv (Dativ-Objekt, Basis/"Basis") + (Verb + Präposition) Beispiel (6.4a) (EN) Ausgangseinheit EX2.2_AE4 "mud + to sink in" Beispiel (6.4b) (DE) Zieleinheit VD3.2_ZT3_ZE3 "Einigung + gelangen (zu)
Kollokationstyp 2: Substantiv + Adjektiv → Kombinationstyp L2	
L2	Substantiv (Basis/"Basis") + Adjektiv Beispiel (6.5a) (FR) Ausgangseinheit VD2_AE3 "activité + professionnel" Beispiel (6.5b) (DE) Zieleinheit VD3.1_ZT7_ZE6 "Bindung + stark"
Kollokationstyp 3: Substantiv + Verb → Kombinationstyp L3	
L3	Substantiv (Subjekt, Basis/"Basis") + Verb Beispiel (6.6a) (EN) Ausgangseinheit EX3.2_AE7 "witness + to report" Beispiel (6.6b) (DE) Zieleinheit VD3.1_ZT12_ZE2 "Wahlergebnis + ausfallen"
Kollokationstyp 4: Substantiv (+ Präposition) + Substantiv → Kombinationstyp L4	
L4	Substantiv (+ Präposition) + Substantiv (Basis/"Basis") Beispiel (6.7a) (ES) Ausgangseinheit VD3.1_AE7 "continuación (de) + proceso" Beispiel (6.7b) (DE) Zieleinheit VD3.1_ZT5_ZE1 "Spitze + Partei"
Kollokationstyp 5: Adverb/adverbial gebrauchtes Adjektiv + Adjektiv → Kombinationstyp L5	
L5	Adverb/adverbial gebrauchtes Adjektiv + Adjektiv (Basis/"Basis") Beispiel (6.8a) (DE) Zieleinheit VD3.1_ZT3_ZE2 "positiv + ausgefallen" Beispiel (6.8b) (DE) Zieleinheit VD3.1_ZT12_ZE2 "höchst + positiv"
Kollokationstyp 6: Verb + Adverb/adverbial gebrauchtes Adjektiv/adverbiale Umschreibung → Kombinationstyp L6	
L6	Verb (Basis/"Basis")+ Adverb/adverbial gebrauchtes Adjektiv/adverbiale Umschreibung) Beispiel (6.9a) (EN) Ausgangseinheit EX1.1_AE6 "to perform + faithfully" Beispiel (6.9b) (DE) Zieleinheit EX2.1_ZT3_ZE3 "verfolgen + mit Interesse"
Kollokationstyp 7: (Präposition + Substantiv (Objekt)) + Verb → Kombinationstyp L7	
L7	(Präposition + Substantiv (Objekt), Basis/"Basis") + Verb Beispiel (6.10a) (EN) Ausgangseinheit EX3.2_AE9 "on video + to capture" Beispiel (6.10b) (DE) Zieleinheit VD1_ZT6_ZE6: "unter Flagge + segeln"
Strukturelle Sonderfälle	
LX	Beispiel (6.11a) (DE) Zieleinheit VD3.2_ZT1_ZE2 "Präsidentschaft + (zu Protokoll + geben)" = LX. *Die "Kollokator"-Komponente der Zieleinheit besteht aus einer Kombination des Typs L7.* Beispiel (6.11b) (DE) Zieleinheit VD1_ZT4_ZE1 "Land der Wilden + zähmen" = LX. *Die "Basis"-Komponente dieser Zieleinheit besteht nicht aus einem einzelnen Substantiv, sondern aus einer L4-Kombination.*

	Beispiel (6.11c) (DE) Zieleinheit VD1_ZT10_ZE6: durch + Flagge, LX. *Die Zieleinheit stellt eine Kombination aus Substantiv und Präposition dar. Die Präposition wird, als primär grammatisches Element, für sich allein als Kollokator-Komponente in der Kombinationstypologie nicht berücksichtigt.*

Tabelle (6.1): Kombinationstypologie

6.3 Die Verifizierung der Ausgangs- und Zieleinheiten über Nachschlagewerke

Im Folgenden wird das Verfahren zur Analyse der erhobenen syntagmatischen Einheiten skizziert. Dabei wird auf die Verifizierung der Einheiten über Wörterbücher und Textkorpora eingegangen, die Kategorisierung der Zieleinheiten wird beschrieben und es wird ein Verfahren zur Bestimmung der Kollokationsstärke vorgestellt.

Zur Verfizierung der Ausgangs- und Zieleinheiten: Um den Kollokationsstatus der aus den Ausgangstexten ausgewählten Wortkombinationen zu überprüfen und sie danach als Ausgangseinheiten der Studien 1 und 2 festzulegen, werden Textkorpora und Wörterbücher in digitaler wie in Printform herangezogen. Gleiches gilt für die Einordnung der Zieleinheiten. Wie auch bei der Beschreibung der Kombinationsstruktur nach der zuvor dargestellten Typologie werden die Komponenten der Zieleinheiten ungeachtet ihres Kombinationsstatus bei der Recherche in Nachschlagewerken und Korpora als "Basis" und "Kollokator" betrachtet. Überprüft werden alle zur Wahl stehenden Einheiten der Ausgangstexte sowie alle Zieleinheiten; auch zu (vermeintlich) synonymen Zieleinheiten wird einzeln recherchiert. Die Rechercheergebnisse je Ausgangs- und Zieleinheit werden schriftlich festgehalten (vgl. Kapitel 6.5.8).

6.3.1 Die Auswahl der ausgangssprachigen Nachschlagewerke

Zwecks eines Überblicks über die lexikographischen Informationen zu den abzusichernden Einheiten des Ausgangstextes werden neben ausgangssprachigen monolingualen Universalwörterbüchern in Printform in der Studie 1 zudem für die Öffentlichkeit uneingeschränkt und begrenzt zugängliche Online-Universalwörterbücher konsultiert. Auf die Recherche in bilingualen Universalwörterbüchern wird verzichtet, da diese erfahrungsgemäß die gesuchte lexikographische Information nicht oder nur in unzureichender Weise liefern.

Bei der Auswahl dieser Nachschlagewerke werden in erster Linie die Anzahl der Lemmata und die metasprachliche Information des Eintrags berücksichtigt. Vor allem sollten die Einträge idiomatische und teilidiomatische Wendungen zum Stichwort und/oder Kontextbeispiele enthalten, die das Stichwort in seinem natürlichen syntaktischen und semantischen Umfeld zeigen, oder Angaben zur situationellen Verwendung des Stichworts enthalten. Außerdem wird darauf geachtet, dass es sich bei den Universalwörterbüchern in Printform um jene handelt, die auch von den Studierenden in Klausuren üblicherweise als Hilfsmittel benutzt werden und somit auch bei der Produktion der zu analysierenden Zieltexte zum Einsatz gekommen sein können.

Darüber hinaus werden bei der Analyse aller Proben in den Studien 1 und 2 Kombinations- bzw., sofern für die jeweilige Ausgangssprache verfügbar, spezielle Kollokationswörterbücher zur Absicherung der Ausgangseinheiten herangezogen. Auch bei diesen Wörterbüchern handelt es sich mit Ausnahme des *Kontextwörterbuchs Französisch-Deutsch* (Studie 1, Probe VD2) um monolinguale Nachschlagewerke. Von Studierenden werden sie erfahrungsgemäß bei der Anfertigung von Übersetzungen in die Fremdsprache (Hin-Übersetzung), nicht aber für Übersetzungen in die Muttersprache benutzt. Die für die Überprüfung der Ausgangseinheiten der Studie 1 verwendeten Nachschlagewerke der Ausgangssprachen Englisch, Französisch und Spanisch sind in der nachstehenden Übersicht erfasst.[103] Berücksichtigt werden dabei vor allem die jeweiligen Möglichkeiten der Kollokationsrecherche.

Übersicht der verwendeten Nachschlagewerke der Ausgangssprachen

<table>
<tr><td colspan="2">ENGLISCH
Dictionary and Thesaurus – Merriam-Webster Online, Merriam Webster (MWO)</td></tr>
<tr><td>Konsultierte Version</td><td>Online-Wörterbuch, freier Zugang (vgl. www51)</td></tr>
<tr><td>Art des Wörterbuchs</td><td>Universalwörterbuch</td></tr>
<tr><td>Ziel-/Nutzergruppe</td><td>Allgemein</td></tr>
<tr><td>Umfang</td><td>Keine konkreten Angaben. Zum Vergleich: Umfang der Printausgabe des Merriam Webster's Collegiate Dictionary, auf dem die Online-Version basiert: 165.000 Einträge, 40.000 Gebrauchsbeispiele, 7.500 Wendungen (phrases) und Idiome (vgl. Klappentext der 11. Auflage)</td></tr>
<tr><td>Kollokationsrecherche</td><td>Eine Recherche nach Kollokationen ist über die Kontextbeispiele und sinnverwandten Begriffe des nachgeschlagenen Wortes möglich. Aufgrund eines nur indirekten Zugangs zu den Kollokationen bzw. Kollokatoren eines als Basis-Komponente nachgeschlagenen Stichworts ist die Kollokationsrecherche umständlich und lieferte zu den in der Studie 1, Probe VD1 nachgeschlagenen neun ausgangssprachigen Kombinationen bis auf eine Ausnahme keine Ergebnisse.</td></tr>
<tr><td colspan="2">ENGLISCH
Oxford English Dictionary, Oxford University Press (OED)</td></tr>
<tr><td>Konsultierte Version</td><td>Online-Wörterbuch, lizensierter Zugang (vgl. www52)</td></tr>
<tr><td>Art des Wörterbuchs</td><td>Universalwörterbuch</td></tr>
<tr><td>Ziel-/Nutzergruppe</td><td>Allgemein</td></tr>
<tr><td>Umfang</td><td>> 600.000 Einträge, > 3 Millionen Textzitate dienen als Kontextbeispiele</td></tr>
</table>

103 Aufgrund der Quellen der in den Proben VD3.1 und VD3.2 der Studie 1 analysierten Ausgangstexte blieben Nachschlagewerke und eventuelle Projekte zur lexikographischen Erfassung von Kollokationen lateinamerikanischer Varietäten des Spanischen unberücksichtigt. Außerdem wurde das Wörterbuch der *Real Academia de la Lengua Española* (DRAE) bewusst nicht konsultiert, weil es zwar idiomatische und teilidiomatische Wendungen zum Stichwort, jedoch nur in wenigen Einträgen Kontextbeispiele enthält, die das Stichwort in seinem natürlichen syntaktischen und semantischen Umfeld zeigen. Zudem zählt dieses Print-Wörterbuch nicht zu den von den Studierenden bevorzugt genutzten Nachschlagewerken.

Kollokationsrecherche	Die Kollokationsrecherche erfolgt über die Kontextbeispiele. Da kein direkter Weg zu den Kollokationen bzw. Kollokatoren eines als Basis nachgeschlagenen Stichworts möglich ist, gestaltete sich die Kollokationsrecherche recht umständlich und lieferte in der Studie 1, Probe VD1 Ergebnisse zu zwei der insgesamt neun nachgeschlagenen ausgangssprachigen Kombinationen.
ENGLISCH Benson, M./Benson, E./Ilson, R. (1997): The BBI Dictionary of English Word Combinations. Amsterdam/Philadelphia: John Benjamins (BBI)	
Konsultierte Version	Printwörterbuch
Art des Wörterbuchs	Monolinguales Kollokationswörterbuch für die (fremdsprachige) Textproduktion
Ziel-/Nutzergruppe	Fremdsprachenlerner und -nutzer des Englischen
Umfang	18.000 Einträge/Stichwörter, 90.000 Kollokationen (Klappentext BBI (1997))
Kollokationsrecherche	Kollokationen sind konsequent unter ihrer Basis verzeichnet. Das Wörterbuch umfasst eine nutzerfreundliche Handreichung, die eine Erklärung des dem Wörterbuch zugrunde liegenden Kollokationsbegriffs und eine Auflistung der möglichen Kollokationstypen enthält. Im BBI wird zwischen lexikalischen und grammatischen Kollokationen unterschieden. Der direkte Zugang zu den Kollokationen bzw. Kollokatoren eines als Basis nachgeschlagenen Stichworts erleichtert die Kollokationsrecherche zwar; aufgrund dessen, dass es sich beim BBI um ein Produktionswörterbuch für Fremdsprachenlerner handelt, ist die Anzahl der Stichwörter jedoch begrenzt und für die Absicherung von Ausgangseinheiten in englischen Texten, wie sie in Studie 1 und 2 vorliegen, nicht umfangreich genug: Die Recherche in der Probe VD1 lieferte Ergebnisse zu drei von neun nachgeschlagenen Kombinationen.
ENGLISCH McIntosh, C./Francis, B./Poole, R. (Hg.) (2009^2): Oxford Collocations Dictionary for students of English. Oxford: Oxford University Press (OxCD)	
Konsultierte Version	Printwörterbuch, CD-Rom (2. Auflage, 2009)
Art des Wörterbuchs	Monolinguales Kollokationswörterbuch für die (fremdsprachige) Textproduktion
Ziel-/Nutzergruppe	Fremdsprachenlerner und -nutzer des Englischen
Umfang	250.000 Wortkombinationen zu ca. 9.000 Stichwörtern, 75.000 Beispiele (OxCD 2009^2: Klappentext und OxCD 2009^2: V)
Kollokationsrecherche	Der Kollokationsbegriff wird auch in diesem auf dem *Oxford English Corpus* basierten Kollokationswörterbuch für Fremdsprachenlerner anschaulich und lernerorientiert erklärt. Freie Kombinationen sind nicht im Wörterbuch enthalten, halb-idiomatische sind berücksichtigt (OxCD 2009^2: VI). Kollokationen werden je nach (nicht näher erläuterter) Stärke in Kategorien eingeteilt. Die Kollokationsrecherche erfolgt über die Basis-Komponente der Kollokation. Über den direkten Zugang zu den Kollokationen bzw. Kollokatoren eines als Basis nachgeschlagenen Stichworts wird die Kolloka-

<table>
<tr><td></td><td>tionsrecherche erleichtert. Doch auch im OxCD ist die Anzahl der Stichwörter begrenzt und für die Absicherung der Ausgangseinheiten der Studien 1 und 2 allein von nicht ausreichendem Umfang: In der Probe VD1 war die Recherche zu vier von neun nachgeschlagenen Kombinationen erfolgreich.</td></tr>
<tr><td colspan="2">FRANZÖSISCH
Dictionnaires Le Robert (Hg.); Rey, A. (Dir.) (2001[2]): Le grand Robert de la langue française. Paris: Dictionnaires Le Robert (LGR)</td></tr>
<tr><td>Konsultierte Version</td><td>Printwörterbuch (2. Auflage, 2001)</td></tr>
<tr><td>Art des Wörterbuchs</td><td>Monolinguales Universalwörterbuch in sechs Bänden</td></tr>
<tr><td>Ziel-/Nutzergruppe</td><td>Allgemein</td></tr>
<tr><td>Umfang</td><td>Mehr als 75.000 Einträge (LGR, Vorwort zur zweiten Auflage, Band 1, s. XXVI)</td></tr>
<tr><td>Kollokationsrecherche</td><td>Kollokationen und andere syntagmatische Verbindungen sind teilweise unter den festen Wendungen oder in den Kontextbeispielen der Einträge zu den Komponenten der gesuchten Kombination zu finden. Da jedoch kein direkter Zugang zu den Kollokatoren eines als Basis nachgeschlagenen Stichworts besteht, ist die Kollokationsrecherche umständlich. In der Probe VD2 wurden sieben der insgesamt elf ausgewählten Ausgangseinheiten im LGR nachgewiesen.</td></tr>
<tr><td colspan="2">FRANZÖSISCH
Dictionnaires Le Robert (Hg.), Rey-Debove, J./Rey, A. (Dir.) (2007): Le Nouveau Petit Robert. Dictionnaire alphabétique et analogique de la langue française. Paris: Dictionnaires Le Robert (LNPR)</td></tr>
<tr><td>Konsultierte Version</td><td>Printwörterbuch (1. Auflage, 2007); online verfügbar (Lizenz der Universitätsbibliothek)</td></tr>
<tr><td>Art des Wörterbuchs</td><td>Einbändiges monolinguales Universalwörterbuch</td></tr>
<tr><td>Ziel-/Nutzergruppe</td><td>Allgemein</td></tr>
<tr><td>Umfang</td><td>Mehr als 60.000 Einträge (LNPR, Vorwort, S. XII). Die Aufnahme dieser Menge von Einträgen in nur einen Band wird möglich durch ein ausgeklügeltes System von Abkürzungen zur Gestaltung der Einträge (ebd.).</td></tr>
<tr><td>Kollokationsrecherche</td><td>Ein Kollokationsbegriff ist implizit im Vorwort enthalten, in den Ausführungen zu den zusätzlichen Informationen zu den Stichwörtern: "collocations (mots qui apparaissent souvent en même temps)" (LNPR, Vorwort, S. XI). In die Recherche nach Kollokationen müssen die Wendungen und Kontextbeispiele zu den Einträgen zu Basis und Kollokator miteinbezogen werden. Die Recherche im LNPR lieferte in der Probe VD2 dieselben Ergebnisse wie die Suche im LGR.</td></tr>
<tr><td colspan="2">FRANZÖSISCH
Zinglé, H./Brobeck-Zinglé, M. (2003): Dictionnaire combinatoire du français. Expressions, locutions et constructions. Paris: La Maison du Dictionnaire (DCF)</td></tr>
<tr><td>Konsultierte Version</td><td>Printwörterbuch (1. Auflage, 2003)</td></tr>
<tr><td>Art des Wörterbuchs</td><td>Einbändiges monolinguales Kombinationswörterbuch</td></tr>
<tr><td>Ziel-/Nutzergruppe</td><td>Allgemein, richtet sich gleichermaßen an Nutzer mit Französisch als Mutter- oder Fremdsprache (DCF 2003: III)</td></tr>
</table>

Umfang	8.200 Stichwörter, 34.000 phraseologische Einheiten (DCF 2003: III)
Kollokationsrecherche	Das Wörterbuch enthält idiomatische Wendungen und es handelt sich nicht um ein Kollokationswörterbuch im eigentlichen Sinne. Dies wird auch am Aufbau des Wörterbuchs bzw. an der Konzeption der Einträge ersichtlich, denn diese orientieren sich nicht an der (funktionalen) Komponentenstruktur der Verbindungen; so sind Kollokationen auch entweder unter ihrer Basis oder ihrem Kollokator verzeichnet. Die Anzahl der Stichwörter ist begrenzt und für die Absicherung von Ausgangseinheiten in natürlichen französischen Texten, die üblicherweise übersetzt werden, nicht umfangreich genug. Die Recherche in der Probe VD2 ergab Treffer für sechs der insgesamt elf ausgewählten Kollokationen des Ausgangstextes.
FRANZÖSISCH Ilgenfritz, P./Stephan-Gabinel, N./Schneider, G. (1989): Langenscheidts Kontextwörterbuch Französisch-Deutsch. Berlin; München: Langenscheidt (KonWB)	
Konsultierte Version	Printwörterbuch (1. Auflage, 1989)
Art des Wörterbuchs	Einbändiges bilinguales Textproduktionswörterbuch
Ziel-/Nutzergruppe	Fremdsprachenlerner und -nutzer des Französischen
Umfang	gut 20.000 Kollokationen mit substantivischer (Basis-)Komponente
Kollokationsrecherche	Das Wörterbuch bietet einen direkten Zugang zu Substantiv-Kollokationen. Es ist als Hilfsmittel zur Textproduktion in der Fremdsprache Französisch bis zu einem bestimmten Sprachniveau geeignet. Für etwas weiter gefasste Kollokationsrecherchen ist es jedoch nicht umfangreich genug, vor allem, da ausschließlich Kollokationen mit substantivischer Basis enthalten sind. So ist die Anzahl der Stichwörter begrenzt und das Wörterbuch für die Absicherung von Ausgangseinheiten in natürlichen französischen Texten, wie sie üblicherweise in der Praxis übersetzt werden, nur begrenzt geeignet. In der Probe VD2 konnten vier der elf Ausgangseinheiten mit Hilfe des Wörterbuchs nachgewiesen werden.
SPANISCH Gutiérrez Cuadrado, J. (Dir.) (1996): Diccionario SALAMANCA de la lengua española. Madrid: Santillana (SAL)	
Konsultierte Version	Printwörterbuch. Von 1996 bis 2002 inhaltlich unveränderte Nachdrucke der ersten Ausgabe; ab 2006 mit dem Titelzusatz "Español para Extranjeros" und dadurch in ein Wörterbuch für Fremdsprachenlerner des Spanischen umgewandelt.
Art des Wörterbuchs	Einbändiges monolinguales Universalwörterbuch
Ziel-/Nutzergruppe	Spanischsprachige Schüler und Fremdsprachenlerner des Spanischen
Umfang	über 85.000 Definitionen, über 10.000 Wendungen, über 60.000 Beispiele (SAL 1996: Klappentext)
Kollokationsrecherche	Explizit berücksichtigt werden die Kollokationen nicht, sie können jedoch teilweise über die in den Einträgen zu entweder der Basis oder dem Kollokator enthaltenen Wendungen und Kontextbeispiele gefunden werden. Entsprechend umständlich gestaltet sich

	die Kollokationsrecherche. In der Studie 1, Probe VD3.1 ergab die Recherche den Nachweis von einer von neun und in der Probe VD3.2 von fünf von neun Ausgangseinheiten.
SPANISCH Moliner, M. (2007^3): Diccionario de uso del español. Vol. I, a-i. und Vol. II, j-z. Madrid: Gredos (DUE)	
Konsultierte Version	Printwörterbuch (3. Auflage, 2007)
Art des Wörterbuchs	zweibändiges monolinguales Universalwörterbuch, Einträge bzw. Dokumentation in den Einträgen zum größten Teil korpusgestützt (DUE 2007^3, I: XIV)
Ziel-/Nutzergruppe	Allgemein
Umfang	90.045 Stichwörter, ca. 190.000 Einzelbedeutungen, zusätzlich 4.000 Volks- und Ortszugehörigkeitsnamen
Kollokationsrecherche	Der Weg zu den Kollokatoren einer als Basis nachgeschlagenen Stichworts führt über die Eintragstexte, weshalb sich die Kollokationsrecherche als vergleichsweise zeitaufwändig gestaltet und nicht immer zu einem Ergebnis führt. Wie im Falle des SAL ergab auch die Recherche im DUE in der Probe VD3.1 den Nachweis von einer von neun Ausgangseinheiten und in der Probe VD3.2 konnten über das DUE drei von neun Ausgangseinheiten nachgewiesen werden.
SPANISCH Bosque, I. (Dir.) (2004): REDES. Diccionario combinatorio del español contemporáneo. Madrid: SM (REDES)	
Konsultierte Version	Printwörterbuch (1. Auflage, 2004)
Art des Wörterbuchs	Einbändiges monolinguales Kombinationswörterbuch des Spanischen, das vor allem für Muttersprachler und weit fortgeschrittene Fremdsprachenlerner des Spanischen geeignet ist.
Ziel-/Nutzergruppe	Sprachnutzer, die (z.B. aufgrund ihrer beruflichen Tätigkeit) bewusst mit Sprache umgehen (REDES 2004: XXXVIII)
Umfang	Keine expliziten Angaben
Kollokationsrecherche	Der Kollokationsbegriff wird in REDES bewusst nicht verwendet, u.a. weil er nach Ansicht der Autoren nicht klar definiert ist (REDES 2004: XXII). Das dem Wörterbuch zugrunde liegende Konzept ist das der semantischen Beziehungen zwischen Wörtern und der semantischen Restriktionen der Wortkombinationen (REDES 2004: XXII und XXIII). Die Verfasser des Wörterbuchs verstehen ihr Werk als repräsentative, aber nicht vollständige Darstellung der möglichen Kombinationen (REDES 2004: XXXIV). Die Recherche von Kollokationen erfolgt je nach Eintragsstruktur über die Wortlisten oder die Kontextbeispiele in den Einträgen zu den als Basis oder Kollokator der gesuchten Kombination nachgeschlagenen Stichwörtern. In Kombination mit einer Recherche in Textkorpora kann das Wörterbuch ein wertvolles Hilfsmittel für die Verifizierung von Kollokationen sein. Die Recherche ergab in der Probe VD3.1 den Nachweis von vier von neun und in der Probe VD3.2 von fünf von neun Ausgangseinheiten.

Tabelle (6.2): Übersicht über die verwendeten ausgangssprachigen Nachschlagewerke

Zwischenfazit und Festlegung der ausgangssprachigen Nachschlagewerke für die Studie 2: Nachgeschlagen wurde stets zunächst die Basis der Ausgangseinheit. War im entsprechenden Eintrag entweder in der Auflistung der mit dem Stichwort kombinierbaren Wörter oder in Verwendungsbeispielen der Kollokator verzeichnet, so wurde dies in den Übersichten zur Absicherung der Ausgangseinheiten entsprechend als positives Suchergebnis festgehalten. Lieferte die Recherche unter dem Stichwort der Basis kein Ergebnis, wurde unter dem Stichwort des Kollokators nachgeschlagen. In manchen Fällen war die gesuchte Kombination im Eintrag zum Kollokator vorhanden. Zur Absicherung von Einheiten mit mehr als einer Komponente wurde in den Nachschlagewerken nach den Teilkombinationen recherchiert.

In den Proben VD2, VD3.1 und VD3.2 der Studie 1 konnten mehr als die Hälfte der ausgewählten syntagmatischen Verbindungen bereits über die ausgewählten französischen bzw. spanischen Universalwörterbücher als Kollokationen abgesichert werden. Dürftig hingegen waren die Rechercheergebnisse für die nachgeschlagenen englischen Wortkombinationen in der Probe VD1 der Studie 1. Insgesamt hat sich die Absicherung des Kollokationsstatus der festzulegenden Ausgangseinheiten in den Universalwörterbüchern sprachenübergreifend als eher umständlich herausgestellt. Dies erklärt sich in erster Linie durch den nur indirekten Zugang zu den Kollokationen bzw. Kollokatoren einer als Basis nachgeschlagenen Stichworts über die metasprachliche Information im Wörterbucheintrag (Kontextbeispiele, Wendungen).

Effizienter gestaltete sich sprachenübergreifend die Verifizierung der ausgewählten Einheiten der Ausgangstexte über die Kombinations- und Kollokationswörterbücher. Dabei erleichtert in den fremdsprachenlexikographisch ausgerichteten Kollokationswörterbüchern der direkte Weg zu den Kollokationen bzw. Kollokatoren eines als Basis nachgeschlagenen Stichworts die Kollokationsrecherche. In den Kombinationswörterbüchern beschränken sich die Einträge in der Regel nicht auf Kollokationen, sondern enthalten auch idiomatische und teilidiomatische Wendungen, und der Zugang zu den Kollokationen ist sowohl über die Einträge zur Basis als auch zum Kollokator möglich. Aus diesen beiden Gründen kann die Kollokationsrecherche in den allgemeineren Kombinationswörterbücher ggf. zeitaufwändiger sein als in den speziellen Kollokationswörterbüchern.

Insgesamt lieferte die Recherche in den Kollokations- und Kombinationswörterbüchern in der Studie 1 Ergebnisse zu ca. der Hälfte der abzusichernden Einheiten der Ausgangstexte, wobei sich die bei der Suche in den Produktionswörterbüchern erzielten "Treffer" zwar mit denen der Universalwörterbücher überschneiden, jedoch nicht decken. Aufgrund der Ergebnisse der Recherche in den Universalwörterbüchern in der Probe VD1 werden für die Absicherung der englischen Ausgangseinheiten der Studie 2 allerdings ausschließlich die Kollokationswörterbücher *BBI Dictionary of English Word Combinations* und *Oxford Collocations Dictionary for students of English* verwendet.

6.3.2 Die Auswahl der zielsprachigen Nachschlagewerke

Auch für die Absicherung der Zuordnung der Einheiten der Zieltexte zu Kombinationstypen und für die Einordnung in Kategorien werden in der Studie 1 sowohl zielsprachige monolinguale Produktions- und Kombinationswörterbücher in Printform als auch uneingeschränkt *oder* begrenzt online zugängliche allgemeine Wörterbücher des Deutschen verwendet. Ausschlaggebend für die Auswahl der Wörterbücher ist auch für das Deutsche die Anzahl der Stichwörter sowie die in den Einträgen enthaltene metasprachliche Information (idiomatische oder teilidiomatische Wendungen zu den Stichwörtern, Angaben zum Gebrauch, Kontextbeispiele). Ebenso wie bei der Festlegung der Ausgangseinheiten wird bei der Recherche zu den Zieleinheiten auf den Einsatz zwei- oder mehrsprachiger Nachschlagewerke verzichtet. Die für die Einordnung der Zieleinheiten verwendeten Nachschlagewerke sind in der nachstehenden Übersicht erfasst.

Übersicht der verwendeten Nachschlagewerke der Zielsprache

<table>
<tr><td colspan="2">Dudenredaktion (Hg.): Duden – Deutsches Universalwörterbuch (DUW)</td></tr>
<tr><td>Konsultierte Version</td><td>Online, über die Nutzerlizenz der Universitätsbibliothek Heidelberg, © Langenscheidt KG, 2002-2013 (vgl. www53)
Die Einträge basieren auf der jeweils aktuellsten Printausgabe des Wörterbuchs. Zum Zeitpunkt der durchgeführten Überprüfungen war dies die 7. Auflage (2011).</td></tr>
<tr><td>Art des Wörterbuchs</td><td>Monolinguales gemeinsprachliches Bedeutungswörterbuch</td></tr>
<tr><td>Ziel-/Nutzergruppe</td><td>Allgemein</td></tr>
<tr><td>Umfang</td><td>Gut 500.000 Stichwörter, "Bedeutungsangaben" und Beispiele, rund 250.000 Angaben zu Grammatik, Etymologie, Sprachraum und Register (DUW 2011[7]: Klappentext)</td></tr>
<tr><td>Kollokationsrecherche</td><td>Kollokationen können über die Stichwörter zur Basis- oder Kollokator-Komponente bzw. über die zugehörigen Kontextbeispiele verifiziert werden. Aufgrund dieses nur indirekten Zugangs zu den Kollokationen bzw. Kollokatoren einer als Basis nachgeschlagenen Stichworts ist die Kollokationsrecherche etwas umständlich. Recherchebeispiel: "Maßnahmen + treffen", enthalten im Kontextbeispiel zum Stichwort "Maßnahme": "Maß|nah|me, die […]: Handlung, Regelung o. Ä., die etw. Bestimmtes bewirken soll: eine unpopuläre M.; geeignete -n gegen etw. treffen." Im Eintrag zum Stichwort des Kollokators "treffen" ist die Kollokation nicht verzeichnet.</td></tr>
<tr><td colspan="2">Dudenredaktion (Hg.) (2010[9]): Duden – Das Stilwörterbuch. Mannheim/Zürich: Dudenverlag (= Der Duden in zwölf Bänden, Band 2, DBd2)</td></tr>
<tr><td>Konsultierte Version</td><td>Printwörterbuch (9. Auflage, 2010)</td></tr>
<tr><td>Art des Wörterbuchs</td><td>Einbändiges monolinguales Produktionswörterbuch</td></tr>
<tr><td>Ziel-/Nutzergruppe</td><td>Allgemein</td></tr>
<tr><td>Umfang</td><td>"rund 100 000 Fügungen und Satzbeispiele" (DBd2 2010[9]: Vorwort, ohne Seitenangaben)</td></tr>
<tr><td>Kollokationsrecherche</td><td>Kollokationen sind in den Hinweisen für die Benutzung nicht explizit vermerkt, könnten aber durchaus in den Begriffen "feste</td></tr>
</table>

	Attribuierungen" oder "feste Verbindungen" enthalten sein. (DBd2 2010^9: 11 (= Hinweise für die Benutzung V.)) Bei der Benutzung des Stilwörterbuchs für das Nachschlagen bzw. Überprüfen von Wortverbindungen ist zu beachten, dass Kollokationen nicht regelhaft unter ihrer Basis, sondern auch unter den Kollokatoren verzeichnet sein können. Für Fremdsprachenlerner des Deutschen ist das "Stilwörterbuch" nur bedingt geeignet, da seine Nutzung profunde Sprachkenntnisse erfordert. In jedem Fall sollte seine Verwendung für das Absichern von Wortverbindungen durch andere Hilfsmittel, wie z.B. Vergleichstexte und/oder Textkorpora ergänzt werden. Recherchebeispiel: "*Stellen + abbauen*": zu finden in den Kontextbeispielen zu den Einträgen "*abbauen*": "*abbauen [...] 2.a) <etw. a.> verringern; beseitigen: [...] es werden immer mehr Arbeitsplätze, Stellen abgebaut;* [...]" (DBd2 2010^9: 26f.) und "*Stelle*": "*Stelle, die [...] 3.a)* Arbeitsstelle *[...]; der Konzern will 1 700 Stellen streichen, abbauen* [...]" (DBd2 2010^9: 826)
Quasthoff, Uwe (2011): Wörterbuch der Kollokationen im Deutschen. Berlin et al.: de Gruyter (WKD)	
Konsultierte Version	Printwörterbuch (1. Auflage, 2011)
Art des Wörterbuchs	Einbändiges monolinguales Produktionswörterbuch
Ziel-/Nutzergruppe	Allgemein und Fremdsprachenlerner des Deutschen
Umfang	Kollokationen für 3253 Basen (2346 Substantive, 617 Verben, 290 Adjektive), mehr als 192.000 Kollokatoren (Quasthoff 2011: Methodologische Hinweise X)
Kollokationsrecherche	Der Kollokationsbegriff des Wörterbuchs ist in einer nutzerorientierten und durch Beispiele ergänzten Erklärung im Vorwort des Wörterbuchs enthalten: "Paare von Wörtern, die typischerweise zusammen auftreten" (Quasthoff 2011: Vorwort V). Der Aufbau des Wörterbuchs basiert auf der im Vorwort des Wörterbuchs erklärten Struktur der Kollokation, weshalb die Kollokationen unter ihrer Basis (= Stichwörter) verzeichnet sind. Der *collocational range* zu den einzelnen Stichwörtern ist recht breit. Sinnvoll ist, dass die Kollokatoren zu den Basen in den Einträgen nach semantischen Gesichtspunkten zu Gruppen zusammengefasst sind. Da die Kollokatoren selbst jedoch nicht mit Erklärungen versehen sind, könnten die Kollokatoren einer Gruppe als Synonyme (miss-)verstanden werden. (Beispiel: Stichwort "Revolution" "*V: nom. bevorstehen, kommen, nahen; aufkommen, ausbrechen, beginnen, entstehen, losgehen; stattfinden, toben; enden, glücken, siegen; etwas bedrohen, hinwegfegen; sich abspielen, vollziehen* [...]" (Quasthoff 2011: 366, Eintrag "Revolution")). Das Wörterbuch ist für die Überprüfung von Kollokationen geeignet, wenn man die gegebene Information einzuordnen weiß; der Einsatz des Wörterbuchs als *Produktionswörterbuch* erfordert profunde Kenntnisse des Deutschen und stellt aufgrund der nicht vorhandenen Kontextbeispiele nur in Kombination mit einer weiterführenden Recherche etwa in Textkorpora ein wertvolles Hilfsmittel dar.

Tabelle (6.3): Übersicht über die verwendeten zielsprachigen Nachschlagewerke

Zwischenfazit und Festlegung der zielsprachigen Nachschlagewerke für die Studie 2: Das Nachschlagen der Zieleinheiten entspricht der für die Ausgangseinheiten skizzierten Vorgehensweise. Im Duden Universalwörterbuch erfolgte die Recherche über die in den Einträgen zu der "Basis" oder dem "Kollokator" der Zieleinheit aufgelisteten Kombinationswörter und über die zu den Stichworten gehörenden Kontextbeispiele. Aufgrund des nur indirekten Zugangs zu den Kollokatoren einer als Basis nachgeschlagenen Stichworts gestaltete sich die Recherche als wenig effizient. Bei der Benutzung des *Stilwörterbuchs* der Dudenreihe ist zu beachten, dass es sich hierbei nicht um ein Kollokationswörterbuch handelt und dass Kollokationen nicht immer unter ihrer Basis, sondern auch unter den Kollokatoren verzeichnet sind. Auch ist das Kollokationsspektrum zu den einzelnen Stichwörtern entsprechend gering. Im *Wörterbuch der Kollokationen im Deutschen* ist der *collocational range*[104] zwar deutlich breiter und die Kollokatoren zu den Basen sind nicht nur nach Wortarten geordnet, sondern auch nach semantischen Gesichtspunkten zu Gruppen zusammengefasst. Da jedoch die Kollokatoren selbst nicht mit Erklärungen zu ihren sprachlichen und außersprachlichen Kontexten versehen sind, eignet es sich nur bedingt für die Verifizierung und Produktion von Kollokationen. War die "Basis"-Komponente einer gesuchten Kombination als Stichwort weder im *Duden Universalwörterbuch* noch im *Duden Stilwörterbuch* noch im *Wörterbuch der Kollokationen im Deutschen* verzeichnet, so fand ein Abgleich mit den online unter http://www.duden.de zur Verfügung stehenden frei zugänglichen Wörterbüchern des Dudenverlags statt.

Während der Absicherung der Zieleinheiten der Studie 1 wurde ersichtlich, dass das *Stilwörterbuch* und das *Wörterbuch der Kollokationen im Deutschen* schneller zu einem Suchergebnis führen konnten als das *Duden Universalwörterbuch.* [105] Äußerst selten kam es vor, dass eine Zieleinheit ausschließlich über das *Duden Universalwörterbuch* verifiziert werden konnte, nicht aber über das *Duden Stilwörterbuch* oder das *Wörterbuch der Kollokationen des Deutschen.* Daher wird das *Duden Universalwörterbuch* für die Absicherung der Zieleinheiten in der Studie 2 nur ergänzend zu den beiden anderen Nachschlagewerken verwendet. Wenngleich in den nicht vorhandenen Verwendungs- bzw. Kontextbeispielen ein Nachteil des *Wörterbuch der Kollokationen im Deutschen* gegenüber dem *Stilwörterbuch* zu sehen ist, so ergänzen sich die Angaben der beiden Nachschlagewerke. Sie werden daher auch für die Analyse der Zieleinheiten der Studie 2 verwendet.

---

104 Zum Begriff des *collocational range* vgl. Kapitel 3.1.1.

105 Ein weiteres korpusbasiertes Kollokationswörterbuch des Deutschen, das an einem Grundwortschatz des Deutschen orientiert ist und sich explizit an Fremdsprachenlerner richtet, ist aus dem Projekt "Kollokationenwörterbuch" des Deutschen Seminars der Universität Basel unter der Leitung von Annelies Häcki Buhofer hervorgegangen: Häcki Buhofer, A.; Dräger, M.; Meier, S.; Roth, T. (2014): *Feste Wortverbindungen des Deutschen. Kollokationenwörterbuch für den Alltag.* Tübingen: Francke. Das Wörterbuch war zum Zeitpunkt der Datenerhebung noch nicht veröffentlicht und wurde nicht zur Verifizierung der Zieleinheiten herangezogen. Für nähere Informationen zum Projekt vgl. www5.

6.4 Die Verifizierung der Ausgangs- und Zieleinheiten über Textkorpora

6.4.1 Die ausgangssprachigen Textkorpora

Da es sich bei den im Fokus der Untersuchung stehenden Ausgangseinheiten um Kollokationen handelt und diese im Übersetzungsprozess als Einheiten der Norm betrachtet werden, mit denen der Übersetzer auf der Ebene des Textes operiert (vgl. Kapitel 4.2 und 5.2), kann die Konsultation von ausreichend großen Textkorpora in den Ausgangssprachen zusätzlichen Aufschluss über die zu untersuchende syntagmatische Verbindung geben. Die ausgewählten Textkorpora werden als Referenzkorpora für die Verifizierung von Wortkombinationen aus den für die Studien 1 und 2 zusammengestellten Übersetzungskorpora verwendet. Sie werden in dem Bewusstsein benutzt, dass jedes Korpus allein einen Ausschnitt aus der "normalen" im Sinne der "üblichen" Sprachverwendung darstellen kann. Bei den Recherchen in den Korpora wird darauf geachtet, dass ausschließlich schriftsprachliche Textbelege berücksichtigt und ausgewertet werden. Für die Ausgangssprachen der Studie 1 handelt es sich dabei um die Korpora

- *Corpus of Contemporary American English (*COCA),
- *Corpus of Historical American English* (COHA), die beide unter der Leitung von Mark Davies an der Brigham Young University (Provo, Utah, USA) entstanden sind;[106]
- *Frantext général* (FRANTEXT), das Textkorpus des Laboratoire ATILF des CNRS und der Universität Nancy;
- *Corpus de Referencia del Español Actual* (CREA) der Real Academia de la Lengua Española,
- *Corpus del Español* (COE), ein weiteres unter der Leitung von Mark Davies (Brigham Young University, Provo, Utah, USA) erstelltes Korpus.

106 Ein weiteres Korpus des Englischen, das ebenfalls über die Brigham Young University für die Öffentlichkeit zugänglich ist und den Abgleich von Kollokationen im *COCA* ergänzen kann, ist das *British National Corpus* BNC (*Davies, Mark. (2004-) BYU-BNC. Based on the British National Corpus from Oxford University Press. Available online at http://corpus.byu.edu/bnc/.*). Das *BNC* ist über eine Schnittstelle mit dem *COCA* verknüpft, weshalb die Ergebnisse von in *COCA* durchgeführten Suchanfragen in wenigen Schritten mit den für dieselbe Suchanfrage erhaltenen Ergebnissen im *BNC* verglichen werden können. Beim Vergleich der Resultate ist jedoch erstens zu berücksichtigen, dass das *BNC* zum Zeitpunkt der für diese Untersuchung durchgeführten Recherchen in den ausgangssprachigen Textkorpora ein wesentlich kleineres Korpus als das *COCA* ist und die Frequenzangaben in der Ergebnisdarstellung dementsprechend interpretiert werden müssen. Zweitens ist zu bedenken, dass die Texte des *BNC* älteren Datums sind als die des *COCA*: In das *BNC* wurden Texte mit Erscheinungsdatum bis in die frühen 1990er Jahre aufgenommen, das *COCA* setzt sich aus Texten zusammen, die ab den frühen 1990er Jahren erschienen sind. Drittens ist gerade für den Fall der durchzuführenden Absicherung des Kollokationsstatus der Ausgangseinheiten zu berücksichtigen, dass das *BNC* ausschließlich in britischem, das *COCA* ausschließlich in amerikanischem Englisch verfasste schriftliche und mündliche Texte enthält.

In der nachstehenden Übersicht sind die Eckdaten zu den Korpora und die Möglichkeiten der Kollokationsrecherche inklusive der jeweiligen Suchanfragesyntax enthalten.

Übersicht der verwendeten Textkorpora der Ausgangssprachen

ENGLISCH The Corpus of Contemporary American English (COCA), The Corpus of Historical American English (COHA)
Urheber *COCA*: Mark Davies, Brigham Young University (Provo, Utah, USA) – Davies, Mark. (2008-) The Corpus of Contemporary American English: 450 million words, 1990-2012. Available online at http://corpus.byu.edu/coca/. (vgl. www55) *COHA*: Mark Davies, Brigham Young University (Provo, Utah, USA) - Davies, Mark. (2010-) The Corpus of Historical American English: 400 million words, 1810-2009. Available online at http://corpus.byu.edu/coha/. (vgl. www56)
Umfang und Zusammensetzung *COCA*: über 450 Mio. Wörter (Stand: 21.09.2014) in 190.000 Texten aus fünf Kategorien, die je 20% der Korpustexte enthalten: mündliche Texte (Transkripte aus Fernseh- und Radiosendungen), fiktive Texte (Kurzgeschichten, Drehbücher, Romane), wissenschaftliche Texte (Zeitschriften aus verschiedenen Fachgebieten), Texte aus Zeitschriften (verschiedene Themengebiete), Texte aus Tageszeitungen (verschiedene Sparten). Erscheinungsdatum der Texte: Ab den frühen 1990er Jahren (das Korpus wird fortlaufend erweitert). *COHA*: über 400 Mio. Wörter (Stand: 21.09.2014) in Texten aus vier Kategorien: fiktive Texte (inklusive Texte des *COCA* aus dieser Kategorie), nicht fiktive Texte (inklusive Texte des *COCA* aus dieser Kategorie), Texte aus Zeitschriften (inklusive Texte des *COCA* aus dieser Kategorie), Texte aus Tageszeitungen (inklusive Texte des *COCA* aus dieser Kategorie). Ca. die Hälfte der Texte des Korpus stammt aus dem Bereich "Fiktion". Erscheinungsdatum der Texte: 1810-2009.
Kurzbeschreibung *COCA* und *COHA*: Es handelt sich um die größten frei zugänglichen Korpora des Englischen. Gesucht werden kann nach Wörtern, Wendungen und Konstruktionen (auch in Kombination miteinander). Außerdem ist die Recherche nach der Vorkommensfrequenz von Wörtern, Wendungen und grammatischen Konstruktionen und deren Vergleich je nach Textsorte und Erscheinungsdatum möglich. Auch semantisch motivierte Suchanfragen können durchgeführt werden, so dass sich z.B. die *collocates* oder Synonyme zweier semantisch verwandter Wörter miteinander vergleichen lassen.
Kollokationsrecherche *COCA* und *COHA*: Nach der Erschließung der für die Kollokationssuche geeigneten Suchanfragesyntax gestaltet sich die Nutzung von *COCA* als effizient und zielführend. Die für diese Untersuchung definierte Syntax wird durch die beispielhafte Recherche zur Kombination "*state + to proclaim*", Strukturtyp L1.1 veranschaulicht: *display* → List, *search string*: *word(s)* → state*.[n*], *collocates* → proclaim.[v*] → *Wortabstände*: 9/9 → *Sections* ignore/ignore → *Sorting frequency*: minimum frequency → *check box*: clear Eine *Key Words in Context* (KWIC)-Anzeige und die Anzeige eines längeren Textabschnitts sind möglich und die Treffer sind stets mit Quellen versehen; aus diesen Gründen ist der Zuverlässigkeitsgrad der Rechercheergebnisse als hoch einzustufen. *COHA*: Das *COHA* ist vor allem dann von Interesse, wenn Kollokationen bzw. Kollokatoren im Sinne der Bedeutungs- oder Sprachgebrauchsforschung diachronisch untersucht werden.

FRANZÖSISCH Frantext général (FRANTEXT), lizensierter Zugang über die Universitätsbibliothek Heidelberg
Urheber: Laboratoire ATILF (*Analyse et Traitement Informatique de la Langue Française* (CNRS – Université Nancy)
Umfang und Zusammensetzung Das Korpus umfasst 247 937 581 Wörter aus 4084 französischen Texten (Stand: 21.09.2012): literarische (ca. 80%), philosophische, wissenschaftliche Texte, Fachtexte (ca. 20%) (vgl. www6 und www7). Ca. 75% der Texte sind vor 1950 erschienen.
Kurzbeschreibung Frantext ist ein online nicht öffentlich zugängliches umfangreiches Korpus französischer Texte (vgl. www6). Möglich ist die Suche nach Wörtern und Wortsequenzen/Wendungen. Zur Spezifizierung der Recherche können Filter gesetzt werden. Die Berechnung von Vorkommensfrequenzen und die Erstellung von Wortlisten ist möglich.
Kollokationsrecherche Nach der Erschließung der geeigneten Suchanfragesyntax (s.u.) gestaltet sich die Kollokationssuche in *FRANTEXT* als effizient und zielführend. Da KWIC-Anzeige und die Anzeige eines längeren Textabschnitts verfügbar und die Treffer stets mit Quellen versehen sind, ist der Zuverlässigkeitsgrad der Rechercheergebnisse hoch. Korpusrecherche in Schritten: *Présentation et accès à FRANTEXT* → *Accès a FRANTEXT* → *Accès a FRANTEXT integral* → *Accès a la base FRANTEXT* → *définir un corpus de travail* → *rechercher dans les textes* → <u>*recherche des co-occurences*</u>: Die in dieser Untersuchung verwendete Suchanfragesyntax wird am Beispiel der Kombination "*obligation + assumer*", Strukturtyp L1.1 veranschaulicht: → *Définition de la séquence 1*: &cassumer [alle Konjugationsformen] → *Définition de la séquence 2*: &mobligation [alle Flexionsformen] → *contexte de la co-occurrence*: dans la même phrase → *positions relatives des séquences 1 et 2*: indifférent → *distance maximale*: 300 → *lancer la recherche*
SPANISCH Corpus de Referencia del Español Actual (CREA)
Urheber: Real Academia de la Lengua Española
Umfang und Zusammensetzung Das *CREA* ist online öffentlich zugänglich über http://corpus.rae.es/creanet.html. Es umfasst rund 155 Mio. Wörter. Das Korpus setzt sich zu 90% zusammen aus schriftlichen Texten (Bücher, Zeitungen und Zeitschriften mit einem sehr umfangreichen Themenspektrum), und zu 10% aus mündlichen Texten (Transkriptionen von Fernseh- und Radioaufnahmen). Die Texte stammen aus mehr oder weniger allen spanischsprachigen Ländern, zu etwa 50% jedoch aus Spanien. Erscheinungsdatum der Texte ab 1975. (Stand der Information: 21.09.2012, vgl. www9).
Kurzbeschreibung Es handelt sich um das umfangreichste öffentlich zugängliche Textkorpus des Gegenwartsspanischen. Gesucht werden können einzelne Wörter und Wortkombinationen, bestimmt werden kann die Frequenz ihres Vorkommens im Korpus, Gebrauchsbeispiele zu den gesuchten Formen werden angezeigt. Die Rechercheergebnisse können nach Autoren, Zeiträumen, Ländern und Themengebieten gefiltert werden.
Kollokationsrecherche Die komplexere Suche unter der Angabe von Wortabständen erzielte in dieser Untersuchung für die Kollokationsrecherche die gegenüber der einfachen Suche besseren Ergeb-

nisse. An nachstehendem Beispiel wird die verwendete Suchanfragesyntax veranschaulicht:
Recherchiert wird die Kombination "*fuentes + informar*", Strukturtyp L3:
consulta: fuentes informa* → zu viele unsortierte Treffer
consulta: fuentes informan → 2 Treffer
consulta: fuentes informaron → 15 Treffer in 15 Dokumenten, alle bilden die gesuchte Kombination ab
consulta: fuentes dist/5 informan → 64 Treffer in 64 Dokumenten, mehr oder weniger alle bilden die gesuchte Kombination ab.
Um sich die Korpusbelege zur Suchanfrage anzeigen zu lassen, ist zunächst im Kasten *Obtención de ejemplos* die Option *Concordancias* zu wählen. Über die Schaltfläche *Recuperar* werden die Belegstellen aus dem Korpus angezeigt. Diese lassen sich nach Autoren, Zeiträumen, Ländern und Themengebieten filtern. Von Interesse für die Kollokationssuche ist in diesem Fall der Filter *casos*, durch den die Belegstellen bzw. Kontextbeispiele nach Relevanz des Wortvorkommens sortiert werden (vgl. www8).
Die Nutzung des *CREA* für die Kollokationsrecherche gestaltet sich als effizient und zielführend. KWIC-Anzeige und die Anzeige eines längeren Textabschnitts sind möglich und die Treffer sind stets mit Quellen versehen. Der Zuverlässigkeitsgrad der Rechercheergebnisse ist daher als hoch einzustufen.

SPANISCH
El Corpus del Español (COE)

Urheber: Mark Davies, Brigham Young University (Provo, Utah, USA) – Davies, Mark. (2002-) Corpus del Español: 100 million words, 1200s-1900s. Available online at http://www.corpusdelespanol.org (vgl. www59)

Umfang und Zusammensetzung
Über 100 Mio. Wörter aus über 20.000 Texten (Stand: 21.09.2012). Wie *COCA* und *COHA* enthält auch das *COE* Texte aus verschiedenen Kategorien in ausgewogenem Verhältnis: mündliche Texte, fiktive Texte, wissenschaftliche Texte, Pressetexte.
Erscheinungsdatum der Texte: 13. bis 20. Jahrhundert

Kurzbeschreibung
Im *COE* ist wie im *COCA* und *COHA* die Suche nach Wörtern, Wendungen und Konstruktionen möglich (auch in Kombination miteinander). Auch hier können *colocaciones* (im *COCA/COHA* "collocates") zu einem Wort mit einem syntaktischen Abstand von bis zu neun Wörtern gesucht werden. Außerdem ist wie im *COCA* und *COHA* eine Abfrage der Vorkommensfrequenz von Wörtern sowie die Suche nach Wendungen und grammatischen Konstruktionen möglich. Die Ergebnisse lassen sich je nach Textsorte und Zeitraum vergleichen. Außerdem ist ein Vergleich zweier *collocates* oder Synonyme zweier semantisch verwandter Wörter möglich. Das *COE* verfügt über eine spanische und eine englische Nutzeroberfläche. Die Suchanfragesyntax für die Kollokationsrecherche entspricht der des *COCA* und *COHA* (s.o.). Die Nutzung des *COE* ist effizient und zielführend. KWIC-Anzeige und die Anzeige eines längeren Textabschnitts sind möglich, die Ergebnisse sind stets mit Quellen versehen. Das *COE* stellt neben dem *CREA* ein für die Absicherung spanischsprachiger Kollokationen geeignetes Hilfsmittel dar.

ENGLISCH/FRANZÖSISCH/SPANISCH
Linguee Deutsch-Englisch, Französisch-Englisch, Spanisch-Englisch (LINGUEE)

Urheber: Linguee GmbH (Köln)

Kurzbeschreibung
Linguee ist ein Übersetzungstool auf der Basis des Internets als Korpus, auf das unbeschränkt online zugegriffen werden kann. Es gibt *Linguee* unter anderem für die Sprachen-

paare Englisch-Deutsch, Englisch-Französisch und Englisch-Spanisch. *Linguee* verbindet ein Wörterbuch mit eigener Suchmaschine. Mehrere Hundert Millionen zwei-(oder mehr-)sprachige Homepages und Dokumente wurden für die *Linguee*-Datenbank mittels eines auf die Suche nach nicht-maschinellen Übersetzungen programmierten "Crawlers" abgesucht. Die herausgefilterten Übersetzungs- bzw. Satzbeispiele wurden in eine Datenbank übernommen, in welcher der Nutzer zweisprachige Kontextbeispiele zum gesuchten Wort oder der Wortgruppe finden kann (vgl. www10). Jedes Beispiel ist mit seiner (Internet-)Quelle versehen. Lexikographische Informationen zum gesuchten Wort finden sich im linken Seitenbereich im *Linguee*-Wörterbuch. In *Linguee* kann nach einzelnen Wörtern und nach Wortsequenzen gesucht werden. Auch mehrere Wörter (mindestens zwei), die gemeinsam innerhalb eines Satzes vorkommen sollen, können gesucht werden. Eine spezielle Suchanfragesyntax muss nicht beachtet werden. Für die Verifizierung von Wortkombinationen in dieser Untersuchung wurden die Komponenten der abzusichernden Verbindung jeweils in ihrer Grundform in das Suchfeld eingegeben. Bei der Nutzung von *Linguee* zur Absicherung von Kollokationen ist zu berücksichtigen, dass unter den Such-Ergebnissen in der Regel auch übersetzte Texte sind. Vor allem aus diesem Grund ist eine manuelle Auswertung der "Treffer" unter Einbeziehung der Quellen der Textbeispiele unerlässlich.

Tabelle (6.4): Übersicht über die verwendeten ausgangssprachigen Textkorpora

6.4.2 Die zielsprachigen Textkorpora

Vor allem für die Absicherung der Zieleinheiten bzw. zur Verifizierung ihres Vorkommens in natürlichen Texten kann eine weiterführende Recherche in umfangreichen Textkorpora zielführend sein. Gegenüber den Nachschlagewerken haben die Korpora den Vorteil, dass sie ungleich umfangreichere Informationen zum Sprachgebrauch liefern können als die Nachschlagewerke und außerdem eine gezieltere bzw. definiertere Suche nach der abzusichernden Kombination des Zieltextes ermöglichen. Da in den Korpora sprachliche und außersprachliche Kontexte unmittelbarer als in den Nachschlagewerken berücksichtigt werden können und sich die Recherche gezielt auf der Ebene des Sprachgebrauchs vollzieht, gestaltet sich die Einordnung der Zieleinheiten in Kategorien, die sich an die Absicherung anschließt, auf der Basis der Suchergebnisse einfacher.

Für die Absicherung der Zieleinheiten wird in beiden Studien auf das *Deutsche Referenzkorpus (DeReKo)* des Instituts für Deutsche Sprache und das *Digitale Wörterbuch der Deutschen Sprache des 20. Jahrhunderts (DWDS)* der Berlin-Brandenburgischen Akademie der Wissenschaften zurückgegriffen. Die Wahl der konsultierten Korpora fiel auf

- ein benutzerdefiniertes Korpus, das aus den öffentlichen Korpora des Archivs für geschriebene Sprache des *Deutschen Referenzkorpus* des Institut für Deutsche Sprache Mannheim zusammengestellt wurde ("DeReKo D"), verwendet in den Studien 1 und 2.
- insgesamt drei Textkorpora des *DWDS* (Digitales Wörterbuch der Deutschen Sprache des 20. Jahrhunderts) der Berlin-Brandenburgischen Akademie der Wissenschaften:
    - o *Kernkorpus des 20. Jahrhunderts* – verwendet in der Studie 1,

- *Kernkorpus des 21. Jahrhunderts* – verwendet in der Studie 1,
- *ZEIT & ZEIT online-Korpus* – verwendet in den Studien 1 und 2.

Die nachstehende Übersicht stellt eine Kurzbeschreibung der für die Suche nach zielsprachigen Wortkombinationen verwendeten Korpora dar.

Übersicht der verwendeten Textkorpora der Zielsprache

DEUTSCH

Benutzerdefiniertes Textkorpus *DeReKo D*, zusammengestellt aus den online zugänglichen öffentlichen Korpora des Archivs für geschriebene Sprache des *DeReKo, des Deutschen Referenzkorpus am Institut für Deutsche Sprache, Mannheim* (vgl. www14)

Umfang und Zusammensetzung

6.778.695 Texte aus 9 Quellen mit Erscheinungsdatum von 1990 bis 2010 im Umfang von insgesamt 1.573.049.388 Wörtern.

Texte	*Wörter*	*von*	*bis*	*Quelle*
87.733	22.248.965	1997	1999	Berliner Morgenpost
715.790	127.607.842	2005	2010	Braunschweiger Zeitung
313.669	105.734.076	1997	1999	Frankfurter Rundschau
187.291	36.182.596	2005	2010	Hamburger Morgenpost
169.499	37.312.948	2007	2010	Hannoversche Allgemeine
1.079.878	277.655.633	1995	2010	Mannheimer Morgen
629.540	179.113.088	1990	2010	Nürnberger Nachrichten
266.020	79.280.932	2002	2010	Nürnberger Zeitung
3.329.275	707.913.308	1996	2010	Rhein-Zeitung

System

Volltextdatenbank, *COSMAS IIweb* Version 1.8 (COSMAS I/II, Corpus Search, Management and Analysis System, http://www.ids-mannheim.de/cosmas2/, © 1991-2012 Institut für Deutsche Sprache, Mannheim)

Kollokationsrecherche

Aus den online zugänglichen öffentlichen Korpora des Archivs für geschriebene Sprache des *DeReKo* können registrierte Nutzer virtuelle Korpora selbst zusammenstellen. Linguistische Rechercheparameter sind genau definierbar. Die Volltext- und KWIC-Anzeige der Treffer ist möglich. Die Treffer selbst sind stets mit kompletten Quellenangaben versehen. Kollokatoren zu Stichwörtern können über die Kookkurrenzanalyse gesucht werden. Kollokationen werden in dieser Untersuchung über die nachstehende Suchanfragesyntax überprüft, die in der Regel so formuliert sind, dass alle Flexionsformen von Substantiven, Adjektiven und Verben berücksichtigt werden:

gesuchte Kombination "Haar + schütter", Strukturtyp L2 → *&schütter /+w3 Haar*
gesuchte Kombination "Haar + verlieren", Strukturtyp L1.1 → *&Haar /s0 &verlieren*
gesuchte Kombination "Haar + ausgehen", Strukturtyp L3 → *&Haar /s0 (&ausgehen oder (gehen /s0 aus))*
gesuchte Kombination "Augen + schön", Strukturtyp L2 *&schön /+w3 &Auge*
gesuchte Kombination "schöne Augen + machen", Strukturtyp L1.1 → *(&schön /+w3 &Auge) /s0 &machen*

DEUTSCH

Korpora des DWDS-Projekts (Digitales Wörterbuch der Deutschen Sprache des 20. Jahrhunderts) der Berlin-Brandenburgischen Akademie der Wissenschaften:
Kernkorpus des 20. Jahrhunderts (DWDS/Kernkorpus des 20. Jhd.), Kernkorpus des 21.

Jahrhunderts (DWDS/Kernkorpus des 21. Jhd.), ZEIT & ZEIT online-Korpus (DWDS/ZEIT&ZEIT online-Korpus). Alle Korpora sind online verfügbar unter http://www.dwds.de.
Umfang und Zusammensetzung Das *DWDS/Kernkorpus des 20. Jhd.* und das *DWDS/Kernkorpus des 21. Jhd.* stellen zwei von insgesamt sechs Referenzkorpora des *DWDS*-Projekts dar. Das *DWDS/Kernkorpus des 21. Jhd.* befindet sich zum Zeitpunkt der Durchführung dieser Untersuchung noch im Aufbau und ist in seinem Umfang entsprechend beschränkt; beide Korpora zusammen umfassen 100 Millionen Textwörter in 79.830 Dokumenten und folgen demselben Aufbau: Belletristik, 26%; journalistische Prosa, 27%; Fachprosa, 22%; Gebrauchstexte, 20%; und transkribierte gesprochene Sprache, 5%. Die Texte stammen aus allen Jahrzehnten des 20. Jhd. bzw. des 21. Jhd. Das online nutzbare Kernkorpus folgt dieser Verteilung, schließt jedoch den Anteil der gesprochenen Sprache aus. Über die Option "Filter" kann die Suche eingegrenzt werden nach Datum, Autor, Titel und Textsorte. Das *DWDS/ZEIT&ZEIT online-Korpus* hat zum Zeitpunkt der durchgeführten Recherchen einen Umfang von ca. 460 Millionen Textwörtern und enthält alle Ausgaben der Wochenzeitung "Die ZEIT" von 1946 bis 2009 (vgl. www15-17).
System DDC (Dialing/DWDS-Concordancer)
Kollokationsrecherche Die hier verwendeten Korpora des *DWDS* eignen sich sowohl für das Überprüfen als auch für das "Prompten" von Wortkombinationen, das heißt für die kontextbasierte Suche nach Kollokatoren zu einer als Stichwort vorgegebenen Basis. Volltext- und KWIC-Anzeige sind möglich, die Textbelege (=Treffer) sind stets mit vollständigen Quellenangaben versehen. Nach Kollokationen oder Wortkombinationen im Allgemeinen kann über Suchanfragen unterschiedlicher Komplexität recherchiert werden. Sie sind in der Regel so formuliert, dass alle Flexionsformen von Substantiven, Adjektiven und Verben berücksichtigt werden: gesuchte Kombination "Haar + schütter", Strukturtyp L2 → *"schütter #3 Haar"* gesuchte Kombination "Haar + verlieren", Strukturtyp L1.1 → *Haar && verlieren* gesuchte Kombination "Haar + ausgehen", Strukturtyp L3 → *Haar && (ausgehen || (gehen && aus))* gesuchte Kombination "Augen + schön", Strukturtyp L2 → *"schön #3 Auge"* gesuchte Kombination "schöne Augen + machen", Strukturtyp L1.1 → *"schön #3 Auge" && machen*

Tabelle (6.5): Übersicht über die verwendeten zielsprachigen Textkorpora

6.4.3 Die Suchanfragen in den Textkorpora

Zur Überprüfung der Ausgangs- und Zieleinheiten werden in den Referenzkorpora komplexe Suchanfragen gestellt. Die Suchanfragesyntax wird je Ausgangs- und Zieleinheit festgehalten und durch eckige Klammern gekennzeichnet (vgl. Kapitel 6.5.8). So wird die Recherche, auf der die Einordnung vor allem der Zieleinheiten basiert, nachvollziehbar. Festgehalten werden auch die Anzahl der Treffer der Suchanfrage und, im *DeReKo D*, ihre Verteilung auf Quellen und Dokumente.

Bei Kombinationen des Typs L2, L4 und L5 oder L6 wird aus Gründen einer effizienteren Recherche (das heißt zur Vermeidung zu vieler "unsortierter" Treffer, welche die gesuchte Kombination semantisch nicht abbilden) der Wortabstand zwischen beiden Komponenten in der Regel auf "3" begrenzt. Ein weiterer Wortabstand führt häufig zu mehr "ungewollten" Treffern, ein kürzerer Wortabstand schränkt die Treffermöglichkeiten zu sehr ein. Dabei wird vor allem bei Kombinationen des Typs L2 die durch den gesetzten Wortabstandsoperator eingeschränkte syntaktische Position des Adjektivs berücksichtigt und eine vergleichsweise niedrigere Trefferzahl relativiert, da davon auszugehen ist, dass im Korpus weitere Treffer vorhanden sind, welche die gesuchte Kombination mit nachgestelltem Adjektiv und größerem Komponentenabstand abbilden.

Zur Absicherung von Mehrkomponenten-Einheiten wird in den Referenzkorpora zunächst nach der kompletten Kombination recherchiert. Liefert die Suchanfrage mit allen Komponenten keine oder nur wenige Treffer, wird die Kombination für die Formulierung alternativer Suchanfragen in ihre Teilkombinationen aufgeschlüsselt. Bei den im Folgenden angeführten Beispielen handelt es sich um Zieleinheiten der Studien 1 und 2 und um Suchanfragen im *DeReKo D*.

Beispiel (6.12): Studie 1, Zieleinheit VD1_ZT4_ZE1 "Land der Wilden + zähmen"
→ Suchanfrage 1 (DeReKo D): [(Land /+w2 Wilden) /s0 &zähmen]
→ Suchanfrage 2 (DeReKo D): [Land /+w2 Wilden]
→ Suchanfrage 3 (DeReKo D): [Land /s0 zähmen]

Alternative Suchanfragen: Alternative Suchanfragen werden darüber hinaus in folgenden Fällen gestellt:

- wenn die erste Suchanfrage, formuliert mit den Wortarten der Komponenten der Ausgangs- bzw. Zieleinheit keine oder nur sehr wenige Treffer liefert. Bei der Umformulierung der Suchanfrage wird die Wortart des "Kollokators" der Zieleinheit gewechselt. Dies kommt vor, wenn es sich beim "Kollokator" der Zieleinheit um ein vom Verb abgeleitetes Substantiv oder adjektivisch gebrauchtes Partizip handelt. Die alternative Suchanfrage wird mit dem Infinitiv des Verbs unter Einbeziehung aller Konjugationsformen gestellt.

  Beispiel (6.13): Studie 2, Zieleinheit EX3.1_ZT6_ZE1 "Gemeinde + blühend"
  → Suchanfrage 1 (DeReKo D): [(blühende oder blühenden) /+w3 (Gemeinde oder Gemeinden)]
  → Suchanfrage 2 (DeReKo D): [&Gemeinde /s0 &blühen]

- bei L2-, L4-, L5- oder L6-Kombinationen, zu denen die erste Suchanfrage mit Wortabstandsoperator = 3 keine oder nur sehr wenige Treffer ergibt. In der alternativen Suchanfrage wird der Operator "gemeinsames Vorkommen im Satz" gewählt.

  Beispiel (6.14): Studie 1, Zieleinheit VD1_ZT1_ZE4 "Gruppe + humanitär"
  → Suchanfrage 1 (DeReKo D): [humanitär* /+w3 Gruppe*]
  → Suchanfrage 2 (DeReKo D): [humanitär* /s0 Grupp*]

- bei L1- oder L3-Kombinationen, zu denen die erste Suchanfrage mit dem Verb im Infinitiv unter Einbeziehung aller Konjugationsformen zu viele unsortierte

Treffer liefert. Die alternative Suchanfrage wird auf übliche konjugierte Formen des Verbs eingeschränkt.

Beispiel (6.15): Studie 1, Zieleinheit VD3.2_ZT3_ZE2 "Quelle + berichten" (L3)
→ Suchanfrage 1 (DeReKo D): [&Quelle /s0 &berichten]
→ Suchanfrage 2 (DeReKo D): [Quellen /s0 (berichten oder berichteten)]

- bei L1- oder L3-Kombinationen mit überaus frequenten Verben, zu denen die erste Suchanfrage zu viele unsortierte Treffer ergibt. In der alternativen Suchanfrage werden Präpositionen oder Pronomina hinzugefügt, die im syntaktischen Zusammenhang mit der Zieleinheit stehen.

Beispiel (6.16): Studie 2, Zieleinheit EX3.1_ZT12_ZE8 "Lehre + sein"
→ Suchanfrage 1 (DeReKo D): [Lehre /s0 &sein]
→ Suchanfrage 2 (DeReKo D): [("mir eine Lehre" oder "dir eine Lehre" oder "ihm eine Lehre" oder "ihr eine Lehre" oder "Ihnen eine Lehre" oder "uns eine Lehre" oder "euch eine Lehre" oder "ihnen eine Lehre") /s0 &sein]

Qualitative Überprüfung der Rechercheergebnisse: Darüber hinaus müssen die quantitativen Ergebnisse der Recherchen auch einer qualitativen Prüfung unterzogen werden. Überprüft wird in den Textbelegen immer, ob die Komponenten der Zieleinheit in den Treffern in einem syntagmatischen Zusammenhang stehen, oder nur gemeinsam in einem Satzverbund vorkommen. Entscheidend ist, dass der Treffer die gesuchte Kombination syntaktisch und semantisch abbildet. Auch wird stets vor allem das Vorkommen je Datum des Belegs und die Textsorte beachtet. Beim *DWDS* ist zudem vor allem auf die unterschiedliche Zusammensetzung der beiden in der Studie 1 verwendeten Korpora zu achten.

Eine hohe Trefferquote in den Textkorpora muss nicht unbedingt für eine Kollokation, sondern kann auch für eine Kookkurrenz sprechen. Umgekehrt muss eine niedrige Trefferquote nicht bedeuten, dass es sich um eine gebrauchsauffällige Zieleinheit handelt. In beiden Fällen ist eine Analyse des semantischen Zusammenhangs zwischen den Kombinationskomponenten notwendig.

Außerdem wird bei der Auswertung und Interpretation der Rechercheergebnisse berücksichtigt, dass zu vielen substantivischen Basis-Komponenten zusammengesetzte Wörter existieren, nach denen nicht recherchiert wurde, und dass dadurch das Suchergebnis noch einmal relativiert werden muss.

Zwischenfazit und Festlegung der ausgangs- und zielsprachigen Korpora für die Studie 2: In der Studie 1 wurden für die Wortkombinationen aus den Ausgangstexten, die als mögliche Ausgangseinheiten ausgewählt wurden und nicht mittels der Nachschlagewerke als solche festgelegt und eingeordnet werden konnten, Recherchen in den Korpora durchgeführt. Dabei galt es zu überprüfen, ob und mit welcher Frequenz die gesuchte Verbindung in den Korpora vorkommt, wobei die Trefferquote stets in Relation zur Korpusgröße und -zusammensetzung interpretiert wurde. Die Korpusrecherchen erwiesen sich als effizient und lieferten mehrheitlich positive Ergebnisse; in den Fällen, in denen die Kombinationen auch in den Korpora nicht in ausreichender

Frequenz bzw. überhaupt nicht nachweisbar waren, wurden sie als Ausgangseinheiten ausgeschlossen.

Überdies wurde in der Studie 1 in Ergänzung zu den Textkorpora versuchsweise die webbasierte Suchmaschine für Übersetzungen *Linguee* und somit zu einem Teil das Internet als Korpus genutzt. Für die Absicherung der Ausgangseinheiten jedoch haben sich die Recherchemöglichkeiten in diesen Übersetzungsdatenbanken schließlich als zu eingeschränkt erwiesen, da Suchanfragen sich nicht genau genug definieren ließen und die manuelle Sichtung der Quellen zum Zweck der Prüfung, ob es sich bei den Ausgangstexten der Übersetzungsdatenbank nicht um bereits übersetzte Texte handelte, etwas aufwändiger war.

Auf das vor allem von Studierenden gern angewandte Abgleichen des Vorkommens sprachlicher Größen in der Ausgangssprache mit der "einfachen Suche" der Internetsuchmaschine *Google*, das mit einem im Vergleich zur Recherche in Nachschlagewerken und Korpora deutlich geringeren Aufwand verbunden ist, wurde bewusst verzichtet. Bei den von *Google* erfassten Texten handelt es sich zu einem guten Teil um in schriftliche Form gebrachten mündlichen Sprachgebrauch aus dem Web 2.0, etwa in der Form von Beiträgen in Online-Foren, User-Kommentaren oder Blogs, die sich nicht bzw. in nur unzureichendem Maße filtern lassen.[107]

Nach den Erfahrungen aus der Studie 1, Probe VD1 (Englisch-Deutsch) wird für die Absicherung der Ausgangseinheiten in allen Proben der Studie 2 als Korpus das *COCA*, nicht jedoch das *COHA* verwendet, da letzteres in erster Linie für eine diachronisch angelegte Untersuchung von Kollokationen von Interesse ist.

In den zielsprachigen Korpora war eine zielführende Recherche möglich. Die Recherche im benutzerdefinierten Korpus *DeReKo D* hat sich aufgrund der Suchoberfläche, der Darstellung der Ergebnisse und der Möglichkeit, Suchanfragen präziser zu formulieren, insgesamt effizienter als in den ausgewählten Korpora des *DWDS* gestaltet. Allgemein muss bei der Interpretation der Suchergebnisse in diesen Korpora jedoch berücksichtigt werden, dass Textbelege doppelt oder auch mehrfach vorhanden sein können. Im *Kernkorpus 20* des *DWDS* können des Weiteren aus urheberrechtlichen Gründen nicht immer alle Textbelege angezeigt werden. Das *Kernkorpus 21* lieferte aufgrund seiner zum Zeitpunkt der Untersuchung noch sehr geringen Größe kaum Ergebnisse, weshalb es nur für die erste Probe der Studie 1 (VD1) genutzt wurde. Insgesamt hat sich in der Studie 1 herausgestellt, dass die Suchanfragen im *DeReKo D*

---

107 Die "erweiterte Suche" in Google kam allein in der Probe VD3.2 (Spanisch-Deutsch) der Studie 1 in den verglichen mit den für das Spanische ausgewählten Textkorpora weitaus größeren Textbeständen in Google zur Absicherung einer Ausgangseinheit zum Einsatz (VD3.2_AE. In diesem Einzelfall hatte das Sprachwissen befragter Sprecher des Spanischen eine vergleichsweise sichere Einordnung der in Frage stehenden Ausgangseinheit als Kollokation vorgegeben, die sich jedoch weder über die konsultierten Wörterbücher noch über die Recherche in den Korpora bestätigen ließ. Mit Blick auf den Ausgangstext der Probe wurde die Suche auf in europäischem Spanisch verfasste Texte eingeschränkt und bei der Ergebnissichtung auf die "Verlässlichkeit" der Vergleichstexte (in diesem Fall Berichte aus Tages- oder Wochenzeitungen) geachtet.

und im *ZEIT&ZEIT-online*-Korpus des *DWDS* in der Regel vergleichbare Ergebnisse lieferten. Aus diesem Grund werden in der Studie 2 das im Hinblick auf die Anzahl der Wörter und der Quellen umfangreichste der Korpora, das *DeReKo D* und in Ergänzung um weitere Textsorten und stilistische Merkmale das *ZEIT&ZEIT-online*-Korpus des *DWDS* verwendet.

6.5 Die Kategorisierung der Zieleinheiten

Bei der Auswertung der erhobenen Daten werden die Zieleinheiten in Kategorien eingeordnet. Die Kategorisierung leitet sich im Wesentlichen von der Qualität der semantischen und syntaktischen Beziehung zwischen den Komponenten der Zieleinheit ab.[108] Für jene Zieleinheiten, die vom "normalen" gebundenen Wortgebrauch abweichen und in diesem Sinne "wortkombinatorisch auffällig" sind (vgl. Hypothese 2), wird zunächst ein passender Begriff entwickelt.

6.5.1 Die Kategorie "gebrauchsauffällige freie Wortverbindungen"

Fehler, Verstoß, Abweichung, Auffälligkeit: Ein erster möglicher Anhaltspunkt für die Konzipierung eines Begriffs für Abweichungen bei der Kollokationsbildung in der Mutter- oder Erstsprache stellt sich mit den Ansätzen aus der Phraseologie zur Aufhebung der strukturellen Festigkeit von Wortverbindungen dar. Grundsätzlich kann die strukturelle Festigkeit einer phraseologischen Einheit vom Textproduzenten beabsichtigt oder unbeabsichtigt aufgehoben werden. Zu unterscheiden sind hierbei einerseits verschiedene Typen der Modifikation und Variation. Bei den Varianten einer phraseologischen Einheit handelt es sich um gleichermaßen akzeptierte Parallelformen (Burger 2007³: 25). Unter der Modifikation hingegen ist mit Burger (2007³: 27) "die okkasionelle, für die Zwecke eines Textes hergestellte Abwandlung eines Phraseologismus" und damit eine Durchbrechung der morphosyntaktischen oder lexikalisch-semantischen Struktur der phraseologischen Einheit zu verstehen, die vom Textproduzenten beabsichtigt ist. Diese mag seltener in darstellungsfunktionalen Texten und häufiger in Texten mit deutlicher Ausdrucks- oder Appellfunktion zu finden sein. Nicht beabsichtigte "Abweichungen von der kodifizierten (grammatischen und lexikalischen) Norm" einer phraseologischen Einheit andererseits werden als "phraseologische Fehler" definiert (vgl. Burger 2007³: 28).

Ein zweiter möglicher Anhaltspunkt bietet sich mit dem auf das Lehren und Lernen einer Fremdsprache ausgerichtete Konzept der "Kollokation – Ko-Kreation – Konter-Kreation" von F. J. Hausmann (vgl. Hausmann 1984 sowie Kapitel 3.2.1). In seinen Grundsätzen fließt es in die Überlegungen zu den Möglichkeiten der Übersetzung der Einheit Kollokation in die Muttersprache mit ein. Die lernprozessbezogenen Begrifflichkeiten *Ko-Kreation* und *Konter-Kreation* können jedoch nicht ohne Weiteres übernommen werden: Bei der Analyse der Ausgangs- und Zieleinheiten soll in erster

108 Mit Ausnahme der Auslassungen und Ein-Wort-Entsprechungen (s.u.).

Linie das Vorliegende, die wortkombinatorischen Auffälligkeiten in den Zieltexten betrachtet und benannt werden.

Auf diesen Grundgedanken aufbauend wird ein möglicher Ansatz für die Entwicklung eines Begriffs für die Abweichungen in der Kollokationsbildung in der Her-Übersetzung sowie für die Erklärung des Zustandekommens und der Konsequenzen dieser Erscheinung zum einen in den Erkenntnissen der Fehlerlinguistik gesucht. Die Fehlerlinguistik ist aus der Fremdsprachendidaktik hervorgegangen und war vor allem in den 1970er und 80er Jahren sehr produktiv (vgl. vor allem Nickel (1972), Barrera-Vidal/Kühlwein (1975), Cherubim (1980b) und Corder (1981)).[109]

Ziel der methodischen Fehleranalyse ist es, Fehlleistungen von Schülern im Fremdsprachenunterricht zu beschreiben, zu erklären und zu bewerten, und darauf aufbauend diese zu korrigieren bzw. ihnen entgegenzuwirken. Gängiges Verfahren ist die Erstellung eines "Fehlerkorpus", das heißt eines Korpus von mit Fehlern durchsetzten Texten. Durch den Sprachvergleich werden die Fehlerquellen identifiziert und ihre Ursachen erklärt. Für ein nachhaltiges Analyseergebnis und für die didaktische Anwendbarkeit der Analyseergebnisse werden die Fehler gezählt, klassifiziert und Typen zugeordnet. Da Arbeitsweise und Methoden der Fehlerlinguistik kontrastiv sind, können durch ihre Erkenntnisse u.a. Aussagen und Hypothesen der kontrastiven Linguistik überprüft und ergänzt werden (Stolze 2008^5: 79f.).

"Fehler": Das in der Fehlerlinguistik dominierende Fehlerkonzept sieht im sprachlichen Fehler in der Regel einen Verstoß gegen das System der Sprache bzw. gegen die "sprachliche Angemessenheit", die nur anhand des Kontextes als solche gewertet werden kann, das heißt eine Verletzung der Gebrauchsnormen der Sprache. Wesentlich ist hierbei, dass durch diese die Kommunikation beeinträchtigt wird (Kleppin 1998: 20). Der Grad der Beeinträchtigung variiert; es ist davon auszugehen, dass die Akzeptanz bzw. Toleranz in der muttersprachlichen Kommunikation deutlich geringer ausfällt als in fremdsprachlichen Kommunikationssituationen. In jedem Fall werden aus den Verstößen Schlüsse zum Grad der Beherrschung der Sprache gezogen. Dabei sind weiter gefasste Definitionen des sprachlichen Fehlers wie etwa "Ein Fehler ist das, was ein Muttersprachler nicht versteht (Definition E)" (Kleppin 1998: 20) eher für den Fremdsprachenunterricht geeignet, also jenen Bereich, der im Wesentlichen von den Erkenntnissen und Methoden der Fehlerlinguistik profitiert. Für übersetzungsdidaktische Zwecke (gleich ob beim Übersetzen in oder aus der Fremdsprache) scheint eine enger gefasste Definition geeigneter zu sein. Diese kann an den sprachlichen Gebrauchsnormen orientiert sein, wie bei Kleppin (1998: 20): "Ein Fehler ist ein Verstoß dagegen, wie man innerhalb einer Sprachgemeinschaft spricht und handelt".

"Fehler" gibt es auf allen (strukturellen) Ebenen der Sprache. In der Fehlerlinguistik wird gemeinhin unterschieden zwischen Performanzfehlern und Kompetenzfehlern. Diese Aufteilung geht zunächst auf N. Chomskys Unterscheidung von Kompetenz und Performanz zurück, an der sich Corder (1967) orientiert, um diese beiden Fehlertypen zu unterscheiden (Lauer 1996a: 240, Kleppin 1998: 41). Dabei werden in

109 Für eine umfassende Bibliographie zur Fehlerlinguistik vgl. Spillner (1991).

der Regel "Fehler, die der Lernende selbst als Fehler erkennt und korrigiert, als Performanzfehler, jene, die er nicht erkennt, als Kompetenzfehler bezeichnet." (Lauer 1996a: 241). Lauer führt die Begriffe "Regelverstoß" und "Normverstoß" an, eine Unterscheidung, die im Grunde auf Coserius Unterscheidung zwischen System und Norm der *langue* beruht (Lauer 1996a: 240).[110] Zusammenfassend ergibt sich folgende Übersicht:

Kompetenzfehler	Performanzfehler
Systematischer Fehler, d.h. Verstoß gegen das sprachliche System, *errors of system*	Unsystematischer Fehler, Verstöße gegen den Gebrauch der Sprache, *errors of use*
"Regelverstoß", Verstoß gegen das sprachliche System	"Normverstoß", Verstoß gegen den Gebrauch

Tabelle (6.6): Fehlertypen in der Fehlerlinguistik, eigene Zusammenstellung nach Lauer (1996a) und Kleppin (1998)

"Abweichungen": D. Cherubim bedient sich einer anderen Terminologie und unterscheidet zwischen lernbedingten, spontanen und intendierten Abweichungen (Cherubim 1980a: 133ff.) Die lernbedingten Abweichungen können auf der Ebene des Spracherwerbs und somit der Kompetenz verortet werden, die spontanen und intendierten Abweichungen sind auf der Ebene der Performanz angesiedelt:

lernbedingte Abweichungen	spontane Abweichungen	intendierte Abweichungen
Kompetenz	Performanz	Performanz
unbewusst (nicht beabsichtigt)	unbewusst (nicht beabsichtigt)	bewusst (beabsichtigt)

Tabelle (6.7): Abweichungstypen nach Cherubim (1980a), eigene Zusammenstellung und Zuordnung

"Gebrauchsauffälligkeiten", Modifikation und Abweichung: Zum anderen wird der außerhalb des fehlerlinguistischen Kontextes von Elspaß (1998) in einer empirischen Untersuchung zu phraseologischen Einheiten in der politischen Rede verwendete Begriff der "Gebrauchsauffälligkeit" in die Überlegungen zur Kategoriebildung der wortkombinatorisch auffälligen Zieleinheiten einbezogen. Elspaß versteht darunter "Abänderung[en] von Phraseologismen in der parole, von einem Gebrauch der phraseologischen Einheiten, der sich von der kodifizierten lexikalischen und morphosyntaktischen Form, der 'Nennform' unterscheidet" (Elspaß 1998: 147). Er differenziert zwischen der zu Beginn dieses Exkurses erwähnten phraseologischen Modifikation und der "Abweichung" von der phraseologischen Norm. Die vom Sprecher bewusst vorgenommene phraseologische Modifikation lässt die lexikalisierte Form der phraseologischen Einheit durchscheinen (Elspaß 1998: 150f.). Gegenstand einer intendierten Modifikation sind vor allem die idiomatischen satzglied- und satzwertigen phraseologischen Ein-

110 Vgl. hierzu Kapitel 2.3.1.

heiten,[111] aufgrund ihrer polylexikalischen Struktur und vor allem der oft bildhaften Gesamterscheinung der Verbindung, die auf andere Kontexte übertragen wird (z.B. "Der Stoff, aus dem die Träume sind" → "Der Stoff, aus dem politische Kreativität entsteht") (Elspaß 1998: 151, Beispiel ebd.). Es gibt durchaus verfestigte Formen phraseologischer Modifikationen, die Eingang in die Norm gefunden haben und als akzeptierte bzw. "usuelle Variante" des Phraseologismus geführt werden (Elspaß 1998: 152). Elspaß nimmt zudem auf der Grundlage von Burger/Buhofer/Sialm (1982) und Wotjak (1992) eine Kategorisierung der in dem von ihm untersuchten Korpus politischer Reden vertretenen Modifikationen vor und unterscheidet dabei Modifikationen im wendungsinternen Komponentenbestand einerseits, wie etwa der Wechsel von Affirmation und Negation, und Modifikationen im "wendungsexternen Aktantenpotential"[112] andererseits, wie z.B. metasprachliche Kommentierungen oder die auffällige Reihung bzw. Häufung von Phraseologismen (Elspaß 1998: 163ff.). Die Abweichung von der Norm definiert Elspaß als eine fehlerhafte Abänderung und als solche als "Normverstoß" (Elspaß 1998: 148f. und 1998: 218). Handelt es sich um eine Modifikation, ist die Abweichung "akzeptabel"[113], bei einem Normverstoß ist dies nicht der Fall (Elspaß 1998: 223). Die Abweichungen von der Norm bzw. die Normverstöße kategorisiert Elspaß in Anlehnung an die von ihm herausgearbeiteten Modifikationstypen. Hierbei trennt er zwischen Normverstößen im engeren Sinne, worunter er formale Fehler im "wendungsinternen Komponentenbestand" fasst (wie etwa eine "missglückte" Erweiterung der phraseologischen Einheit, das Fehlen einer Komponente oder grammatische Fehler), und Normverstößen im weiteren Sinne, unter denen er mit Burger (1987: 66) "Abweichungen von der in einer Situation, einem Texttyp usw. zu erwartenden sprachlichen Form, 'unpassendes' Sprachverhalten" im phraseologischen Bereich versteht (Elspaß 1998: 224f.).

Gebrauchsauffälligkeit	
phraseologische Modifikation	Abweichung von der phraseologischen Norm
bewusst vorgenommene Veränderung der phraseologischen Nennform	Normverstoß im engeren Sinne (~ formaler Fehler); Normverstoß im weiteren Sinne (~ "unpassendes" Sprachverhalten)
akzeptable Veränderung der phraseologischen Nennform	nicht akzeptable Veränderung der phraseologischen Nennform

Tabelle (6.8): Gebrauchsauffälligkeit nach Elspaß (1998), eigene Zusammenstellung und Zuordnung

111 Zur Klassifikation phraseologischer Einheiten vgl. Kapitel 3.1.3.

112 Bei dieser Art der Modifikation wird vom Sprecher eine "'überraschende inhaltliche und formale Verknüpfung bei formal unmodifizierter P[hraseo]L[exem]-Verwendung'" vorgenommen (Wotjak 1992: 100, zitiert in Elspaß 1998: 193).

113 Hierbei bezieht sich Elspaß auf Bartsch (1987[2]), die den Begriff der Korrektheit einer sprachlichen Äußerung in Form und Gebrauch durch den der "Akzeptierbarkeit" im Sinne der "Tauglichkeit" der Äußerung als "Kommunikationsmittel" ersetzt (Elspaß 1998: 221).

Zwischenfazit: In der Zusammenschau bleibt festzuhalten, dass das in der auf die Fremdsprachendidaktik ausgerichteten Fehlerlinguistik dominierende Konzept des "Fehlers" einem Verstoß sowohl gegen die Regeln der Sprache als auch gegen die sprachliche Angemessenheit entspricht. Unterschieden werden Performanz- und Kompetenzfehler. Performanzfehler gelten als unsystematische Fehler im Sprachgebrauch und stehen für einen "Normverstoß"; unter den Begriff des Kompetenzfehlers werden systematische Fehler auf der Ebene des Sprachsystems gefasst und stellen einen "Regelverstoß" (Lauer 1996a: 240) dar. Die Kompetenzfehler entsprechen den "lernbedingten" Abweichungen in den ebenfalls didaktisch motivierten Überlegungen Cherubims (1980a). Den lernbedingten Abweichungen stellt Cherubim spontane Abweichungen einerseits und intendierte Abweichungen andererseits gegenüber, die auf der Ebene der Performanz verortet werden können. Elspaß' Ansatz zur Beschreibung phraseologischer "Gebrauchsauffälligkeiten" in Politikerreden (Elspaß 1998) hingegen zielt nicht auf Ursachenforschung und didaktische Konsequenzen ab, weshalb er nicht nach Performanz und Kompetenz unterscheidet. Von diesen Gebrauchsauffälligkeiten, die Elspaß als phraseologische Modifikationen klassifiziert, lässt sich jedoch eine Parallele zu Cherubims "intendierten Abweichungen" auf der Ebene der Performanz ziehen; die "Abweichungen von der Norm" bzw. "Normverstöße" überschneiden sich mit den "spontanen" und den "lernbedingten Abweichungen" Cherubims, die einerseits in den Bereich der Performanz, andererseits in den der Kompetenz fallen.

Fehlertypen	**Kompetenzfehler**	**Performanzfehler**	
	Systematischer Fehler, d.h. Verstoß gegen das sprachliche System, errors of system	Unsystematischer Fehler, Verstöße gegen den Gebrauch der Sprache, errors of use	
	"Regelverstoß", Verstoß gegen das sprachliche System	"Normverstoß", Verstoß gegen den Gebrauch	
Abweichung	**lernbedingte Abweichungen**	**spontane Abweichungen**	**intendierte Abweichungen**
Gebrauchsauffälligkeiten	**Abweichung von der phraseologischen Norm**		**Phraseologische Modifikation**
	Normverstöße im engeren Sinne (~ formale Fehler) Normverstöße im weiteren Sinne (~ "unpassendes" Sprachverhalten)		bewusst vorgenommene Veränderung der Nennform der phraseologischen Einheit
	nicht akzeptable Veränderung der Nennform		akzeptable Veränderung der Nennform
Zustandekommen	**unbewusst (nicht beabsichtigt)**		**bewusst (beabsichtigt)**

Tabelle (6.9): Zusammenschau der Fehler- und Abweichungstypen sowie Gebrauchsauffälligkeiten

"Gebrauchsauffällige freie Wortverbindungen": Orientiert an den dargelegten unterschiedlichen Konzepten von "Fehlern im weiteren Sinne" wird im Folgenden das der durchzuführenden Untersuchung zugrunde liegende Verständnis der gebrauchsauffälligen freien Wortverbindung skizziert: Der Begriff des Gebrauchsauffälligen wird von Elspaß (1998) übernommen. Ähnlich wie bei Elspaß die "Modifikation" und der "Normverstoß" lassen sich unter diesen Begriff die für die Untersuchung von Übersetzungen wesentliche Unterscheidung von begründeten und nicht begründeten Abweichungen von der "üblichen" syntaktisch-semantischen Form subsummieren. In diesem Sinne wird die gebrauchsauffällige freie Wortverbindung im Hinblick auf die Her-Übersetzung definiert als *eine von den Normen des gebundenen Wortgebrauchs abweichende zielsprachige Wortkombination, die vom Empfänger des Zieltextes als normuntypische Formulierung wahrgenommen werden kann.* Zu unterscheiden ist dabei mit Blick auf die Beurteilung bzw. Bewertung der Gebrauchsauffälligkeit in Übersetzungen grundsätzlich zwischen *begründeter* und *nicht-begründeter Abweichung.*

Begründete Abweichungen in der Her-Übersetzung: Bei begründeten Abweichungen von Sprachgebrauchsnormen handelt es sich um Abänderungen der "üblichen" Form einer sprachlichen Erscheinung, für die eine bewusste Entscheidung des Übersetzers als plausibel angenommen werden kann. Enthält der Ausgangstext beispielsweise eine von den Gebrauchsnormen der Ausgangssprache abweichende Formulierung, sei sie nun vom Autor des Ausgangstextes beabsichtigt oder nicht, so mag der Übersetzer sich für eine Abänderung des den Gebrauchsnormen der Zielsprache entsprechenden Ausdrucks entscheiden; auf der Ebene der Kollokation etwa ist denkbar, dass der Übersetzer die lexikalisch-semantische Gestalt der ausgangssprachigen Einheit in der Zielsprache nachbildet.[114] Die Abweichung des Übersetzers von der Norm sollte in diesem Fall keine Abweichung im Sinne einer zielsprachigen "Fehlleistung" darstellen, die negativ bewertet wird, da sie auf eine Abwandlung der ausgangssprachigen "üblichen" Form im Ausgangstext zurückgeführt werden kann. Geht man zunächst von der sprachlichen Toleranz und Innovation der Sprecher einer Sprachgemeinschaft aus, so kann man in der vom Übersetzer intendierten Abänderung der normalen Formulierung eine kreativ-wortspielerische Eigenleistung und zudem einen möglichen Beitrag zur Bereicherung des Wortschatzes einer Gemeinschaft sehen. Die durch die Abweichung bewirkte Veränderung könnte folglich auch produktive Folgen haben, nicht zuletzt, wenn man bedenkt, dass die intendierte Abweichung eines Sprachindividuums vom "normalen" Sprachgebrauch durch die in Zeiten der neuen Medien immer rascher erfolgende Reproduktion der Formulierung und somit Häufung ihres Vorkommens innerhalb der Sprachgemeinschaft auf die Ebene des normalen Sprachgebrauchs ein-

114 Die Sprachkompetenz des Übersetzers befähigt ihn dazu, begründet darüber urteilen zu können, ob eine Äußerung oder ein Text den Regeln des Sprachsystems und den Gebrauchsnormen der Sprache entspricht oder in einem bestimmten Kontext sprachlich angemessen ist. In diesem Zusammenhang kann auch Corpas' phraseologische Subkompetenz als im Hinblick auf die Übersetzung von im Ausgangstext kreativ formal oder semantisch abgewandelten Phraseologismen gesehen werden (Corpas 2003: 313).

wirkt. In diesem Zusammenhang sei an dieser Stelle auch auf Steiner (2005: 73) verwiesen, der in von "muttersprachlichen Diskursen" abweichenden "Gebrauchsweisen systemischer Ressourcen (Grammatik, Lexikon, Kohäsion)" in fremdsprachigen Zieltexten eben diesen Nutzen sieht.

Nicht-begründete Abweichungen in der Her-Übersetzung: Eine nicht-begründete Abweichung vom Wortlaut der "üblichen" zielsprachigen Einheit hingegen kann nicht auf eine entsprechende abgeänderte ausgangssprachige Einheit zurückgeführt werden. Je nach Übersetzungsauftrag und Zweck des Zieltextes mag die Formulierung auf der Empfängerseite den Rezeptionsfluss unterbrechen, da sie den Empfänger dazu anhalten könnte, die "nicht normale" Kombination während der mentalen Textverarbeitung durch Lesen oder Hören zu korrigieren. Die Tragweite der Auswirkung der gebrauchsauffälligen freien Wortverbindung wäre in diesem Zusammenhang im Hinblick auf ihre Einwirkung auf den Zieltext und den Ablauf der Kommunikation zwischen dem Sender des Ausgangstextes und dem Empfänger des Zieltextes zu bestimmen.

6.5.2 Die Aufstellung der Kategorien von Ausgangs- und Zieleinheiten

Die gebrauchsauffälligen freien Wortverbindungen können nun in die Aufstellung von Kategorien integriert werden, die sich aus einer ersten Analyse der Zieleinheiten der Studie 1 ableitet.

Die Ausgangseinheiten werden nach ihrer Verifizierung alle in die Kategorie "Kollokation" eingeordnet. Die Zieleinheiten können ebenfalls in diese Kategorie eingeordnet werden, sofern ihr Kollokationsstatus verifiziert wurde. Anderenfalls werden Mehr-Komponenten-Zieleinheiten als "freie Wortverbindung" kategorisiert, wobei hier zwischen "gebrauchsunauffälliger Verbindung" und "gebrauchsauffälliger Verbindung" unterschieden wird. Nicht berücksichtigt wird die Subkategorie der *begründeten* Abweichungen: In Anbetracht der für die Untersuchung aufgestellten Hypothesen werden keine begründet auffälligen Ausgangseinheiten erhoben, weshalb es auch keine Zieleinheiten geben wird, die auf eine Ausgangseinheit dieser Kategorie zurückgeführt werden und aus diesem Grund als "begründet gebrauchsauffällig" gewertet werden könnten.

Darüber hinaus gibt es Zieleinheiten, die weder eine kollokative noch eine freie Wortverbindung darstellen, sondern aus nur einem Wort bestehen. Diese Zieleinheiten werden als "Ein-Wort-Entsprechung" kategorisiert. Dabei wird überprüft, ob es sich bei diesem Wort um ein Äquivalent zur Basis oder zum Kollokator der Ausgangseinheit handelt, oder ob die semantischen Eigenschaften beider Komponenten der Ausgangseinheit in dem Wort enthalten sind. Als fünfte Kategorie wird die der "Auslassung X" aufgestellt, für Fälle, in denen die Ausgangseinheit nicht explizit in den Zieltext übertragen wurde. Alle aufgestellten Kategorien von Ausgangs- und Zieleinheiten sind in der nachstehenden Übersicht erfasst.

Kategorien von Ausgangs- und Zieleinheiten	
Kollokation	KOLL
freie Wortverbindung, gebrauchsunauffällig	FWV-GUA
freie Wortverbindung, gebrauchsauffällig	FWV-GA
Ein-Wort-Entsprechung	EWE
Auslassung	X

Tabelle (6.10): Kategorien von Ausgangs- und Zieleinheiten

Die Relationen der jeweiligen Kategorien der Zieleinheiten (ZE) zur Ausgangseinheit (AE), zu den wortkombinatorischen Gebrauchsnormen der Zielsprache (ZS) sowie zum zielsprachigen Empfängerkreis sind in der nachstehenden Übersicht schematisch dargestellt und mit Beispielen aus den Daten der Studie 1 belegt.

Verschiedene Relationen der Zieleinheit				
AE	*ZE*	*Relation ZE und*		
		AE	*zs-Empfänger*	*ZS*
KOLL	KOLL	formal äquivalent	intersubjektiver Wortgebrauch	Norm-typische Wortverbindung
Beurteilung der ZE: neutral Beispiel (6.17, EN-DE): Ausgangseinheit VD1_AE6 "flag + to fly" (Strukturtyp L1.1) → KOLL-Zieleinheit: VD1_ZT2_ZE6 "Flagge + hissen" (L1.1)				
AE	*ZE*	*Relation ZE und*		
		AE	*zs-Empfänger*	*ZS*
KOLL	FWV-GUA EWE X	formal nicht äquivalent	intersubjektiver Wortgebrauch	Norm-kompatible Wortverbindung
Beurteilung der ZE: neutral Beispiel (6.18a, EN-DE): Ausgangseinheit VD1_AE6 "flag + to fly" (Strukturtyp L1.1) → FWV-GUA-Zieleinheit: VD1_ZT12_ZE6 "Flagge + führen" (L1.1) Beispiel (6.18b, EN-DE): Ausgangseinheit VD1_AE2 "living + to make" (Strukturtyp L1.1) → EWE-Zieleinheit: VD1_ZT6_ZE2 "sich verdingen"				
AE	*ZE*	*Relation ZE und*		
		AE	*zs-Empfänger*	*ZS*
KOLL	FWV-GA	formal nicht äquivalent	subjektiver Wortgebrauch	Norm-untypische Wortverbindung
Beurteilung der ZE: Die Zieleinheit *kann nicht* auf eine entsprechende Abänderung der "üblichen" ausgangssprachigen Form im Ausgangstext zurückgeführt werden → *keine* begründet sprachlich-kreative Übersetzung Beispiel (6.19, EN-DE): Ausgangseinheit VD1_AE1 "frontier + to tame" (Strukturtyp L1.1)→ FWV-GA-Zieleinheit: VD1_ZT2_ZE1 "Grenzland + zähmen" (L1.1)				

AE	*ZE*	*Relation ZE und*		
		AE	*zs-Empfänger*	*ZS*
FWV-GA	FWV-GA	formal äquivalent	subjektiver Wortgebrauch	Norm-untypische Wortverbindung
Beurteilung der ZE: Die Zieleinheit *kann* auf eine entsprechende Abänderung der "üblichen" ausgangssprachigen Form im Ausgangstextzurückgeführt werden → *begründet* sprachlich-kreative Übersetzung				
Beispiel (6.20, ES-DE): "sí + abrumador" (nicht erfasste Einheit des Strukturtyps L2 aus dem Ausgangstext der Probe VD3.2) → "Ja + überwältigend" (L2)				

Tabelle (6.11): Relationen der Zieleinheit

6.5.3 Die Nutzung der *IDS*-Kookkurrenzanalyse und des *DWDS*-Wortprofils

Die Kategorisierung der Zieleinheiten stützt sich auf die Ergebnisse der Recherche zu den Zieleinheiten in den Nachschlagewerken und Referenzkorpora und eine Analyse des gemeinsamen Vorkommens der Komponenten der Zieleinheit in einem syntagmatischen Verbund. Letztere wird auch über die Kookkurrenzanalyse des Instituts für Deutsche Sprache Mannheim (IDS) im benutzerdefinierten Korpus *DeReKo D* und über das *Wortprofil* des *Digitalen Wörterbuchs der Deutschen Sprache des 20. Jahrhunderts* (DWDS) durchgeführt. Die Kookkurrenzanalyse in den Textkorpora des *IDS* ist eine von C. Belica (1995) erarbeitete Methode zur Analyse von Korpusdaten. Ermittelt werden Kookkurrenzrelationen, wiederholte gemeinsame Vorkommen sprachlicher Einheiten in einem Korpus (Perkuhn et al. 2012: 113). Das *DWDS Wortprofil* (konsultierte Version: 3.0)[115] stellt Informationen zur Verwendung eines Wortes in Kombination mit anderen Wörtern "auf der Grundlage realer Textbeispiele" bereit, die dem *DWDS-Kernkorpus*, dem *ZEIT&ZEIT online*-Korpus, dem *Tagesspiegel*-Korpus und dem *Berliner Zeitung*-Korpus entstammen. Die Ergebnisse der Wortprofilanalyse haben die Form syntaktischer Relationen.[116] Bei diesen handelt es sich in der Mehrzahl um Zweierverbindungen, doch sind auch Verbindungen mit mehrgliedrigen Adverbialbestimmungen und Vergleichswörtern im Wortprofil erfasst. Die Relationen sind typisiert und mit wählbarem statistischem Assoziationsmaß und Häufigkeitswert versehen. Dadurch gestaltet sich die Suche im *Wortprofil* sehr übersichtlich.

Die Kookkurrenz- und Wortprofilanalysen können in dieser Untersuchung Hinweise auf die Qualität des Vorkommens der Zieleinheiten in nicht-übersetzten Texten liefern und den Vergleich mit (quasi-)synonymen Verbindungen ermöglichen. Da je-

115 Für die hier gegebenen Informationen zum *Wortprofil* des *DWDS* vgl. www20.

116 Zu den Relationstypen zählen: [gesuchtes Wort] "hat Attribut", "ist Attribut von", "hat Genitivattribut", "ist Genitivattribut von", "Koordination mit", "hat Präpositionalgruppe", "ist Präpositionalgruppe von", "hat Prädikativ", "ist Prädikativ von", "ist Aktivsubjekt von", "ist Passivsubjekt von", "ist Akkusativ-/Dativobjekt von", "hat Adverbialbestimmung", "ist Adverbialbestimmung von", "hat vergleichende Wortgruppe", "ist vergleichende Wortgruppe von". Eine Relation muss nach der statistischen Berechnung wenigstens fünfmal in den Korpora vorkommen, um in die Profilbeschreibung eines Wortes aufgenommen zu werden.

doch sowohl die Kookkurrenzanalyse im *DeReKo (D)* des *IDS* als auch das *Wortprofil 3.0* des *DWDS* (s.u.) primär auf statistischen Berechnungen basieren, werden die Ergebnisse stets auch qualitativ interpretiert. Wertvolle Orientierungspunkte stellen hierbei die Resultate der Recherchen in den Nachschlagewerken und Korpora und die Analyse- und Rechercheergebnisse zu anderen Zieleinheiten dar. So werden die Kookkurrenz- bzw. Wortprofilanalyse bewusst erst genutzt, nachdem die Zieleinheiten über komplexe Suchanfragen in den Korpora überprüft worden sind. Im noch nicht aufbereiteten "Rohmaterial" der Korpora ist es eher möglich, das Vorkommen der Verbindung qualitativ zu untersuchen und gewissermaßen unvoreingenommen in die eigene Bewertung der Zieleinheiten einfließen zu lassen. Vor allem das vereinzelte Vorkommen von Wortkombinationen und die Verteilung der "Treffer" auf Textdokumente und -quellen werden so berücksichtigt. Außerdem kann mittels der direkten Recherche in den Korpora ersichtlich werden, ob und in welchem syntagmatischen Zusammenhang die Kombinationskomponenten stehen. Dies ist beispielsweise bei der Überprüfung von Zieleinheiten mit Präposition von Interesse. Zusammenfassend scheint die Recherche in den Korpora vor allem für die Differenzierung der freien Wortverbindungen gemäß ihrer (Un-)Auffälligkeit von Bedeutung. Die Suchanfragen in den für die Analyse der Übersetzungseinheiten bestimmten Referenzkorpora werden ungeachtet der Möglichkeiten der Kookkurrenz- und Wortprofilanalyse des *IDS* bzw. *DWDS* durchgeführt, weil es für die Bestimmung der Beschaffenheit einer Zieleinheit (und natürlich auch einer Ausgangseinheit) zentral ist, auch den Ko- und Kontext der Verbindung[117] einzubeziehen und sich nicht ausschließlich auf die Angaben zu statistischer Frequenz und Assoziation zu verlassen.

Der Assoziationswert gibt Aufschluss darüber, wie wahrscheinlich es statistisch gesehen ist, dass die betrachteten Wörter in einem syntagmatischen Zusammenhang miteinander in dem zugrunde gelegten Korpus vorkommen. Die statistische Assoziation gründet auf der stochastischen Abhängigkeit zweier Phänomene, entspricht bei quantitativen Phänomenen der statistischen Korrelation, und macht Aussagen über "tendenzielle Zusammenhänge, die sich empirisch nur über viele Fälle zeigen" (Perkuhn et al. 2012: 100ff.). Die am weitesten verbreiteten Maße für die Assoziation sind in der Korpuslinguistik etwa der *MI (Mutual Information)-Score*, die *Log-Likelihood Ratio (LLR)* oder der *t-score* (Perkuhn et al. 2012: 115 und Evert 2005a: 21). Das Signifikanzniveau für Assoziationen liegt in der Regel bei 5 % (Perkuhn et al. 2012: 100f.). Je unwahrscheinlicher es ist, dass das gemeinsame Vorkommen zufällig ist, desto höher ist der Assoziationswert, auch wenn die Häufigkeit des gemeinsamen Vorkommens im untersuchten Korpus vergleichsweise gering ist. Dabei ist Folgendes zu beachten: Mit einer Aussage zur "überzufälligen Häufigkeit" bezieht man sich auf die Stichprobe, das heißt das Korpus; die statistische Häufigkeit stellt eine Schlussfolgerung auf die Grundgesamtheit, das heißt schriftsprachliche Texte eines bestimmten Bereichs und/oder einer bestimmten Zeit dar (vgl. auch Perkuhn et al. 2012: 102). Ein

117 Relevant ist vor allem der zeitliche, geographische und thematische Kontext.

Wort kann also für sich betrachtet vergleichsweise selten im Korpus vorkommen, doch kann der Assoziationswert einer mit diesem Wort gebildeten syntagmatischen Verbindung verhältnismäßig hoch sein, wenn das Suchwort statistisch betrachtet häufiger mit dem Kombinationswort in einem syntagmatischen Zusammenhang im Korpus vorkommt als zu erwarten wäre. Bei Wörtern mit einem niedrigen Grad an semantischer Spezifität und einem weiten Kombinationsradius ist der Assoziationswert auch bei hohem Frequenzwert eher niedrig (vgl. etwa die Zieleinheit EX3.2_ZT10_ZE6, "Tour + machen", Strukturtyp L1.1). Somit kann die Stärke der Assoziation als Indiz für die Stärke des syntagmatischen Zusammenhangs interpretiert werden.[118]

In der Studie 1 und in der ersten Probe der Studie 2 (EX1.1) werden das *Wortprofil* des *DWDS* und die Kookkurrenzanalyse im *DeReKo D* genutzt. In den restlichen Proben der Studie 2 wird aufgrund der Übersichtlichkeit und Systematik der Darstellung syntaktischer Relationen (s.o.) ausschließlich mit dem *Wortprofil* gearbeitet.

Die Suchanfragen an die Kookkurrenzanalyse des IDS: Auf der Grundlage der in einem vom *IDS* online zur Verfügung gestellten Tutorial[119] enthaltenen Informationen wird die Kookkurrenzanalyse für die Verifizierung der Zieleinheiten im benutzerdefinierten Korpus *DeReKo D* (s.o.) nicht mit komplexen Suchanfragen, sondern mit einzelnen Wörtern, den "Basis"-Komponenten der Zieleinheiten durchgeführt. Für die Analyseparameter werden weitestgehend die vorgeschlagenen Standardwerte übernommen. Allein der Parameter "zu analysierender Kontext" wird eingestellt auf "10 Wörter links" und "10 Wörter rechts" und der Parameter "Granularität" wird wie für die Suche nach Wortverbindungen empfohlen auf "fein" gesetzt.

Die Interpretation der Ergebnisse der Suchanfragen an die Kookkurrenzanalyse des IDS: Wie zuvor beschrieben, müssen die Suchergebnisse der Kookkurrenzanalyse des IDS für die Zwecke der eigenen Untersuchung interpretiert werden. Bei der Verifizierung der Zieleinheiten werden die Ergebnisse vereinfacht in die Kategorien *positiv* und *negativ* eingeteilt:[120]

"positives" Ergebnis der Suchanfrage

- Die Verbindung ist in der Liste der (statistisch relevanten) Kookkurrenzen aufgeführt.
- Zugleich ist eine Übereinstimmung der syntaktischen Relation zwischen Such- und Kombinationswort mit der Zieleinheit gegeben.
- Dies wird gewertet als Indikator für die Kategorisierung der Zieleinheit als Kollokation (KOLL) oder gebrauchsunauffällige freie Wortverbindung (FWV-GUA),
    - je nach syntaktisch-semantischer Affinität bzw. Kompatibilität der Komponenten,
    - je nach Rechercheergebnis in den Nachschlagewerken und Textkorpora,
    - je nach Kontextgebundenheit der Zieleinheit, in Relation gesetzt zur Vorkommenshäufigkeit der Wortkombination (Frequenz),

118 Zur Stärke von Kollokationen vgl. Kapitel 4.2.5.

119 vgl. www13.

120 Erklärende Beispiele finden sich in Kapitel 6.4.3.

- sowie je nach Kollokationspotential bzw. -spektrum des Suchworts, d.h. der "Basis" der Zieleinheit.

"negatives" Ergebnis der Suchanfrage (1)

- Für das Suchwort, d.h. die "Basis" der Zieleinheit kann keine Kookkurrenzanalyse durchgeführt werden (z.B. aufgrund des Nichtvorkommens oder einer zu geringen Vorkommenshäufigkeit des Suchwortes im Korpus).
- Dies wird gewertet als Indikator für die Kategorisierung der Zieleinheit als gebrauchsunauffällige freie Wortverbindung (FWV-GUA) oder gebrauchsauffällige freie Wortverbindung (FWV-GA),
  - je nach syntaktisch-semantischer Kompatibilität der Komponenten,
  - je nach Rechercheergebnis in den Nachschlagewerken und Textkorpora,
  - je nach Kontextgebundenheit der Zieleinheit.

"negatives" Ergebnis der Suchanfrage (2)

- Die Verbindung ist nicht in der Liste der Kookkurrenzen zum Suchwort aufgeführt.
- Dies wird gewertet als Indikator für die Kategorisierung der Zieleinheit als gebrauchsunauffällige freie Wortverbindung (FWV-GUA) oder gebrauchsauffällige freie Wortverbindung (FWV-GA),
  - je nach syntaktisch-semantischer Kompatibilität der Komponenten,
  - je nach Rechercheergebnis in den Nachschlagewerken und Textkorpora,
  - je nach Kontextgebundenheit der Zieleinheit

Die Suchanfragen an das Wortprofil 3.0 des DWDS: Auch im *Wortprofil* des *DWDS* werden Kookkurrenzen in umfangreichen Textkorpora analysiert. Das *Wortprofil 3.0* stellt Angaben zur statistischen Assoziation (A) und Vorkommenshäufigkeit bzw. Frequenz (F) von Wortverbindungen zur Verfügung. Diese werden zur Verifizierung der Zieleinheiten als Kollokation, gebrauchsunauffällige freie Wortverbindung oder gebrauchsauffällige freie Wortverbindung ergänzend hinzugezogen. Hierfür werden im *Wortprofil 3.0* folgende Einstellungen gewählt:

- "*maximale Anzahl von Elementen*", die je Kategorie der syntaktischen Relation zwischen Such- und Kombinationswort angezeigt werden: 100[121]
- es wird variiert zwischen *Wolken*- und *Tabellenansicht*[122]
- "*Statistikauswahl*", das heißt die Auswahl der statistischen Grundlage des Wortprofils zur Bemessung von Assoziationen und Vorkommenshäufigkeiten: *logDice*[123]

121 Mehr als 100 Elemente können nicht angezeigt werden; der minimale Frequenzwert je Kombinationswort liegt korpuslinguistischen Standards entsprechend bei "5" (vgl. hierzu auch Evert 2005b).

122 Die *Tabellenansicht* zeigt die syntaktischen Partner des Suchworts in einer nach ihren jeweiligen Assoziationswerten geordneten Rangfolge und ist vor allem bei Grenzwerten oder für den Vergleich zwischen Partnerwörtern und die sich auch daraus ableitende Kategorisierung der Zieleinheiten nützlich.

123 *logDice* ist das im *Wortprofil 3.0* voreingestellte statistische Assoziationsmaß und basiert auf P. Rychlý (2008) (vgl. www21).

Um die Kategorisierung der Zieleinheiten nachvollziehbar zu machen, werden zu jeder Suchanfrage im *Wortprofil 3.0* des *DWDS* schriftlich festgehalten:

- das Suchwort, das der "Basis"-Komponente der Zieleinheit entspricht[124];
- im Falle von Komposita wird bei Ergebnissen mit unzureichender Aussagekraft auch eine Suchanfrage zum entsprechenden Grundwort gestellt;
- das Datum der Suchanfrage;
- das Ergebnis der Suchanfrage:
  - das *Kombinationswort*, so wie es im Wortprofil des Suchworts erfasst ist[125];
  - der übergeordnete *Typ der syntaktischen Relation* zwischen Such- und Kombinationswort;
  - die *Assoziations- und Frequenzangaben* zu dieser Relation;
  - ggf. ein *Kommentar zu den Textbelegen* aus den Korpora, die angezeigt werden können (dies ist vor allem in jenen Fällen notwendig, in denen die Textbelege nicht zu der zu überprüfenden Zieleinheit passen);
  - falls zutreffend, ein *Vermerk zu einem negativen Suchergebnis* in allen für die Überprüfung der Zieleinheit in Frage kommenden Kategorien syntaktischer Relationen (s.o.).[126]

Die Interpretation der Ergebnisse der Suchanfragen an das Wortprofil 3.0 des DWDS: Für die Kategorisierung der Zieleinheit als Kollokation, gebrauchsunauffällige freie Wortverbindung oder gebrauchsauffällige freie Wortverbindung werden folgende Ergebnisse der Suchanfragen an das *Wortprofil 3.0* des *DWDS* interpretiert:

- der Assoziationswert (A) der syntaktischen Relation aus Such- und Kombinationswort; der Assoziationswert gibt Aufschluss darüber, wie statistisch wahrscheinlich das gemeinsame Vorkommen von Such- und Kombinationswort in einem syntaktischen (in vielen Fällen syntagmatischen) Zusammenhang in den Textkorpora ist, die dem *Wortprofil 3.0* des *DWDS* zugrunde gelegt sind; der Assoziationswert wird unter Berücksichtigung des Frequenzwertes (s.u.) interpretiert.
- der Frequenzwert (F) der syntaktischen Relation aus Such- und Kombinationswort; der Frequenzwert gibt an, wie häufig die Relation in den dem *Wortprofil 3.0* des *DWDS* zugrunde gelegten Korpora vorkommt. Er ist der Angabe zur statistischen Assoziation beigeordnet, da letztere im Hinblick auf die Beschaffenheit des syntaktisch-semantischen Zusammenhangs zwischen Such- und Kombinationswort aussagekräftiger ist;

124 Wobei das als Kollokator gehandelte Element zur gesuchten Verbindung ein ähnliches Ergebnis liefert, da die im *Wortprofil 3.0* des *DWDS* erfassten syntaktischen Relationen wechselseitig sind.

125 Abgebildet sind in der Regel Deklinations- bzw. Konjugationsformen des Suchworts.

126 So werden z.B. Verben abgesichert über die Kategorien syntaktischer Relationen "ist Aktivsubjekt von" bzw. "ist Passivsubjekt von" und "ist Akkusativ-/Dativobjekt von" sowie über "hat Attribut", eine Kategorie, die das Verb in der Form eines adjektivisch gebrauchten Partizips zeigen kann.

- die Textbelege zur der syntaktischen Relation aus Such- und Kombinationswort; hier wird überprüft, ob die syntaktische Relation zwischen Such- und Kombinationswort im Ko- und Kontext mit der Zieleinheit übereinstimmt.

Für die Einordnung der Zieleinheiten in die Kategorien Kollokation, freie gebrauchsunauffällige Wortverbindung und freie gebrauchsauffällige Wortverbindung werden für die Assoziationswerte des *Wortprofils 3.0* des *DWDS* im Weiteren drei Niveaus festgelegt: niedrig, mittel und hoch. Hierfür wurden zunächst die Assoziations- und Frequenzwerte von verschiedenen Kombinationswörtern zu mehreren unterschiedlichen, willkürlich gewählten Suchwörtern miteinander verglichen:

Beispiel (6.21): Suchwort = "Kaffee" (Suchanfrage vom 22.01.2014)
Kombinationswörter des Relations-Typs "hat Attribut": "löslichem" (A=10.18, F=176), "koffeinfreien" (A=8.87, F=64), "schwachen" (A=1.25, F=7), "dünnen" (A=6.2, F=62), "leckeren" (A=5.51, F=10);
Kombinationswörter des Relations-Typs "Koordination mit": "Kuchen" (A=12.09, F=2227), "Tasse" (A=13.57, F=662), "Nikotin" (A=5.98, F=25), "Tabak" (A=8.62, F=185)

Beispiel (6.22): Suchwort = "Butter" (Suchanfrage vom 22.01.2014)
Kombinationswörter des Relations-Typs "hat Attribut": "zerlassener" (A=11.58, F=173), "irisch" (A=5.64, F=37), "weiche" (A=6.59, F=69);
Kombinationswörter des Relations-Typs "ist Passivsubjekt von": "gereicht" (A=10.53, F=56), "verkauft" (A=4.49, F=19);
Kombinationswörter des Relations-Typs "ist Akkusativ-/Dativobjekt von": "kaufen" (A=4.58, F=68)

Beispiel (6.23): Suchwort = "Maßnahme" (Suchanfrage vom 22.01.2014)
Kombinationswörter des Relations-Typs "hat Attribut": "vorbeugende" (A=8.29, F=883), "bauliche" (A=7.36, F=483), "ergänzende" (A=5.47, F=125), "drastische" (A=8.47, F=1241);
Kombinationswörter des Relations-Typs "ist Passivsubjekt von": "ergriffen" (A=11.8, F=1035), "ergänzt" (A=6.06, F=22), "getroffen" (A=9.68, F=696);
Kombinationswörter des Relations-Typs "ist Akkusativ-/Dativobjekt von": "ergreifen" (A=11.48, F=4180), "treffen" (A=8.35, F=1611), "ergänzen" (A=4.86, F=29);
Kombinationswörter des Relations-Typs "ist Aktivsubjekt von": "ergänzen" (A=4.91, F=28), "greifen" (A=8.16, F=510), "zielen" (A=6.62, F=84)[127]

Aus dem Vergleich der Assoziationswerte der verschiedenen Kombinationswörter je Suchwort wurden in einem zweiten Schritt die Niveaus abgeleitet, um die Interpretation der Assoziationswerte der Suchanfragen an das *Wortprofil 3.0* des *DWDS* für die Kategorisierung der Zieleinheiten zu systematisieren:

---

127 An diesen Beispielen wird außerdem ersichtlich, dass syntaktische Verbindungen mit ein- und demselben Kombinationswort, das unterschiedlichen Relations-Typen des *Wortprofils* zugeordnet ist (etwa "ist Passivsubjekt von" und zudem "ist Akkusativ-/Dativobjekt von"), in jeder dieser Kategorien mehr oder weniger gleiche Assoziationswerte haben.

Interpretation des Assoziationswertes im Wortprofil 3.0 des DWDS	
A-Wert	Interpretation
0 - 5.99	niedrig
6 - 9.99	mittel
10 - 12+	hoch

Tabelle (6.12): Interpretation des Assoziationswertes im *Wortprofil 3.0* des *DWDS*

Das Resultat der Interpretation der Ergebnisse der Wortprofilanalyse im *DWDS* wird ebenfalls vereinfacht als *positiv* und *negativ* bezeichnet:

"positives" Ergebnis der Suchanfrage (1)
- "hoher" Assoziationswert der die Zieleinheit abbildenden syntaktischen Relation
- wird gewertet als Indikator für die Kategorisierung der Zieleinheit als Kollokation (KOLL)

"positives" Ergebnis der Suchanfrage (2)
- "mittlerer" Assoziationswert der die Zieleinheit abbildenden syntaktischen Relation
- wird gewertet als Indikator für die Kategorisierung der Zieleinheit als Kollokation (KOLL) oder freie gebrauchsunauffällige Wortverbindung (FWV-GUA),
    - je nach syntaktisch-semantischer Affinität bzw. Kompatibilität der Komponenten,
    - je nach Rechercheergebnis in den Nachschlagewerken und Textkorpora,
    - je nach Kontextgebundenheit der Zieleinheit (auch in Relation zum F-Wert), und
    - je nach Kollokationspotential bzw. -spektrum des Suchworts, d.h. der "Basis" der Zieleinheit

"negatives" Ergebnis der Suchanfrage (1)
- das Suchwort, d.h. die "Basis" der Zieleinheit ist nicht im Wortprofil verzeichnet
- wird gewertet als Indikator für die Kategorisierung der Zieleinheit als freie gebrauchsunauffällige Wortverbindung (FWV-GUA) oder freie gebrauchsauffällige Wortverbindung (FWV-GA),
    - je nach syntaktisch-semantischer Kompatibilität der Komponenten,
    - je nach Rechercheergebnis in den Nachschlagewerken und Textkorpora,
    - je nach Kontextgebundenheit der Zieleinheit

"negatives" Ergebnis der Suchanfrage (2)
- das Kombinationswort, d.h. die "Kollokator" der Zieleinheit ist nicht im Profil des Suchwortes erfasst
- wird gewertet als Indikator für die Kategorisierung der Zieleinheit als freie gebrauchsunauffällige Wortverbindung (FWV-GUA) oder freie gebrauchsauffällige Wortverbindung (FWV-GA),
    - je nach syntaktisch-semantischer Kompatibilität der Komponenten,
    - je nach Rechercheergebnis in den Nachschlagewerken und Textkorpora,
    - je nach Kontextgebundenheit der Zieleinheit

"negatives" Ergebnis der Suchanfrage (3)
- "niedriger" Assoziationswert der die Zieleinheit abbildenden syntaktischen Relation
- Übereinstimmung der Textbelege mit der Zieleinheit ist gegeben

- wird gewertet als Indikator für die Kategorisierung der Zieleinheit als freie gebrauchs-unauffällige Wortverbindung (FWV-GUA),
  - unter Berücksichtigung der syntaktisch-semantischen Kompatibilität,
  - der Rechercheergebnisse (Nachschlagewerke und Korpora) und
  - der Kontextgebundenheit der Zieleinheit (auch in Relation zum F-Wert)

"negatives" Ergebnis der Suchanfrage (4)

- "mittlerer" *oder* "niedriger" Assoziationswert der die Zieleinheit abbildenden syntaktischen Relation,
- Übereinstimmung der Textbelege mit der Zieleinheit ist *nicht* gegeben
- wird gewertet als Indikator für die Kategorisierung der Zieleinheit als freie gebrauchs-auffällige Wortverbindung (FWV-GA),
  - unter Berücksichtigung der semantischen Kompatibilität,
  - der Rechercheergebnisse (Nachschlagewerke und Korpora) und
  - der Kontextgebundenheit der Zieleinheit (auch in Relation zum F-Wert)

6.5.4 Die Festlegung der Kriterien für die Kategorisierung der Zieleinheiten

Die Einordnung der Zieleinheiten in die Kategorien Kollokation, freie gebrauchsunauffällige Wortverbindung und freie gebrauchsauffällige Wortverbindung erfolgt in sechs Schritten:

- Erstens, vereinfachte Beschreibung der semantischen und/oder morphosyntaktischen Beziehung zwischen den Komponenten der Zieleinheit. Überprüft wird, ob "Basis" und "Kollokator" der Zieleinheit semantisch kompatibel sind.
- Zweitens, Auswertung der Ergebnisse der Recherche in den Nachschlagewerken. Zu bestimmen ist, in wie vielen Wörterbüchern die Zieleinheit als Wortkombination verzeichnet ist.
- Drittens, Auswertung der Ergebnisse der Recherche in den Korpora.
- Viertens, Interpretation der Ergebnisse der zu den "Basen" der Zieleinheiten durchgeführten Kookkurrenz- und Wortprofilanalysen.
- Fünftens, gegebenenfalls der Kontrast mit anderen der Ausgangseinheit entsprechenden Zieleinheiten.
- Sechstens wird ergänzend hierzu eine vereinfachte Beschreibung der Äquivalenzbeziehung zwischen Ziel- und Ausgangseinheit vorgenommen. Überprüft wird, ob die Zieleinheit zur Ausgangseinheit im Kontext semantisch gleichwertig ist.

Für die Auswertung der Ergebnisse der Korpusrecherchen werden für die Verifizierung der Zieleinheiten Richtwerte für Trefferzahlen festgelegt. Hierfür werden die Erfahrungen zur Recherche in den jeweiligen Korpora berücksichtigt (vgl. Kapitel 6.4.2) und die Ergebnisse bereits durchgeführter Suchanfragen zu unterschiedlichen Kombinationstypen miteinander verglichen. Die Treffer, die eine gesuchte Kombination abbilden, werden in Bezug zur jeweiligen Korpusgröße[128] und zueinander gesetzt. Je

[128] Zum Stand dieser Angaben vgl. Kapitel 6.4.2.

Korpus werden Segmente von Trefferzahlen festgelegt, wobei das kleinste Korpus als Ausgangswert dient, von dem aus die Werte für die anderen Korpora hochgerechnet werden.

DWDS-Kernkorpus 20		Umfang ca. 100.000.000 Wörter	
DWDS-ZEIT&ZEIT online-Korpus		Umfang ca. 460.000.000 Wörter	
DeReKo D		Umfang ca. 1.500.000.000 Wörter	
Festlegung von "Trefferbereichen"			
	DWDS-Kernkorpus20	DWDS-ZEIT&ZEIT online-Korpus	DeReKo D
unterer Bereich	6 - 12 Treffer	30 - 60 Treffer	100 - 200 Treffer
mittlerer Bereich	12 - 24 Treffer	60 - 120 Treffer	200 - 400 Treffer
oberer Bereich	24 - 48+ Treffer	120 - 240+ Treffer	400 - 800+ Treffer

Tabelle (6.13): Interpretation der Trefferzahlen in den Textkorpora

Die Einordnung der Zieleinheiten in die Kategorien Kollokation (KOLL), freie gebrauchsunauffällige Wortverbindung (FWV-GUA) und freie gebrauchsauffällige Wortverbindung (FWV-GA) basiert demnach

- auf den Ergebnissen der vereinfachten Beschreibung der semantischen und syntaktischen Beziehung zwischen den Komponenten der Zieleinheit (Kriterium *syntaktisch-semantische (In-)Kompatibilität*); dabei ist zu beachten, dass eine überaus deutliche semantische Kompatibilität zwischen den Komponenten der Kombination gegenüber einer (sehr) niedrigen Trefferzahl in den Nachschlagewerken und Korpora ausschlaggebend für die Kategorisierung der Zieleinheit ist.
- auf den Ergebnissen der *Recherche in den Nachschlagewerken*;
- auf den Ergebnissen der *Recherche in den Korpora*, wobei zu beachten ist, dass eine Verbindung ggf. umso seltener in den Korpora vorkommt, je spezifischer bzw. exklusiver und/oder kontextgebundener sie ist;
- auf den Ergebnissen der zu den "Basis"-Komponenten der Zieleinheiten durchgeführten *Kookkurrenz- und Wortprofilanalysen*;
- sowie auf den Ergebnissen des *Vergleichs mit anderen Zieleinheiten* zu derselben Ausgangseinheit.
- Berücksichtigt werden außerdem die durch den Kontext oder das Register des Ausgangstextes vorgegebenen Eigenschaften der Zieleinheit (Kriterium "*Kontext- oder Registergebundenheit*").

Auf der Grundlage dieser Kriterien wurde nach einer ersten Auswertung der Rechercheergebnisse zu den Zieleinheiten der ersten Gruppen von Übersetzungen der Studien 1 und 2 ein Kriterienkatalog für die Kategorisierung der Zieleinheiten als Kollokation, freie gebrauchsunauffällige Wortverbindung und freie gebrauchsauffällige Wortverbindung erstellt. Die nachstehenden Beispiele veranschaulichen die Kategorisierung der Zieleinheiten nach den aufgestellten Kriterien. Sie sind der Studie 1 entnommen.

Beispiel (6.24, EN-DE): Studie 1, Ausgangseinheit VD1_AE1 "frontier + to tame", Strukturtyp L1.1, Kollokationsstärkegrad K1 → Zieleinheit VD1_ZT9_ZE1 "Chaos + bändigen" (L1.1)
Kategorisierung der Zieleinheit:
Die Komponenten der Einheit sind semantisch kompatibel.
Rechercheergebnis Nachschlagewerke:
Duden, Deutsches Universalwörterbuch (DUW)[129]: Die Wortverbindung ist weder unter dem Stichwort "Chaos" noch unter dem Stichwort "bändigen" verzeichnet (ohne Seiten-/URL-Angabe).
Duden, Das Stilwörterbuch (DBd2): Die Wortverbindung ist weder unter dem Stichwort "Chaos" (S. 224f.) noch unter dem Stichwort "bändigen" (S. 153) verzeichnet.
Wörterbuch der Kollokationen im Deutschen (WKD): Im Eintrag zu "Chaos" (S. 105) ist "bändigen" in der Auflistung der mit dem Stichwort kombinierbaren Verben enthalten.
→ Die Einheit ist in einem der drei konsultierten Wörterbücher verzeichnet.
Rechercheergebnis Korpora:
DeReKo des IDS, benutzerdefiniertes Korpus "D" (DeReKo D): Suchanfrage [Chaos /s0 &bändigen] → 45 Treffer (40 Dokumente, 6 Quellen), mehr oder weniger alle bilden die gesuchte Kombination ab.
DWDS der Berlin-Brandenburgischen Akademie der Wissenschaften (DWDS): Suchanfrage gestellt im Zeitraum 23.-28.06.2013 [Chaos && bändigen] → Kernkorpus 20: 4 Treffer, 3 bilden die gesuchte Kombination ab; Kernkorpus 21: keine Treffer; Zeit&Zeit online-Korpus: 39 Treffer, fast alle bilden die gesuchte Kombination ab.
→ Die Suchanfragen an das DeReKo D liefern ein negatives Ergebnis die Suchergebnisse im DWDS Kern20-Korpus sind ebenfalls negativ; die Suchanfragen an das DWDS Zeit&Zeit online-Korpus ergeben eine Trefferzahl im unteren Bereich.
Ergebnis der Kookkurrenzanalyse im DeReKo D zu "Chaos" vom 10.11.2013 positiv;
Ergebnis der Wortprofilanalyse im DWDS vom 22.01.2014 zu "Chaos": "bändigen" ("ist Akk./Dat. obj. von"): Assoziation A = 7.63, Frequenz F = 33; "bändigen" ("ist Passivsubjekt von"): A=9,86, F=7; die Textbelege passen jeweils.
Fazit: semantische Kompatibilität der Komponenten, Rechercheergebnisse Nachschlagewerke 1 v. 3 möglichen Treffern, Rechercheergebnisse Korpora unter der Mindesttrefferzahl, Kookkurrenz-/Wortprofilanalyse positiv (= Kriterien-Code VII)) → die Zieleinheit wird als Kollokation (KOLL) eingeordnet. Die Recherche- und Analyseergebnisse lassen außerdem auf einen mittleren Kollokationsstärkegrad (K2) schließen.

Beispiel (6.25, EN-DE): Studie 1, Ausgangseinheit VD1_AE6 "flag + to fly", Strukturtyp L1.1, Kollokationsstärkegrad K3 → Zieleinheit VD1_ZT12_ZE6 "Flagge + führen" (L1.1)
Kategorisierung der Zieleinheit:
Die Komponenten der Einheit sind semantisch kompatibel.
Rechercheergebnis Nachschlagewerke:
DUW: Die Wortverbindung ist weder unter dem Stichwort "Flagge" noch unter dem Stichwort "führen" verzeichnet (ohne Seiten-/URL-Angabe).
DBd2: Die Wortverbindung ist unter dem Stichwort "Flagge" (S. 342) verzeichnet.

129 Für die vollständigen bibliographischen Angaben zu den zielsprachigen Nachschlagewerken und Korpora vgl. Kapitel 6.3.2 und 6.4.2.

WKD: Die Kombination ist weder unter dem Stichwort "Flagge" (S. 168) noch unter dem Stichwort "führen" (S, 178) verzeichnet.
→ Die Einheit ist in einem der drei konsultierten Wörterbücher verzeichnet.
Recherchеergebnis Korpora:
DeReKo D: Suchanfrage [Flagge* /s0 &führen] → 102 Treffer (84 Dokumente, 9 Quellen), die gesuchte Kombination ist nur vereinzelt abgebildet (viermal unter den ersten 50 Treffern)
DWDS: Suchanfrage gestellt im Zeitraum 23.-28.06.2013 [Flagge && führen] → Kernkorpus 20: 101 Treffer, von denen 81 angezeigt werden können. Die gesuchte Kombination ist nur sehr vereinzelt abgebildet; Kernkorpus 21: keine Treffer; Zeit&Zeit online-Korpus: 417 Treffer. Die gesuchte Kombination ist allerdings nur sehr vereinzelt abgebildet.
→ Die Suchanfragen an das DeReKo D, das DWDS Kern20-Korpus und das DWDS Zeit&Zeit online-Korpus liefern negative Ergebnisse (insgesamt deutlich unter der Mindesttrefferzahl)
Ergebnis der Kookkurrenzanalyse im DeReKo D zu "Flagge" vom 10.11.2013 negativ;
Ergebnis der Wortprofilanalyse im DWDS vom 22.01.2014 zu "Flagge": "führen" (Kategorie "Überblick"): A=4,1, F=34. Doch wird bei einem Blick auf die Textbelege ersichtlich, dass unter den 34 Treffen mehrheitlich konjugierte Formen des Verbs "fahren" vertreten sind.
Fazit: semantische Kompatibilität der Komponenten, Rechercheergebnisse Nachschlagewerke einer von drei möglichen Treffern (DBd2), Rechercheergebnisse Korpora vereinzelte Treffer (= Kriterien-Code IX) → die Zieleinheit wird als freie gebrauchsunauffällige Wortverbindung (FWV-GUA) kategorisiert.

Beispiel (6.26, ES-DE): Studie 1, Ausgangseinheit VD3.1_AE4 "proyecto [de la ley fundamental] + redactar", Strukturtyp L1.1, Kollokationsstärkegrad K1 → Zieleinheit VD3.1_ZT8_ZE4 "Verfassungsvorschlag + ausarbeiten" (L1.1)
Kategorisierung der Zieleinheit:
Die Komponenten der Einheit sind semantisch inkompatibel.
Rechercheergebnis Nachschlagewerke:
Mit dem Kompositum als "Basis"-Komponente ist die Einheit in keinem der drei konsultierten Wörterbücher verzeichnet; wählt man als "Basis"-Komponente das Grundwort des Kompositums ("Vorschlag"), findet man die Einheit in zwei der drei Wörterbücher (DBd2, Stichwort "ausarbeiten" (S.125) und WKD, Stichwort "Vorschlag" (S. 508f.).
Rechercheergebnis Korpora:
Mit dem Kompositum als "Basis"-Komponente der Einheit liefern die Suchanfragen an das DeReKo D, das DWDS Kern20-Korpus und das DWDS Zeit&Zeit online-Korpus negative Ergebnisse; formuliert man die Suchanfragen mit dem Grundwort des Kompositums liefern das DeReKo D, das DWDS Kern20-Korpus und das DWDS Zeit&Zeit online-Korpus Trefferzahlen im mittleren bis oberen Bereich.
Ergebnis der Kookkurrenzanalyse im DeReKo D zum Grundwort der "Basis"-Komponente "Vorschlag" vom 12.11.2013 positiv;
Ergebnis der Wortprofilanalyse im DWDS vom 24.01.2014 zu "Vorschlag": "ausarbeiten" ("ist Akk./Dat.obj. von"): A=8.61, F=665; die Textbelege passen.
Fazit: willkürliche Bildung des Kompositums ("Basis"-Komponente) und damit einhergehende semantische Inkompatibilität der Komponenten (= Kriterien-Code XX) → die Zieleinheit wird als gebrauchsauffällige freie Wortverbindung (FWV-GA) kategorisiert.

6.5.5 Die Bestimmung der Kollokationsstärke

Bei den als Kollokationen (KOLL) kategorisierten Einheiten wird zudem die Stärke der Bindung zwischen den Komponenten bestimmt.[130] Dabei wird davon ausgegangen, dass der Stärkegrad der Bindung zwischen den Kollokationspartnern umso höher ist, je enger das Kollokationsspektrum der Komponenten ist. Der höchste Stärkegrad kann den Kollokationen zugeschrieben werden, deren Komponenten mehr oder weniger ausschließlich in Kombination miteinander auftreten, das heißt deren Kombination folglich mehr oder weniger exklusiv ist. In der Regel setzt dabei der Bedeutungsinhalt des Kollokators den Bedeutungsinhalt der Basis voraus (z.B. *schütter* in *schütteres Haar*). Eine Bemessung der Kollokationsstärke wird in erster Linie über eine Analyse des syntaktisch-semantischen Zusammenhalts und des Kollokationsspektrums der Komponenten möglich. Das Kollokationspotential der Komponenten, das heißt die Anzahl der üblicherweise mit ihnen kollokierenden Lexeme, kann über eine entsprechende Recherche in den für die Übersetzungsanalyse verwendeten Nachschlagewerken und Korpora erfasst werden. Einen zweiten Anhaltspunkt zur Bestimmung der Kollokationsstärke stellen die in den Textkorpora ermittelten Häufigkeiten des Vorkommens der gesuchten Kollokation dar.

Im Falle der Zieleinheiten werden darüber hinaus die vom *Wortprofil 3.0* des *DWDS* zur Verfügung gestellten Assoziationswerte der Relation zwischen den Komponenten herangezogen. Diese können neben dem Kollokationspotential der Basis und des Kollokators weiteren Aufschluss über die Qualität der Verbindung zwischen den Kollokationskomponenten geben.[131] Die Abstufung der Kollokationsstärke wird für die Analyse der Übersetzungseinheiten auf drei Grade reduziert. Der Stärkegrad ist dabei jeweils an die Beschaffenheit der syntagmatischen Relation der Kollokationskomponenten geknüpft und geht jeweils einher mit den Ergebnissen der Recherche in den Nachschlagewerken, den Korpora und dem *Wortprofil 3.0* des *DWDS*.

Bestimmung der Kollokationsstärke der Ausgangs- und Zieleinheiten	
Stärkegrad	Syntagmatische Relation der Kollokationskomponenten
K1 niedrig	Vergleichsweise großes Kollokationspotential der Basis und/oder des Kollokators, vergleichsweise unbestimmte Kontextgebundenheit der Verbindung, Exklusivität der Kombination der Komponenten kaum gegeben, vergleichsweise leichte Affinität zwischen Basis und Kollokator, Vorkommen in den verwendeten Korpora im niedrigen bis hohen Bereich. *Geht einher mit:* Im Falle der Ausgangseinheit (AE): negatives Ergebnis der Recherche in den Nachschlagewerken, positives Ergebnis der Recherche in den Korpora; im Falle der Zieleinheit (ZE): mittlerer Assoziationswert im *Wortprofil 3.0* des *DWDS* (unteres Segment, 6-7.99).

130 Zum Konzept der Stärke der Kollokation vgl. Kapitel 4.2.5.

131 Vgl. Tabelle 6.12 in Kapitel 6.5.3.

K2 mittel	Vergleichsweise durchschnittlich großes Kollokationspotential der Basis und/oder des Kollokators, Kontextgebundenheit der Verbindung weder unbestimmt noch deutlich, vergleichsweise durchschnittliche Exklusivität der Kombination der Komponenten, vergleichsweise mäßige Affinitiät zwischen Basis und Kollokator, Vorkommen in den verwendeten Korpora im niedrigen bis hohen Bereich. *Geht einher mit:* Im Falle der AE: positives Ergebnis der Recherche in den Nachschlagewerken, positives Ergebnis der Recherche in den Korpora; im Falle der ZE: mittlerer Assoziationswert im *Wortprofil 3.0* des *DWDS* (oberes Segment, 8-9.99).
K3 hoch	Vergleichsweise geringes Kollokationspotential der Basis und/oder des Kollokators, vergleichsweise deutliche Kontextgebundenheit der Verbindung vergleichsweise deutliche Exklusivität der Kombination der Komponenten, vergleichsweise starke Affinitiät zwischen Basis und Kollokator, Vorkommen in den verwendeten Korpora im niedrigen bis hohen Bereich. *Geht einher mit:* Im Falle der AE: positives Ergebnis der Recherche in den Nachschlagewerken, positives Ergebnis der Recherche in den Korpora; im Falle der ZE: hoher Assoziationswert im *Wortprofil 3.0* des *DWDS* (10-12+).

Tabelle (6.15): Bestimmung der Kollokationsstärke der Ausgangs- und Zieleinheiten

Vor allem bei Assoziations-"Grenzwerten" sind bei der Bestimmung des Stärkegrades der Kollokation die Ergebnisse zu Kombinationswörtern, die der "Kollokator"-Komponente der Zieleinheit syntaktisch und semantisch ähnlich sind, sowie die Ergebnisse der Recherche in den Nachschlagewerken und Korpora ausschlaggebend. Dies wird an nachstehendem Beispiel aus der zweiten Studie veranschaulicht:

> Beispiel (6.27, EN-DE): Studie 2, Ausgangseinheit EX3.1_AE6 "<u>generation</u> + future", Strukturtyp L2, Kollokationsstärkegrad K3 → Zieleinheit EX3.1_ZT1_ZE6 "<u>Generation</u> + zukünftig" (L2)
> <u>Kategorisierung der Zieleinheit:</u>
> Wortprofilanalyse im DWDS vom 01.02.2014 zu "Generation": "zukünftige" ("hat Attribut"): A=7,98, F=811.
> Hinzu kommen die Ergebnisse der Recherche in den Nachschlagewerken (verzeichnet in 2 v. 3 konsultierten Wörterbüchern) und die Ergebnisse der Korpusrecherche (oberer Bereich).
> Fazit: Die Zieleinheit wird als Kollokation (KOLL) des Stärkegrades K2 kategorisiert.

6.5.6 Die Kategorisierung komplexer Ausgangs- und Zieleinheiten

Unter den Ausgangs- und Zieleinheiten finden sich auch Kombinationen, die aus mehr als zwei Komponenten zusammengesetzt sind. Dabei wird im Folgenden zwischen zwei übergeordneten Typen von Mehr-Komponenten-Kombinationen unterschieden: erstens der Verschmelzung zweier Kombinationen, die eine gemeinsame Basis-Komponente teilen, sowie zweitens der Addition zweier Kombinationen mit jeweils unterschiedlichen Basis-Komponenten. Für die Kategorisierung werden Ausgangs- und Zieleinheiten mit mehr als zwei Komponenten in die Teil-Kombinationen zerlegt, aus denen die Einheit zusammengesetzt ist. Die Kategorisierung der komplexen Einheit erfolgt über die Kategorien der Teil-Kombinationen.

Die Verschmelzung von Kombinationen mit gleicher Basis: Für die Kategorisierung komplexer Einheiten in Form von Verschmelzungen zweier (oder mehrerer) Kombinationen mit der gleichen Basis-Komponente werden drei Grundregeln aufgestellt. Die erklärenden Beispiele sind bis auf eine Ausnahme der Studie 1 entnommen.

(1) Verschmelzen zwei (oder mehr) Teil-Kombinationen der gleichen Kategorie miteinander, entspricht die Kategorie der zusammengesetzten Einheit der Kategorie der Teil-Kombinationen. Bei der Verschmelzung von Kollokationen des gleichen Stärkegrades wird der zusammengesetzten Einheit der Stärkegrad der Teil-Kollokationen zugewiesen. Verschmelzen Kollokationen unterschiedlicher Stärkegrade miteinander, wird angenommen, dass die stärkere Teil-Kollokation die Kollokationsstärke der komplexen Einheit insgesamt potenziert:

> Beispiel (6.28, ES-DE): Studie 1, Ausgangseinheit VD3.2_AE8 "<u>apoyo</u> + dar | <u>apoyo</u> + total": Verschmelzung einer Kollokation des Strukturtyps L1.1 und des Stärkegrads K2 mit einer Kollokation des Strukturtyps L2 und des Stärkegrads K2: KOLL, K2 ◊ KOLL, K2 = KOLL, K2
> → Zieleinheit VD3.2_ZT9_ZE8 "<u>Hilfe</u> + leisten | <u>Hilfe</u> + groß", Struktur: Verschmelzung L1.1 ◊ L2
> <u>Kategorisierung der Zieleinheit:</u>
> Die Komponenten der Einheit sind semantisch inkompatibel.
> *Ergebnis der Recherche zu den Teilkombinationen in den Nachschlagewerken*:
> DUW: Die Wortverbindungen "Hilfe + leisten" und "Hilfe + groß" sind unter dem Stichwort "Hilfe" verzeichnet (ohne Seiten-/URL-Angabe)
> DBd2: Die Wortverbindung "Hilfe + leisten" ist unter dem Stichwort "Hilfe" (S. 455) verzeichnet, die Kombination "Hilfe + groß" hingegen ist weder unter dem Stichwort "Hilfe" noch unter dem Stichwort "groß" (414f.) zu finden
> WKD: Sowohl "leisten" als auch "groß" sind als Kombinationswörter unter dem Stichwort "Hilfe" (S. 219) verzeichnet,
> → Die Teilkombinationen sind in zwei bzw. drei der drei konsultierten Wörterbücher verzeichnet.
> *Ergebnis der Recherche zu der komplexen Zieleinheit in den Korpora*:
> DeReKo D: Suchanfrage [(&groß /+w3 Hilfe) /s0 &leisten] → 99 Treffer (98 Dokumente, 7 Quellen); die gesuchte Kombination ist häufig abgebildet.
> DWDS: Suchanfrage gestellt im Zeitraum 20.-26.07.2013 ["groß #3 @Hilfe" && leisten] → Kernkorpus 20: 16 Treffer, von denen die meisten die Wortverbindung abbilden; ZEIT & ZEIT online-Korpus: 17 Treffer, von denen die meisten die Wortverbindung abbilden.
> → Das Ergebnis der Recherche in den Korpora ist positiv, die Trefferzahlen liegen für die gesamte Kombination jeweils knapp unter der Mindesttrefferzahl.
> *Ergebnis der Wortprofilanalyse* zu "Hilfe" vom 24.01.2014: "leisten" ("ist Akk./Dat. obj. von"): A=9,71, F=3580; "geleistet" ("ist Passivsubjekt von"): A=10,44, F=386; Textbelege passen; "groß": negativ (positiv: "großzügige")

Fazit: Die komplexe Zieleinheit ist aus zwei Kollokationen (KOLL) mit gleicher Basis-Komponente zusammengesetzt. Aufgrund der Rechercheergebnisse wird der Teilkombination "Hilfe + leisten" der Stärkegrad K3, der Teilkombination "Hilfe + groß" der Stärkegrad K1 zugewiesen. Bei der komplexen Zieleinheit handelt es sich um eine Kollokation (KOLL) des Stärkegrads K2: KOLL, K3 ◊ KOLL, K1 = KOLL, K2

(2) Verschmelzen zwei (oder mehr) Kombinationen unterschiedlicher Kategorien miteinander, erfolgt die Kategorisierung über die Teil-Kombination, die aufgrund ihrer Eigenschaften und der ihr zugewiesenen Kategorie die komplexe Einheit "dominiert". Insgesamt wird an den Zieleinheiten, die aus zwei oder mehr Teil-Kombinationen mit gleicher Basis bestehen, das Verhältnis von Kollokation und freier Wortverbindung ersichtlich: Im Falle der Verschmelzung einer Kollokation mit einer freien gebrauchs-*unauffälligen* Verbindung dominiert die Kollokation die Einheit. Der syntaktisch-semantische Zusammenhalt der Komponenten der kollokativen Kombination ist stärker als die Bindung zwischen den Komponenten der gebrauchsunauffälligen freien Kombination: *KOLL ◊ FWV-GUA = KOLL*

Beispiel (6.29, EN-DE): Studie 2, Ausgangseinheit EX1.1_AE4 "resources + to develop | resources + to utilize"
Kategorisierung der Teilkombination "resource + to develop"
Rechercheergebnis Nachschlagewerke:
BBI: Unter den Kombinationswörtern zum Stichwort "resources" (S. 277) ist das Verb verzeichnet.
OxCD: Unter den Kombinationswörtern zum Stichwort "resource" (S. 696) ist das Verb nicht verzeichnet.
Rechercheergebnis Korpora:
COCA: Suchanfrage: word(s): resource.[n*], collocates: develop*[v*], Wortabstände: 9/9 → 164 Treffer; die gesuchte Kombination ist sehr selten abgebildet (im Ausgangstext nimmt "resources" die Bedeutung "natural resources" an).
Fazit: Die Einheit wird als freie gebrauchsunauffällige Wortverbindung (FWV-GUA) kategorisiert.
Kategorisierung der Teilkombination "resource + to utilize"
Rechercheergebnis Nachschlagewerke:
BBI: Unter den Kombinationswörtern zum Stichwort "resources" (S. 277) ist das Verb nicht verzeichnet.
OxCD: Unter den Kombinationswörtern zum Stichwort "resource" (S. 696) ist das Verb verzeichnet
Rechercheergebnis Korpora:
COCA: Suchanfrage: word(s): resource*.[n*], collocates: utilize*[v*], Wortabstände: 9/9 → 173 Treffer. Die Kombination ist mit der hier gesuchten Bedeutung häufig abgebildet.
Fazit: Die Einheit wird als Kollokation (KOLL) des Stärkegrads K2 kategorisiert.
Kategorisierung der komplexen Ausgangseinheit:
Verschmelzung einer als gebrauchsunauffällig kategorisierten Kombination (FWV-GUA) des Strukturtyps L1.1 mit einer Kollokation (KOLL) des Strukturtyps L1.1 und des Stärkegrads K2: FWV-GUA ◊ KOLL, K2 = KOLL, K2

(3) Handelt es sich bei einer der Teil-Kombinationen um eine gebrauchsauffällige freie Wortverbindung, wird diese Regel umgekehrt. Die gebrauchsauffällige Wortver-

bindung entspricht nicht den wortkombinatorischen Gebrauchsnormen und ist sowohl gegenüber einer gebrauchsunauffälligen Verbindung als auch gegenüber einer Kollokation dominant:

Beispiel (6.30, ES-DE): Studie 1, Ausgangseinheit VD3.1_AE1 "partido + político | líder + partido": Verschmelzung zweier Kollokationen (KOLL) der Strukturtypen L2 und L4 mit jeweils mittlerem Stärkegrad K2
→ Zieleinheit VD3.1_ZT9_ZE1 "Partei + politisch | Führer + Partei", Verschmelzung zweier Kombinationen der Strukturtypen L2 und L4
Kategorisierung der Zieleinheit:
semantische Kompatibilität, pragmatische Inkompatibilität der Komponenten
Ergebnis der Recherche zu den Teilkombinationen in den Nachschlagewerken:
DUW: Unter dem Stichwort "Partei" ist "politisch" unter den computergenerierten typischen Verbindungen verzeichnet, "Führer" bzw. "führen" hingegen finden sich nicht im Eintrag (recherchiert auf www.duden.de, Suchanfrage vom 15.05.2014).
DBd2: Im Eintrag zu "Partei" (S. 655) finden sich "politisch" und "führen" als Kombinationswörter.
WKD: Unter dem Stichwort "Partei" (S. 329f.) findet sich "politisch" als Kombinationswort.[132]
Ergebnis der Recherche zu der komplexen Zieleinheit in den Korpora:
DeReKo D: Suchanfrage [Führer* /+w3 (&politisch /+w3 &Partei)] → 9 Treffer, 9 Dokumente, 4 Quellen; keiner der Textbelege zeigt die Verwendung der Kombination in einem dem Ausgangstext entsprechenden Kontext (demokratische Parteien der Europäischen Union).
DWDS: Suchanfrage gestellt im Zeitaum 20.-26.07.2013 ["Führer #3 politisch #3 Partei"] → Kernkorpus 20: 8 Treffer; Zeit&Zeit online-Korpus: 12 Treffer; die Quellen stammen jeweils aus den 1950er bis frühen 70er Jahren. Keiner der Textbelege zeigt die Verwendung der Kombination in einem dem Ausgangstext entsprechenden Kontext (demokratische Parteien der Europäischen Union).
Ergebnis der Wortprofilanalyse des DWDS vom 15.05.2013 zu "Partei": "politischen" ("hat Attribut"): A=8.31, F=9131; "Führer" ("hat Genitivattribut"): A=8.45, F=1581, wobei die meisten Textbelege hierzu die Verwendung der Kombination in einem allgemein nicht-demokratischen, bzw. einen nicht zeitgemäßen Kontext zeigen.
Fazit: Aufgrund der Rechercheergebnisse wird die Verbindung "Partei + politisch" als Kollokation des Typs L2 und des Stärkegrads K1 kategorisiert, die L4-Kombination "Führer + Partei" allerdings wird in die Kategorie "gebrauchsauffällige freie Wortverbindung" (FWV-GA) eingeordnet. Die Verschmelzung aus Kollokation und gebrauchsauffälliger freier Wortverbindung ergibt eine Zieleinheit der Kategorie FWV-GA: KOLL, K1 ◊ FWV-GA = FWV-GA

Die Addition von Kombinationen mit unterschiedlicher Basis: Auch für die Addition von Kombinationen mit unterschiedlichen "Basis"-Komponenten zu einer komplexen (Ziel-)Einheit werden zwei Regeln aufgestellt:

(1) Additionen von Kollokationen (KOLL) und freien gebrauchsunauffälligen Wortverbindungen (FWV-GUA): Werden Kombinationen der Kategorien KOLL und FWV-

132 Im "Wörterbuch der Kollokationen im Deutschen" gibt es in den Einträgen zu substantivischen Stichwörtern keine Kategorie kombinierbarer Substantive.

GUA zu einer komplexen Zieleinheit addiert, erfolgt die Kategorisierung im Wesentlichen über die Teil-Kombination, deren Basis-Komponente semantisch der Basis der Ausgangseinheit entspricht bzw. entsprechen dürfte, da darin der syntaktische und semantische Kern der Zieleinheit gesehen wird:

> Beispiel (6.31, ES-DE): Studie 1, Ausgangseinheit VD3.1_AE8 "abstención + alto" (L2) → Zieleinheit VD3.1_ZT4_ZE8, "Anzahl + Enthaltung | Anzahl + hoch" (L4 + L2) = FWV-GUA + KOLL = FWV-GUA (die der Basis der Ausgangseinheit entsprechende Komponente der Zieleinheit ist durch Unterstreichung hervorgehoben).

(2) Additionen von Kollokationen (KOLL) oder freien gebrauchsunauffälligen Wortverbindungen (FWV-GUA) und freien gebrauchsauffälligen Wortverbindungen (FWV-GA). Bei der Kategorisierung zweier (oder mehr) Teil-Kombinationen, von denen mindestens eine in die Kategorie FWV-GA eingeordnet wurde, greift die erste Regel nicht. Genau wie im Falle der Verschmelzungen fällt auch bei den Additionen eine FWV-GA-Kombination sowohl im Vergleich zu einer FWV-GUA-Kombination als auch im Vergleich zu einer Kollokation stärker ins Gewicht. Die FWV-GA-Kombination dominiert die komplette Einheit:

> Beispiel (6.32, ES-DE): Studie 1, Ausgangseinheit VD3.1_AE6 "adhesión + fuerte" (L2) → Zieleinheit VD3.1_ZT5_ZE6 "sich fühlen + zugehörig | zugehörig + stark" (L6 + L5) = KOLL, K1 + FWV-GA = FWV-GA (die der Basis der Ausgangseinheit entsprechende Komponente der Zieleinheit ist durch Unterstreichung hervorgehoben).

Tripelkombinationen unter den Ausgangseinheiten: Auch unter den Ausgangseinheiten gibt es Tripelkombinationen. In der Probe EX1.1 (Englisch-Deutsch) werden zwei miteinander verschmolzene Kombinationen des Ausgangstextes mit gleicher Basis-Komponente als solche zu einer Ausgangseinheit. Bei den beiden Teilkombinationen des Strukturtyps L1.1 handelt es sich jeweils um eine im Ko- und Kontext des Ausgangstextes freie gebrauchsunauffällige Verbindung und um eine schwache Kollokation:

> EX1.1_AE4: "resources + to develop | resources + to utilize", Struktur: L1.1 ◊ L1.1, Kategorie: FWV-GUA ◊ KOLL, K1 = KOLL, K1

In den Proben VD3.2 (Spanisch-Deutsch) und EX2.1 (Englisch-Deutsch) wird je eine Tripelkollokation des Ausgangstextes als solche zur Ausgangseinheit. Bei den miteinander verschmolzenen Kombinationen mit jeweils gleicher Basis handelt es sich um Kollokationen unterschiedlicher Strukturtypen:

> VD3.2_AE9 "apoyo + dar | apoyo total", Struktur: L1.1 ◊ L2, Kategorie: KOLL, K2 ◊ KOLL, K2 = KOLL, K2

> EX2.1_AE4 "consideration + to give | consideration + serious", Struktur L1.1 ◊ L2, Kategorie: KOLL, K3 ◊ KOLL, K3 = KOLL, K3.

Eine weitere Tripelkollokation des Ausgangstextes der Probe EX2.1 (Englisch-Deutsch) wird in zwei Ausgangseinheiten aufgespalten. Es handelt sich bei den beiden miteinander verschmolzenen Kombinationen mit gleicher Basis um vergleichsweise starke Kollokationen des gleichen Strukturtyps:

"contracts were drawn up and signed"
→ EX2.1_AE8 "contract + to draw up" (Strukturtyp L1.1)
→ EX2.1_AE9 "contract + to sign" (L1.1).

6.5.7 Die Kategorisierung der Zieleinheiten in Einzel- und Sonderfällen

In Einzel- bzw. Sonderfällen beruht die Kategorisierung der Zieleinheit im Wesentlichen auf einer Kontrastierung der Ergebnisse der Recherche zur Zieleinheit mit den Ergebnissen und der Einordnung anderer Zieleinheiten. Einen Ausnahmefall stellt etwa die Kategorisierung von Zieleinheiten dar, die als "Basis"-Komponente einen Eigennamen enthalten oder deren "Basis"-Komponente eine Lehnübersetzung oder Direktübernahme der entsprechenden Komponente der Ausgangseinheit darstellt. Als Ausnahmen werden darüber hinaus Zieleinheiten mit einem Kompositum als "Basis"-Komponente behandelt. In diesen Fällen wird jeweils überprüft, ob es sich bei dem Kompositum um eine lexikalisch und grammatisch reguläre bzw. lemmatisierte Wortzusammensetzung handelt. Ist dies der Fall, wird die Einordnung der Zieleinheit über die Nachschlagewerke, Korpora und Kookkurrenz- bzw. Wortprofilanalysen abgesichert. Auf dieser Grundlage orientiert sich die Kategorisierung an den Recherche- und Analyseergebnissen zu einer Verbindung aus dem "Kollokator" der Zieleinheit und dem Grundwort des Kompositums der "Basis"-Komponente.

> Beispiel (6.33, ES-DE): Studie 1, Ausgangseinheit VD3.1_AE9 "voto + positivo" (L2)
> → Zieleinheit VD3.1_ZT11_ZE9 "Abstimmungsergebnis + positiv" (L2)
> Suchwort "Abstimmungsergebnis":
> *Rechercheergebnis Nachschlagewerke* negativ (0 v. 3 möglichen Treffern)
> *Rechercheergebnis Korpora* negativ (12 Treffer, Suchanfragen gestellt im Zeitraum 13.-18.07.2013)
> *Ergebnis der Kookkurrenzanalyse* im *DeReKo D* vom 12.11.2013 zu "Abstimmungsergebnis" negativ
> *Ergebnis der Wortprofilanalyse* des *DWDS* vom 24.01.2014 zu "Abstimmungsergebnis": "positives" ("hat Attribut"): A=1,66, F=12, Textbelege passen.
> Suchwort "Ergebnis":
> *Rechercheergebnis Nachschlagewerke*: positiv (3 v. 3 möglichen Treffern)
> *Rechercheergebnis Korpora:* Trefferzahl im oberen Segment.
> *Ergebnis der Wortprofilanalyse* des *DWDS* vom 14.03.2014 zu "Ergebnis": "positives" ("hat Attribut"): A=9,96, F=7999.
> *Zwischenfazit:* semantische Kompatiblität der Komponenten, Rechercheergebnisse Nachschlagewerke 3 von 3 möglichen Treffern, Rechercheergebnisse Korpora im oberen Bereich, Kookkurrenz-/Wortprofilanalyse positiv (= Kriterien-Code I) → Die Einheit "Ergebnis + positiv" wird als starke Kollokation (KOLL, K3) kategorisiert.
> *Fazit:* Kategorisierung der Einheit "Abstimmungsergebnis + positiv": Das Kompositum ist lemmatisiert, das Grundwort bildet zusammen mit dem Verb eine starke Kollokation. Die Einheit "Abstimmungsergebnis + positiv" wird als Kollokation des Stärkegrades K1 kategorisiert.

Zieleinheiten mit Komponenten in Form von irregulär gebildeten bzw. nicht-lemmatisierten Wortzusammensetzungen werden in die Kategorie gebrauchsauffällige freie Wortverbindung (FWV-GA) eingeordnet (vgl. Beispiel 6.26 in Kapitel 6.5.4).

6.5.8 Beispiel für den Verifizierungsprozess der Übersetzungseinheiten einer Gruppe von Übersetzungen

Nachstehend sind exemplarisch die Verifizierung der Ausgangseinheit der Probe VD2 (Französisch-Deutsch) "obligation + assumer" (Strukturtyp L1.1) und die Kategorisierung der entsprechenden Zieleinheiten dargestellt. Dem vorangestellt werden eine Übersicht der Übersetzungseinheiten und ein exemplarischer Ausschnitt aus der Gegenüberstellung von Ausgangs- und Zieltexten der Probe.[133]

VD2_AE2 "obligation + assumer": Übersicht der Übersetzungseinheiten

VD2_AE2 (FR) "obligation + assumer", Strukturtyp L1.1, Kollokationsstärkegrad K1, Häufigkeit des Vorkommens in der Probe F=1 → 11 Zieleinheiten			
Zieleinheit	**Strukturtyp**	**Kategorie**	**F**
Aufgabe + sich kümmern (um)	L1.2 "um"	FWV-GUA	1
Pflicht + erfüllen	L1.1	KOLL, K3	4
Verpflichtung + annehmen	L1.1	FWV-GUA	1
Verpflichtung + nachkommen	L1.3	KOLL, K3	2
Verpflichtung + übernehmen	L1.1	KOLL, K1	1
Verpflichtung + wahrnehmen	L1.1	KOLL, K1	2

Die Gegenüberstellung der Ausgangs- und Zieltexte, Beispiel

Ausgangstext VD2[134]
Les femmes font-elles de meilleurs chefs ? Mercedes Erra (Présidente de BETC Euro RSCG): «Le lien avec le quotidien rend humble» J'ai envie de **répondre** plutôt **par l'affirmative** à cette question pas très facile, même s'il est un peu prépremptoire d'affirmer que les femmes font souvent de meilleurs chefs. Même s'il est dangereux, aussi, de diaboliser le masculin pour valoriser le féminin. Les femmes sont plus riches que beaucoup d'hommes parce que le travail est rarement leur logique unique. Dans notre culture, elles sont encore dépositaires du foyer. Elles vont donc travailler à l'exterieur, tout **en assumant leurs obligations** vis-à-vis de leur foyer et de leur famille. J'ai beau avoir un mari à la maison, je ne pourrai jamais me définir seulement par mon **activité professionnelle**. Ça **ne remplit pas mon existence**. Je suis fière d'être ancrée dans la vie de chaque jour, car le lien avec le quotidien rend humble, et c'est une bonne chose. Quand on me confie une nouvelle responsabilité, la première chose que je fais est de rentrer chez moi et de **ranger un placard**... Cela me calme immédiatement. Il faudrait que les hommes reviennent parfois dans le concret de la vie. L'éducation des enfants et **la gestion de la maison** sont souvent aussi complexes que **la direction d'une entreprise**! C'est peut-être tout cela qui explique que, pour les femmes, en prise avec le quotidien, l'action est plus importante que le pouvoir et les effets de manche. «Est-ce utile», «Cela **rend-il service**?», voilà **les questions qu'elles se posent**. Elles **se prennent moins au sérieux**, sont plus efficaces, connaissent la valeur du temps et sont capables de mélanger reflexion et **action pratique**. Elles savent qu'avoir le pouvoir, c'est agir.

133 Zu den verwendeten Abkürzungen vgl. Kapitel 6.8.

134 Quelle: L'Express, 13.10.2005.

Zieltext VD2_ZT1

Sind Frauen die besseren Chefs?
Mercedes Erra, Präsidentin der BETC Euro RSCG
"Der Alltag gleicht mich aus"
Ich möchte diese nicht ganz einfache Frage **mit "ja" beantworten**, auch wenn es gewagt ist zu behaupten, Frauen seien die besseren Chefs. Ebenso ist es gefährlich, die Männerwelt zu verteufeln, um so die Frauen aufzuwerten. Der Alltag von Frauen ist breitgefächerter als bei vielen Männern, da die Arbeit bei Frauen nur selten die einzige Aufgabe ist. In unserer Kultur kümmern sie sich zusätzlich noch um den Haushalt. Sie haben also einen Beruf und **kommen** zusätzlich noch **ihren Verpflichtungen** gegenüber Haushalt und Familie **nach**. Ich habe einen Mann zu Hause, ich könnte mich nie ausschließlich über meine **berufliche Tätigkeit** definieren. Das **füllt mich nicht aus**. Ich bin stolz, fest im täglichen Leben zu stehen, denn der Alltag gleicht mich aus, und das ist eine gute Sache. Wenn man mir eine neue verantwortungsvolle Aufgabe anvertraut, ist das Erste, was ich mache, heim gehen und mir **einen Plan aufstellen**. Das beruhigt mich sofort. Die Männer sollten sich manchmal an das Wesentliche im Leben erinnern. Die Erziehung der Kinder und **das Führen eines Haushaltes** sind oft genauso komplex wie **die Leitung eines Unternehmens**. Vielleicht sind das alles Erklärungen dafür, dass für Frauen Taten wichtiger sind als Macht oder Anerkennung in der Bewältigung de Alltags. "Ist das nützlich?", "**Hilft mir das**?" sind **die Fragen, die sie sich stellen**. Sie **nehmen sich weniger Ernst**, sind effizienter, wissen um den Stellenwert der Zeit und sind fähig, Reflexion und **praktisches Handeln** angemessen zu vereinen. Sie wissen: Macht zu haben bedeutet zu handeln.

Zieltext VD2_ZT2

Sind Frauen die besseren Chefs?
Mercedes Erra (Vorsitzende von BETC Euro RSCG):
"Die Beschäftigung mit Alltagsdingen macht bescheiden"
Ich neige dazu, diese nicht ganz einfache Frage **mit "Ja" zu beantworten**, obwohl es ein bißchen kategorisch ist, zu behaupten, dass Frauen häufig die besseren Chefs abgeben. Und auch obwohl es gefährlich ist, das Männliche zu dämonisieren, um das Weibliche aufzuwerten. So sind Frauen reicher als viele Männer, weil die Arbeit selten die einzige Sache ist, die sie als ihre Bestimmung sehen. In unserer Kultur sind sie noch verantwortlich für den Haushalt. Also stehen sie im Berufsleben, während sie gleichzeitig **ihre Verpflichtungen** gegenüber Haushalt und Familie **wahrnehmen**. Ich habe das Glück, einen Ehemann zu Hause zu haben, so werde ich mich nie nur über meine **berufliche Tätigkeit** definieren müssen. Das allein **füllt mein Leben nicht aus**. Ich bin stolz darauf, dass ich so fest im Alltagsleben stehe, weil die Beschäftigung mit Alltagsdingen bescheiden macht, und das ist gut so. Wenn man mir die Verantwortung für eine neue Aufgabe überträgt, ist das erste was ich tue, nach Hause zu gehn und **aufzuräumen**… Das beruhigt mich sofort. Die Männer sollten ab und zu in das reale Leben zurückkehren. Kindererziehung und **Haushaltsführung** sind oft genauso komplex wie **die Leitung eines Unternehmens**! Das alles erklärt vielleicht, dass für Frauen, die die Aufgaben des Alltags meistern, Handeln wichtiger ist als Macht oder die Wirkung von Hemdsärmeln. "Ist das nützlich?", **Bringt das was**?", das sind **die Fragen, die sie sich stellen**. Sie **nehmen sich** selbst nicht so **ernst**, arbeiten effizienter, wissen wie wertvoll Zeit ist und sind fähig theoretische Ansätze in ihre **Arbeit** mit einfließen zu lassen. Sie wissen an der Macht sein bedeutet handeln müssen.

Zieltext VD2_ZT3

Sind Frauen die besseren Chefs?
Von Mercedes Erra
"Die Verbindung mit dem Alltagsleben macht demütig"

Ich habe Lust, **auf** diese nicht ganz einfache Frage eher **mit "Ja" zu antworten**, auch wenn es ein bisschen anmaßend klingt, zu bekräftigen, dass Frauen oft die besseren Chefs sind. Auch wenn es ebenfalls gefährlich ist, das Männliche an sich zu verteufeln, um das Weibliche aufzuwerten. Frauen sind reicher als viele Männer, weil ihre Gedanken selten ausschließlich der Arbeit gelten. Sie werden als "draußen" arbeiten, indem sie gleichzeitig **ihre Verpflichtungen** gegenüber Herd und Familie **annehmen**. Ich habe Glück, einen Ehemann zu Hause zu haben, ich könnte mich niemals nur über meine **berufliche Tätigkeit** definieren. Das **erfüllt meine Existenz nicht**. Ich bin stolz, im Alltagsleben verankert zu sein, denn die Verbindung mit dem Alltäglichen macht demütig, und das ist etwas Gutes. Wen man mir eine neue Verantwortung überträgt, ist das Erste, was ich mache, nach Hause zu gehen und **einen Schrank gerade zu rücken**... Das beruhigt mich sofort. Es wäre nötig, dass die Männer sich ab und zu wieder dem konkreten Leben zuwendeten. Die Erziehung der Kinder und das **Führen des Haushaltes** sind oft ebenso komplex wie die **Leitung eines Unternehmens**! Es ist möglicherweise all dies eine Erklärung dafür, dass es für Frauen, die mit dem Alltagsleben beschäftigt sind, wichtiger ist, zu handeln, als Macht zu haben. "Ist das nützlich?", "**Dient uns das**?", das sind **die Fragen, die sie sich stellen**. Sie **nehmen sich nicht so ernst**, sind tüchtiger, kennen den Wert der Zeit und sind imstande, Reflexion und **praktisches Handeln** miteinander zu verbinden. Sie wissen, Macht haben bedeutet handeln.

Die Verifizierung der Ausgangseinheiten, Beispiel[135]

VD2_AE2 "obligation + assumer" (L1.1)	
LGR	n, Stichwort "obligation" (Band 4: 2048); allerdings ähnliche Verbindungen unter dem Stichwort "assumer": "assumer une charge, un emploi, un rôle, une tâche. Assumer une responsabilité, un risque" (Band 1: 897, Eintrag "assumer", Punkt 1)
LNPR	n, Stichwort "obligation" (1719); allerdings s.o. Stichwort "assumer", dieselben Beispiele wie im LGR (LNPR: 162, Eintrag "assumer", Punkt 1)
DCF	n, weder unter Stichwort "assumer" (54) noch unter Stichwort "obligation" (787)
KonWB	n, Stichwort "obligation" (201)
FRANTEXT	Suchanfrage vom 21.09.2012: Définition de la séquence 1: &massumer, Définition de la séquence 2: &mobligation; contexte de la co-occurrence: dans la même phrase; positions relatives des séquences 1 et 2: indifférent, distance maximale: 300 → lancer la recherche → 13 Treffer, 6 Treffer bilden die gesuchte Wortverbindung ab.
Linguee	Suchanfrage vom 21.09.2012: assumer obligations (Platzhalter gibt es nicht) "Treffer"anzahl wird nicht angezeigt, sie ist manuell auszuzählen. Es liegen viele Treffer vor, die die Kombination abbilden.
Kategorisierung	KOLL, K1

135 Legende zur tabellarischen Darstellung: positives Rechercheergebnis = y, negatives Rechercheergebnis = n; Zahlen in Klammern = Seitenangabe des jeweiligen Wörterbucheintrags. Zu den Siglen der Wörterbücher und Korpora vgl. Kapitel 6.3 und 6.4 sowie das Abkürzungsverzeichnis in Kapitel 12.7.

Die Kategorisierung der Zieleinheiten, Beispiel

VD2_AE2	**obligation + assumer [L1 (L1.1)]**
VD2_ZT1_ZE2	**Verpflichtung + nachkommen [L1 (L1.3)]**
Recherche DUW	Verpflichtung: y (enthalten als Formulierungsbeispiel unter Punkt 3.b)
Recherche DBd2	Verpflichtung: y, enthalten als Formulierungsbeispiel (dasselbe wie im DUW) "er konnte seinen (finanziellen) Verpflichtungen gegenüber der Bank nicht mehr nachkommen" (954); nachkommen: y, "du musst deinen Verpflichtungen n." (617)
Recherche WKD	Verpflichtung: y, in der Liste der kombinierbaren Verben enthalten (495)
Recherche DeReKo D	[Verpflichtung /s0 (&nachkommen oder (&kommen /s0 nach))] 1.027 Treffer (519 Dokumente, 9 Quellen), nur vereinzelt bilden die Treffer die gesuchte Kombination nicht ab. [Verpflichtung* /s0 (&nachkommen oder (&kommen /s0 nach))] 2.486 Treffer (743 Dokumente, 9 Quellen), nur vereinzelt bilden die Treffer die gesuchte Kombination nicht ab.
Recherche DWDS	[Verpflichtung && nachkommen || Verpflichtung && kommen && nach] Kernkorpus 20: 40 Treffer, von denen 35 angezeigt werden können. Gut die Hälfte der Treffer bilden die gesuchte Kombination ab. ZEIT & ZEIT online-Korpus: 66 Treffer. Bei Weitem nicht alle Treffer bilden die gesuchte Kombination ab.
Kategorisierung	Komponenten der Kombination semantisch kompatibel; Recherche in Nachschlagewerken und Korpora positiv: Kombination in drei der drei Nachschlagewerke verzeichnet, Trefferzahlen in den Korpora im oberen Bereich; die Kookkurrenzanalyse im DeReKo D erübrigt sich; Wortprofilanalyse im DWDS vom 22.01.2014 zu "Verpflichtung": "nachkommen" ("ist Akk./Dat. obj. von"): A=11,64, F=2456, Textbelege passen → KOLL, K3 (Einordnung nach Kriterien-Code I)
VD2_ZT2_ZE2	**Verpflichtung + wahrnehmen [L1 (L1.1)]**
Recherche DUW	Verpflichtung: n; wahrnehmen: n
Recherche DBd2	Verpflichtung: n (954); wahrnehmen: n (1002)
Recherche WKD	Verpflichtung: y, in der Liste der kombinierbaren Verben enthalten (495)
Recherche DeReKo D	[Verpflichtung /s0 (&wahrnehmen oder (&nehmen /s0 wahr))] 89 Treffer (80 Dokumente, 9 Quellen), die mehrheitlich die gesuchte Kombination abbilden. [Verpflichtung* /s0 (&wahrnehmen oder (&nehmen /s0 wahr))] 217 Treffer (172 Dokumente, 9 Quellen), die mehrheitlich die gesuchte Kombination abbilden.
Recherche DWDS	[Verpflichtung && wahrnehmen || Verpflichtung && nehmen && wahr] Kernkorpus 20: 10 Treffer, von denen 8 angezeigt werden können. Keiner der Treffer bildet die gesuchte Kombination ab.

	ZEIT & ZEIT online-Korpus: 8 Treffer, 4 bilden die gesuchte Kombination ab.
Kategorisierung	Komponenten der Kombination semantisch kompatibel; Recherche in Nachschlagewerken: Kombination in einem der drei Nachschlagewerke verzeichnet; Recherche in den Korpora: Trefferzahlen im DeReKo D im unteren Bereich, in den Korpora des DWDS vereinzelte Treffer → erste Einordnung: FWV-GUA Die Kombination ist in 2 v. 11 ZT als ZE abgebildet. Kookkurrenzanalyse zu "Verpflichtung*" im DeReKo D (Anfrage vom 10.11.2013): "Verpflichtung" ist im Korpus ein frequentes Substantiv. Verbindungen mit "wahrnehmen" sind statistisch nicht spezifisch genug und sind nicht in der Liste der Kookkurrenzen enthalten. Zum Vergleich "übernehmen" ist enthalten. Wortprofilanalyse im DWDS vom 22.01.2014 zu "Verpflichtung": "wahrnehmen" ("ist Akk./Dat. obj. von"): A=6,13, F=75 (Textbelege passen); "Wahrnehmung" ("hat Genitivattribut"): A=6,28, F=18 → KOLL, K1 (Einordnung nach Kriterien-Code V)
VD2_ZT3_ZE2	**Verpflichtung + annehmen [L1 (L1.1)]**
Recherche DUW	Verpflichtung: n; annehmen: n
Recherche DBd2	Verpflichtung: n (954); annehmen: n (78f.)
Recherche WKD	Verpflichtung: n (495); annehmen: n (29)
Recherche DeReKo D	[Verpflichtung /s0 (&annehmen oder (&nehmen /s0 an))] 150 Treffer (124 Dokumente, 9 Quellen). Die gesuchte Verbindung ist kaum abgebildet (weniger als 5 Textbelege). [Verpflichtung* /s0 (&annehmen oder (&nehmen /s0 an))] 216 Treffer (173 Dokumente, 9 Quellen). Die gesuchte Verbindung ist zwar etwas häufiger abgebildet als in den Ergebnissen der vorherigen Suchanfrage, aber dennoch eher selten vertreten.
Recherche DWDS	[Verpflichtung && annehmen || Verpflichtung && nehmen && an] Diese Suchanfrage ergibt in beiden Korpora unsortierte Treffer, die nur vereinzelt die gesuchte Kombination abbilden. [Verpflichtung && annehmen] Kernkorpus 20: 80 Treffer, von denen 76 angezeigt werden können. Auch diese Treffer bilden nur vereinzelt die gesuchte Kombination ab. ZEIT & ZEIT online-Korpus: 65 Treffer, die ebenfalls nur vereinzelt die gesuchte Kombination abbilden.
Kategorisierung	Komponenten der Kombination semantisch kompatibel; Recherche in Nachschlagewerken und Korpora negativ (Kombination in keinem der drei Nachschlagewerke verzeichnet, Trefferzahlen in den Korpora: knapp unter der Mindesttrefferzahl bis unterer Bereich); Die Kombination ist in 1 v. 11 ZT als ZE abgebildet. Kookkurrenzanalyse zu "Verpflichtung" im DeReKo D (Anfrage vom 10.11.2013): "Verpflichtung" ist im Korpus ein frequentes Substantiv. Verbindungen mit "annehmen" sind statistisch nicht

	spezifisch genug und sind nicht in der Liste der Kookkurrenzen enthalten. Zum Vergleich "übernehmen" ist enthalten. Wortprofilanalyse im DWDS vom 22.01.14 zu "Verpflichtung" negativ. Die Verbindung kann nur als freie Verbindung eingestuft werden. Die semantische Kompatibilität der Komponenten schließt in Verbindung mit den Rechercheergebnissen in den Korpora die Kategorie FWV-GA aus. → FWV-GUA (Einordnung nach Kriterien-Code XVI)
VD2_ZT4_ZE2	**<u>Verpflichtung</u> + übernehmen [L1 (L1.1)]**
Recherche DUW	Verpflichtung: y, enthalten in der Auflistung der unter Punkt 3.a) aufgeführten Formulierungsbeispiele (Wendungen, Verwendungsbeispiele)
Recherche DBd2	Verpflichtung: y, aufgeführt unter Punkt 2. (954); übernehmen: y, "die übernommene Verpflichtung erfüllen" (890)
Recherche WKD	Verpflichtung: y, in der Liste der kombinierbaren Verben enthalten (495);
Recherche DeReKo D	[Verpflichtung* /s0 &übernehmen] 748 Treffer (424 Dokumente, 9 Quellen), von denen viele, jedoch bei Weitem nicht alle Treffer die gesuchte Kombination abbilden.
Recherche DWDS	[Verpflichtung && übernehmen] Kernkorpus 20: 325 Treffer, von denen 318 angezeigt werden können. Viele Treffer bilden die gesuchte Kombination ab. ZEIT & ZEIT online-Korpus: 277 Treffer, von denen viele die gesuchte Kombination abbilden, obwohl einzelne Textbelege mehrfach vorhanden sind.
Kategorisierung	Komponenten der Kombination semantisch kompatibel; Recherche in Nachschlagewerken und Korpora positiv: Kombination in drei der drei Nachschlagewerke verzeichnet, Trefferzahlen in den Korpora im oberen Bereich; die Kookkurrenzanalyse im DeReKo D vom 10.11.2013 zu "Verpflichtung*" ist positiv. Wortprofilanalyse im DWDS vom 22.01.2014 zu "Verpflichtung": "übernehmen" ("ist Akk./Dat. obj. von"): A=6,79, F=705; "Übernahme" ("hat Genitivattribut"): A=6,36, F=65; "übernommenen" ("hat Attribut"): A=8,68, F=359 (Textbelege passen) → KOLL, K1 (Einordnung nach Kriterien-Code I)
VD2_ZT5_ZE2	**<u>Pflicht</u> + erfüllen [L1 (L1.1)]**
Recherche DUW	Pflicht: y, enthalten in der Auflistung der unter Punkt 1. aufgeführten Formulierungsbeispiele (Wendungen, Verwendungsbeispiele) "seine P. erfüllen"
Recherche DBd2	Pflicht: y (662f.); erfüllen: y (303f.)
Recherche WKD	Pflicht: y, in der Liste der kombinierbaren Verben enthalten (334)
Recherche DeReKo D	[&Pflicht /s0 &erfüllen] 2.602 Treffer (743 Dokumente, 9 Quellen); mehr oder weniger alle Treffer bilden die gesuchte Kombination ab.
Recherche DWDS	[Pflicht && erfüllen] Kernkorpus 20: 785 Treffer, von denen 703 angezeigt werden können. Mehr oder weniger alle Treffer bilden die gesuchte Kombination ab.

	ZEIT & ZEIT online-Korpus: Mehr oder weniger alle Treffer bilden die gesuchte Kombination ab. Einzelne Textbelege sind mehrfach vorhanden.
Kategorisierung	Komponenten der Kombination semantisch kompatibel; Recherche in Nachschlagewerken und Korpora positiv: Kombination in drei der drei Nachschlagewerke verzeichnet, Trefferzahlen in den Korpora im oberen Bereich; die Kookkurrenzanalyse im DeReKo D erübrigt sich; Wortprofilanalyse im DWDS vom 14.03.2014 zu "Pflicht": "erfüllter" ("hat Attribut"): A=7,16, F=76; "erfüllen" ("ist Akk./Dat. obj. von"): A=9,52, F=1967; "Erfüllung" ("hat Genitivattribut"): A=10,34, F=504 → KOLL, K3 (Einordnung nach Kriterien-Code I)
VD2_ZT6_ZE2	**<u>Pflicht</u> + erfüllen [L1 (L1.1)], vgl. VD2_ZT5_ZE2**
Kategorisierung	→ KOLL, K3
VD2_ZT7_ZE2	**<u>Verpflichtung</u> + wahrnehmen [L1 (L1.1)], vgl. VD2_ZT2_ZE2**
Kategorisierung	→ KOLL, K1
VD2_ZT8_ZE2	**<u>Verpflichtung</u> + nachkommen [L1 (L1.3)], VD2_ZT1_ZE2**
Kategorisierung	→ KOLL, K3
VD2_ZT9_ZE2	**<u>Aufgabe</u> + sich kümmern um [L1 (L1.2 "um")]**
Recherche DUW	Aufgabe: n; kümmern: n
Recherche DBd2	Aufgabe: n (106); kümmern: n (536)
Recherche WKD	Aufgabe: n (46); kümmern: n (263)
Recherche DeReKo D	[Aufgabe* /s0 &kümmern] 1.199 Treffer (525 Dokumente, 9 Quellen) Alternative Suchanfrage: [(um /+w3 Aufgabe*) /s0 &kümmern] 290 Treffer (217 Dokumente, 9 Quellen), von denen sehr viele die gesuchte Kombination abbilden.
Recherche DWDS	[Aufgabe && kümmern] Kernkorpus 20: 34 Treffer, von denen 28 angezeigt werden können. Nur sehr vereinzelt ist die gesuchte Kombination abgebildet. ZEIT & ZEIT online-Korpus: 147 Treffer, die gesuchte Kombination ist auch in diesem Korpus nur vereinzelt abgebildet.
Kategorisierung	Komponenten der Kombination semantisch kompatibel; Recherche in Nachschlagewerken negativ (Kombination in keinem der drei Nachschlagewerke verzeichnet), Trefferzahlen in den Korpora im unteren bis mittleren Bereich; Die Kombination ist in 1 v. 11 ZT als ZE abgebildet. Kookkurrenzanalyse zu "Aufgabe" im DeReKo D (Anfrage vom 10.11.2013): "Aufgabe" ist im Korpus ein frequentes Substantiv. Verbindungen mit "kümmern" sind statistisch nicht spezifisch genug und sind nicht in der Liste der Kookkurrenzen enthalten. Wortprofilanalyse im DWDS: vom 22.01.2014 zu "Aufgabe": "kümmern um" ("hat Präpositionalgruppe"): A=5,63, F=170 (vgl. Rechercheergebnisse Korpora) → FWV-GUA (Einordnung nach Kriterien-Code XIV)
VD2_ZT10_ZE2	**<u>Pflicht</u> + erfüllen [L1 (L1.1)], VD2_ZT5_ZE2**
Kategorisierung	→ KOLL, K3
VD2_ZT11_ZE2	**<u>Pflicht</u> + erfüllen [L1 (L1.1)], VD2_ZT5_ZE2**
Kategorisierung	→ KOLL, K3

6.6 Die Auswertung der syntagmatischen Daten

Die Auswertung der erhobenen syntagmatischen Daten erfolgt in den Kapiteln 7, (Studie 1), 8 (Studie 2) und 9 (Ergebnisvergleich). Die Vorgehensweise bei der Datenauswertung wird in den folgenden Absätzen dargestellt.

6.6.1 Die Studien 1 und 2

Die Studien 1 und 2 wurden konzipiert, um die Vorannahmen zur Her-Übersetzung von Kollokationen zu überprüfen und Übersetzungseinheiten deskriptiv und statistisch zu analysieren. Dabei soll in der Studie 2 auch untersucht werden, inwiefern sich die Ergebnisse der deskriptiven Analyse der Übersetzungseinheiten der Studie 1 je Kategorie bestätigen.

In beiden Studien werden die aus den Ausgangstexten ausgewählten Einheiten und die ihnen entsprechenden Zieleinheiten einander gegenübergestellt. Die Strukturtypen von Ausgangs- und Zieleinheiten werden herausgearbeitet und die Einheiten kategorisiert. Additionen, Verschmelzungen und spezifische Strukturtypen werden gesondert aufgeführt. Für die Zieleinheiten je Probe werden die absoluten Häufigkeiten und Anteile in den fünf Kategorien Kollokation (KOLL), freie Wortverbindung gebrauchsunauffällig (FWV-GUA), freie Wortverbindung gebrauchsauffällig (FWV-GA), Ein-Wort-Entsprechung (EWE), und Auslassung (X) ermittelt.

In der Gesamtauswertung der Studien je Lernerkorpus werden die beiden für die Datenanalyse formulierten Leitfragen beantwortet. Im Anschluss werden auf der Grundlage der Verteilung der ermittelten Häufigkeiten der Zieleinheiten auf die fünf Kategorien die Forschungshypothesen zunächst qualitativ überprüft. Vor allem in der Studie 1 wird so eine erste Aussage über den Effekt der Ausgangssprache auf die Ergebnisse möglich. Abschließend wird die Häufigkeitenverteilung der Zieleinheiten mittels Chi^2-Verfahren auf Signifikanz getestet, das sich auf Grund der Nominalskalierung der auszuwertenden Daten anbietet.[136] An die statistische Auswertung der erhobenen Daten schließt sich je Studie die deskriptive Analyse der Übersetzungseinheiten je Zieleinheiten-Kategorie an.

	Studie 1	**Studie 2**
Ziel	Die Überprüfung der Vorannahmen und die Analyse von Übersetzungseinheiten – Proben "angehende Übersetzer I", verschiedene Ausgangssprachen	Die Überprüfung der Vorannahmen und die Analyse von Übersetzungseinheiten – Proben "angehende Übersetzer II", eine Ausgangssprache
Hypothesen	*Hypothese 1: Bei der Her-Übersetzung entspricht einer Kollokation des fremdsprachigen Ausgangstextes im muttersprachlichen Zieltext nicht immer eine Kollokation.*	

136 Auf Signifikanz getestet wird dabei die Abweichung der empirisch beobachteten von den theoretisch erwarteten Häufigkeiten (Albert/Koster 2002: 119 und Rasch et al. 2010^{3}a: 237).

	Hypothese 2: Einer Kollokation des fremdsprachigen Ausgangstextes kann im muttersprachlichen Zieltext eine wortkombinatorisch "auffällige" Einheit entsprechen.	
Leitfragen	*Frage A (Studien 1 und 2): Sind die in den Hypothesen genannten Phänomene in allen Proben der Studie vertreten?* *Frage B (Studie 1): Treten die in den Hypothesen genannten Phänomene unabhängig von der Sprache des Ausgangstextes auf?*	
Lernerkorpus	Angehende Übersetzer I: 4 Gruppen von Übersetzungen (Englisch-Deutsch, Französisch-Deutsch, Spanisch-Deutsch (2)) *gesamt:4 Ausgangstexte, 47 Zieltexte, 37 Ausgangseinheiten, 431 Zieleinheiten*	Angehende Übersetzer II: 5 Gruppen von Übersetzungen (Englisch-Deutsch): *gesamt: 5 Ausgangstexte, 52 Zieltexte, 47 Ausgangseinheiten, 487 Zieleinheiten*
Auswertung 1	Ermittlung von Häufigkeiten in 5 Kategorien von Zieleinheiten (KOLL, FWV-GUA, FWV-GA, EWE, X)	
Auswertung 2	Beantwortung der Leitfragen, Zwischenfazit und qualitative Hypothesenprüfung	
Auswertung 3	Prüfung auf signifikante Verteilung der Zieleinheiten auf die fünf Kategorien mittels Chi^2-Test	
Auswertung 4	deskriptive Analyse der Übersetzungseinheiten je Kategorie	

Tabelle (6.16): Übersicht über das Design der Studien 1 und 2

6.6.2 Die Ergebnisse der Studien 1 und 2 im Vergleich

An die beiden Studien 1 und 2 schließt sich ein Ergebnisvergleich an. Zum einen werden die Verteilungen der Häufigkeiten in den beiden Lernerkorpora miteinander verglichen und qualitativ auf Unterschiede und Gemeinsamkeiten untersucht. Auch die aus der deskriptiven Analyse der Übersetzungseinheiten gewonnenen übergeordneten Erkenntnisse werden vergleichend berücksichtigt. Der qualitative Vergleich der Ergebnisse ist dabei ebenfalls an einer Leitfrage orientiert: *Gibt es Unterschiede bezüglich des Übersetzens von Kollokationen in die Muttersprache (vgl. Hypothese 1) und bezüglich des Vorkommens gebrauchsauffälliger Wortverbindungen (vgl. Hypothese 2) je nach Fachsemester bzw. je nach Übersetzungserfahrung der Übersetzer?*

Zum anderen wird das Vorkommen gebrauchsauffälliger Zieleinheiten (FWV-GA) in Probenpaaren untersucht. Hierfür wird je Studie ein Probenpaar ausgewählt: Studie 1, VD3 (Spanisch-Deutsch); Studie 2, EX3 (Englisch-Deutsch). Die beiden Probenpaare stellen jeweils die Übersetzungen zu einem ersten Ausgangstext und die Übersetzungen derselben Gruppe von Übersetzern zu einem zweiten Ausgangstext dar. Die in den Studien 1 und 2 ermittelten Häufigkeiten in der Kategorie "gebrauchsauffällige freie Wortverbindung" in den ersten und zweiten Übersetzungen werden ebenfalls qualitativ miteinander verglichen. Dabei steht die Beantwortung folgender Leitfrage im Vordergrund: *Gibt es in den Zieltexten, die von einer Gruppe von angehenden Übersetzern zu einem Ausgangstext A angefertigt wurden, und in den Zieltexten, die von derselben Gruppe von Übersetzern zu einem späteren Zeitpunkt und zu einem ver-*

gleichbaren Ausgangstext B angefertigt wurden, unterschiedliche Ergebnisse hinsichtlich der Anzahl der gebrauchsauffälligen freien Wortverbindungen?

Die Unterschiede zwischen den Häufigkeiten der Kategorie FWV-GA zwischen der ersten und zweiten Probe eines Paares werden im Anschluss mittels des Wilcoxon-Verfahrens auf Signifikanz getestet (vgl. Kapitel 9.3).

6.7 Zusammenfassung des Studiendesigns

Über das beschriebene Verfahren zur Analyse von Übersetzungseinheiten sollen in den Studien 1 und 2 und dem darauf aufbauenden Ergebnisvergleich bestimmte Tendenzen, Gemeinsamkeiten und Unterschiede bei der Her-Übersetzung kollokativer Wortverbindungen aufgezeigt werden. Die gewählte Methode ist am Übersetzungsprodukt orientiert, lässt jedoch in bestimmtem Maße Rückschlüsse auf Übersetzungsprozesse zu.

Die Vorbereitung der Datenerhebung der Studien 1 und 2 folgt einer begründeten Planung: Die Lernerkorpora sind systematisch nach einem zuvor definierten einheitlichen Übersetzerprofil zusammengestellt. In diesem Rahmen wird darauf geachtet, dass die Mutter- bzw. Erstsprache der Übersetzer das Deutsche ist und dass die Zieltexte in den einzelnen Proben in einer vergleichbaren Übersetzungssituation und unter der Einwirkung der gleichen externen Faktoren (Anforderungen an die Übersetzung, Hilfsmittel, Bearbeitungszeit) erstellt wurden. Zur Erhebung der Daten werden alle Ausgangstexte und entsprechenden Zieltexte je Probe systematisch nach demselben Muster analysiert und die Ausgangs- und Zieleinheiten extrahiert.

Für alle Übersetzungseinheiten wird eine linguistisch vereinfachte syntaktische und semantische Analyse durchgeführt: Die Struktur der ausgewählten Ausgangseinheiten und der zugehörigen Einheiten in den Zieltexten wird entsprechend der in Kapitel 6.2.3 hergeleiteten Kombinationstypologie bestimmt. Die Analyse des syntaktisch-semantischen Zusammenhangs der Ausgangs- und Zieleinheiten folgt dem in Kapitel 6.3f. dargestellten Verifizierungsverfahren, das auf der Recherche in ausgangs- und zielsprachigen Nachschlagewerken und Textkorpora sowie auf der Basis von Kookkurrenz- bzw. Wortprofilanalysen beruht. Auf der Grundlage dieser Analyseergebnisse werden die Ausgangseinheiten (Kollokationen) festgelegt; die Zieleinheiten werden in die in Kapitel 6.5.2 aufgestellten Kategorien Kollokation (KOLL), gebrauchsunauffällige freie Wortverbindung (FWV-GUA), gebrauchsauffällige freie Wortverbindung (FWV-GA), Ein-Wort-Entsprechung (EWE) und Auslassung (X) eingeordnet.

Für die Zieleinheiten werden absolute Häufigkeiten und Anteile in den einzelnen Kategorien ermittelt und die entsprechenden Ergebnisse statistisch ausgewertet. Die statistische Auswertung der Daten wird durch eine deskriptive Analyse der Übersetzungseinheiten ergänzt.

6.8 Verwendete Abkürzungen

Beschreibung der Ausgangs- und Zieleinheiten	
AE	Ausgangseinheit
ZE	Zieleinheit
AT	Ausgangstext
ZT	Zieltext
KOLL	Kollokation
K1	niedriger Kollokationsstärkegrad
K2	mittlerer Kollokationsstärkegrad
K3	hoher Kollokationsstärkegrad
FWV-GUA	gebrauchsunauffällige freie Wortverbindung
FWV-GA	gebrauchsauffällige freie Wortverbindung
EWE	Ein-Wort-Entsprechung
X	Auslassung
F	Vorkommenshäufigkeit
EN	Ausgangssprache Englisch
ES	Ausgangssprache Französisch
FR	Ausgangssprache Spanisch
DE	Zielsprache Deutsch
Kombinationstypologie zur Beschreibung der Struktur der Einheiten	
L1.1	Substantiv (Akkusativ-Objekt, Basis/"Basis") + Verb
L1.2	Substantiv (Akkusativ-Objekt, Basis/"Basis") + (Verb + Präposition)
L1.3	Substantiv (Dativ-Objekt, Basis/"Basis") + Verb
L1.4	Substantiv (Dativ-Objekt, Basis/"Basis") + (Verb + Präposition)
L2	Substantiv (Basis/"Basis") + Adjektiv
L3	Substantiv (Subjekt, Basis/"Basis") + Verb
L4	Substantiv (+ Präposition) + Substantiv (Basis/"Basis")
L5	Adverb/adverbial gebrauchtes Adjektiv + Adjektiv (Basis/"Basis")
L6	Verb (Basis/"Basis") + Adverb/adverbial gebrauchtes Adjektiv/adverbiale Umschreibung)
L7	(Präposition + Substantiv (Objekt), Basis/"Basis") + Verb
LX	Strukturelle Sonderfälle

Tabelle (6.17): Verwendete Abkürzungen Studien 1 und 2

7 Die Studie 1: Die Überprüfung der Vorannahmen und die Analyse von Übersetzungseinheiten – "Angehende Übersetzer I"

Die Studie 1 wurde konzipiert, um die Vorannahmen zur Her-Übersetzung von Kollokationen zu überprüfen und um syntagmatische Übersetzungseinheiten beschreibend zu analysieren. In diesem Kapitel wird zunächst die Verteilung der Ausgangs- und Zieleinheiten im Korpus der Studie 1 dargestellt und ausgewertet. Im zweiten Teil des Kapitels werden die Übersetzungseinheiten deskriptiv analysiert.[137]

7.1 Die Analyse der Verteilung der Übersetzungseinheiten der Studie 1

7.1.1 Zusammenschau des Datenmaterials der Studie 1

In der Studie 1 wurden vier Übersetzungssamples analysiert (VD1 Englisch, VD2 Französisch, VD3.1 und VD3.2 Spanisch). Diese umfassen insgesamt vier Ausgangstexte und 47 Zieltexte. Die Zieltexte wurden von angehenden Übersetzern mit ersten substantiellen Übersetzungserfahrungen erstellt: Zum Zeitpunkt der Übersetzung studierten sie Übersetzen und Übersetzungswissenschaft im vierten Fachsemester. Die Ausgangssprachen der Texte entsprechen den jeweils ersten Fremdsprachen der für das Studium gewählten Sprachenkombinationen. Zielsprache war in allen Fällen das Deutsche, die Mutter- oder Erstsprache der Übersetzer. Die Übersetzungen wurden im Rahmen übersetzungspraktischer prüfungsvorbereitender Übungen und damit in simulierten Prüfungssituationen in einem vorgegebenen Zeitrahmen von 90 bis 120 Minuten unter Zuhilfenahme ausschließlich monolingualer Wörterbücher der Ausgangs- und der Zielsprache angefertigt (vgl. Kapitel 6.2.1). Aus den Ausgangstexten wurden 37 Kollokationen ausgewählt und 431 zugehörige Einheiten aus den Zieltexten extrahiert.

Studie 1				
	AT	**AE**	**ZT**	**ZE**
VD1 EN-DE	Populärwissenschaftlicher primär darstellungsfunktionaler Text zu geschichtlichen Hintergründen, veröffentlicht auf der Website des neuseeländischen Ministeriums für Kultur und kulturelles Erbe (vgl. www62)	8	14	112
VD2 FR-DE	Primär ausdrucksfunktionaler Ausschnitt aus einem Interview zum Thema "Frauen in Führungspositionen", veröffentlicht am 13.10.2005 in *L'Express*	11	11	121

137 In den Beispielen sind die analysierten Einheiten aus den Ausgangs- und Zieltexten in Anführungszeichen gesetzt. Die Komponenten von Kollokationen und freien Wortkombinationen sind in ihrer grammatischen Grundform dargestellt. Die Basis-/"Basis"-Komponente ist unterstrichen.

VD3.1 ES-DE (1)	Primär darstellungsfunktionaler Zeitungstext zum Thema "Europäische Verfassung", erschienen am 21.02.2005 in *La Vanguardia* (vgl. www63)	9	11	99
VD3.2 ES-DE (2)	Primär darstellungsfunktionaler Zeitungstext zum Thema "Europäische Verfassung", erschienen am 21.06.2007 in *El País* (vgl. www64)	9	11	99
Gesamt	**4**	**37**	**47**	**431**

Tabelle (7.1): Das Datenmaterial der Studie 1

Die Übersetzungseinheiten der Studie 1: Die nachstehenden tabellarischen Übersichten enthalten die Übersetzungseinheiten der Studie 1. Erfasst sind die Ausgangseinheiten unter Angabe ihrer Kollokationssyntax, ihres Kollokationsstärkegrades und der Anzahl der zugehörigen Zieleinheiten; für die Zieleinheiten sind Strukturtyp und Kategorie, im Falle der Kollokationen zusätzlich der Kollokationsstärkegrad, sowie die Häufigkeit ihres Vorkommens in der Studie angegeben. Wenngleich die Übersetzungseinheiten erst in Kapitel 7.2 deskriptiv analysiert werden, wird an der Gegenüberstellung der Ausgangs- und Zieleinheiten bereits ersichtlich, wie viele unterschiedliche Übersetzungen es innerhalb einer vergleichsweise kleinen Gruppe von Zieltexten zu jeweils einer Ausgangskollokation geben kann. Darüber hinaus lassen diese Übersichten erkennen, zu welchen Ausgangseinheiten es innerhalb der Gruppe tendenziell einheitliche oder eher unterschiedliche Übersetzungen gibt. Näher beschrieben werden außerdem strukturell "besondere" Ausgangs- und Zieleinheiten; so wird u.a. die Komplexität deutlich, die Zieleinheiten annehmen können, auch wenn ihnen strukturell einfache Ausgangseinheiten entsprechen.[138]

VD1_AE1_EN "frontier + to tame", L1.1, K1 → 14 Zieleinheiten			
Zieleinheit	**Strukturtyp**	**Kategorie**	**F**
(Land der Wilden) + zähmen	LX*	FWV-GA	1
Chaos + bändigen	L1.1	KOLL, K2	1
"Zähmung" + Grenze	L4 (aus L1.1)	FWV-GA	1
Anerkennung + Grenze	L4 (aus L1.1)	KOLL, K2	1
Schwächung + Grenze	L4 (aus L1.1)	FWV-GA	1
Grenzland + zähmen	L1.1	FWV-GA	2
Zähmung + Grenzland	L4 (aus L1.1)	FWV-GA	1
Streit + beenden	L1.1	KOLL, K2	1
Wildnis + zähmen	L1.1	FWV-GUA	1
AUSLASSUNG	X	X	4
* Die "Basis"-Komponente der Zieleinheit besteht nicht aus einem einzelnen Substantiv, sondern aus einer nicht unüblichen L4-Kombination.			
VD1_AE2_EN "living + to make", L1.1, K3 → 14 Zieleinheiten			
Zieleinheit	**Strukturtyp**	**Kategorie**	**F**
Geld + verdienen	L1.1	KOLL, K3	2

138 Zu den Kürzeln der Kollokationstypen und Kollokationsstärkegraden vgl. das Verzeichnis in Kapitel 6.8. Zur Herleitung der Kombinationstypologie vgl. Kapitel 6.2.3, zur Bestimmung der Kollokationsstärke vgl. Kapitel 6.5.5.

Lebensunterhalt + bestreiten	L1.1	KOLL, K3	1
Lebensunterhalt + verdienen	L1.1	KOLL, K3	8
sich verdingen	EWE	EWE	1
Unterhalt + verdienen	L1.1	KOLL, K1	1
Zeit + verbringen	L1.1	KOLL, K2	1
VD1_AE3_EN "tattoo + to bear", L1.1, K1 → 14 Zieleinheiten			
Zieleinheit	**Strukturtyp**	**Kategorie**	**F**
Namen + tätowieren (lassen)	L1.1	FWV-GUA	1
Tatoo [sic] + aufweisen	L1.1	FWV-GA	1
Tätowierung + ertragen	L1.1	FWV-GUA	1
Tätowierung + kennzeichnen (durch)	L1.2 "durch"	FWV-GUA	1
Tätowierung + stechen (lassen)	L1.1	KOLL, K2	1
Tätowierung + tragen	L1.1	KOLL, K1	4
Grund für + Tattoo	L4 "für"	FWV-GUA	1
Tattoo + tragen	L1.1	KOLL, K1	4
VD1_AE4_EN "group + humanitarian", L2, K1 → 14 Zieleinheiten			
Zieleinheit	**Strukturtyp**	**Kategorie**	**F**
Einrichtung + sozial	L2	KOLL, K2	1
Gesellschaft + humanitär	L2	FWV-GA	1
Gruppe + humanitär	L2	FWV-GA	6
Hilfsgruppe + humanitär	L2	FWV-GA	1
Institution (mit) + Anliegen | Anliegen + humanitär	L4 "mit" + L2	FWV-GUA	1
Organisation + humanitär	L2	KOLL, K2	2
Vereinigung + humanitär	L2	FWV-GA	2
VD1_AE5_EN "nation + sovereign", L2, K2 → 14 Zieleinheiten			
Zieleinheit	**Strukturtyp**	**Kategorie**	**F**
Nation + souverän	L2	FWV-GUA	6
Neuseeland [= Eigenname] + selbständig	L2	FWV-GUA	1
Neuseeland [= Eigenname] + souverän	L2	FWV-GUA	4
Neuseeland [= Eigenname] + unabhängig	L2	FWV-GUA	2
Staat + souverän	L2	KOLL, K2	1
VD1_AE6_EN "flag + to fly", L1.1, K3 → 14 Zieleinheiten			
Zieleinheit	**Strukturtyp**	**Kategorie**	**F**
durch + Flagge	LX*	FWV-GUA	1
Flagge + führen	L1.1	FWV-GUA	1
Flagge + hissen	L1.1	KOLL, K3	2
unter + Flagge	LX*	FWV-GUA	3
unter Flagge + fahren	L7	KOLL, K1	3
unter Flagge + laufen	L7	FWV-GUA	1
unter Flagge + segeln	L7	KOLL, K3	2
AUSLASSUNG	X	X	1
*Die beiden Zieleinheiten stellen Kombinationen aus Präposition und Substantiv dar. Sie können nicht als Ein-Wort-Entsprechung kategorisiert werden, da die Präposition Teil der Übertragung der Ausgangseinheit ist.			
VD1_AE7_EN "state + independent", L2, K3 → 14 Zieleinheiten			
Zieleinheit	**Strukturtyp**	**Kategorie**	**F**
Autonomie	EWE	EWE	1

Neuseeland [= Eigenname] + eigenverantwortlich	L2	FWV-GA	1
Neuseeland [= Eigenname] + unabhängig	L2	FWV-GUA	4
Staat + unabhängig	L2	KOLL, K2	8
VD1_AE8_EN "state + to proclaim", L1.1, K2 → 14 Zieleinheiten			
Zieleinheit	**Strukturtyp**	**Kategorie**	**F**
Staat + ausrufen	L1.1	KOLL, K2	7
Staat + errichten	L1.1	KOLL, K1	2
Staat + gründen	L1.1	KOLL, K2	3
Staat + proklamieren	L1.1	KOLL, K1	1
Staat + schaffen	L1.1	FWV-GUA	1
VD2_AE1_FR "répondre + par l'affirmative", L6, K1 → 11 Zieleinheiten			
Zieleinheit	**Strukturtyp**	**Kategorie**	**F**
antworten + mit Ja	L6	KOLL, K2	1
beantworten + mit Ja	L6	KOLL, K3	8
Bejahen	EWE	EWE	2
VD2_AE2_FR "obligation + assumer", L1.1, K1 → 11 Zieleinheiten			
Zieleinheit	**Strukturtyp**	**Kategorie**	**F**
Aufgabe + sich kümmern (um)	L1.2 "um"	FWV-GUA	1
Pflicht + erfüllen	L1.1	KOLL, K3	4
Verpflichtung + annehmen	L1.1	FWV-GUA	1
Verpflichtung + nachkommen	L1.3	KOLL, K3	2
Verpflichtung + übernehmen	L1.1	KOLL, K1	1
Verpflichtung + wahrnehmen	L1.1	KOLL, K1	2
VD2_AE3_FR "activité + professionnel", L2, K2 → 11 Zieleinheiten			
Zieleinheit	**Strukturtyp**	**Kategorie**	**F**
Aktivität + beruflich	L2	FWV-GA	1
Arbeit	EWE	EWE	1
Beruf	EWE	EWE	2
Berufstätigkeit	EWE	EWE	1
Tätigkeit + beruflich	L2	KOLL, K3	6
VD2_AE4_FR "existence + remplir", L1.1, K1 → 11 Zieleinheiten			
Zieleinheit	**Strukturtyp**	**Kategorie**	**F**
Dasein + erfüllen	L1.1	KOLL, K1	1
Existenz + erfüllen	L1.1	FWV-GA	2
jdn. ausfüllen	EWE	EWE	2
jdn. erfüllen	EWE	EWE	2
Leben + ausfüllen	L1.1	FWV-GUA	2
Leben + erfüllen	L1.1	KOLL, K1	1
Leben + unerfüllt	L2	KOLL, K1	1
VD2_AE5_FR "placard + ranger", L1.1, K1 → 11 Zieleinheiten			
Zieleinheit	**Strukturtyp**	**Kategorie**	**F**
aufräumen	EWE	EWE	4
Plan + aufstellen	L1.1	KOLL, K2	1
Schrank + aufräumen	L1.1	KOLL, K1	5
Schrank + geraderücken	L1.1	FWV-GUA	1

VD2_AE6_FR "maison + gestion (de)", L4 (aus L1.1), K1 → 11 Zieleinheiten

Zieleinheit	Strukturtyp	Kategorie	F
Arbeit + (in) Haus	L4 "in"	FWV-GUA	1
Führen + Haushalt	L4 (aus L1.1)	KOLL, K1	3
Führung + Haushalt	L4 (aus L1.1)	FWV-GUA	4
Organisation + Haushalt	L4 (aus L1.1)	FWV-GUA	1
Haushaltsführung	EWE	EWE	2

VD2_AE7_FR "entreprise + direction (de)", L4 (aus L1.1), K3 → 11 Zieleinheiten

Zieleinheit	Strukturtyp	Kategorie	F
Führung + Firma	L4 (aus L1.1)	FWV-GUA	1
Führung + Unternehmen	L4 (aus L1.1)	KOLL, K1	4
Leitung + Unternehmen	L4 (aus L1.1)	KOLL, K1	6

VD2_AE8_FR "service + rendre", L1.1, K3 → 11 Zieleinheiten

Zieleinheit	Strukturtyp	Kategorie	F
etw. bringen	EWE	EWE	3
helfen	EWE	EWE	2
hilfreich (+ sein)	EWE	EWE	1
jdm. dienen	EWE	EWE	2
Nutzen + haben	L1.1	KOLL, K1	1
Sinn + machen	L1.1	KOLL, K1	1
von + Nutzen (+ sein)	LX*	KOLL, K1	1

* Die Zieleinheit stellt eine Kombination aus Präposition und Substantiv dar. Die Präposition ist Teil der Übertragung der Ausgangseinheit. Aus dem Vergleich mit anderen Zieleinheiten heraus wird die Kombination in die am nächsten liegende Kategorie eingeordnet (in diesem Fall KOLL).

VD2_AE9_FR "question + se poser", L1.1, K3 → 11 Zieleinheiten

Zieleinheit	Strukturtyp	Kategorie	F
Frage + stellen	L1.1	KOLL, K3	11

VD2_AE10_FR "prendre + au sérieux", L6*, K3 → 11 Zieleinheiten

Zieleinheit	Strukturtyp	Kategorie	F
sich nehmen + ernst	L6*	KOLL, K3	9
sich nehmen + wichtig	L6*	KOLL, K1	2

* In allen drei Fällen liegt eine Kollokationsstruktur vor, die von der "normalen" Kollokationssyntax abweicht, da die "Gerichtetheit" der Verbindung nicht vom Verb ausgeht, sondern vom Adverb (vgl. Kap. 4.2.2).

VD2_AE11_FR "action + pratique", L2, K1 → 11 Zieleinheiten

Zieleinheit	Strukturtyp	Kategorie	F
Arbeit	EWE	EWE	1
Handeln + aktiv	L2	KOLL, K1	1
Handeln + praktisch	L2	KOLL, K1	7
handeln + praktisch	L6	KOLL, K1	1
Umsetzung [+ Idee]	EWE [L4]	EWE	1

VD3.1_AE1_ES "partido + político | partido + líder", L2 ◊ L4, K2 → 11 Zieleinheiten

Zieleinheit	Strukturtyp	Kategorie	F
Führer + Partei	L4	FWV-GA	2
Parteivorsitzender + Partei	L4	FWV-GA	1
Partei + politisch | Führer + Partei	L2 ◊ L4	FWV-GA	2

Spitze + Partei	L4	KOLL, K2	1
Vorsitzender + Partei	L4	KOLL, K3	1
Parteivorsitzender	EWE (aus L4)	EWE (aus KOLL, K3)	3
Politiker + Partei | Politiker + führend	L4 ◊ L2 (aus L3)	KOLL, K3	1
VD3.1_AE2_ES "voto + favorable", L2, K1 → 11 Zieleinheiten			
Zieleinheit	**Strukturtyp**	**Kategorie**	**F**
Abstimmung + ausgefallen | günstig + ausgefallen	L2 (aus L3) + L5 (aus L6)	KOLL, K1	1
Abstimmung + positiv	L2	FWV-GA	1
ausfallen + positiv	L6	KOLL, K2	1
positiv + ausgefallen	L5 (aus L6)	KOLL, K2	1
Ergebnis + positiv	L2	KOLL, K3	1
Ja	EWE	EWE	2
Wahl + hervorragend	L2	FWV-GA	1
Wahlergebnis + ausfallen | ausfallen + positiv | höchst + positiv	L3 + L6 + L5	KOLL, K2	1
Wahlergebnis + gut	L2	KOLL, K1	1
Zustimmung	EWE	EWE	1
VD3.1_AE3_ES "referéndum + celebrar", L1.1, K1 → 11 Zieleinheiten			
Zieleinheit	**Strukturtyp**	**Kategorie**	**F**
Referendum	EWE	EWE	1
Referendum + abgehalten	L2 (aus L1.1)	KOLL, K3	1
Referendum + stattfinden	L3	FWV-GUA	2
Volksabstimmung	EWE	EWE	2
Volksabstimmung + abhalten	L1.1	KOLL, K2	1
Volksabstimmung + durchführen	L1.1	KOLL, K1	1
Volksabstimmung + stattfinden	L3	FWV-GUA	3
VD3.1_AE4_ES "proyecto [de la ley fundamental] + redactar", L1.1, K1 → 11 Zieleinheiten			
Zieleinheit	**Strukturtyp**	**Kategorie**	**F**
Entwurf + anfertigen	L1.1	KOLL, K1	1
Gesetzentwurf + ausarbeiten	L1.1	KOLL, K2	1
Gesetzentwurf + verfassen	L1.1	FWV-GUA	1
Gesetzesentwurf + verfassen	L1.1	FWV-GUA	1
Gesetzesvorschlag + verfassen	L1.1	FWV-GA	2
Grundgesetz + verabschieden	L1.1	KOLL, K1	1
Verfasser + Grundgesetz	L4 (aus L1.1)	FWV-GUA	1
Grundgesetzentwurf + verfassen	L1.1	FWV-GUA	1
Projekt + gehen um	L1.2 "um"	FWV-GUA	1
Verfassungsvorschlag + ausarbeiten	L1.1	FWV-GA	1
VD3.1_AE5_ES "sí + rotundo", L2, K2 → 11 Zieleinheiten			
Zieleinheit	**Strukturtyp**	**Kategorie**	**F**
Ja + deutlich	L2	FWV-GUA	2
Ja + eindeutig	L2	KOLL, K1	3
Ja + klar	L2	KOLL, K1	3
Ja + obligatorisch	L2	FWV-GA	1
Ja + "rund"	L2	FWV-GA	1
Ja + sicher	L2	FWV-GA	1

VD3.1_AE6_ES "adhesión + fuerte", L2, K1 → 11 Zieleinheiten			
Zieleinheit	**Strukturtyp**	**Kategorie**	**F**
Bezug + stark	L2	FWV-GUA	2
Bindung + stark	L2	KOLL, K1	2
Interesse + stark	L2	KOLL, K1	1
sich fühlen + verbunden | stark + verbunden	L6 + L5	FWV-GUA	1
sich fühlen + zugehörig | stark + zugehörig	L6 + L5	FWV-GA	1
sich identifizieren mit + stark	L6	FWV-GUA	1
unterstützen + stark	L6	KOLL, K1	1
zustimmen + stark	L6	FWV-GA	1
Zustimmung + groß	L2	FWV-GUA	1
VD3.1_AE7_ES "proceso + continuación (de)", L4, K1 → 11 Zieleinheiten			
Zieleinheit	**Strukturtyp**	**Kategorie**	**F**
Fortgang + Prozess	L4 (aus L3)	FWV-GA	1
Fortsetzung + Prozess	L4 (aus L1.1)	KOLL, K1	1
Verlauf + Prozess | Verlauf + weiter	L4 (aus L3) + L2	KOLL, K2	4
Weiterführung + Prozess [i.S.v. "Ablauf"]	L4 (aus L1.1)	FWV-GUA	3
Weitergang + Prozess	L4 (aus L3)	FWV-GA	1
AUSLASSUNG	X	X	1
VD3.1_AE8_ES "abstención + alto", L2, K2 → 11 Zieleinheiten			
Zieleinheit	**Strukturtyp**	**Kategorie**	**F**
Anteil (an) | Anteil + hoch	L4 "an" + L2	FWV-GUA	1
Anzahl (an) + Enthaltung | Anzahl + groß	L4 "an" + L2	FWV-GUA	1
Anzahl (an) + Enthaltung | Anzahl + hoch	L4 "an" + L2	FWV-GUA	1
Zahl + Enthaltung | Zahl + hoch	L4 + L2	FWV-GUA	2
Stimmenthaltung + hoch	L2	FWV-GA	2
Wahlbeteiligung + gering	L2	KOLL, K2	1
Wahlbeteiligung + niedrig	L2	KOLL, K2	3
VD3.1_AE9_ES "voto + positivo", L2, K1 → 11 Zieleinheiten			
Zieleinheit	**Strukturtyp**	**Kategorie**	**F**
Abstimmung + positiv	L2	FWV-GA	1
Abstimmungsergebnis + positiv	L2	KOLL, K1	1
Befürwortung	EWE	EWE	1
Ja	EWE	EWE	3
Annahme + Verfassung	L4 (aus L1.1)	KOLL, K2	1
Zustimmung	EWE	EWE	1
AUSLASSUNG	X	X	3
VD3.2_AE1_ES "apoyo + dar", L1.1, K2 → 11 Zieleinheiten			
Zieleinheit	**Strukturtyp**	**Kategorie**	**F**
beitragen	EWE	EWE	1
unterstützen	EWE	EWE	10
VD3.2_AE2_ES "fuentes + informar", L3, K1 → 11 Zieleinheiten			
Zieleinheit	**Strukturtyp**	**Kategorie**	**F**
(aus Quelle) + heißen	L7	FWV-GUA	1
(in Quelle) + heißen	L7	FWV-GUA	1

Berichterstatter + informieren	L3	FWV-GUA	1
Informant + berichten	L3	FWV-GUA	1
Präsidentschaft + (zu Protokoll + geben)	LX*	FWV-GA	1
so + Quelle	LX**	FWV-GA	1
Quelle + berichten	L3	FWV-GA	1
Quelle + informieren	L3	FWV-GA	1
laut + Quelle	LX***	FWV-GA	1
nach + Quelle	LX***	FWV-GA	1
laut + Informant	LX***	FWV-GUA	1
* Die "Kollokator"-Komponente besteht aus einer Kollokation des Typs L7. ** Der "Kollokator"-Komponente ist eine um das Verb reduzierte L6-Kombination. *** Die Zieleinheiten stellen Kombinationen aus Präposition und Substantiv dar. Über den Vergleich mit anderen Zieleinheiten werden die Kombinationen in die am nächsten liegenden Kategorien eingeordnet.			
VD3.2_AE3_ES "acuerdo + conseguir", L1.1, K1 → 11 Zieleinheiten			
Zieleinheit	**Strukturtyp**	**Kategorie**	**F**
Abkommen	EWE	EWE	1
Abkommen + erreichen	L1.1	FWV-GUA	1
Abkommen + finden	L1.1	FWV-GA	1
Abkommen + gelangen (zu)	L1.4 "zu"	FWV-GUA	1
Einigung	EWE	EWE	2
Einigung + erlangen	L1.1	FWV-GA	1
Einigung + erreichen	L1.1	KOLL, K1	1
Einigung + gelangen (zu)	L1.4 "zu"	KOLL, K1	1
Einigung + kommen (zu)	L1.4 "zu"	FWV-GUA	1
Kompromiss + erlangen	L1.1	FWV-GA	1
VD3.2_AE4_ES "intención + bueno", L2, K3 → 11 Zieleinheiten			
Zieleinheit	**Strukturtyp**	**Kategorie**	**F**
Absicht + gut	L2	KOLL, K2	10
Vorsatz + gut	L2	KOLL, K1	1
VD3.2_AE5_ES "resultado + tangible", L2, K2 → 11 Zieleinheiten			
Zieleinheit	**Strukturtyp**	**Kategorie**	**F**
Ergebnis + eindeutig	L2	KOLL, K1	1
Ergebnis + greifbar	L2	KOLL, K2	2
Ergebnis + handfest	L2	FWV-GUA	1
Ergebnis + klar	L2	KOLL, K1	1
Ergebnis + konkret	L2	KOLL, K2	1
Ergebnis + sichtbar	L2	FWV-GUA	1
Ergebnis + spürbar	L2	FWV-GA	1
Ergebnis + tatsächlich	L2	FWV-GUA	1
Resultat + spürbar	L2	FWV-GA	1
Tat [+ umsetzen (in)]	EWE [L1.2 "in"]	EWE [KOLL, K3]	1
VD3.2_AE6_ES "inciativa + tomar", L1.1, K3 → 11 Zieleinheiten			
Zieleinheit	**Strukturtyp**	**Kategorie**	**F**
Initiative + ergreifen	L1.1	KOLL, K3	11

VD3.2_AE7_ES "debate + celebrar", L1.1, K1 → 11 Zieleinheiten			
Zieleinheit	**Strukturtyp**	**Kategorie**	**F**
Debatte + feiern	L1.1	FWV-GA	2
Debatte + führen	L1.1	KOLL, K2	5
Debatte + stattfinden	L3	FWV-GUA	1
debattieren	EWE	EWE	3
VD3.2_AE8_ES "apoyo + dar | apoyo + total", L1.1 ◊ L2, K2 → 11 Zieleinheiten			
Zieleinheit	**Strukturtyp**	**Kategorie**	**F**
Hilfe + leisten | Hilfe + groß	L1.1 ◊ L2	KOLL, K2	1
unterstützen	EWE	EWE	1
unterstützen + voll	L6	KOLL, K1	1
unterstützen + voll und ganz	LX*	KOLL, K2	2
Unterstützung + anbieten | Unterstützung + uneingeschränkt	L1.1 ◊ L2	KOLL, K1	1
Unterstützung + geben | Unterstützung + absolut	L1.1 ◊ L2	FWV-GA	1
Unterstützung + zusichern | Unterstützung + voll	L1.1 ◊ L2	KOLL, K2	3
* Das Substantiv stellt die Basis-Komponente dar, die Kollokator-Komponente der Einheit besteht aus einer adverbial gebrauchten adjektivischen Paarformel.			
VD3.2_AE9_ES "nivel + rebajar", L1.1, K2 → 11 Zieleinheiten			
Zieleinheit	**Strukturtyp**	**Kategorie**	**F**
(das) Niveau + (nicht mehr) haben	L1.1	FWV-GUA	1
Abschwächung	EWE	EWE	1
Bedeutung + verringern	L1.1	FWV-GUA	1
Niveau + herabsetzen	L1.1	FWV-GA	1
Niveau + senken	L1.1	KOLL, K2	2
Niveau + verringern	L1.1	FWV-GA	1
Prestige + reduzieren	L1.1	FWV-GA	1
Stellenwert + vermindern	L1.1	FWV-GA	1
Wert + mindern	L1.1	KOLL, K2	1
Wert + reduzieren	L1.1	FWV-GUA	1

Tabelle (7.2): Die Übersetzungseinheiten der Studie 1

7.1.2 Die Verteilung der Ausgangseinheiten der Studie 1

Probe	VD1 (EN)	VD2 (FR)	VD3.1 (ES)	VD3.2 (ES)	**Gesamt Studie 1**	
	f	f	f	f	**f**	**%**
KOLL, K1	3	5	6	3	**17**	**45,95**
KOLL, K2	2	1	3	4	**10**	**27,03**
KOLL, K3	3	5	0	2	**10**	**27,03**
Gesamt	8	11	9	9	**37**	**100***

Tabelle (7.3): Die Häufigkeiten der Ausgangseinheiten der Studie 1; *Gesamt in % gerundet.

Bei den insgesamt 37 Ausgangseinheiten der Studie 1 handelt es sich zu 45,95 % um schwache Kollokationen (Stärkegrad K1) und zu je 27,03 % um Kollokationen mittleren und hohen Stärkegrades (K2 und K3). Die Kollokationen eines mittleren und hohen Stärkegrades dürften zumindest teilweise zu einem Grundwortschatz zählen, wie er etwa im gymnasialen Fremdsprachenunterricht vermittelt wird. Diese Einheiten dürften daher den Übersetzern der Ausgangstexte bekannt sein, und es kann von einer Verfügbarkeit der Kombination im mehrsprachigen mentalen Lexikon der Übersetzer und somit im Übersetzungsprozess ausgegangen werden. Bei den Ausgangskollokationen mit niedrigerem Stärkegrad, zwischen deren Basis- und Kollokator-Komponenten eine weniger enge Bindung besteht, und deren Kombinationsspektrum zumeist entsprechend breiter ist, kann nicht unbedingt vorausgesetzt werden, dass sie kognitiv verfügbar sind. Doch handelt es sich in den meisten Fällen um sehr übliche Kombinationen der Ausgangssprachen, die den Übersetzern zumindest teilweise durchaus bereits in anderen Texten begegnet sein dürften.

Die Verteilung der unterschiedlich starken ausgangssprachigen Kollokationen ist, entsprechend des singulären Charakters der hier ausgewählten Ausgangstexte, nicht in allen Proben gleich. In den Proben VD1 (Englisch) und VD3.2 (Spanisch) ist das Verhältnis zwischen den unterschiedlichen Stärkegraden ausgewogen; in der Probe VD2 (Französisch) gibt es zu gleichen Teilen schwache und starke ausgangssprachige Kollokationen und nur eine Ausgangseinheit mit einem mittleren Kollokationsstärkegrad; in der Probe VD3.1 (Spanisch) hingegen überwiegen Ausgangseinheiten eines niedrigen Kollokationsstärkegrades und starke Kollokationen kommen nicht vor.

Mit 17 von 37 Ausgangseinheiten entspricht die am häufigsten vertretene Kollokationsstruktur dem Typ L1.1 (Substantiv (Akkusativobjekt), Basis + Verb, Kollokator). Der Strukturtyp L2 (Substantiv, Basis + Adjektiv, Kollokator) ist zwölfmal vertreten. In geringerer Zahl finden sich Kollokationen der Typen L4 (Substantiv, Kollokator + Substantiv, Basis; drei Einheiten), L6 (Verb, Basis + Adverb, Kollokator; zwei Einheiten) und L3 (Substantiv (Subjekt), Basis + Verb, Kollokator; eine Einheit) unter den analysierten Kombinationen der Ausgangstexte. Darüber hinaus sind zwei Tripelkollokationen aus miteinander verschmolzenen Kollokationen mit derselben Basis-Komponente unter den Ausgangseinheiten.

Über die Verteilung der Kollokationsstärkegrade und Strukturtypen hinaus ist die Gesamtmenge der Ausgangseinheiten der Studie 1 verhältnismäßig homogen zusammengesetzt: Die Ausgangseinheiten der Proben haben zu etwa gleich großen Anteilen eindeutige bzw. nicht eindeutige kollokative Äquivalente in der Zielsprache, die ihnen strukturell und lexikalisch-semantisch ähnlich sind. Dadurch lassen sich die *kollokativen Übersetzungseinheiten* aus Ausgangs- und Zielkollokation über die Proben hinweg vergleichen.

In ähnlicher Weise auf die einzelnen Proben verteilt sind außerdem erstens Ausgangseinheiten, zu deren Basis-Komponente es ein zielsprachiges Äquivalent mit vielfältigen Kombinationsmöglichkeiten gibt, wie z.B. die Einheit VD1_AE4_EN "group + humanitarian", L2; zweitens Ausgangseinheiten, deren zielsprachige Basis-Äquivalente nur eingeschränkt mit anderen Wörtern kombiniert werden können, wie z.B. die Einheit VD3.2_AE6_ES "iniciativa + tomar", L1.1; drittens Ausgangseinheiten, die ein Interferenzrisiko in sich bergen, wie z.B. die Einheit VD2_AE4_FR "existence + remplir", L1.1: Wird die Basis durch das lexikalisch ähnlichste zielsprachige Äquivalent übertragen, entsteht in Kombination mit dem Äquivalent des Kollokators die gebrauchsauffällige Zieleinheit "Existenz + erfüllen", L1.1. Viertens finden sich in den einzelnen Proben ähnlich viele Ausgangseinheiten, deren kollokatives zielsprachiges Äquivalent einen grammatischen oder semantischen Perspektivenwechsel erfordert, wie z.B. die Einheit VD3.1_AE8_ES "abstención + alto", L2 und die dazu antonyme Entsprechung im Deutschen "Wahlbeteiligung + gering", L2.

7.1.3 Die Verteilung der Zieleinheiten der Studie 1 auf die Kategorien

Anhand der Häufigkeitenverteilung der Zieleinheiten auf die Kategorien Kollokation (KOLL), gebrauchsunauffällige freie Wortverbindung (FWV-GUA), gebrauchsauffällige freie Wortverbindung (FWV-GA), Ein-Wort-Entsprechung (EWE) und Auslassung (X) sollen im Folgenden zunächst die beiden für die Analyse formulierten Leitfragen beantwortet werden können. Daran schließt sich eine qualitative Überprüfung der Forschungshypothesen an.
Leitfragen für die Studie 1: (A) *Sind die in den Hypothesen genannten Phänomene in allen Proben der Studie vertreten?* (B) *Treten die in den Hypothesen genannten Phänomene unabhängig von der Sprache des Ausgangstextes auf?*

In der Studie 1 wurden insgesamt 431 Zieleinheiten analysiert. Die Anzahl an Zieleinheiten je Probe ist abhängig von der Anzahl der Ausgangseinheiten und Zieltexte: Die Probe VD1 (Englisch) hat die meisten Zieltexte (14) und wenigsten Ausgangseinheiten (8); die Probe VD2 (Französisch) hat die meisten Ausgangs- und Zieleinheiten (11 bzw. 121); die Proben VD3.1 und VD3.2 (Spanisch) verfügen über die gleiche Anzahl an Zieltexten, Ausgangs- und Zieleinheiten (jeweils 11 Zieltexte, 9 Ausgangs- und 99 Zieleinheiten).

Probe	VD1 (EN)		VD2 (FR)		VD3.1(ES)		VD3.2 (ES)		**gesamt Studie 1**	
	f	%	f	%	f	%	f	%	**f**	**%**
KOLL	57	50,89	80	66,11	36	36,37	45	45,45	**218**	**50,58**
FWV-GUA	30	26,79	12	9,92	25	25,25	15	15,15	**82**	**19,03**
FWV-GA	18	16,07	3	2,48	20	20,20	19	19,2	**60**	**13,92**
EWE	2	1,79	26	21,49	14	14,14	20	20,20	**62**	**14,38**
X	5	4,46	0	0,0	4	4,04	0	0,0	**9**	**2,09**
gesamt	112	100	121	100	99	100	99	100	**431**	**100**

Tabelle (7.4): Verteilung der Zieleinheiten der Studie 1 auf fünf Kategorien

Betrachtet nach Kategorien stellen die Kollokationen (KOLL) mit 50,58 % den größten Teil der Zieleinheiten der Studie 1 dar. Die meisten KOLL-Zieleinheiten gibt es anteilig in der Probe VD2 (66,11 %), die wenigsten in der Probe VD3.1 (36,37 %). Die Werte der Proben VD1 und VD3.2 liegen in dieser Kategorie am nächsten beieinander (50,89 % bzw. 45,45 %).

Mit 19,03 % machen die Zieleinheiten der Kategorie "gebrauchsunauffällige freie Wortverbindung" (FWV-GUA) die zweitgrößte Gruppe aus. Die größten Anteile an FWV-GUA-Zieleinheiten finden sich in den Proben VD1 (26,79 %) und VD3.1 (25,25 %). Der Anteil in der Probe VD3.2 ist mit 15,15 % deutlich geringer. Die wenigsten gebrauchsunauffälligen freien Zielkombinationen liegen anteilig in der Probe VD2 vor (9,92 %).

Die drittgrößte Gruppe der Zieleinheiten bilden mit 14,38 % die Ein-Wort-Entsprechungen (EWE). In dieser Kategorie entfallen mit 21,49 % und 20,2 % der Zieleinheiten die größten Anteile auf die Proben VD2 und VD3.2. In der Probe VD3.1 handelt es sich bei 14,14 % der Zieleinheiten um Ein-Wort-Entsprechungen. Den geringsten Anteil an den Zieleinheiten machen die Ein-Wort-Entsprechungen in der Probe VD1 aus (1,79 %).

Dicht hinter dem Gesamtanteil der Ein-Wort-Entsprechungen liegt mit 13,92 % die Gruppe der gebrauchsauffälligen freien Wortverbindungen (FWV-GA). In dieser Kategorie ist der Anteil der Zieleinheiten in den Proben VD3.1 und VD3.2 ähnlich groß (20,2 % bzw. 19,2 %). Der Anteil der Zieleinheiten dieser Kategorie in der Probe VD1 fällt mit 16,07 % etwas geringer aus. Die wenigsten FWV-GA-Zieleinheiten liegen anteilig mit deutlichem Abstand in der Probe VD2 vor (2,48 %, s.u.).

Den weitaus geringsten Anteil an der Gesamtmenge der Zieleinheiten in der Studie 1 machen mit 2,09 % die Auslassungen aus; dabei sind die Anteile in den Proben VD1 und VD3.1 mit 4,46 % und 4,04 % ähnlich groß. In den Proben VD2 und VD3.2 liegen keine Auslassungen vor.

Mit Blick auf die beiden Leitfragen lässt sich über den Vergleich der einzelnen Proben Folgendes feststellen: Im Sample VD1 (Englisch, 1 Ausgangstext, 14 Zieltexte, 8 Ausgangseinheiten, 112 Zieleinheiten) sind alle fünf Kategorien unter den Zieleinheiten vertreten. 50,89 % der Zieleinheiten wurden dabei als Kollokationen klassifiziert (Phänomen Hypothese 1) und 16,07 % der Zieleinheiten stellen gebrauchsauffällige zielsprachige Wortverbindungen dar (Phänomen Hypothese 2). Die Zieleinheiten der Probe VD2 (Französisch, 1 Ausgangstext, 11 Zieltexte, 11 Ausgangseinheiten, 122 Zieleinheiten) verteilen sich auf insgesamt vier Kategorien; die Kategorie "Auslassung" ist nicht vertreten. Bei 66,11 % der Zieleinheiten handelt es sich um Kollokationen; wortkombinatorisch auffällig sind hingegen nur 2,48 % der Zieleinheiten. Damit hebt sich die Probe VD2 hinsichtlich des Vorkommens von Zieleinheiten dieser Kategorie von den anderen Samples ab, doch können viele Ausgangseinheiten, denen in den zugehörigen Zieltexten ausnahmslos oder mehrheitlich Kollokationen entsprechen (z. B. VD2_AE9_FR "question + poser" L1.1), als ebenso robust gegenüber Veränderungen gelten wie die direkten zielsprachigen Entsprechungen der Ausgangskollokationen. Auch die lexikalische und strukturelle Variation der Zieleinheiten der Probe VD2 je Ausgangseinheit ist geringer als im Sample VD1. In der Probe VD3.1 (Spanisch, 1 Ausgangstext, 11 Zieltexte, 9 Ausgangseinheiten, 99 Zieleinheiten) sind alle fünf Kategorien in den Zieleinheiten vertreten. Nur 36,37 % der Zieleinheiten stellen zielsprachige Kollokationen dar und 20,2 % der Zieleinheiten wurden als gebrauchsauffällige zielsprachige Wortverbindungen klassifiziert. Hinsichtlich der lexikalischen und strukturellen Variation der Zieleinheiten je Ausgangseinheit sind die Proben VD3.1 und VD1 vergleichbar. Auch im Sample VD3.2 (Spanisch, 1 Ausgangstext, 11 Zieltexte, 9 Ausgangseinheiten, 99 Zieleinheiten) sind vier der fünf Kategorien von Zieleinheiten abgebildet; wie im Sample VD2 kommen "Auslassungen" in dieser Probe nicht vor. Weniger als die Hälfte der Zieleinheiten (45,45 %) wurden als Kollokationen der Zielsprache verifiziert und 19,2 % der Zieleinheiten entfallen auf die Kategorie der gebrauchsauffälligen zielsprachigen Wortverbindungen.

Zusammenfassend wird aus dem Vergleich der Verteilung der Zieleinheiten der einzelnen Proben der Studie ersichtlich, dass eine Kollokation eines fremdsprachigen Ausgangstextes bei Weitem nicht immer mit einer Kollokation in den Zieltext übertragen wird und einer kollokativen Ausgangseinheit darüber hinaus auch eine wortkombinatorisch auffällige Einheit im muttersprachlichen Zieltext entsprechen kann (Frage A). Der Vergleich der Einzelproben bestätigt außerdem, dass diese beiden Übersetzungsphänomene unabhängig von der Sprache des Ausgangstextes auftreten (Frage B).

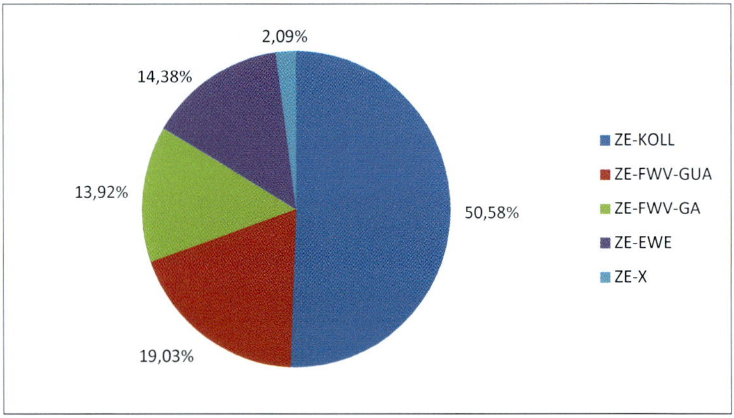

Abbildung (7.1): Verteilung der Zieleinheiten der Studie 1 auf fünf Kategorien

7.1.4 Qualitative Hypothesenprüfung

Auf der Grundlage der Verteilung der Zieleinheiten der Studie 1 auf fünf Kategorien werden die beiden zuvor aufgestellten Hypothesen nun qualitativ geprüft.

Hypothese 1: *Bei der Her-Übersetzung entspricht einer Kollokation des fremdsprachigen Ausgangstextes im muttersprachlichen Zieltext nicht immer eine Kollokation; bei der Fremdsprache handelt es sich um das Englische, Französische oder Spanische und bei der Muttersprache um das Deutsche.* Die erste Hypothese kann für zutreffend erklärt werden, da es sich nur bei gut der Hälfte der Zieleinheiten der Studie 1 um Kollokationen handelt (50,58 %); der Stärkegrad der KOLL-Zieleinheit muss dabei nicht dem der Ausgangskollokation entsprechen. Die restlichen 49,42 % der Zieleinheiten verteilen sich zu unterschiedlichen Anteilen auf die Kategorien gebrauchsunauffällige freie Wortverbindung, gebrauchsauffällige freie Wortverbindung, Ein-Wort-Entsprechung und Auslassung.

Hypothese 2: *Einer Kollokation des fremdsprachigen Ausgangstextes kann im muttersprachlichen Zieltext eine wortkombinatorisch "auffällige" Einheit entsprechen; bei der Fremdsprache handelt es sich um das Englische, Französische oder Spanische und bei der Muttersprache um das Deutsche.* Auch die zweite Hypothese kann aus einer qualitativen Perspektive bestätigt werden, denn bei etwa einem Siebtel der Zieleinheiten der Studie 1 (13,92 %) handelt es sich um gebrauchsauffällige freie Wortverbindungen.

7.1.5 Die Prüfung der Häufigkeitenverteilung auf Signifikanz

Über einen Chi²-Test wird untersucht, in welchem Maße die beobachtete Verteilung der Zieleinheiten der Studie 1 auf die fünf Kategorien Kollokation (KOLL), gebrauchsunauffällige freie Wortverbindung (FWV-GUA), gebrauchsauffällige freie Wortverbindung (FWV-GA), Ein-Wort-Entsprechung (EWE) und Auslassung (X) von der theoretisch erwarteten Verteilung abweicht. Der Berechnung des Tests wird dabei die Gleichverteilungsannahme zugrunde gelegt. Nach den Ergebnissen der deskriptiven Analyse der Häufigkeitenverteilung der Zieleinheiten der Studie werden die aus den Vorannahmen formulierten und qualitativ geprüften Hypothesen 1 und 2 zusammengeführt. Diese neue Hypothese wird der statistischen Überprüfung der Signifikanz der beobachteten Verteilung der Häufigkeiten vorangestellt: *Kollokationen des fremdsprachigen Ausgangstextes werden nicht nur mit Kollokationen in die Zieltexte übertragen;*[139] *ihnen entsprechen in den muttersprachlichen Zieltexten auch gebrauchsunauffällige freie Wortverbindungen, wortkombinatorisch "auffällige" Einheiten, Ein-Wort-Entsprechungen oder Auslassungen.*

Berechnung des Chi²-Wertes für die Studie 1

	KOLL	FWV-GUA	FWV-GA	EWE	X	gesamt
beobachtet	218	82	60	62	9	431
erwartet	86,2	86,2	86,2	86,2	86,2	431
Freiheitsgrade (df)						4
Chi²	201,52	0,2	7,96	6,79	69,14	285,61

Tabelle (7.5): Die Berechnung des Chi²-Werts für die Studie 1

139 Fremd- und Ausgangssprache = Englisch, Französisch, Spanisch, Mutter- und Zielsprache = Deutsch.

Der Chi²-Wert liegt mit 285,61 deutlich über dem für das 0,001-Niveau für 4 Freiheitsgrade festgelegten Wert (18,46).[140] Die beobachtete Verteilung der Kollokationen und der Zieleinheiten der anderen Kategorien weicht somit signifikant von der erwarteten Verteilung bei fünf Kategorien ab. Die Wahrscheinlichkeit, dass die beobachtete Häufigkeitenverteilung auf den Zufall zurückzuführen ist, liegt bei unter 0,1 %. Die Hypothese, dass bei der Her-Übersetzung Kollokationen des fremdsprachigen Ausgangstextes nicht nur mit Kollokationen, sondern auch mit gebrauchsunauffälligen und gebrauchsauffälligen freien Wortverbindungen, Ein-Wort-Entsprechungen und Auslassungen in die Zieltexte übertragen werden, kann folglich für die Studie 1 angenommen werden.

7.2 Die deskriptive Analyse der Übersetzungseinheiten

An die statistische Auswertung der Verteilung der Zieleinheiten der Studie 1 auf fünf Kategorien schließt sich im Folgenden eine Darstellung der qualitativen Analyse der syntagmatischen Daten an. Für jede Kategorie wird dabei die Verteilung der Zieleinheiten auf die Ausgangseinheiten analysiert, die Kollokationsstärke der Ausgangseinheiten untersucht, die strukturelle und semantische Äquivalenz zwischen Ausgangs- und Zieleinheit beschrieben und die Variation des Wortlauts der Zieleinheiten ermittelt. Die Analyse der Übersetzungseinheiten wird mit ausgewählten Beispielen belegt; eine vollständige tabellarische Übersicht zu den Übersetzungseinheiten der Studie 1 findet sich in Kapitel 7.1.1.

7.2.1 Die Zieleinheiten der Kategorie "Kollokation"

Die Verteilung der Zieleinheiten der Kategorie "Kollokation" (KOLL) auf die Ausgangseinheiten: Bei 218 der 431 Zieleinheiten der Studie 1 handelt es sich um Kollokationen (50,58 %). Sie verteilen sich auf insgesamt 35 und damit 94,6 % der Ausgangseinheiten der Studie 1.

Studie 1, Übersetzungseinheiten KOLL	f	%
Zieleinheiten der Studie 1 insgesamt	431	100
Zieleinheiten der Kategorie KOLL	218	50,58
Ausgangseinheiten der Studie 1 insgesamt	37	100
Ausgangseinheiten, denen in mindestens einem Zieltext eine Einheit der Kategorie KOLL entspricht	35	94,6

Tabelle (7.6): Studie 1, Übersetzungseinheiten der Kategorie KOLL

Allein zu zwei Ausgangseinheiten finden sich *keine* Kollokationen in den Zieltexten: VD3.2_AE1_ES "apoyo + dar" und VD3.2_AE2_ES "fuentes + informar". Zu der

140 Zur Durchführung des Chi²-Tests und zur Tabelle der Chi²-Verteilung vgl. etwa Albert/Koster (2002: 118ff.).

Einheit "apoyo + dar", einer dem Strukturtyp L1.1 zugeordneten Kollokation mittleren Kollokationsstärkegrades, liegen ausnahmslos Zieleinheiten der Kategorie "Ein-Wort-Entsprechung" vor (vgl. Kapitel 7.2.4). In der Einheit ist die Bedeutung des Kollokators im Verbund mit der Basis deutlich abgeschwächt. Zudem kommt sie in der Überschrift des Ausgangstextes vor, um deren konventionsgerechte knappe Formulierung im deutschen Zieltext der Übersetzer bemüht gewesen sein mag. Mit "fuentes + informar" liegt eine schwache Kollokation des Typs L3 vor, in der die Basis durch den Kollokator personifiziert wird, ein Phänomen, dessen direkte Übernahme in die Zielsprache Deutsch eher ungewöhnlich scheint. Der Einheit entsprechen in den Zieltexten ausschließlich freie Wortverbindungen (vgl. Kapitel 7.2.2 und 7.2.3).

10,81 % der Ausgangseinheiten wurden ausnahmslos, 35,15 % mehrheitlich mit Kollokationen in die Zieltexte übertragen (4 bzw. 13 Einheiten). Bei deutlich mehr als der Hälfte dieser Gruppe von Ausgangseinheiten handelt es sich um Kollokationen eines hohen Kollokationsstärkegrades wie z.B. VD1_AE8_EN "state + to proclaim" (Strukturtyp L1.1), VD3.2_AE4_ES "intención + bueno" (Strukturtyp L2) oder VD2_AE7_FR "direction (de) + entreprise" (Strukturtyp L4).

8,11 % der ausgewählten Kollokationen der Ausgangstexte wurden in weniger als der Häfte der entsprechenden Zieltexte mit Kollokationen übertragen (3 Ausgangseinheiten), 29,73 % der Ausgangseinheiten entsprechen seltener und weiteren 8,11 % nur in Einzelfällen Kollokationen in den Zieltexten (11 bzw. 3 Ausgangseinheiten). In dieser Gruppe hingegen dominieren die schwachen Kollokationen. Eine Ausnahme stellt hier die Einheit VD2_AE8_FR "service + rendre" (L1.1) dar, eine Kollokation hohen Stärkegrades. Eine Erklärung für die vergleichsweise geringe Anzahl an kollokativen Zieleinheiten zu dieser starken ausgangssprachigen Kollokation mag ein "semantisches Ungleichgewicht" zwischen Basis und Kollokator sein. Dieses Ungleichgewicht innerhalb der Einheit entspricht der Funktionsverbgefüge-Struktur der Kollokation (vgl. Kapitel 4.2.3) und zeigt sich darin, dass die Ausgangseinheit überdurchschnittlich häufig mit Ein-Wort-Entsprechungen übertragen wurde, welche die Inhalte ihrer substantivischen Basis-Komponente aufgreifen (vgl. Beispiel 7.9 in Kapitel 7.2.4).

Im Ganzen lässt die Verteilung der Zieleinheiten der Kategorie KOLL auf die Ausgangseinheiten der Studie 1 erkennen, dass einer Kollokation des Ausgangstextes umso eher und umso mehr Kollokationen in den Zieltexten entsprechen, je höher ihr Stärkegrad ist.

Die Kollokationsstärke der Ausgangs- und Zieleinheiten: Die Kollokationsstärke der ausgewählten 37 Ausgangseinheiten und ihrer direkten Äquivalente im Deutschen ist in den meisten Fällen ähnlich. Die KOLL-Zieleinheiten spiegeln dies wider: Sie haben mehrheitlich den gleichen Kollokationsstärkegrad wie die zugehörigen Ausgangseinheiten, wie nachstehendes Beispiel veranschaulicht.

Beispiel (7.1, EN-DE): Ausschnitt aus dem Ausgangstext: "He [Baron de Thierry] arrived in Hokianga in 1837 with 60 settlers from Sydney [...]. Eventually this king in waiting moved to Auckland where he made his living as a music teacher and piano tuner."

(www62) → Ausgangseinheit VD1_AE2 "living + to make", Strukturtyp L1.1, Kollokationsstärkegrad K3.
13 der 14 zugehörigen Zieleinheiten wurden als Kollokationen kategorisiert: "Geld + verdienen", L1.1, K3, Häufigkeit des Vorkommens der Zieleinheit in der Probe F=2; "Lebensunterhalt + bestreiten", L1.1, K3; "Lebensunterhalt + verdienen", L1.1, K3, F=8; "Unterhalt + verdienen", L1.1, K1, F=1; "Zeit + verbringen"*, L1.1, K2, F=1. Bei der mit * markierten Zieleinheit besteht auch im Kontext des Zieltextes kein Verhältnis der semantischen Äquivalenz zur Ausgangseinheit.

Nur in wenigen Übersetzungseinheiten unterscheidet sich der Stärkegrad der Zielkollokation um mehr als eine Stufe von dem der Ausgangskollokation. Mögliche Erklärungen für Abweichungen dieser Art finden sich im Übersetzungsverfahren: Die Stärkegrade einiger kollokativer Zieleinheiten zu den beiden Ausgangseinheiten VD3.1_AE2_ES "voto + favorable" (L2) und zu VD3.1_AE9_ES "voto + positivo" (L2) etwa sind höher als die Stärkegrade der vergleichsweise schwachen Ausgangskollokationen; bei den Zieleinheiten handelt es sich um freie und im Kontext der jeweiligen Zieltexte semantisch äquivalente Übersetzungen (z.B. "Ergebnis + positiv" (L2), "Annahme + Verfassung" (L4)). Auch die KOLL-Zieleinheiten zu der schwachen Substantiv-Adjektiv-Kollokation VD1_AE4_EN "group + humanitarian" sind stärker als die Ausgangseinheit, jedoch sind die Basis-Komponenten semantisch spezifischer als die Basis der Ausgangskollokation und haben im Vergleich zu dieser einen etwas engeren Kombinationsradius ("Einrichtung + sozial", L2; "Organisation + humanitär", L2). Die beiden unterschiedlichen Kollokationen, mit denen die spanische Kollokation eines mittleren Stärkegrades VD3.1_AE5_ES "sí + rotundo" (L2) in die Zieltexte übertragen wurde ("Ja + eindeutig", "Ja + klar" (L2)), haben hingegen einen geringeren Stärkegrad als die Ausgangseinheit, da die bildsprachlichen Eigenschaften des Kollokators der Ausgangseinheit bei der Übertragung in die Zieleinheiten neutralisiert wurden.

Insgesamt zeichnet sich ab, dass die kollokativen Zieleinheiten zu einer bestimmten Ausgangseinheit durchaus unterschiedliche Stärkegrade haben können, jedoch selten schwächer als die Ausgangseinheit selbst sind; bei nur 37 der 218 KOLL-Zieleinheiten (16,97 %) ist dies der Fall.

Die strukturelle und semantische Beschaffenheit der Übersetzungseinheiten: Das strukturelle und semantische Äquivalenzverhältnis zwischen der Kollokation im Ausgangstext und der kollokativen Zieleinheit ist ebenfalls deutlich: In der Regel entsprechen sich die Strukturtypen von Ausgangs- und Zielkollokation. Allein 24 der 218 kollokativen Zieleinheiten (ca. 11 %) stimmen strukturell *nicht* mit den ausgangssprachigen Einheiten überein, wie z. B. VD2_AE11_FR "action + pratique" (L2) → "handeln + praktisch" (L6), VD3.2_AE8_ES "apoyo + dar | apoyo + total" (L1.1 ◊ L2) → "unterstützen + voll" (L6), oder VD1_AE6_EN "flag + to fly" (L1.1) → "unter Flagge + fahren" (L7, (Präposition+Substantiv (Objekt)), Basis + Verb, Kollokator).

Neben der strukturellen besteht bei den meisten kollokativen Zieleinheiten auch eine semantische Äquivalenz zur jeweiligen Ausgangseinheit, wenngleich sich diese teilweise erst aus dem Satz- oder Textzusammenhang ergibt. Dabei erfolgt in einzelnen Fällen bei der Übersetzung ein semantischer Perspektivenwechsel, wie etwa im

Falle von VD1_AE3_EN "tattoo + to bear" (L1.1) → "Tätowierung + stechen (lassen)" (L1.1).

Nur neun der 218 KOLL-Zieleinheiten (4,13 %) sind selbst im Satz- und Textzusammenhang der jeweiligen Zieltexte semantisch *nicht* äquivalent zu ihren Ausgangseinheiten. Die nicht äquivalenten Einheiten kommen zumeist nur je einmal innerhalb einer Gruppe von Übersetzungen zu einem Ausgangstext vor. In diesen als Ausnahmen zu betrachtenden Fällen können sowohl die Basis- als auch die Kollokator-Komponente der Übersetzungseinheit Träger der Nicht-Äquivalenz sein:

> Beispiel (7.2a, FR-DE): Ausschnitt aus dem Ausgangstext: "Elles [les femmes] se prennent moins au sérieux, sont plus efficaces, connaissent la valeur du temps et sont capables de mélanger reflexion et action pratique." (L'Express[141]) → Ausgangseinheit VD2_AE11 "action + pratique", Strukturtyp L2, Kollokationsstärkegrad K1.
> Unter den Zieleinheiten findet sich die schwache L2-Kollokation "Handeln + aktiv". Sie ist auch im Satz- und Textzusammenhang zur Ausgangseinheit semantisch nicht äquivalent; die Nicht-Äquivalenz liegt in der *Kollokator*-Komponente der Übersetzungseinheit begründet.

> Beispiel (7.2b, ES-DE): Ausschnitt aus dem Ausgangstext: "En su opinión, el rotundo sí de los españoles "demuestra que el pueblo español tiene una fuerte adhesión al proyecto europeo, y eso es muy positivo para la continuación del proceso" (www63) → Ausgangseinheit VD3.1_AE6 "adhesión + fuerte", Strukturtyp L2, Kollokationsstärkegrad K1.
> Die L2-Kollokation "Interesse + stark" entspricht der Ausgangseinheit auch im Satz- und Textzusammenhang des Zieltextes semantisch nicht; nicht-äquivalent ist in diesem Fall die *Basis*-Komponente der Übersetzungseinheit.

Die Variation der KOLL-Zieleinheiten je Ausgangseinheit: Insgesamt werden die ausgewählten Ausgangseinheiten vor allem dann mit Kollokationen in die Zieltexte übertragen, wenn zwischen den Komponenten der Ausgangskollokation und den Komponenten der ihr entsprechenden Kollokationen in der Zielsprache eine strukturelle und lexikalisch-semantische Nähe bzw. Ähnlichkeit besteht. Zudem zeigt sich folgender Zusammenhang: Weist eine zu der Ausgangseinheit semantisch äquivalente Kollokation der Zielsprache nur wenige synonyme Kombinationen mit der gleichen Basis-Komponente auf und sind die zielsprachigen Kollokationen zudem entsprechend stark, variieren der Wortlaut und die Struktur der kollokativen Zieleinheiten zu dieser Ausgangseinheit kaum:

> Beispiel (7.3a, ES-DE): VD3.2_AE6 "iniciativa + tomar", Strukturtyp L1.1, Kollokationsstärkegrad K3. Bei allen 11 zugehörigen Zieleinheiten handelt es sich um dieselbe Kollokation des Deutschen: "Initiative + ergreifen", L1.1, K3.

Mit dem Rückgang der Anzahl an kollokativen Zieleinheiten zu einer Ausgangseinheit ist außerdem eine proportionale Zunahme der lexikalischen Variation dieser Zieleinheiten zu verzeichnen. Je weniger Kollokationen es in den Zieltexten einer Probe zu einer Ausgangseinheit es gibt, desto unterschiedlicher ist der Wortlaut dieser zielsprachigen Kollokationen:

---

141 Quelle des Ausgangstextes: L'EXPRESS, Ausgabe vom 13.10.2005

Beispiel (7.3b, EN-DE): Ausschnitt aus dem Ausgangstext: "Declaration of independence - taming the frontier? British Resident James Busby was not alone in his concerns about life in New Zealand." (www62) → Ausgangseinheit VD1_AE1 "frontier + to tame", Strukturtyp L1.1, Kollokationsstärkegrad K1.
In die Kategorie KOLL eingeordnet wurden 3 der 14 zugehörigen Zieleinheiten. Es handelt sich dabei um drei *unterschiedliche* Kollokationen des Deutschen: "Chaos + bändigen" (L1.1, K2, vgl. Beispiel 6.24 in Kapitel 6.5.4); "Anerkennung + Grenze"* (L4 (aus L1.1), K2); "Streit + beenden"* (L1.1, K2). Die beiden mit nachgestelltem * markierten Zieleinheiten sind auch im Kontext der jeweiligen Zieltexte semantisch nicht äquivalent zur Ausgangseinheit.

7.2.2 Die Zieleinheiten der Kategorie "gebrauchsunauffällige freie Wortverbindung"

Die Anteile der gebrauchsunauffälligen freien Zielkombinationen (FWV-GUA) je Ausgangseinheit: Kollokationen des Ausgangstextes der Studie 1 wurden häufig mit freien Wortverbindungen in die Zieltexte übertragen. 82 der insgesamt 431 Zieleinheiten der Studie 1 entfallen dabei auf die Kategorie der in ihrem Gebrauch *unauffälligen* Wortverbindungen FWV-GUA (19,03 %). 62,17% der Ausgangseinheiten der Studie 1 wurden in mindestens einem Zieltext mit einer solchen gebrauchsunauffälligen freien Kombination übertragen.

Studie 1, Übersetzungseinheiten FWV-GUA	f	%
Zieleinheiten der Studie 1 insgesamt	431	100
Zieleinheiten der Kategorie FWV-GUA	82	19,03
Ausgangseinheiten der Studie 1 insgesamt	37	100
Ausgangseinheiten, denen in mindestens einem Zieltext eine Einheit der Kategorie FWV-GUA entspricht	23	62,17

Tabelle (7.7): Studie 1, Übersetzungseinheiten der Kategorie FWV-GUA

Der Anteil an Ausgangseinheiten, zu denen sich mehrheitlich Einheiten der Kategorie FWV-GUA in den Zieltexten finden, beläuft sich auf 5,41 % (2 Ausgangseinheiten); 16,22 % der ausgewählten Kollokationen der Ausgangstexte wurden in ungefähr der Hälfte der entsprechenden Zieltexte mit gebrauchsunauffälligen freien Wortverbindungen übertragen (6 Ausgangseinheiten); seltener mit gebrauchsunauffälligen Wortkombinationen übersetzt wurden 24,32 % der Ausgangseinheiten (9 Ausgangseinheiten) und weiteren 16,22 % der Ausgangseinheiten (6 Ausgangseinheiten) entspricht nur in Einzelfällen eine gebrauchsunauffällige freie Wortkombination in den Zieltexten.

Die Kollokationsstärke der Ausgangseinheiten: Ein Blick auf die Kollokationsstärke der 23 Ausgangseinheiten der Studie 1, zu denen sich in den Zieltexten Einheiten der Kategorie FWV-GUA finden, zeigt, dass es sich größtenteils um schwache Kollokationen der Ausgangssprachen handelt (60,87 % bzw. 14 Ausgangseinheiten). Sechs Ausgangseinheiten haben einen mittleren Kollokationsstärkegrad (26,09 %). Eher selten entsprechen den starken Ausgangseinheiten wie z.B. der Einheit VD1_AE6, EN "flag

+ to fly" (L1.1, K3) freie gebrauchsunauffällige Wortverbindungen in den Zieltexten (13,04 % bzw. 3 Ausgangseinheiten).

Die strukturelle und semantische Beschaffenheit der Übersetzungseinheiten: Die Strukturtypen der Zieleinheiten der Kategorie gebrauchsunauffällige freie Wortverbindung entsprechen mit einer erkennbaren Regelhaftigkeit der Struktur der zugehörigen Kollokationen in den Ausgangstexten (73,17 % bzw. 60 der insgesamt 82 FWV-GUA-Zieleinheiten der Studie 1). Dies gilt auch für Kombinationen aus zwei Substantiven (Strukturtyp L4), denen im Deutschen üblicherweise ein Kompositum entspricht. Auch in diesem Fall haben die "Basis"-Komponenten[142] der Zieleinheiten jeweils die gleiche Wortart wie die Basis der Ausgangseinheit und sind zu dieser semantisch äquivalent, wie z.B. in der Übersetzungseinheit VD2_AE6_FR "gestion (de) maison" (Beispiel 7.4a): Sechs der zugehörigen elf Zieleinheiten zu dieser L4-Kollokation wurden als gebrauchsunauffällige freie Wortverbindungen kategorisiert, darunter die L4-Kombinationen "Führung + Haushalt" und "Organisation + Haushalt".

In den Fällen, in denen bei der Übersetzung von der Struktur der Ausgangseinheit abgewichen wurde, liegt zumeist ein semantischer oder grammatischer Perspektivenwechsel vor. In diesem Zusammenhang zeigt sich etwa, dass kollokative Ausgangseinheiten häufig dann mit einer freien Verbindung in die Zieltexte übertragen werden, wenn die Bedeutung des Kollokators der Ausgangseinheit im Verbund mit der Basis semantisch abgeschwächt ist, wie z.B. im Falle der Ausgangseinheit VD3.1_ AE3_ES "referéndum + celebrar" (Beispiel 7.4b): In fünf von elf Zieltexten entspricht dieser schwachen Kollokation des Tpys L1.1 jeweils eine gebrauchsunauffällige freie Wortverbindung mit L3-Struktur (→ "Referendum + stattfinden", Häufigkeit des Vorkommens in der Gruppe der Übersetzungen F=2; "Volksabstimmung + stattfinden", F=3). Durch einen leichten Perspektivenwechsel übernimmt die Basis-Komponente der Übersetzungseinheit in diesen Zieleinheiten eine Subjektfunktion. Die Basis der Ausgangseinheit wurde semantisch äquivalent übersetzt. Für die Übertragung des Kollokators der Ausgangseinheit, bei dessen wörtlicher Übersetzung die Wahrung des semantischen Zusammenhalts der Zieleinheit kaum möglich sein dürfte, wurde jeweils ein vergleichsweise ungebundenes zielsprachiges Verb mit größerem Kombinationsradius gewählt.

Auch Ausgangskollokationen, deren Basis durch den Kollokator personifiziert wird, werden häufig mit einer gebrauchsunauffälligen freien Wortverbindung in die Zieltexte übertragen. In der L3-Kollokation VD3.2_AE2_ES "fuentes + informar" etwa ist dies der Fall (Beispiel 7.4c): Die gebrauchsunauffälligen freien Wortverbindungen, die sich in den Zieltexten finden, sind im Kontext betrachtet semantisch äquivalent zur Ausgangseinheit. Sie entsprechen jedoch mehrheitlich nicht ihrer Struktur: "aus Quelle + heißen" (L7), "in Quelle + heißen" (L7), "laut + Informant" (LX, Präpo-

142 Unabhängig von der Kategorie der Zieleinheit wird die Komponente, die semantisch der Basis der Ausgangseinheit entspricht bzw. entsprechen soll, als "Basis" bezeichnet (vgl. Kapitel 6.2.3).

sition + Substantiv), "Informant + berichten" (L3), "Berichterstatter + informieren" (L3). Eine wörtliche Übersetzung beider Komponenten würde zu keiner in der Zielsprache üblichen syntagmatischen Einheit führen (vgl. etwa die Zieleinheit "Quelle (Subjekt) + informieren" und hierzu Kapitel 7.2.3).

Gleiches gilt für kollokative Ausgangseinheiten, die um einen Eigennamen erweitert sind. So ist etwa die Ausgangseinheit mit den meisten gebrauchsunauffälligen freien Zieleinheiten die L2-Kollokation VD1_AE5_EN "nation + sovereign" (Beispiel 7.4.d): Die Basis-Komponente dieser Ausgangseinheit mittleren Kollokationsstärkegrades ist durch einen Eigennamen erweitert ("a sovereign New Zealand nation"). Bei dreizehn der insgesamt vierzehn Zieleinheiten handelt es sich um gebrauchsunauffällige freie Wortverbindungen des gleichen Strukturtyps. In über der Hälfte dieser Zieleinheiten stellt die zielsprachige Entsprechung des Eigennamens die "Basis"-Komponente dar ("Neuseeland + selbständig/souverän/unabhängig/"). Bei den restlichen FWV-GUA-Zieleinheiten handelt es sich jeweils um die gleiche wörtliche Übersetzung der Ausgangseinheit ("Nation + souverän").

In anderen Fällen kommt es zu einer strukturellen und semantischen Erweiterung der Ausgangseinheit in Form einer Addition zweier Wortkombinationen, wie z.B. in der Übersetzungseinheit VD1_AE4_EN "group + humanitarian" (L2, K1) → "Institution (mit) + Anliegen | Anliegen + humanitär" (L4, "mit" + L2) (Beispiel 7.4e): Bei der Zieleinheit handelt es sich um eine Addition zweier Wortverbindungen mit den jeweils unterschiedlichen "Basis"-Komponenten "Institution" und "Anliegen".

Es ist außerdem festzustellen, dass in den meisten FWV-GUA-Zieleinheiten die Basis der Ausgangseinheit sinngemäß übersetzt wurde. Dabei sind die Komponenten der gebrauchsunauffälligen freien Zielkombinationen, im Satz- und Textzusammenhang des Zieltextes betrachtet, in der Regel semantisch äquivalent zu den zugehörigen Ausgangseinheiten. Nur bei fünf der 82 FWV-GUA-Zieleinheiten (6,1 %) ist dies *nicht* der Fall, wie z.B. in den Übersetzungseinheiten VD1_AE3_EN "tattoo + to bear" (L1.1, K1) → "Tätowierung + ertragen" (L1.1), oder VD2_AE2_FR "obligation + assumer" (L1.1, K1) → "Aufgabe + sich kümmern (um)" (L1.2 "um" (Substantiv (Akkusativobjekt), Basis + (Verb + Präposition), Kollokator)). In den insgesamt wenigen gebrauchsunauffälligen freien Zielkombinationen, die auch im Kontext der jeweiligen Zieltexte nicht äquivalent zu den zugehörigen Ausgangseinheiten sind, liegt das Verhältnis der Nicht-Äquivalenz mehrheitlich in der Kollokator-Komponente der Übersetzungseinheit begründet: Die Basis-Komponente wurde semantisch äquivalent übertragen.

Zusammenfassend kann festgehalten werden, dass es umso eher zu einer Verschiebung der semantischen Äquivalenz zwischen Ausgangs- und FWV-GUA-Zieleinheit kommt, je weniger gebrauchsunauffällige freie Zielkombinationen es insgesamt zu dieser Ausgangseinheit gibt.

Die Variation der FWV-GUA-Zieleinheiten: Für die Variation der gebrauchsunauffälligen freien Wortverbindungen gilt dabei das Gleiche wie für die Zieleinheiten der Kategorie Kollokation: Mit dem Rückgang der Anzahl an gebrauchsunauffälligen freien

Zielkombinationen je Ausgangseinheit ist ein proportionales Mehr an Varianten dieser Zieleinheiten zu verzeichnen.

7.2.3 Die Zieleinheiten der Kategorie "gebrauchsauffällige freie Wortverbindung"

Die Anteile der gebrauchsauffälligen freien Zielkombinationen[143] *je Ausgangseinheit:* Zieleinheiten in Form von gebrauchsauffälligen freien Wortverbindungen treten regelmäßig in der Studie 1 auf. 60 der insgesamt 431 Zieleinheiten entfallen auf die Kategorie FWV-GA (13,92 %). Die FWV-GA-Zieleinheiten verteilen sich auf insgesamt 20 und damit 54,05 % der Ausgangseinheiten der Studie 1.

Studie 1, Übersetzungseinheiten FWV-GA	f	%
Zieleinheiten der Studie 1 insgesamt	431	100
Zieleinheiten der Kategorie FWV-GA	60	13,92
Ausgangseinheiten der Studie 1 insgesamt	37	100
Ausgangseinheiten, denen in mindestens einem Zieltext eine Einheit der Kategorie FWV-GA entspricht	20	54,05

Tabelle (7.8): Studie 1, Übersetzungseinheiten der Kategorie FWV-GA

13,51 % der Ausgangseinheiten wurden dabei jeweils in mindestens vier (von maximal vierzehn möglichen) zugehörigen Zieltexten mit gebrauchsauffälligen freien Wortkombinationen übertragen (5 Ausgangseinheiten); 8,11 % der Ausgangseinheiten wurden in jeweils genau drei Zieltexten mit gebrauchsauffälligen freien Wortkombinationen übersetzt (3 Ausgangseinheiten); zu 21,62 % der Ausgangseinheiten finden sich je zwei gebrauchsauffällige Zieleinheiten in den Zieltexten (8 Ausgangseinheiten); 10,81 % der Ausgangseinheiten entspricht in Einzelfällen eine gebrauchsauffällige freie Kombination (4 Ausgangseinheiten).

Es lässt sich feststellen, dass der Anteil an gebrauchsauffälligen freien Zielkombinationen je Ausgangseinheit umso höher ist, je weniger Zieleinheiten der Kategorie Kollokation es zu dieser Ausgangseinheit gibt. Umgekehrt wird eine Ausgangseinheit, die einen vergleichsweise hohen Anteil an kollokativen Entsprechungen in den Zieltexten hat, vergleichsweise selten mit einer gebrauchsauffälligen freien Wortverbindung übertragen.

Die Kollokationsstärke der Ausgangseinheiten: Den Ausgangseinheiten der Studie 1 entsprechen umso häufiger Einheiten der Kategorie FWV-GA in den Zieltexten, je schwächer die Ausgangskollokation *und* die zu ihr äquivalenten Kollokationen der Zielsprache sind. Bei den Ausgangseinheiten, zu denen sich in den Zieltexten gebrauchsauffällige freie Wortverbindungen finden, handelt es sich überwiegend um Kollokationen eines niedrigen Kollokationsstärkegrades (K1, zwölf Ausgangseinheiten); sieben Ausgangseinheiten haben einen mittleren Stärkegrad (K2) und bei nur ei-

143 Zur Definition der gebrauchsauffälligen Zieleinheit vgl. Kapitel 6.5.1.

ner Einheit handelt es sich um eine starke Kollokation der Ausgangssprache (K3). In Bezug auf die Gesamtmenge der Ausgangseinheiten der Studie 1 sind dies 70,6 % aller Ausgangseinheiten des Kollokationsstärkegrades K1, 70 % aller Ausgangseinheiten des Stärkegrades K2 und 10 % aller Ausgangseinheiten des Stärkegrades K3.

Eine starke Kollokation der Ausgangssprache mit entsprechend starkem kollokativen Äquivalent in der Zielsprache wird hingegen vergleichsweise selten mit einer gebrauchsauffälligen freien Wortverbindung in den Zieltext übertragen. Bei den siebzehn Ausgangseinheiten, zu denen sich in den Zieltexten *keine* gebrauchsauffälligen Entsprechungen finden, handelt es sich mehrheitlich um Kollokationen eines hohen und mittleren Stärkegrades (neun bzw. drei Einheiten, 70,59 %). Zehn dieser 17 Ausgangseinheiten wurden außerdem mehrheitlich mit Kollokationen in die Zieltexte übertragen.

Studie 1, Übersetzungseinheiten FWV-GA	f	%
Ausgangseinheiten, denen in mindestens einem Zieltext eine Einheit der Kategorie FWV-GA entspricht	20	100
davon Ausgangseinheiten des Kollokationsstärkegrades K1	12	60
davon Ausgangseinheiten des Kollokationsstärkegrades K2	7	35
davon Ausgangseinheiten des Kollokationsstärkegrades K3	1	5
Ausgangseinheiten, denen in den Zieltexten *keine* Einheit der Kategorie FWV-GA entspricht	17	100
davon Ausgangseinheiten des Kollokationsstärkegrades K1	5	29,41
davon Ausgangseinheiten des Kollokationsstärkegrades K2	3	17,65
davon Ausgangseinheiten des Kollokationsstärkegrades K3	9	52,94

Tabelle (7.9): Studie 1, Übersetzungseinheiten der Kategorie FWV-GA – Kollokationsstärkegrad der Ausgangseinheiten

Die Gestalt der Ausgangseinheiten: Wie bereits erwähnt gibt es durchaus auch Ausgangseinheiten, denen in mehr als nur einem Zieltext eine Einheit der Kategorie FWV-GA entspricht. Das vermehrte Auftreten von gebrauchsauffälligen freien Zielkombinationen zu derselben Ausgangseinheit kann als Hinweis darauf gedeutet werden, dass das Phänomen nicht zwingend mit dem Übersetzer in Verbindung gebracht werden muss, sondern seine Ursache in der lexikalisch-semantischen Gestalt der Ausgangseinheit haben kann.

Zuvor wurde für die Kategorie Kollokation festgestellt, dass einer Ausgangseinheit mehr KOLL-Zieleinheiten entsprechen, wenn zwischen dieser Ausgangseinheit und den äquivalenten Kollokationen der Zielsprache eine strukturelle und/oder lexikalisch-semantische Nähe oder Ähnlichkeit gegeben ist, wie etwa im Falle der im Beispiel 7.3a besprochenen Übersetzungseinheit VD3.2_AE6_ES "iniciativa + tomar" → "Initiative + ergreifen", oder auch in der Übersetzungseinheit VD1_AE8_EN "state + to proclaim" → "Staat + ausrufen". Analog dazu kann festgehalten werden, dass es umso häufiger zu gebrauchsauffälligen Entsprechungen der Ausgangseinheiten kommt, je weniger eine derartige Ähnlichkeit zu Kollokationen der Zielsprache gegeben ist. Dies ist der Fall bei den acht Ausgangseinheiten, zu denen es in den Zieltexten jeweils drei oder mehr gebrauchsauffällige freie Wortkombinationen gibt, wie z.B.

VD1_AE4_en "group + humanitarian" (L2, K1) → 10 von 14 Zieleinheiten sind gebrauchsauffällig, darunter "Gruppe + humanitär" (L2);

VD3.2_AE2_es "fuentes + informar" (L3, K1) → 6 von 11 Zieleinheiten sind gebrauchsauffällig, darunter "Quelle + berichten" (L3);

VD3.1_AE1_es "partido + político | líder + partido" (L2 ◊ L4, K2) → 5 von 11 Zieleinheiten sind gebrauchsauffällig, vgl. Beispiel 7.3b in Kapitel 7.2.1;

VD3.2_AE9_es "nivel + rebajar" (L1.1, K2) → 4 von 11 Zieleinheiten sind gebrauchsauffällig, darunter "Prestige + reduzieren" (L1.1);

VD1_AE1_en "frontier + to tame" (L1.1, K1) → 6 von 14 Zieleinheiten sind gebrauchsauffällig, vgl. Beispiel 7.5:

Beispiel (7.5, EN-DE): Ausschnitt aus dem Ausgangstext: "Declaration of independence - taming the frontier? British Resident James Busby was not alone in his concerns about life in New Zealand." (www62) → Ausgangseinheit VD1_AE1 "frontier + to tame", Strukturtyp L1.1, Kollokationsstärkegrad K1.
6 der zugehörigen 14 Zieleinheiten wurden in die Kategorie FWV-GA eingeordnet. In 5 dieser Einheiten wurde die Kollokator-Komponente der Ausgangseinheit mit der kognitiv am nächsten liegenden Entsprechung übertragen, die allerdings im syntagmatischen Zusammenhang mit der "Basis" zu einer semantisch nicht äquivalenten und in sich inkompatiblen Wortverbindung führt: " 'Zähmung' + Grenze", L4 (aus L1.1), Häufigkeit des Vorkommens der Einheit in der Probe F=1; "Grenzland + zähmen", L1.1, F=2; "Zähmung + Grenzland", L4 (aus L1.1), F=1 (vgl. auch Beispiel 7.7a weiter unten im Text); "Land der Wilden + zähmen", LX (besondere L1.1-Struktur, die Basis-Komponente besteht aus einer L4-Kombination), F=1.

Im Einklang damit stehen auch die Häufigkeiten der Probe VD2 (Französisch-Deutsch), die im Vergleich zu den anderen drei Proben der Studie nur wenige gebrauchsauffällige freie Zielkombinationen aufweist (vgl. Kapitel 7.1.3): In diesem Übersetzungssample sind die Ausgangskollokationen aufgrund ihrer lexikalischen Beschaffenheit, ihrer semantischen Eindeutigkeit und der damit vermutlich einhergehenden kognitiven Verfügbarkeit in der Übersetzung vergleichsweise robust gegenüber Abweichungen von den direkten zielsprachigen Entsprechungen.

Die strukturelle und semantische Beschaffenheit der Übersetzungseinheiten: Wie bereits im Falle der Zieleinheiten der Kategorien Kollokation und freie gebrauchsunauffällige Wortverbindung ergibt auch der Strukturtypenvergleich der Ausgangs- und der gebrauchsauffälligen Zieleinheiten, dass die Zieleinheiten mehrheitlich die gleiche oder eine sehr ähnliche Wortartenstruktur wie die entsprechenden Ausgangseinheiten aufweisen (85 %, 51 von 60 FWV-GA-Zieleinheiten).

Unter den von der Struktur der Ausgangseinheiten abweichenden FWV-GA-Zieleinheiten stellen jene Einheiten besondere Erscheinungsformen dar, die aus einer Verschmelzung oder Addition zweier zielsprachiger Kombinationen entstanden sind, von denen zumindest eine gebrauchsauffällig ist. Diese bestimmt als solche die Kategorisierung der komplexen Einheit (vgl. die in Kapitel 6.5.6 aufgestellten Regeln für die Kategorisierung komplexer Ausgangs- und Zieleinheiten):

> Beispiel (7.6, ES-DE): Ausschnitt aus dem Ausgangstext: "Los principales mandatarios de la UE y líderes de partidos políticos europeos han felicitado a España por su voto favorable a la Constitución europea en el referéndum celebrado este domingo." (www63) → Ausgangseinheit VD3.1_AE1 "partido + político | líder + partido", Struktur: Verschmelzung zweier Kollokationen der Typen L2 und L4 (L4, "de"), jeweils mit Kollokationsstärkegrad K2.
> 5 der zugehörigen 11 Zieleinheiten wurden in die Kategorie FWV-GA eingeordnet (vgl. auch Beispiel 6.30 in Kapitel 6.5.6). Unter ihnen ist die Verschmelzung einer Kollokation des Typs L2 mit einer gebrauchsauffälligen Wortkombination des Typs L4: "Partei + politisch | Führer + Partei" (Ausschnitt aus dem entsprechenden Zieltext VD3.1_ZT9: "Die Hauptgesandten der EU und Führer politischer Parteien Europas haben Spanien zu seinem guten Wahlergebnis über die Volksabstimmung zur Europäischen Verfassung, die diesen Sonntag stattfand, gratuliert.").

In ihrer Erscheinung einzigartig und damit besonders auffällig sind darüber hinaus Zieleinheiten, deren Basis- oder Kollokator-Komponente aus einem Kompositum besteht, das entgegen den Wortbildungsregeln gebildet oder nicht lexikalisiert ist. Dies ist der Fall bei der Zieleinheit "Verfassungsvorschlag + ausarbeiten", die der Ausgangseinheit VD3.1_AE4_ES "proyecto (de la ley fundamental) + redactar" entspricht (vgl. auch Beispiel 6.26 in Kapitel 6.5.5).

Wie an den hier genannten Beispielen von Übersetzungseinheiten insgesamt ersichtlich wird, handelt es sich bei den gebrauchsauffälligen Zieleinheiten in den meisten Fällen um *wörtliche* Übersetzungen der Ausgangseinheit. Insgesamt 29 der 60 gebrauchsauffälligen Zieleinheiten der Studie 1 stellen wörtliche Übersetzungen der Basis- *und* Kollokator-Komponenten der Ausgangseinheiten dar (48,33 %), wie z.B. die Einheiten VD3.1_AE1_ES "partido + político | líder + partido" (L2 ◊ L4, K2) → "Partei + politisch | Führer + Partei" (L2 ◊ L4, vgl. Beispiel 7.6), oder VD2_AE3_FR "activité + professionel" (L2, K2) → "Aktivität + beruflich" (L2).

Bei 19 weiteren gebrauchsauffälligen Zieleinheiten handelt es sich um *recht wörtliche* Übersetzungen *mit direktem zielsprachigen Äquivalent der Basis-Komponente* und dazu frei gewähltem zielsprachigem "Kollokator" (31,67 %), wie etwa bei den Einheiten VD1_AE1_EN "frontier + to tame" (L1.1, K1) → "Schwächung + Grenze" (L4, vgl. Beispiel 7.5) oder VD3.2_AE9_ES "nivel + rebajar" (L1.1, K2) → "Niveau + verringern" (L1.1).

Auch zwölf *freie* Übersetzungen der Ausgangseinheiten finden sich unter den gebrauchsauffälligen Zieleinheiten (20 %), wie beispielsweise VD3.1_AE5_ES "sí + rotundo" (L2, K2) → "Ja + sicher", "Ja + obligatorisch" (L2) oder VD1_AE7_EN "state + independent" (L2, K3) → "Neuseeland + eigenverantwortlich" (L2).

Vom Übersetzungstyp unabhängig sind 60 % der gebrauchsauffälligen Zielkombinationen der Studie 1 zumindest im Satz- bzw. Textzusammenhang semantisch äquivalent zu den jeweiligen Ausgangseinheiten (36 Zieleinheiten). Ist kein Äquivalenzverhältnis gegeben, kann dies in den meisten Fällen auf die Übertragung des Kollokators zurückgeführt werden (16 von 24 Einheiten, 66,67 %). Nur bei sechs gebrauchsauffälligen Zieleinheiten ist die Basis-Komponente Träger der Nicht-Äquivalenz (25 %) und in zwei Fällen sind sowohl Basis- als auch Kollokator-Komponenten der Übersetzungseinheit nicht äquivalent zueinander (8,33 %).

Darüber hinaus liegt eine eindeutige semantische Inkompatibilität der Komponenten bei nur knapp über der Hälfte der gebrauchsauffälligen Zielkombinationen der Studie 1 vor (32 von 60 Einheiten, 53,33 %, vgl. die nachstehenden Beispiele 7.7a und b); die Komponenten der restlichen FWV-GA-Zieleinheiten sind im weiteren Sinne syntagmatisch kompatibel.

Beispiel (7.7a, EN-DE): Ausschnitt aus dem Ausgangstext: "Declaration of independence - taming the frontier? British Resident James Busby was not alone in his concerns about life in New Zealand." (www62) → Ausgangseinheit VD1_AE1 "frontier + to tame", Strukturtyp L1.1, Kollokationsstärkegrad K1.
→ " 'Zähmung' + Grenze", L4 (aus L1.1). Die Komponenten sind semantisch inkompatibel, die Einheit ist auch im Textzusammenhang semantisch nicht äquivalent zur Ausgangseinheit, Vorkommenshäufigkeit in der Probe F=1.

Beispiel (7.7b, ES-DE): Ausschnitt aus dem Ausgangstext: "Los líderes de la UE han celebrado esta noche, durante la cena, su primer debate sobre la reforma de la Constitución, dos años después de que ésta fracasara con los referendos negativos de Francia y Holanda." (www64) → Ausgangseinheit VD3.2_AE7 "debate + celebrar", Strukturtyp L1.1, Kollokationsstärkegrad K1.
→ "Debatte + feiern", L1.1, Die Komponenten sind semantisch inkompatibel, die Einheit ist auch im Textzusammenhang semantisch nicht äquivalent zur Ausgangseinheit, F=2.

Die Variation der gebrauchsauffälligen freien Zielkombinationen: Wie für die Kollokationen und gebrauchsunauffälligen freien Wortverbindungen unter den Zieleinheiten gilt auch für die gebrauchsauffälligen Zieleinheiten: Die Anzahl der strukturellen und lexikalischen Varianten der gebrauchsauffälligen freien Zielkombinationen je Ausgangseinheit steigt proportional mit abnehmender Anzahl der Zieleinheiten dieser Kategorie. Allerdings sind die gebrauchsauffälligen Zieleinheiten in ihrem Wortlaut in der Regel Einzelerscheinungen. Nur wenige sind wortgleich in mehreren Zieltexten abgebildet. Dies ist z.B. der Fall bei den Einheiten VD1_AE1_EN "frontier + to tame" (L1.1, K1) → "Grenzland + zähmen", (L1.1, Häufigkeit des Vorkommens der Einheit in der Probe F=2) und VD2_AE4_FR "existence + remplir" (L1.1, K1) → "Existenz + erfüllen" (L1.1, F=2). Bei den mehrmals wortgleich in einer Gruppe von Übersetzungen vorkommenden gebrauchsauffälligen Zieleinheiten handelt es sich dabei jeweils um Zusammenfügungen der wörtlichen Übersetzungen beider Komponenten der Ausgangseinheiten.

7.2.4 Die Zieleinheiten der Kategorie "Ein-Wort-Entsprechung"

Die Verteilung der Zieleinheiten der Kategorie "Ein-Wort-Entsprechung" (EWE) auf die Ausgangseinheiten: Zieleinheiten der Kategorie EWE sind regelmäßig auftretende Übersetzungen kollokativer Ausgangseinheiten: Zu knapp über der Hälfte der Ausgangseinheiten der Studie 1 (19 Einheiten, 51,35 %) gibt es insgesamt 62 Zieleinheiten der Kategorie EWE. Von diesen 19 Ausgangseinheiten wurden 14 wenigstens zweimal mit einer Ein-Wort-Entsprechung übertragen.

Studie 1, Übersetzungseinheiten EWE	f	%
Zieleinheiten der Studie 1 insgesamt	431	100
Zieleinheiten der Kategorie EWE	62	14,38
Ausgangseinheiten der Studie 1 insgesamt	37	100
Ausgangseinheiten, denen in mindestens einem Zieltext eine Einheit der Kategorie EWE entspricht	19	51,35

Tabelle (7.10): Studie 1, Übersetzungseinheiten der Kategorie EWE

Die Kollokationsstärke der Ausgangseinheiten: Üblicherweise handelt es sich bei den Ausgangseinheiten, denen die Zieleinheiten der Kategorie EWE entsprechen, um Kollokationen eines niedrigen und mittleren Stärkegrades (47,37 % und 31,58 % bzw. neun und sechs Ausgangseinheiten, vgl. Beispiel 7.8a); den starken Ausgangskollokationen entspricht vergleichsweise selten eine Zieleinheit der Kategorie EWE (vier Einheiten, vgl. Beispiel 7.8b):

> Beispiel (7.8a, ES-DE): Ausschnitt aus dem Ausgangstext: "[Valéry Giscard d'Estaing] [e]spera que a pesar de la activa campaña del no, el apoyo al voto positivo de los grandes partidos franceses y el sí de los españoles "anime" al sí francés." (www63) → Ausgangseinheit VD3.1_AE9 "voto + positivo", Strukturtyp L2, niedriger Kollokationsstärkegrad K1.
> Fünf der zugehörigen elf Zieleinheiten wurden in die Kategorie EWE eingeordnet: "Befürwortung", Substantiv, Häufigkeit des Vorkommens der Einheit in der Probe F=1; "Ja", Substantiv, F=3; "Zustimmung", Substantiv, F=1.

> Beispiel (7.8b, EN-DE): Ausschnitt aus dem Ausgangstext: "He [Baron de Thierry] arrived in Hokianga in 1837 with 60 settlers from Sydney [...]. Eventually this king in waiting moved to Auckland where he made his living as a music teacher and piano tuner." (www62) → Ausgangseinheit VD1_AE2 "living + to make", Strukturtyp L1.1, hoher Kollokationsstärkegrad K3.
> Eine der zugehörigen vierzehn Zieleinheiten wurde als Ein-Wort-Entsprechung kategorisiert: "sich verdingen", Verb.

Die strukturelle und semantische Beschaffenheit der Übersetzungseinheiten: Zumeist werden in den Ein-Wort-Entsprechungen inhaltliche Merkmale beider Komponenten der Ausgangseinheit erfasst (70,97 %, 44 EWE-Zieleinheiten), wenn auch in manchen Fällen nicht mit der gleichen Gewichtung, wie sie durch die Ausgangseinheit vorgegeben ist: In gut einem Drittel dieser 44 EWE-Zieleinheiten sind beide Komponenten der Ausgangseinheit *in gleicher Weise* berücksichtigt (16 Einheiten). In einem weiteren guten Drittel dieser Fälle überwiegen die Inhalte der *Basis*-Komponente der Ausgangseinheit (18 Einheiten), und in knapp einem Viertel die der *Kollokator*-Komponente (10 Einheiten). Wie die gebrauchsunauffälligen freien Zielkombinationen können damit auch die Ein-Wort-Zieleinheiten u.a. auf die syntagmatische Gewichtung der Komponenten der Ausgangseinheit zurückgeführt werden. Besteht etwa ein semantisches Ungleichgewicht zwischen Basis und Kollokator und dominiert die Bedeutung einer der beiden Komponenten der Ausgangseinheit die Kollokation als Ganzes, wird die Ausgangskollokation mit einer Ein-Wort-Entsprechung in die Zieltexte übertragen, die vor allem die Eigenschaften des semantisch dominanten Elements der Ausgangseinheit enthält. So finden sich in mehreren Zieltexten Ein-Wort-Entsprechungen zu kollokativen Ausgangseinheiten, wenn diese die Eigenschaft eines Funktionsverbgefüges aufweisen (vgl. hierzu Kapitel 4.2.3). Die EWE-Zieleinheit hat in diesen Fällen üblicherweise die Gestalt eines einfachen zielsprachigen Verbs, das die Bedeutungen *beider* Komponenten der Ausgangseinheit enthält:

> Beispiel (7.9, FR-DE): Ausschnitt aus dem Ausgangstext: "C'est peut-être tout cela qui explique que, pour les femmes, en prise avec le quotidien, l'action est plus importante que le pouvoir et les effets de manche. «Est-ce utile», «Cela rend-il service?», voilà les questions qu'elles se posent." (L'Express[144]) → Ausgangseinheit VD2_AE8 "<u>service</u> + rendre", Strukturtyp L1.1, Kollokationsstärkegrad K3.
> Acht der zugehörigen elf Zieleinheiten wurden in die Kategorie EWE eingeordnet. Sieben dieser Einheiten haben die Form eines einfachen Verbs: "etw. bringen", Verb, Häufigkeit des Vorkommens der Einheit in der Probe F=3, "helfen", Verb, F=2; "jdm. dienen", Verb, F=2. Die achte EWE-Zieleinheit hat die Form eines Adjektivs ("hilfreich").

Ein Beispiel für EWE-Zieleinheiten mit Dominanz der *Basis*-Komponente der Ausgangseinheit ist etwa die Einheit VD3.2_AE7_ES "<u>debate</u> + celebrar" (L1.1, K1) → "debattieren" (Verb). Ein Gegenbeispiel für EWE-Zieleinheiten mit Dominanz der *Kollokator*-Komponente der Ausgangseinheit ist die Übersetzungseinheit VD2_AE4_FR "<u>existence</u> + remplir" (L1.1, K1) → "jdn. ausfüllen" (Verb), "jdn. erfüllen" (Verb).

Auch im Falle der Ausgangseinheiten, die jeweils nur eine Ein-Wort-Entsprechung unter ihren Zieleinheiten haben, weshalb sie als Einzelerscheinungen betrachtet werden, wurde zumeist die semantisch dominantere Komponente der Ausgangseinheit frei übertragen (z.B. VD1_AE7_EN "<u>state</u> + independent" (L2, K3) → "Autonomie" (Substantiv), der Fokus liegt auf der Kollokator-Komponente der Ausgangseinheit).

Den Ausgangskollokationen entsprechen außerdem auch dann vermehrt Ein-Wort-Zieleinheiten, wenn der Kollokator der Ausgangseinheit bereits Bestandteil der zielsprachigen Entsprechung der Basis der Ausgangskollokation ist. So wird z.B. bei der Übertragung der komplexen Ausgangseinheit VD3.1_AE1_ES "<u>partido</u> + político (L2) | líder + <u>partido</u> (L4)" die Teil-Kombination des Typs L2 in allen zugehörigen Zieleinheiten zum einfachen Substantiv "Partei". Auf eine explizite Übertragung des Adjektivs wird verzichtet, da seine Bedeutung kontextbedingt implizit im Substantiv enthalten ist.

Eine wiederkehrende Erscheinungsform der Ein-Wort-Entsprechung ist darüber hinaus ein zielsprachiges Kompositum, das die semantischen Eigenschaften beider Komponenten der Ausgangskollokation in sich vereint. Dies ist vor allem der Fall, wenn die Ausgangseinheit eine L2- oder L4-Struktur aufweist, wie etwa bei den Übersetzungseinheiten VD2_AE3_FR "<u>activité</u> + professionel" (L2, K2) → "Berufstätig-

---

144 Quelle des Ausgangstextes: L'EXPRESS, Ausgabe vom 13.10.2005

keit" (Substantiv); VD2_AE6_FR "gestion (de) + maison" (L4 "de", K1) → "Haushaltsführung" (Substantiv), oder auch bei der bereits angeführten Einheit VD3.1_AE1_ES "partido + político | líder + partido" (L2 ◊ L4, K2) → "Parteivorsitzender" (Substantiv).

Kollokative Ausgangseinheiten scheinen überdies dann mit Ein-Wort-Entsprechungen übersetzt zu werden, wenn die syntagmatische Zusammenfügung der direkten Entsprechungen der Komponenten der Ausgangseinheit entweder zu keinem sinnstiftenden Übersetzungsergebnis oder zu einer Gebrauchsauffälligkeit im Zieltext führen würde. Dies zeigt sich etwa in der bereits genannten Übersetzungseinheit VD3.2_AE7_ES "debate + celebrar" (L1.1, K1), in der die wörtliche Übersetzung beider Komponenten die gebrauchsauffällige Wortkombination "Debatte + feiern" ergibt (vgl. Beispiel 7.7b in Kapitel 7.2.3) und die in drei Zieltexten mit dem einfachen Verb "debattieren" wiedergegeben wurde. Ein sehr ähnliches Beispiel stellt die Einheit VD2_AE4_FR "existence + remplir" (L1.1, K1) dar, deren Komponenten wörtlich übersetzt und miteinander kombiniert die gebrauchsauffällige Einheit "Existenz + erfüllen" ergeben (vgl. Kapitel 7.2.3). Die Ausgangseinheit kann jedoch semantisch äquivalent u.a. mit den Einzellexemen "jdn. ausfüllen" (Verb), "jdn. erfüllen" (Verb) übertragen werden, die sich ebenfalls unter den Zieleinheiten finden.

Ferner bietet die Ein-Wort-Entsprechung eine Möglichkeit, die Konventionen der Zielsprache zu wahren, wenn diese eine knappe Formulierung des Inhalts des Ausgangstextes erfordern (z.B. bei Textüberschriften), wie etwa im Falle der Ausgangseinheit VD3.2_AE1_ES "apoyo + dar" (L1.1, K2), die in allen Zieltexten mit einem Verb übertragen wurde ("beitragen", F=1, "unterstützen", F=10).[145]

Zuletzt zeigt ein Blick auf das Äquivalenzverhältnis zwischen den Ausgangskollokationen und den Ein-Wort-Zieleinheiten, dass die große Mehrheit der Ein-Wort-Entsprechungen im Satzzusammenhang semantisch äquivalent zu den Ausgangseinheiten sind. Davon ausgenommen sind neun der 62 EWE-Zieleinheiten der Studie 1 (14,52 %). In diesen Fällen sind zumeist die Basis-Komponenten der Übersetzungseinheiten Träger der Nicht-Äquivalenz (vgl. nachstehendes Beispiel 7.10). Seltener gründet sie in beiden Komponenten bzw. nur in den Kollokator-Komponenten der Übersetzungseinheiten.

Beispiel (7.10, ES-DE): Ausschnitt aus dem Ausgangstext: "Merkel ha asegurado que ha detectado un 'deseo político' de conseguir un acuerdo satisfactorio sobre la reforma constitucional y que 'la atmósfera" entre los dirigentes comunitarios era 'de comprensión'." (www64) → Ausgangseinheit VD3.2_AE3 "acuerdo + conseguir", Strukturtyp L1.1, Kollokationsstärkegrad K1.
Eine auch im Textzusammenhang zur Ausgangseinheit semantisch nicht äquivalente Zieleinheit ist das Substantiv "Abkommen". In dieser Zieleinheit soll vermutlich die Ba-

145 Diese Ausgangseinheit weist zudem die Charakteristika eines Funktionsverbgefüges auf, was ebenfalls für die Übertragung mit einem Einzellexem spricht (vgl. Beispiel 7.9). Die Einheit kommt in dieser Form in demselben Ausgangstext allerdings noch einmal als Teilkombination einer komplexen Tripelkollokation vor. In diesem Fall entspricht ihr selten eine Ein-Wort-Entsprechung in den Zieltexten (vgl. Kapitel 7.2.6).

sis-Komponente der Ausgangseinheit abgebildet sein. Jedoch wäre in diesem Fall das semantische Äquivalent zur Basis *Einigung* oder *Übereinkunft*.

Die Variation der EWE-Zieleinheiten je Ausgangseinheit: Für die Variation der Zieleinheiten der Kategorie "Ein-Wort-Entsprechung" zu derselben Ausgangseinheit gilt wie auch im Fall der Zieleinheiten der anderen Kategorien (mit Ausnahme der "Auslassungen"), dass mit dem Rückgang der Anzahl an EWE-Zieleinheiten je Ausgangseinheit tendenziell ein proportionales Mehr an strukturellen und lexikalischen Varianten dieser Zieleinheiten einhergeht.

7.2.5 Die Zieleinheiten der Kategorie "Auslassung"

Auslassungen der expliziten Übersetzung der Ausgangseinheiten können in der Studie 1 als Ausnahmeerscheinungen gelten: Mit neun der 431 Zieleinheiten (2,09 %) gibt es nur vereinzelte Auslassungen der Übersetzung von insgesamt vier der 37 Ausgangseinheiten (10,81 %).

Studie 1, Übersetzungseinheiten "Auslassung"	f	%
Zieleinheiten der Studie 1 insgesamt	431	100
Zieleinheiten der Kategorie X	9	2,09
Ausgangseinheiten der Studie 1 insgesamt	37	100
Ausgangseinheiten, denen in mindestens einem Zieltext eine Einheit der Kategorie X entspricht	4	10,81

Tabelle (7.11): Studie 1, Übersetzungseinheiten der Kategorie "Auslassung"

Allein die Übertragung der beiden Ausgangseinheiten VD1_AE1_EN "frontier + to tame" (Strukturtyp L1.1, Kollokationsstärkegrad K1) und VD3.1_AE9_ES "voto + positivo" (L2, K1) wurde innerhalb einer Probe mehrfach ausgelassen. Eine Erklärung für das wiederholte Zustandekommen dieser Auslassungen mag darin begründet liegen, dass der Übersetzer die Ausgangseinheit nicht als syntagmatisches Ganzes erfasst. Mögliche andere Gründe sind jedoch durchaus auch in der Ausgangseinheit selbst zu sehen: So handelt es sich bei der Kollokation "frontier + to tame" erstens um eine Ausgangseinheit aus der Überschrift des Ausgangstextes, die aufgrund der gewohnt knappen Formulierung im Deutschen im Zieltext nicht berücksichtigt worden sein mag. Zweitens ist die Beschaffenheit der Ausgangseinheit in dem Sinne besonders, als eine wörtliche Übersetzung der einzelnen Kollokationskomponenten ins Deutsche im syntaktischen Verbund zu einer semantischen Inkompatibilität führen würde. Ein Zusammenhang mit der Auslassung der Übersetzung in mehreren Zieltexten kann angenommen werden, da der Ausgangseinheit in den übrigen Zieltexten der Probe überdurchschnittlich häufig eine gebrauchsauffällige freie Wortverbindung entspricht, die eben durch die wörtliche Übersetzung der beiden Komponenten entstanden ist (vgl. Beispiel 7.5 in Kapitel 7.2.3).

Im Falle der Einheit "voto + positivo" handelt es sich um eine Ausgangseinheit, deren Bedeutung im konkreten Satz- bzw. Textzusammenhang abgeschwächt ist. Im

Ausgangssatz stellt diese Einheit eine Umschreibung für "eine breite Zustimmung zu einer Verfassung für die Europäische Union" dar: "Espera que a pesar de la activa campaña del no, el apoyo al voto positivo de los grandes partidos franceses y el sí de los españoles 'anime' al sí francés." (www63). In drei von elf Zieltexten wurde die ausgewählte Ausgangseinheit nicht explizit übertragen; die Kohärenz der Zieltexte wurde dadurch nicht eingeschränkt. Zudem wurde diese Ausgangseinheit in den Zieltexten überdurchschnittlich häufig durch substantivische Ein-Wort-Entsprechungen wiedergegeben ("Befürwortung", "Ja" (F=3), "Zustimmung", vgl. Beispiel 7.8a in Kapitel 7.2.4).

Bei den restlichen zwei Auslassungen zu den Ausgangseinheiten VD1_AE6_EN "flag + to fly" (L1.1, K3) und VD3.1_AE7_ES "continuación (de) + proceso" (L4 "de" aus L3, K1) handelt es sich um Einzelerscheinungen. Für die Auslassung der Ausgangseinheit "continuación (de) + proceso" gibt es auch im Vergleich mit den anderen Zieleinheiten keine triftige Erklärung. Die Auslassung der Übertragung der Einheit "flag + to fly" allerdings könnte wie im Falle der Einheit "frontier + to tame" über die wenig sinnstiftende Zusammenfügung der wörtlichen Übersetzungen der einzelnen Kollokationskomponenten erklärt werden.

7.2.6 Die Verschmelzungen und Additionen

Die Zieleinheiten zu den komplexen Ausgangseinheiten der Studie 1: Zwei der 37 Ausgangseinheiten der Studie 1 bestehen aus mehr als zwei Komponenten (1,89 %). Bei diesen beiden Ausgangseinheiten handelt es sich um Verschmelzungen jeweils zweier Kollokationen mit derselben Basis-Komponente: VD3.1_AE1_ES "partido + político | líder + partido" (Strukturtyp L2 ◊ L4, Kollokationsstärkegrad K2) und VD3.2_AE8_ES "apoyo + dar | apoyo + total" (L1.1 ◊ L2, K2). Den beiden komplexen Ausgangseinheiten entsprechen insgesamt 22 Zieleinheiten, von denen knapp die Hälfte ebenfalls eine Mehr-Komponenten-Struktur aufweisen (10 Einheiten); acht Zieleinheiten haben eine binäre Form und bei vier Zieleinheiten handelt es sich um Ein-Wort-Entsprechungen.

In den Zieleinheiten mit einer Mehr-Komponenten-Struktur ist mehrheitlich die Ausgangsstruktur abgebildet, wie z.B. in den Zieleinheiten der Kategorie Kollokation zu der Ausgangsgeinheit "apoyo + dar | apoyo + total" (L1.1 ◊ L2, K2) → "Unterstützung + anbieten | Unterstützung + uneingeschränkt" (L1.1 ◊ L2, K2), "Unterstützung + zusichern | Unterstützung + voll" (L1.1 ◊ L2, K2), "Hilfe + leisten | Hilfe + groß" (L1.1 ◊ L2, K2, vgl. Beispiel 6.28 in Kapitel 6.5.6), oder auch in der als gebrauchsauffällig kategorisierten freien Zielkombination zu "partido + político | líder + partido" (L2 ◊ L4, K2) → "Partei + politisch | Führer + Partei" (L2 ◊ L4, vgl. Beispiel 7.6 in Kapitel 7.2.3).

Die Zieleinheiten in Form von binären Kollokationen und Ein-Wort-Entsprechungen zu diesen aus mehr als nur zwei Komponenten bestehenden Ausgangskollokationen spiegeln jeweils die Basis-Komponente der Ausgangseinheit wider, wie etwa "partido + político | líder + partido" (L2 ◊ L4, K2) → "Spitze + Partei" (KOLL,

L4, K2) oder "apoyo + dar | apoyo + total" (L1.1 ◊ L2, K2) → "unterstützen" (EWE, Verb).

Im Falle der Ausgangseinheit "apoyo + dar | apoyo + total" verdient außerdem die Übertragung der darin enthaltenen Teilkombination "apoyo + dar" besondere Aufmerksamkeit, wenn man die Zieleinheiten mit den Zieleinheiten zu der gleichen binären Substantiv-Verb-Kollokation in demselben Ausgangstext vergleicht (vgl. VD3.2 _AE1_ ES "apoyo + dar" und hierzu Kapitel 7.2.4). In dieser L1.1-Kombination ist die Bedeutung des Kollokators abgeschwächt. Dies wird u.a. im Übersetzungsvergleich daran ersichtlich, dass ihr in den Zieltexten ausnahmslos Ein-Wort-Zieleinheiten entsprechen. In der Tripelkollokation "apoyo + dar | apoyo + total" jedoch wurde die L1.1-Kollokation nur in einer von elf Zieleinheiten durch ein einfaches Verb und nicht durch eine strukturell äquivalente Substantiv-Verb-Kollokation übertragen. Erklärt werden kann dies anhand der syntagmatischen Dichte der Ausgangseinheit: Durch die Verschmelzung mit einer Kollokation des Typs L2 mit derselben Basis wird die schwache L1.1-Kollokation semantisch "angereichert". Die in ihrer Struktur einheitlichen Zieleinheiten zu dieser erweiterten und stärkeren Ausgangseinheit legen die Annahme nahe, dass der Übersetzer der Einheit entsprechend mehr Bedeutung beimisst und versucht, dem in seiner Übersetzung dadurch gerecht zu werden, dass er auch die Basis der Zieleinheit mit zwei Kollokatoren versieht und sie so semantisch "aufwertet".[146]

Innerhalb der Übersetzungseinheiten der Studie 1, deren Ausgangseinheiten eine Mehr-Komponenten-Struktur aufweisen, besteht ungeachtet der Struktur und Kategorie der jeweiligen Zieleinheit darüber hinaus zumindest im Satz- und Textzusammenhang ein Verhältnis der semantischen Äquivalenz.

Komplexe Zieleinheiten zu einfach strukturierten Ausgangseinheiten der Studie 1: Gleichermaßen wurden binäre Ausgangskollokationen mit Mehr-Komponenten-Kombinationen in die Zieltexte übertragen; in 14 von 409 Übersetzungseinheiten mit binärer Ausgangseinheit ist dies der Fall (2,9 %): Fünf der insgesamt 35 Ausgangseinheiten mit einfacher Basis-Kollokator-Struktur der Studie 1 entsprechen in den Zieltexten *auch* Einheiten, in denen zwei oder mehr binäre zielsprachige Wortkombinationen zusammengefügt wurden.

Diese fünf größtenteils schwachen Ausgangskollokationen wurden bei der Übertragung in die Zieltexte hauptsächlich strukturell erweitert. Dadurch hat die Zieleinheit in der Regel die Form einer Addition zweier Kombinationen mit unterschiedlichen Basis-Komponenten, von denen eine semantisch der Basis-Komponente der Ausgangseinheit entspricht bzw. entsprechen soll (in den nachstehenden Einheiten durch Unterstreichung hervorgehoben). Ein Beispiel hierfür ist die Übersetzungseinheit VD1_AE4 _EN "group + humanitarian" (L2, K1) → "Institution (mit) + Anliegen | Anliegen + humanitär": In der Zieleinheit wurden zwei als gebrauchsunauffällig kategorisierte

146 Vergleiche hierzu auch die in Kapitel 6.5.6 aufgestellten Regeln für die Kategorisierung von Zieleinheiten im Falle von Additionen und Verschmelzungen.

Wortverbindungen der Strukturtypen L4 und L2 addiert (vgl. Beispiel 7.4e in Kapitel 7.2.2). Ein weiteres Beispiel stellt die Übersetzungseinheit VD3.1_AE6_ES "adhesión + fuerte" (L2, K1) → "sich fühlen + zugehörig | stark + zugehörig" dar: Hier wurden in der Zieleinheit eine Kollokation des Typs 6 und eine als gebrauchsauffällig verifizierte Adjektiv-Adverb-Kombination miteinander kombiniert (vgl. auch Beispiel 6.32 in Kapitel 6.5.6).

Insgesamt jedoch wird zunächst angenommen, dass es sich bei den Übersetzungseinheiten aus einer Kollokation im Ausgangstext und einer Addition oder Verschmelzung zweier Kombinationen im Zieltext aufgrund des geringen Anteils an der Gesamtheit der Übersetzungseinheiten der Studie 1 um Ausnahmeerscheinungen handelt; die Studie 2 wird hierüber weiteren Aufschluss geben können.

8 Die Studie 2: Die Überprüfung der Vorannahmen und die Analyse von Übersetzungseinheiten – "Angehende Übersetzer II"

Auch die Studie 2 wurde konzipiert, um die Vorannahmen zur Her-Übersetzung von Kollokationen zu überprüfen und um syntagmatische Übersetzungseinheiten beschreibend zu analysieren. Dabei soll auch untersucht werden, inwiefern sich die Ergebnisse der deskriptiven Analyse der Übersetzungseinheiten der Studie 1 je Kategorie bestätigen. Der Darstellung der Studie 1 folgend wird auch in diesem Kapitel im ersten Teil die Verteilung der Ausgangs- und Zieleinheiten im Korpus dargestellt und ausgewertet. Die deskriptive Analyse der Übersetzungseinheiten schließt sich daran an.[147]

8.1 Die Analyse der Verteilung der Übersetzungseinheiten der Studie 2

8.1.1 Zusammenschau des Datenmaterials der Studie 2

In der Studie 2 wurden fünf Übersetzungssamples analysiert (EX1.1, EX2.1, EX2.2, EX3.1 und EX3.2). Diese umfassen insgesamt fünf englische Ausgangstexte und 52 deutsche Zieltexte. Angefertigt wurden die Übersetzungen von Studierenden deutscher Mutter- oder Erstsprache, die sich bereits im letzten Fachsemester ihres Studiums des Übersetzens und der Übersetzungswissenschaft befanden. Das Englische ist in allen Fällen die erste Fremdsprache der für das Studium gewählten Sprachenkombination. Wie in der Studie 1 entstanden die Übersetzungen in übersetzungspraktischen prüfungsvorbereitenden Übungen und damit in simulierten Prüfungssituationen in einem vorgegebenen Zeitrahmen von 90 bis 120 Minuten. Als Hilfsmittel konnten monolinguale Wörterbücher des Englischen und des Deutschen benutzt werden (vgl. Kapitel 6.2.1). Die Anzahl der aus den Ausgangstexten ausgewählten Kollokationen beläuft sich auf 47, die der zugehörigen Einheiten aus den Zieltexten auf 487.

Studie 2				
	AT	AE	ZT	ZE
EX1.1 EN-DE	Populär-gesellschafts-/kulturwissenschaftlicher, primär darstellungs- und ausdrucksfunktionaler Text zu geschichtlichen Hintergründen (vgl. www65)	9	8	71[148]
EX2.1 EN-DE	Populär-gesellschafts-/kulturwissenschaftlicher, primär darstellungs- und ausdrucksfunktionaler Text (vgl. www66)	12	10	120

147 In den Beispielen sind die analysierten Einheiten aus den Ausgangs- und Zieltexten in Anführungszeichen gesetzt. Die Komponenten von Kollokationen und freien Wortkombinationen sind in ihrer grammatischen Grundform dargestellt. Die Basis-/"Basis"-Komponente ist unterstrichen.

148 Ein Zieltext liegt in gekürzter Fassung vor.

EX2.2 EN-DE	Populär-gesellschafts-/kulturwissenschaftlicher, primär darstellungs- und ausdrucksfunktionaler Text (vgl. www67)	8	10	80
EX3.1 EN-DE	Populär-gesellschafts-/kulturwissenschaftlicher, primär darstellungs- und appellfunktionaler Text zu geschichtlichen Hintergründen (vgl. www68)	9	12	108
EX3.2 EN-DE	Populär-gesellschafts-/kulturwissenschaftlicher, primär darstellungs- und appellfunktionaler Text (vgl. www69)	9	12	108
Gesamt	**5**	**47**	**52**	**487**

Tabelle (8.1): Das Datenmaterial der Studie 2

Die Übersetzungseinheiten der Studie 2: Die nachstehende tabellarische Übersicht enthält die Übersetzungseinheiten der Studie 2. Wie in der ersten Studie sind auch hier die Ausgangseinheiten unter Angabe ihrer Kollokationssyntax, ihres Kollokationsstärkegrades und der Anzahl der zugehörigen Zieleinheiten sowie die zugehörigen Zieleinheiten unter Angabe ihres Strukturtyps, ihrer Kategorie sowie der Häufigkeit ihres Vorkommens erfasst.[149]

EX1.1_AE1_EN "development + rapid", L2, K2 → 8 Zieleinheiten			
Zieleinheit	**Strukturtyp**	**Kategorie**	**F**
Entwicklung + fortschreitend | rasant + fortschreitend	L2 + L5 (aus L6)	FWV-GUA	1
Entwicklung + rasch	L2	KOLL, K1	2
Entwicklung + schnell	L2	KOLL, K1	3
Erschließung + rasch	L2	FWV-GUA	1
Fortschritt + rasant	L2	KOLL, K2	1
EX1.1_AE2_EN "city + to grow", L1.1, K1 → 8 Zieleinheiten			
Zieleinheit	**Strukturtyp**	**Kategorie**	**F**
Stadt + entstehen	L3	KOLL, K1	1
Stadt + errichten	L1.1	KOLL, K1	1
Stadt + heranwachsen	L3	FWV-GA	1
Stadt + sich erheben	L3	FWV-GUA	1
Stadt + sich erstrecken	L3	FWV-GUA	1
Stadt + stehen	L3	FWV-GA	1
Stadt + wachsen	L3	KOLL, K1	1
Stadt + wachsen und gedeihen	LX*	FWV-GA	1
* Die besondere Struktur der gebrauchauffälligen Zieleinheit besteht aus Substantiv als "Basis"-Komponente und einer verbalen Paarformel als "Kollokator"-Komponente.			
EX1.1_AE3_EN "faith + to strengthen", L1.1, K2 → 8 Zieleinheiten			
Zieleinheit	**Strukturtyp**	**Kategorie**	**F**
Glauben + bekräftigen	L1.1	FWV-GA	1

149 Zu den Kürzeln der Kollokationstypen und Kollokationsstärkegraden vgl. das Verzeichnis in Kapitel 6.8. Zur Herleitung der Kombinationstypologie vgl. Kapitel 6.2.3, zur Bestimmung der Kollokationsstärke vgl. Kapitel 6.5.5.

Glauben + bestärken (in)	L1.4 "in"	KOLL, K1	2
Glauben + stärken	L1.1	KOLL, K1	4
Vertrauen + haben	L1.1	FWV-GUA	1

EX1.1_AE4_EN "resources + to develop | resources + to utilize", L1.1 ◊ L1.1, K2 → 8 Zieleinheiten

Zieleinheit	**Strukturtyp**	**Kategorie**	**F**
Bodenschätze + fördern | Bodenschätze nutzen	L1.1 ◊ L1.1	KOLL, K1	1
Bodenschätze + nutzen	L1.1	KOLL, K1	1
Bodenschätze + Verwendung für | Verwendung (für) + finden	LX** + L1.1	FWV-GUA	1
Ressourcen* + entwickeln | Ressourcen* + nutzen	L1.1 ◊ L1.1	FWV-GA	1
Ressourcen* + erschließen| Ressourcen* + nutzen	L1.1 ◊ L1.1	FWV-GA	1
Ressourcen* + nutzbar | nutzbar + machen	L2 + L6!***	FWV-GA	1
Ressourcen* + nutzen	L1.1 ◊ L1.1	FWV-GA	1
Ressourcen* + verarbeiten | Ressourcen* + nutzen	L1.1 ◊ L1.1	FWV-GA	1

* Die Basis-Komponente der Ausgangseinheit ist kontextbedingt nicht mit "Ressourcen" ins Deutsche zu übersetzen, sondern mit "Bodenschätze" oder "Rohstoffe".
** Die als LX beschriebene Teilkombination "Bodenschätze + Verwendung für" der Zieleinheit weicht insofern von der in Kapitel 6.2.3 aufgestellten Kombinationstypologie ab, als sie nicht wie bei Typ 4 eine Verbindung zweier Substantive, sondern ein freies, gebrauchsunauffälliges Gefüge aus einem Substantiv und einer Präpositionalgruppe darstellt. Die "Basis"-Komponente dieser freien Kombination entspricht semantisch der Basis der Ausgangseinheit, weshalb die komplexe Zieleinheit in die Kategorie "FWV-GUA" eingeordnet wurde.
*** Die aus Adverb und Verb bestehende Teilkombination der Zieleinheit entspricht nicht dem normalen Kombinationstyp L6, da das adverbial gebrauchte Adjektiv Funktion der Basis-Komponente dieser Verbindung innehat, und nicht, wie üblich, das Verb. Kontextbedingt hat diese komplexe Zieleinheit die Form einer gebrauchsauffälligen freien Wortverbindung, deren Komponenten semantisch nicht kompatibel sind.

EX1.1_AE5_EN "task + to perform", L1.1, K3 → 8 Zieleinheiten

Zieleinheit	**Strukturtyp**	**Kategorie**	**F**
Aufgabe	EWE	EWE	1
Aufgabe + erfüllen	L1.1	KOLL, K3	1
Aufgabe + erledigen	L1.1	KOLL, K2	3
Aufgabe + nachgehen	L1.3	KOLL, K1	1
Aufgabe + verrichten	L1.1	FWV-GUA	1
etw. auf sich halten	EWE	EWE	1

EX1.1_AE6_EN "to perform + faithfully", L6, K1 → 8 Zieleinheiten

Zieleinheit	**Strukturtyp**	**Kategorie**	**F**
erfüllen	EWE	EWE	1
erledigen + gewissenhaft	L6	KOLL, K1	3
etw. auf sich halten + ernsthaft	L6	FWV-GA	1
getreu	EWE	EWE	1

nachgehen + sorgfältig	L6	FWV-GUA	1
verrichten + fromm	L6	FWV-GA	1
EX1.1_AE7_EN "to sift + carefully", L6, K3 → 7 Zieleinheiten			
Zieleinheit	**Strukturtyp**	**Kategorie**	**F**
auslesen + sorgfältig	L6	FWV-GUA	1
auswerten + sorgfältig	L6	KOLL, K1	1
durchforsten + akribisch	L6	KOLL, K1	1
durchforsten + sorgfältig	L6	FWV-GUA	1
sichten + gewissenhaft	L6	FWV-GUA	1
sichten + sorgfältig	L6	KOLL, K1	1
umgehen mit + sorgsam	L6	KOLL, K2	1
Daten liegen nicht vor	---	---	1
EX1.1_AE8_EN "material + to gather", L1.1, K3 → 8 Zieleinheiten			
Zieleinheit	**Strukturtyp**	**Kategorie**	**F**
Bodenschätze	EWE	EWE	1
Material + sammeln	L1.1	KOLL, K2	5
Material + zusammentragen	L1.1	KOLL, K2	1
Papiere + zusammentragen	L1.1	FWV-GUA	1
EX1.1_AE9_EN "mark [of genuineness] + to bear", L1.1, K3 → 8 Zieleinheiten			
Zieleinheit	**Strukturtyp**	**Kategorie**	**F**
(Echtheit) + zeugen von	EWE [L1.4 "von"]	FWV-GUA	1
(Echtheits)Zeugnis + aufweisen	L1.1	FWV-GUA	1
Wahrheit + beschreiben	L1.1	FWV-GUA	1
Wahrheit + entsprechen	L1.3	KOLL K2	1
Authentizität	EWE	EWE	1
Stempel der Echtheit + tragen	LX*	FWV-GA	1
unverfälscht	EWE	EWE	1
AUSLASSUNG	X	X	1
* Die Zieleinheit stellt eine ungewöhnliche Kombination dar, die dem Typ L1.1 nahekommt. Die "Basis"-Komponente allerdings hat die Form einer gebrauchsauffälligen L4-Kombination.			
EX2.1_AE1_EN "river + to cross", L1.1, K3 → 10 Zieleinheiten			
Zieleinheit	**Strukturtyp**	**Kategorie**	**F**
Flüsse + sich kreuzen	L3	FWV-GA	1
Fluss + überqueren	L1.1	KOLL, K3	9
EX2.1_AE2_EN "living + to make", L1.1, K3 → 10 Zieleinheiten			
Zieleinheit	**Strukturtyp**	**Kategorie**	**F**
Existenzaufbau	EWE (aus L1.1)	EWE	1
Leben	EWE	EWE	1
Lebensunterhalt + bestreiten	L1.1	KOLL, K3	1
Lebensunterhalt + sichern	L1.1	KOLL, K2	1
Lebensunterhalt + verdienen	L1.1	KOLL, K3	3
Lebensweise + bescheiden	L2	FWV-GUA	1
sich über Wasser halten + finanziell	L6!*	FWV-GUA	1
verdienen + genug zum Leben	LX**	FWV-GUA	1
* Die "Basis"-Komponente hat die Form einer Redewendung; wie in Kapitel 3.2.1 dargelegt, können Redewendungen etwa Bestandteil von Kollokationen sein, allerdings kommt ihnen stets die Funktion der Basis zu.			

** Die Zieleinheit stellt eine freie gebrauchsunauffällige Kombination dar, deren "Basis"-Komponente ein Verb ist und deren "Kollokator"-Komponente die Gestalt einer Präpositionalgruppe hat.			
EX2.1_AE3_EN "attention + to draw", L1.1, K3 → 10 Zieleinheiten			
Zieleinheit	**Strukturtyp**	**Kategorie**	**F**
aufmerksam + werden	L6	FWV-GUA	1
Aufmerksamkeit + erhalten | Aufmerksamkeit + ungeteilt	L1.1 ◊ L2	KOLL, K2	1
Aufmerksamkeit + erregen	L1.1	KOLL, K3	1
Aufmerksamkeit + erwecken	L1.1	KOLL,K1	1
Aufmerksamkeit + lenken auf	L1.2 "auf"	KOLL, K3	1
Aufmerksamkeit + ziehen auf sich	L1.2 "auf"	KOLL, K2	2
hellhörig + werden	L6	FWV-GUA	1
Ohren + spitzen	L1.1	KOLL, K3	1
verfolgen + mit Interesse	L6	KOLL, K2	1
EX2.1_AE4_EN "consideration + to give | consideration + serious", L1.1 ◊ L2, K3 → 10 Zieleinheiten			
Zieleinheit	**Strukturtyp**	**Kategorie**	**F**
(etw.) andenken	EWE	EWE	1
(in Betracht + ziehen) + ernsthaft	LX*	KOLL, K2	2
(in Erwägung + ziehen) + ernsthaft	LX*	KOLL, K2	2
(Gedanken + spielen mit) + ernsthaft	LX**	KOLL, K2	1
in Betracht + ziehen	L7	KOLL, K2	1
überlegen	EWE	EWE	1
überlegen + ernsthaft	L6	FWV-GUA	1
überlegen + lange	L6	FWV-GUA	1
* Die Basis-Komponenten sind Funktionsverbgefüge in Form von Kollokationen des Typs L7. Die Kollokator-Komponente ist jeweils ein adverbial gebrauchtes Adjektiv. ** Die Basis-Komponente besteht aus einer L1.4-Kollokation.			
EX2.1_AE5_EN "quantity + huge", L2, K3 → 10 Zieleinheiten			
Zieleinheit	**Strukturtyp**	**Kategorie**	**F**
[Schienennetz] kilometerlang	EWE [L2]	EWE [FWV-GUA]	1
Menge + beträchtlich	L2	KOLL, K2	1
Menge + groß	L2	KOLL, K1	3
Menge + riesig	L2	KOLL, K2	2
Unmenge	EWE	EWE	2
zahlreich	EWE	EWE	1
EX2.1_AE6_EN "to point out + correctly", L6, K1 → 10 Zieleinheiten			
Zieleinheit	**Strukturtyp**	**Kategorie**	**F**
anmerken + richtigerweise	L6	FWV-GUA	1
argumentieren + zu Recht	L6	FWV-GUA	1
aufmerksam machen + korrekterweise	L6	FWV-GUA	1
erkennen + (ganz) richtig	L6*	KOLL, K1	1
hinweisen auf	EWE	EWE	1
hinweisen auf + korrekt	L6	FWV-GUA	1
hinweisen auf + richtigerweise	L6	FWV-GUA	2
hinweisen auf + zu Recht	L6	KOLL, K1	2

* In der Zieleinheit ist die Kollokator-Komponente um eine Modalpartikel ergänzt. Modalpartikeln werden hier aufgrund ihrer primär prozeduralen Bedeutung und in erster Linie äußerungsmodellierenden Funktion nicht als eigenständige Komponenten von Wortkombinationen betrachtet.			
EX2.1_AE7_EN "time + to pass", L3, K3 → 10 Zieleinheiten			
Zieleinheit	**Strukturtyp**	**Kategorie**	**F**
über…hin + Jahr	LX*	FWV-GUA	1
längerfristig	EWE	EWE	1
noch	EWE	EWE	1
im Lauf + Zeit	L4 "in"	KOLL, K3	1
im Laufe + Zeit	L4 "in"	KOLL, K3	3
mit + Zeit	LX*	KOLL, K3	1
über + Zeit	LX*	FWV-GA	1
AUSLASSUNG	X	X	1
* Die Zieleinheiten stellen jeweils Kombinationen aus Präposition und Substantiv dar. Aus dem Vergleich mit anderen Zieleinheiten heraus werden die Kombinationen in die am nächsten liegenden Kategorien eingeordnet.			
EX2.1_AE8_EN "contract + to draw up", L1.2 "up", K3 → 10 Zieleinheiten			
Zieleinheit	**Strukturtyp**	**Kategorie**	**F**
Vertrag + aufsetzen	L1.1	KOLL, K2	2
Vertrag + ausarbeiten	L1.1	KOLL, K1	1
Vertrag + aushandeln	L1.1	KOLL, K2	2
Vertrag + entwerfen	L1.1	FWV-GUA	1
Vertrag + erstellen	L1.1	FWV-GUA	4
EX2.1_AE9_EN "contract + to sign", L1.1, K3 → 10 Zieleinheiten			
Zieleinheit	**Strukturtyp**	**Kategorie**	**F**
Vertrag + abschließen	L1.1	KOLL, K3	1
Vertrag + unterschreiben	L1.1	KOLL, K3	3
Vertrag + unterzeichnen	L1.1	KOLL, K3	6
EX2.1_AE10_EN "number + small", L2, K3 → 10 Zieleinheiten			
Zieleinheit	**Strukturtyp**	**Kategorie**	**F**
(nur) allmählich	EWE*	EWE	1
Anzahl + klein	L2	FWV-GUA	1
ein paar	EWE	EWE	1
einige	EWE	EWE	1
Gruppe + klein	L2	KOLL, K2	1
Menge (an) + Arbeiter | Menge + gering	L4 "an" ◊ L2	FWV-GA	1
Menge + klein	L2	KOLL, K1	1
Zahl + überschaubar	L2	KOLL, K1	1
AUSLASSUNG	X	X	2
* Die Modalpartikel wird bei der Zuweisung des Strukturtyps nicht berücksichtigt (s.o.), weshalb die Einheit als "Ein-Wort-Entsprechung" behandelt wird.			
EX2.1_AE11_EN "ditch + to dig", L1.1, K3 → 10 Zieleinheiten			
Zieleinheit	**Strukturtyp**	**Kategorie**	**F**
(Kanal)schacht + ausheben	L1.1	KOLL, K2	1
Grabearbeiten	EWE	EWE	1
Graben	EWE	EWE	1
Graben + ausheben	L1.1	KOLL, K3	4

Kanal + ausheben	L1.1	FWV-GA	1
Kanal + graben	L1.1	KOLL, K2	1
Kanalbett + fertigstellen	L1.1	FWV-GUA	1
EX2.1_AE12_EN "dam + to construct", L1.1, K3 → 10 Zieleinheiten			
Zieleinheit	**Strukturtyp**	**Kategorie**	**F**
Damm + bauen	L1.1	KOLL, K2	5
Damm + errichten	L1.1	KOLL, K1	3
Damm + erbauen	L1.1	FWV-GA	1
Damm + anlegen	L1.1	FWV-GUA	1
EX2.2_AE1_EN "plan + to propose", L1.1, K3 → 10 Zieleinheiten			
Zieleinheit	**Strukturtyp**	**Kategorie**	**F**
Entwurf + vorstellen	L1.1	KOLL, K1	1
Plan + präsentieren	L1.1	KOLL, K1	1
Plan + veröffentlichen	L1.1	FWV-GUA	1
Plan + vorlegen	L1.1	KOLL, K2	2
Plan + vorstellen	L1.1	KOLL, K1	2
Planung + vorbringen	L1.1	FWV-GA	1
Vorhaben + verkünden	L1.1	FWV-GUA	1
vorschlagen	EWE	EWE	1
EX2.2_AE2_EN "idea + daring", L2, K1 → 10 Zieleinheiten			
Zieleinheit	**Strukturtyp**	**Kategorie**	**F**
Idee + gewagt	L2	FWV-GUA	3
Idee + tollkühn	L2	KOLL, K1	1
Plan + (belächelt abtun)	LX*	FWV-GA	1
Plan + gewagt	L2	FWV-GUA	1
Vorhaben + gewagt	L2	FWV-GUA	1
Vorhaben + wagemutig	L2	FWV-GUA	1
Vorhaben + waghalsig	L2	FWV-GUA	1
Vorschlag + gewagt	L2	FWV-GUA	1
* Die Zieleinheit unterscheidet sich von den aufgestellten Strukturtypen und vor allem von Typ L1.1 insofern, als ihre "Kollokator"-Komponente nicht aus einem einfachen Verb, sondern aus einem (gebrauchsauffälligen) verbalen Ausdruck besteht.			
EX2.2_AE3_EN "dirt + road", L4, K3 → 10 Zieleinheiten			
Zieleinheit	**Strukturtyp**	**Kategorie**	**F**
Erdstraße	EWE	EWE	1
Feldweg	EWE	EWE	1
Landstraße + rau	L2	FWV-GA	1
Landstraße + schlammig	L2	FWV-GUA	1
Landstraße + schmutzig	L2	FWV-GUA	1
Landstraße + unbefestigt	L2	FWV-GA	2
Landstraße + verdreckt	L2	FWV-GA	1
AUSLASSUNG	X	X	2
EX2.2_AE4_EN "mud + to sink in", L1.4, K1 → 10 Zieleinheiten			
Zieleinheit	**Strukturtyp**	**Kategorie**	**F**
Matsch + stecken in	L1.4 "in"	FWV-GA	1
Schlamm + steckenbleiben in	L1.4 "in"	KOLL, K2	2
Schlamm + versinken in	L1.4 "in"	KOLL, K2	7

EX2.2_AE5_EN "road + paved", L2, K3 → 10 Zieleinheiten

Zieleinheit	Strukturtyp	Kategorie	F
Landstraße + befestigt	L2	KOLL, K2	2
Landstraße + geebnet	L2	FWV-GA	1
Landstraße + gepflastert	L2	FWV-GUA	3
Landstraßenabschnitt + gepflastert	L2	FWV-GUA	1
Straße + asphaltiert	L2	KOLL, K2	1
Straße + betoniert	L2	FWV-GUA	1
Straße + planiert	L2	FWV-GUA	1

EX2.2_AE6_EN "ruin + to face", L1.1, K2 → 10 Zieleinheiten

Zieleinheit	Strukturtyp	Kategorie	F
Bemühung + erfolglos | erfolglos + bleiben	L2 + L6!*	KOLL, K2	1
Ende + drohend	L2 (aus L3)	KOLL, K1	1
Ende + entgegensehen	L1.1	KOLL, K1	1
Gefahr + geraten in	L1.2 "in"	KOLL, K2	1
kurz vor dem Ruin + stehen	LX**	FWV-GUA	1
kurz vor dem Scheitern + stehen	LX**	FWV-GUA	1
scheitern + drohen zu	LX***	KOLL, K1	1
Scheitern + verurteilen zu	L1.4 "zu"	KOLL, K2	1
vor Aus + stehen	L7	KOLL, K1	1
AUSLASSUNG	X	X	1

* Mit der als L6! eingeordneten Teilkombination dieser komplexen Zieleinheit liegt eine Abweichung vom normalen Strukturtyp vor, da nicht das Verb die Funktion der Basis innehat, sondern das Adverb.
** Die Zieleinheiten weisen ähnliche Strukturen auf, die von der aufgestellten Kombinationstypologie dahingehend abweichen, dass die "Basis"-Komponenten der freien Kombinationen, die dem Typ L7 nahe kommen, jeweils um ein Adverb erweitert sind.
*** In der Einheit ist die Basis-Komponente ein einfaches Verb, die Kollokator-Komponente besteht aus einer präpositionalen Infinitivgruppe.

EX2.2_AE7_EN "area + rural", L2, K3 → 10 Zieleinheiten

Zieleinheit	Strukturtyp	Kategorie	F
Gebiet + ländlich	L2	KOLL , K3	5
Gegend + ländlich	L2	KOLL , K3	5

EX2.2_AE8_EN "association + to head", L1.1, K1 → 10 Zieleinheiten

Zieleinheit	Strukturtyp	Kategorie	F
Association + leiten	L1.1	FWV-GUA	1
Leiter + Association	L4 (aus L1.1)	FWV-GUA	4
Vorsitz + Association | Vorsitz + innehaben	L4 + L1.1	KOLL, K3	1
Vorstand + Association	L4 (aus L1.1)	FWV-GUA	1
Vorsitz + Assoziation	L4 (aus L1.1)	FWV-GUA	1
Leiter + Verband	L4 (aus L1.1)	KOLL, K1	1
Leiter + Verbund	L4 (aus L1.1)	FWV-GUA	1

EX3.1_AE1_EN "town + thriving", L2 (aus L3), K2 → 12 Zieleinheiten

Gemeinde + blühend	L2 (aus L3)	FWV-GA	1
Ort + voller Leben	LX*	FWV-GUA	1
Stadt + belebt	L2	FWV-GA	1

Stadt + blühend	L2 (aus L3)	FWV-GUA	3
Stadt + florierend	L2 (aus L3)	FWV-GUA	1
Stadt + mit Leben erfüllt	L2 (aus L1.4 "mit")	FWV-GUA	1
Stadt + voller Leben	LX*	FWV-GUA	3
Städtchen + geschäftig	L2	FWV-GUA	1
* Bei den Zieleinheiten handelt es sich um Kombinationen je eines Substantivs und einer Präpositionalgruppe, wobei letztere jeweils die Funktion der "Kollokator"-Komponente innehat.			
EX3.1_AE2_EN "activity + economic", L2, K3 → 12 Zieleinheiten			
Zieleinheit	**Strukturtyp**	**Kategorie**	**F**
Aktivität + wirtschaftlich	L2	KOLL, K1	1
Aktivität(en) + wirtschaftlich	L2	FWV-GUA	1
Betriebsamkeit + wirtschaftlich	L2	FVW-GA	2
Leben	EWE	EWE	1
Leben + wirtschaftlich	L2	KOLL, K1	6
wirtschaftlich + lebendig	L5	FWV-GA	1
EX3.1_AE3_EN "imagination + to captivate", L1.1, K2 → 12 Zieleinheiten			
Zieleinheit	**Strukturtyp**	**Kategorie**	**F**
Atmosphäre + fesselnd	L2 (aus L3)	FWV-GA	1
Aufmerksamkeit + fesseln	L1.1	KOLL, K2	1
fallen + (nicht) schwer	L6	KOLL, K3	1
Fantasie + beflügeln	L1.1	KOLL, K3	2
fesseln | Vorstellungskraft + herausfordern	EWE + L1.1	FWV-GUA	1
Gefühl + fesselnd	L2 (aus L3)	FWV-GA	1
Phantasie + anregen	L1.1	KOLL, K3	3
Phantasie + beleben	L1.1	KOLL, K1	1
Vorstellungskraft + beflügeln	L3	FWV-GA	1
EX3.1_AE4_EN "activity + bustling", L2, K3 → 12 Zieleinheiten			
Zieleinheit	**Strukturtyp**	**Kategorie**	**F**
Aktivität + geschäftig	L2	FWV-GA	1
Alltag + belebt	L2	FWV-GA	1
Leben + quirlig	L2	FWV-GUA	1
Treiben + bunt	L2	KOLL, K2	1
Treiben + geschäftig	L2	KOLL, K3	4
Treiben + rege	L2	KOLL, K2	3
AUSLASSUNG	X	X	1
EX3.1_AE5_EN "hope + to dash", L1.1, K3 → 12 Zieleinheiten			
Zieleinheit	**Strukturtyp**	**Kategorie**	**F**
Hoffnung + vereiteln	L1.1	FWV-GA	1
Hoffnung + zerstören	L1.1	KOLL, K1	7
Zerstörung + Hoffnung	L4 (aus L1.1)	FWV-GUA	1
Hoffnungen + zerplatzen wie Luftblasen	L3*	KOLL, K2	1
Traum + zerstören	L1.1	KOLL, K1	1
Wunsch + zerstören	L1.1	FWV-GUA	1
* Besonderer Erwähnung bedarf die Kollokator-Komponente in Gestalt einer Redewendung. Die Struktur der Einheit kommt dem Typ L3 nahe.			

EX3.1_AE6_EN "generation + future", L2, K3 → 12 Zieleinheiten			
Zieleinheit	**Strukturtyp**	**Kategorie**	**F**
Generation + kommend	L2	KOLL, K1	2
Generation + künftig	L2	KOLL, K2	1
Generation + nachfolgend	L2	KOLL, K2	1
Generation + zukünftig	L2	KOLL, K2	7
künftig	EWE	EWE	1
EX3.1_AE7_EN "family + to raise", L1.1, K3 → 12 Zieleinheiten			
Zieleinheit	**Strukturtyp**	**Kategorie**	**F**
(Familie + mit + Kind) + es gibt	LX*	KOLL, K3	1
Familie + (Kind großziehen)	LX**	KOLL, K2	2
Familie + ansässig sein	L3	KOLL, K2	1
Familie + gründen	L1.1	KOLL, K2	2
Familie + leben	L3	FWV-GUA	2
Familie + mit + Kind | Familie + leben	L4 ◊ L3	KOLL, K3	2
mit Familie + leben	L7	FWV-GUA	1
mit Familie + wohnen	L7	FWV-GUA	1
* Die Basis-Komponente der Einheit hat die Form einer L4-Kollokation, welche die komplexe Einheit auch dominiert und maßgeblich ist für ihre Kategorisierung, und die Kollokator-Komponente besteht aus einem verbalen Ausdruck. ** Die Abweichung von der Kombinationstypologie kann an der Kollokator-Komponente festgemacht werden, die in die Form einer Kollokation des Typs L1.1 hat.			
EX3.1_AE8_EN "lesson + to learn", L1.1, K3 → 12 Zieleinheiten			
Zieleinheit	**Strukturtyp**	**Kategorie**	**F**
Erfahrung + beitragen zu lernen	LX*	FWV-GUA	1
Lehre	EWE	EWE	1
Lehre(n) + ziehen (aus)	L1.1	KOLL K2	5
lernen	EWE	EWE	1
lernen aus	EWE	EWE	3
lernen von	EWE	EWE	1
* Die Struktur der freien Kombination kommt dem Typ L3 nahe, doch besteht ihre "Kollokator"-Komponente aus einer präpositionalen Infinitivgruppe.			
EX3.1_AE9_EN "generation + earlier", L2, K2 → 12 Zieleinheiten			
Zieleinheit	**Strukturtyp**	**Kategorie**	**F**
Generation + früher	L2	KOLL, K1	7
Generation + vergangen	L2	FWV-GUA	2
Geschichte	EWE	EWE	1
Vorfahren	EWE	EWE	1
AUSLASSUNG	X	X	1
EX3.2_AE1_EN "origin + to determine", L1.1, K2 → 12 Zieleinheiten			
Zieleinheit	**Strukturtyp**	**Kategorie**	**F**
Erklärung	EWE	EWE	1
Erklärung (für) + finden	L1.1	KOLL, K1	1
Erklärung (für) + ermitteln	L1.1	FWV-GA	1
Herkunft + bestimmen	L1.1	KOLL, K1	1
Ursprung + belegen	L1.1	FWV-GUA	1
Ursprung + bestimmen	L1.1	FWV-GUA	1
Ursprung + erklären	L1.1	FWV-GUA	1

Erklärung (für) + Ursprung	L4 "für"	FWV-GUA	1
Erklärung (zu) + Ursprung | Erklärung (zu) + liefern	LX* + L1.1	FWV-GA	1
Ursprung + klären	L1.1	FWV-GUA	3
* Die komplexe Zieleinheit hat die Form einer Addition zweier Wortkombinationen: Addiert werden eine L1.1-Kombination und eine vom normalen Typ L4 abweichende Kombination zweier Substantive, in deren Verbund die Rollen der Komponenten nicht klar verteilt sind.			
EX3.2_AE2_EN "phenomenon + to witness", L1.1, K1 → 12 Zieleinheiten			
Zieleinheit	**Strukturtyp**	**Kategorie**	**F**
Existenz des Lichts + beruhen auf Zeugenaussage	LX*	FWV-GA	1
Beobachtung	EWE	EWE	1
Phänomen + basieren auf Augenzeugenbericht	LX**	FWV-GUA	1
Phänomen + beobachtet	L2 (aus L1.1)	KOLL,K2	3
Phänomen + beobachten | Augenzeuge + beobachten	L1.1 + L3	KOLL, K2	1
Phänomen + beobachtet | Augenzeuge + beobachten	L2 (aus L1.1) + L3	KOLL, K2	1
Phänomen + beruhen auf Augenzeugenbericht	LX**	FWV-GUA	1
Phänomen + beruhen auf Zeugenaussage	LX**	FWV-GA	1
Phänomen + beschrieben | Augenzeuge + beschreiben	L2 + L3	KOLL, K2	1
Phänomen + ungeklärt	L2	FWV-GUA	1
* Bei der als besonderer Typ eingeordneten Einheit hat die "Basis"-Komponente die Form eines Gefüges aus Substantiv + Genitivattribut, der "Kollokator" hat die Form eines Gefüges aus Verb und Präpositionalgruppe. ** In diesen freien Zielkombinationen bestehen die "Kollokator"-Komponenten jeweils aus einer Verbindung von einem Verb und einer Präpositionalgruppe und nicht wie bei dem normalen Strukturtyp L3 aus einem Verb.			
EX3.2_AE3_EN "night + clear", L2, K3 → 12 Zieleinheiten			
Zieleinheit	**Strukturtyp**	**Kategorie**	**F**
Nacht + klar	L2	KOLL, K2	10
Nacht + sternenklar	L2	KOLL, K3	2
EX3.2_AE4_EN "light + to illuminate", L3, K2 → 12 Zieleinheiten			
Zieleinheit	**Strukturtyp**	**Kategorie**	**F**
Erscheinen	EWE	EWE	1
Licht + beleuchten	L3	FWV-GUA	1
Licht + erhellen	L3	KOLL, K1	2
Licht + erleuchten	L3	FWV-GUA	2
Licht + sehen	L1.1	FWV-GUA	1
Light [=Eigenname] + erhellen	L3	FWV-GUA	1
Light [=Eigenname] + erleuchten	L3	FWV-GUA	3
Phänomen + erhellen	L3	FWV-GUA	1

EX3.2_AE5_EN "visitor + frequent", L2, K3 → 12 Zieleinheiten			
Zieleinheit	**Strukturtyp**	**Kategorie**	**F**
ansehen + häufig	L6	FWV-GUA	2
Augenzeuge + beobachten | beobachten + häufig	L3 + L6	KOLL,K1	1
beobachten + schon oft	L6	FWV-GUA	1
beobachten + häufig	L6	KOLL, K1	2
besuchen + des öfteren	L6	FWV-GUA	1
besuchen + häufig	L6	KOLL , K1	1
Besucher + häufig	L2	FWV-GUA	1
Besucher + regelmäßig	L2	FWV-GUA	1
kommen (um zu beobachten) + häufig	LX*	FWV-GUA	1
kommen (um zu sehen) + oft	LX*	FWV-GUA	1
* Bei den beiden gebrauchsunauffälligen Einheiten liegen jeweils Strukturen vor, die etwa vom normalen L6-Typ dahingehend abweichen, dass die "Basis"-Komponenten der Einheiten jeweils aus einem Verb und einer Infinitivgruppe zusammengesetzt sind.			
EX3.2_AE6_EN "hike + to take", L1.1, K2 → 12 Zieleinheiten			
Zieleinheit	**Strukturtyp**	**Kategorie**	**F**
Waldwanderung	EWE	EWE	1
sich aufmachen | Waldwanderung	EWE | EWE	EWE	1
Suche + sich begeben auf	L1.2 "auf"	KOLL, K3	1
Tour + machen	L1.1	KOLL, K1	1
Versuch + unternehmen	L1.1	KOLL, K3	1
Wanderung + aufbrechen zu	L1.4 "zu"	FWV-GUA	2
Wanderung + gehen auf	L1.2 "auf"	FWV-GUA	2
Wanderung + unternehmen	L1.1	KOLL, K1	2
AUSLASSUNG	X	X	1
EX3.2_AE7_EN "witness + to report", L3, K2 → 12 Zieleinheiten			
Zieleinheit	**Strukturtyp**	**Kategorie**	**F**
Augenzeuge + zufolge	LX*	FWV-GUA	1
so + berichten	L6	FWV-GUA	1
Zeuge + berichten	L3	KOLL, K1	4
Augenzeuge + berichten	L3	KOLL, K2	3
so + Augenzeugenbericht	LX**	FWV-GUA	1
AUSLASSUNG	X	X	2
* Die Zieleinheit stellt eine Kombinationen aus Präposition und Substantiv dar. Über den Vergleich mit anderen Zieleinheiten wird die Kombination in die am nächsten liegende Kategorie eingeordnet (hier FWV-GUA). ** Die als LX-Kombination eingeordnete Zieleinheit hat gleich zwei "besondere" Komponenten: Die "Basis"-Komponente hat die Form eines Kompositums aus einer Kollokation des Typs L3, die "Kollokator"-Komponente stellt eine um das Verb "reduzierte" L6-Kombination dar.			
EX3.2_AE8_EN "glow + radiant", L2, K1 → 12 Zieleinheiten			
Zieleinheit	**Strukturtyp**	**Kategorie**	**F**
Glanz + durchdringend	L2	FWV-GUA	1
Glühen + hell | sehr + hell	L2 + L5	FWV-GA	1
Glühen + schwach	L2	KOLL, K1	1
Glühen + strahlend	L2	FWV-GA	3

Glühen + warm | Glühen + hell	L2 ◊ L2	FWV-GA	1
leuchten + hell	L6	KOLL, K3	1
Leuchten + hell	L2	KOLL, K3	1
Leuchten + strahlend	L2	FWV-GUA	2
Schein + glänzend | glänzen + hell	L2 (aus L3) + L6	FWV-GA	1
EX3.2_AE9_EN "on video + to capture", L7, K3 → 12 Zieleinheiten			
Zieleinheit	**Strukturtyp**	**Kategorie**	**F**
auf Video + aufnehmen	L7	KOLL, K1	2
auf Video + einfangen	L7	FWV-GA	3
auf Video + festhalten	L7	KOLL, K2	3
Filmen	EWE	EWE	2
mit Videokamera + festhalten	L7	KOLL, K1	1
mit Videokamera + filmen	L7	KOLL, K3	1

Tabelle (8.2): Die Übersetzungseinheiten der Studie 1

8.1.2 Die Verteilung der Ausgangseinheiten der Studie 2

Wie in der Studie 1 liegt auch in der Studie 2 das Hauptaugenmerk auf der Verteilung der Zieleinheiten auf die fünf Kategorien Kollokation (KOLL), gebrauchsunauffällige freie Wortverbindung (FWV-GUA), gebrauchsauffällige freie Wortverbindung (FWV-GA), Ein-Wort-Entsprechung (EWE) und Auslassung (X), wobei auch hier der Analyse der Zieleinheiten eine Übersicht über die Verteilung der Ausgangseinheiten nach Kollokationsstärkegraden vorangestellt wird (K1 = schwach, K2 = mittel, K3 = stark).

Probe	EX1.1	EX2.1	EX2.2	EX3.1	EX3.2	**Gesamt Studie 2**	
	f	f	f	f	f	**f**	**%**
KOLL, K1	2	1	3	0	2	**8**	**17,02**
KOLL, K2	4	0	1	3	4	**12**	**25,53**
KOLL, K3	3	11	4	6	3	**27**	**57,45**
Gesamt	9	12	8	9	9	**47**	**100**

Tabelle (8.3): Die Häufigkeiten der Ausgangseinheiten der Studie 2

In der Studie 2 wurden ausschließlich Übersetzungen aus dem Englischen ins Deutsche analysiert. Bei den insgesamt 47 Ausgangseinheiten liegen die Anteile der Kollokationen eines niedrigen und mittleren Stärkegrades bei 17,02 % (K1) und 25,53 % (K2). Die größte Gruppe bilden mit 57,45 % die starken Kollokationen (K3). Bei den Kollokationen eines mittleren und hohen Stärkegrades kann in den meisten Fällen vorausgesetzt werden, dass sie zum aktiven oder zumindest passiven englischen Wortschatz der fortgeschrittenen Übersetzer zählen; Ausnahmen stellen hier jene Einheiten der Gruppe EX3.1 dar, die sich durch eine vergleichsweise deutliche Bildsprachlichkeit auszeichnen (EX3.1_AE1 "town + thriving" und EX3.1_AE4 "activity + bustling", jeweils Strukturtyp L2 (Substantiv, Basis + Adjektiv, Kollokator), sowie EX3.1_AE3 "imagination + to captivate", Strukturtyp L1.1 (Substantiv (Akkusativobjekt), Basis + Verb, Kollokator)). Vor allem im Falle der starken Ausgangskollokationen dürfte die Verfügbarkeit in der Rezeptions- und Transferphase des Übersetzungsprozesses gewährleistet sein. Bei den Ausgangskollokationen mit niedrigerem Stärkegrad und entsprechend größerem Kombinationspotential kann hiervon nicht unbedingt ausgegangen werden. Allerdings handelt es sich auch bei den schwachen Kollokationen um semantisch transparente Einheiten, die in ihrem Textvorkommen nicht unüblich sind.

Wie schon in der Studie 1 ist die Verteilung der unterschiedlich starken Ausgangskollokationen auf die einzelnen Proben nicht einheitlich: Ausgewogen ist das Verhältnis zwischen den Stärkegraden in den Proben EX1.1, EX2.2 und EX3.2. Unter den Ausgangseinheiten der Probe EX2.1 finden sich keine Kollokationen mittleren Stärkegrades, in der Probe EX3.1 gibt es keine schwachen ausgangssprachigen Kollokationen. Der Anteil an starken Kollokationen ist in allen Proben der jeweils größte.

Auch in der Studie 2 entspricht die am häufigsten vertretene Kollokationsstruktur mit 20 von 47 Ausgangseinheiten dem Typ L1.1; zwei weitere Ausgangseinheiten weisen Strukturen auf, die diesem Typ ähnlich sind (L1.2, Substantiv (Akkusativ-Objekt), Basis + (Verb + Präposition), Kollokator; L1.4, Substantiv (Dativ-Objekt), Basis + (Verb + Präposition), Kollokator). Der am zweithäufigsten vorkommende Strukturtyp unter den Ausgangseinheiten ist, ebenfalls wie in der Studie 1, die Kombination von Substantiv und Adjektiv (L2); ihm entsprechen zwölf Ausgangseinheiten. Die restlichen Ausgangskollokationen verteilen sich zu vier Einheiten auf den Typ L3 (Substantiv (Subjekt), Basis + Verb, Kollokator), zu drei Einheiten auf den Typ L6 (Verb, Basis + Adverb), und jeweils eine Einheit entspricht den Typen L4 (Substantiv, Kollokator + Substantiv, Basis) und L7 ((Präposition + Substantiv (Objekt)), Basis + Verb, Kollokator). Wie in der Studie 1 sind auch in dieser Studie zwei Tripelkollokationen unter den Ausgangseinheiten, bestehend aus zwei L1.1-Kombinationen bzw. einer L1.1- und einer L2-Kombination mit jeweils gleicher Basis-Komponente (in beiden Fällen das Substantiv der Kombinationen.)

Über die Verteilung der Stärkegrade der Ausgangskollokationen und Strukturtypen der einzelnen Proben hinaus ist auch die Zusammensetzung der Gesamtmenge der Ausgangseinheiten der Studie 2 vergleichsweise homogen in dem Sinne, dass es zu vergleichbaren Anteilen kollokative zielsprachige Äquivalente gibt, die den Ausgangseinheiten strukturell und lexikalisch-semantisch ähnlich sind. Für die Gesamtmenge der Ausgangseinheiten der Studie 1 konnte dies ebenfalls festgestellt werden.

8.1.3 Die Verteilung der Zieleinheiten der Studie 2 auf die Kategorien

Auf der Grundlage der Häufigkeitenverteilung der Zieleinheiten auf die Kategorien Kollokation (KOLL), gebrauchsunauffällige freie Wortverbindung (FWV-GUA), gebrauchsauffällige freie Wortverbindung (FWV-GA), Ein-Wort-Entsprechung (EWE) und Auslassung (X) soll auch für die Studie 2 zunächst die für die Analyse formulierte Leitfrage beantwortet werden.

Leitfrage für die Studie 2: *Sind die in den Hypothesen genannten Phänomene in allen Proben der Studie vertreten?*

Insgesamt 478 Zieleinheiten aus fünf Proben wurden in der Studie 2 untersucht. Erneut ist die Anzahl an Zieleinheiten je Probe abhängig von der jeweiligen Anzahl der Ausgangseinheiten und Zieltexte.

Probe	**EX1.1**		**EX2.1**		**EX3.1**	
	f	%	f	%	f	%
KOLL	36	50,7	74	61,67	63	58,33
FWV-GUA	15	21,13	22	18,33	22	20,37
FWV-GA	12	16,9	5	4,17	11	10,19
EWE	7	9,86	16	13,33	10	9,26
X	1	1,41	3	2,5	2	1,85
Gesamt	71	100	120	100	108	100

Probe	**EX2.2**		**EX3.2**		Gesamt Studie 2	
	f	%	f	%	f	%
KOLL	38	47,5	48	44,45	259	53,18
FWV-GUA	28	35	37	34,26	124	25,46
FWV-GA	8	10	13	12,04	49	10,06
EWE	3	3,75	7	6,48	43	8,83
X	3	3,75	3	2,77	12	2,46
Gesamt	80	100	108	100	487	100*

Tabelle (8.4): Verteilung der Zieleinheiten der Studie 2 auf fünf Kategorien; *Gesamt in % gerundet.

Wie in der Studie 1 stellen auch in der Studie 2 die Kollokationen (KOLL) mit 53,18 % den größten Teil der Zieleinheiten dar. Der Anteil an Zieleinheiten dieser Kategorie ist mit 61,67 % in der Probe EX2.1 am größten, dicht darunter liegt der Wert der Probe EX3.1 (58,33 %). Die wenigsten kollokativen Zieleinheiten gibt es in der Probe EX3.2, wobei dieser Anteil mit 44,45 % nicht allzu weit entfernt von den Werten der Proben EX2.2 (47,5 %) und EX1.1 (50,7 %) liegt.

Ebenso wie in der Studie 1 bilden die gebrauchsunauffälligen freien Wortverbindungen (FWV-GUA) mit 25,46 % die zweitgrößte Gruppe der Zieleinheiten. In den Proben EX2.2 und EX3.2 finden sich mit 35 % und 34,26 % die größten FWV-GUA-Anteile. Weit darunter liegen die Anteile in den Proben EX1.1 (21,13 %), EX3.1 (20,37 %) und EX2.1 (18,33 %).

Die drittgrößte Gruppe der Zieleinheiten stellen mit 10,06 % die gebrauchsauffälligen freien Wortverbindungen (FWV-GA) dar. Mit 16,9 % ist dabei der Anteil an FWV-GA-Zieleinheiten in der Probe EX1.1 am größten. An zweiter Stelle liegt die Probe EX3.2 mit einem Anteil von 12,43 %. Die FWV-GA-Anteile der Proben EX2.2 und EX3.1 sind mit 10 % und 10,19 % ähnlich groß. Deutlich kleiner ist der Anteil der FWV-GA-Zieleinheiten in der Probe EX2.1 (4,17 %).

Unmittelbar auf die Gruppe der gebrauchsauffälligen freien Zieleinheiten folgen mit einem Anteil von 8,83 % die Ein-Wort-Entsprechungen (EWE). Der Anteil an Ein-

Wort-Zieleinheiten liegt mit 13,33 % in der Probe EX2.1 über diesem Gesamtwert. In den Proben EX1.1 und EX3.1 gibt es jeweils ähnlich große Anteile an EWE-Zieleinheiten (9,86 % und 9,26 %). Darunter liegt mit 6,48 % der Anteil der Probe EX3.2. Der Anteil der Zieleinheiten der Kategorie EWE in der Probe EX2.2 ist mit nur 3,75 % am kleinsten.

Den weitaus geringsten Anteil an der Gesamtmenge der Zieleinheiten machen, ähnlich wie in der Studie 1 mit 2,46 % die Auslassungen (X) aus. Dabei ist der Anteil an Auslassungen in der Probe EX2.2 mit 3,75 % insgesamt am größten. Mit 2,77 % und 2,5 % liegen die Werte der Proben EX3.2 und EX2.1 dicht beieinander; auch bei den Proben EX3.1 und EX1.1 ist dies der Fall (1,85 % und 1,41 %).

Betrachtet nach den einzelnen Übersetzungssamples zeichnen sich über die Beantwortung der Leitfragen folgende Ergebnisse ab: Im Sample EX1.1 (1 Ausgangstext, 8 Zieltexte, 9 Ausgangseinheiten, 72 Zieleinheiten) sind alle fünf Kategorien unter den Zieleinheiten vertreten. Mit 50,7 % handelt es sich bei rund der Hälfte der Zieleinheiten um Kollokationen (Phänomen Hypothese 1) und mit 16,9 % ist ein nicht zu vernachlässigender Anteil der Zieleinheiten gebrauchsauffällig (Phänomen Hypothese 2). In der Probe EX2.1 (1 Ausgangstext, 10 Zieltexte, 12 Ausgangseinheiten, 120 Zieleinheiten) wurden 61,67 % der Zieleinheiten als Kollokationen der Zielsprache klassifiziert. Zwar gibt es in der Probe auch gebrauchsauffällige zielsprachige Wortverbindungen, doch stellen diese insgesamt nur 4,17 % der Zieleinheiten dar. Eine mögliche Erklärung für den geringen Anteil an gebrauchsauffälligen Zieleinheiten in dieser Probe stellen die ausgewählten Ausgangseinheiten dar: Zwischen den ausgewählten Kollokationen der Ausgangssprache und ihren kollokativen zielsprachigen Entsprechungen besteht ein recht eindeutiges strukturelles und lexikalisches Äquivalenzverhältnis (wie z. B. "<u>river</u> + to cross" (Strukturtyp L1.1) → "<u>Fluss</u> + überqueren" (L1.1), "<u>attention</u> + to draw" (L1.1) → "<u>Aufmerksamkeit</u> + auf sich ziehen" (L1.1), "<u>quantity</u> + huge" (L2) → "<u>Menge</u> + riesig" (L2), "<u>time</u> + to pass" (L3) → "<u>Zeit</u> + vergehen" (L3), "<u>contract</u> + to sign" (L1.1) → "<u>Vertrag</u> + unterzeichnen" (L1.1)). Die äquivalenten zielsprachigen Kollokationen sind in der Übersetzung vergleichsweise stabil und robust gegenüber Veränderungen der Struktur und des Wortlauts, gegebenenfalls auch aus dem Grund, dass diese Einheiten im Übersetzungsprozess kognitiv auf Abruf verfügbar sein dürften. Dies konnte bereits in der Studie 1 beobachtet werden (vgl. hierzu Kapitel 7.1.3). Auch in der Probe EX2.2 (1 Ausgangstext, 10 Zieltexte, 8 Ausgangseinheiten, 80 Zieleinheiten) verteilen sich die Zieleinheiten auf alle fünf Kategorien. Hinsichtlich der strukturellen und lexikalischen Variation der Einheiten unterscheidet sich diese Probe nur geringfügig von den vorherigen. Beide in den Hypothesen genannte Phänomene zeigen sich auch hier: Weniger als die Hälfte der Zieleinheiten (47,5 %) wurden als Kollokationen der Zielsprache klassifiziert und 10 % der Zieleinheiten sind wortkombinatorisch auffällig. Im Sample EX3.1 (1 Ausgangstext, 12 Zieltexte, 9 Ausgangseinheiten, 108 Zieleinheiten) sind ebenfalls alle fünf Kategorien unter den Zieleinheiten vertreten. Bei 58,33 % der Zieleinheiten handelt es sich um Kollokationen und 10,19 % der Zieleinheiten stellen gebrauchsauffällige zielsprachige

Wortverbindungen dar. Die lexikalische und strukturelle Variation der Zieleinheiten je Ausgangseinheit ist hier ähnlich wie in allen zuvor genannten Proben der Studie; im Bereich der Kollokationen fällt sie jedoch geringer aus. In der Probe EX3.2 (1 Ausgangstext, 12 Zieltexte, 9 Ausgangseinheiten, 108 Zieleinheiten) fällt die lexikalische und strukturelle Variation der Zieleinheiten je Ausgangseinheit im Vergleich zur Probe EX3.1 im Bereich der Kollokationen etwas stärker aus. Die Zieleinheiten der Probe verteilen sich auf alle fünf Kategorien. Dabei stellen mit 44,45 % weniger als die Hälfte der Zieleinheiten Kollokationen dar und bei 12,04 % der Zieleinheiten handelt es sich um gebrauchsauffällige zielsprachige Wortverbindungen.

Insgesamt wird aus der Verteilung der Zieleinheiten auf die fünf Kategorien ersichtlich, dass den Kollokationen fremdsprachiger Ausgangstexte nicht ausschließlich Kollokationen in den Zieltexten entsprechen und eine fremdsprachige Kollokation durchaus auch mit gebrauchsauffälligen freien Wortverbindungen in die muttersprachlichen Zieltexte übertragen wird. In diesem Sinne bestätigt das Ergebnis der Studie 2 das Ergebnis der ersten Studie.

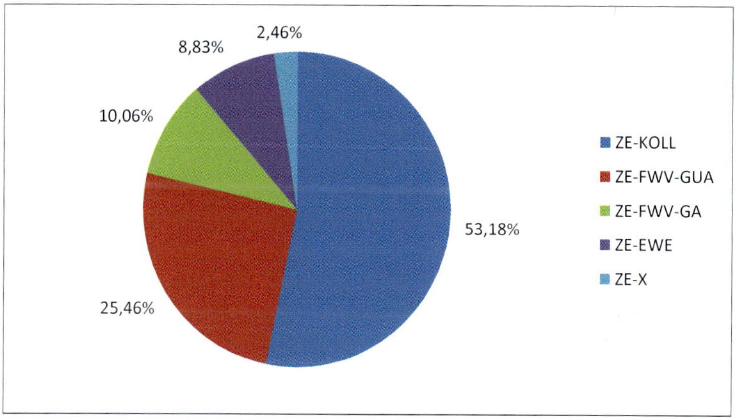

Abbildung (8.1): Verteilung der Zieleinheiten der Studie 2 auf fünf Kategorien

8.1.4 Qualitative Hypothesenprüfung

Wie in der Studie 1 erfolgt auf der Grundlage der Verteilung der Zieleinheiten der Studie 2 auf die fünf Kategorien zunächst eine qualitative Prüfung der beiden für die Untersuchung der syntagmatischen Übersetzungseinheiten aufgestellten Hypothesen.

Hypothese 1: *Bei der Her-Übersetzung entspricht einer Kollokation des fremdsprachigen Ausgangstextes im muttersprachlichen Zieltext nicht immer eine Kollokation, wobei es sich bei der Fremdsprache in diesem Fall um das Englische und bei der Muttersprache um das Deutsche handelt.* Für die Studie 2 kann die erste Hypothese bestätigt werden, da nur gut die Hälfte der Zieleinheiten als Kollokationen kategorisiert wurden (53,18 %). Bei den übrigen Zieleinheiten (46,82 %) handelt es sich um freie Wortverbindungen, Ein-Wort-Entsprechungen und Auslassungen.

Hypothese 2: *Einer Kollokation des fremdsprachigen Ausgangstextes kann im muttersprachlichen Zieltext eine wortkombinatorisch "auffällige" Einheit entsprechen, wobei es sich bei der Fremdsprache in diesem Fall um das Englische und bei der Muttersprache um das Deutsche handelt.* Nach einer qualitativen Bewertung der Verteilung der Zieleinheiten der Studie 2 kann auch die zweite Hypothese angenommen werden, da ein Zehntel der Zieleinheiten (10,06 %) als gebrauchsauffällige freie Wortverbindungen klassifiziert wurden. Die qualitative Prüfung beider Hypothesen liefert für die Studie 2 demnach das gleiche Ergebnis wie für die Studie 1 (vgl. Kapitel 7.1.4).

8.1.5 Prüfung der Häufigkeitenverteilung auf Signifikanz

Wie in der Studie 1 soll nun auch in der Studie 2 über einen Chi²-Test überprüft werden, ob die beobachtete Verteilung der Zieleinheiten auf die fünf Kategorien Kollokation (KOLL), gebrauchsunauffällige freie Wortverbindung (FWV-GUA), gebrauchsauffällige freie Wortverbindung (FWV-GA), Ein-Wort-Entsprechung (EWE) und Auslassung (X) von der theoretisch erwarteten Verteilung abweicht. Dabei wird der Berechnung des Tests auch in der Studie 2 die Gleichverteilungsannahme zugrunde gelegt. Der Signifikanzprüfung der beobachteten Verteilung wird die bereits für die Studie 1 formulierte Hypothese vorangestellt: *Kollokationen des fremdsprachigen Ausgangstextes werden nicht nur mit Kollokationen in die Zieltexte übertragen;*[150] *ihnen entsprechen in den muttersprachlichen Zieltexten auch gebrauchsunauffällige freie Wortverbindungen, wortkombinatorisch "auffällige" Einheiten, Ein-Wort-Entsprechungen oder Auslassungen.*

Berechnung des Chi²-Wertes für die Studie 2

	KOLL	FWV-GUA	FWV-GA	EWE	X	gesamt
beobachtet	259	124	49	43	12	487
erwartet	97,4	97,4	97,4	97,4	97,4	487
Freiheitsgrade (df)						4
Chi²	268,12	7,26	24,05	30,38	74,88	404,69

Tabelle (8.5): Die Berechnung des Chi²-Werts für die Studie 2

Mit 404,69 liegt der Chi²-Wert deutlich über dem für das 0,001-Niveau für vier Freiheitsgrade festgelegten Wert (18,46). Die beobachtete Verteilung der Zieleinheiten auf fünf Kategorien weicht also signifikant von der erwarteten Verteilung ab ($p<0,001$). Daher hat sich auch für die Studie 2 statistisch bestätigt, dass den Kollokationen des fremdsprachigen Ausgangstextes in den muttersprachlichen Zieltexten nicht nur Kol-

150 Wobei für die Studie 2 gilt: Fremd- und Ausgangssprache = Englisch, Mutter- und Zielsprache = Deutsch.

lokationen, sondern auch gebrauchsunauffällige und gebrauchsauffällige freie Wortverbindungen, Ein-Wort-Entsprechungen und Auslassungen entsprechen. Die Signifikanzprüfung der beobachteten Häufigkeitenverteilung der Zieleinheiten der Studie 2 führt demnach zu dem gleichen Ergebnis wie in der Studie 1.

8.2 Die deskriptive Analyse der Übersetzungseinheiten der Studie 2 und die Überprüfung der aus der Studie 1 gewonnenen Erkenntnisse

Auf die statistische Auswertung der Verteilung der Zieleinheiten der Studie 2 auf die fünf Kategorien Kollokation, gebrauchsunauffällige und gebrauchsauffällige freie Wortverbindung, Ein-Wort-Entsprechung und Auslassung folgt nun die Darstellung der deskriptiven Analyse der Übersetzungseinheiten. Dabei ist vor allem auch zu überprüfen, inwiefern die in Kapitel 7.2 dargestellten Erkenntnisse aus der Analyse der Einheiten der Studie 1 gleichermaßen auf die Einheiten der Studie 2 zutreffen. In diesem Sinne wird vor allem auf jene Faktoren geachtet, die sich in der Studie 1 im Zusammenhang mit der Her-Übersetzung von Kollokationen als besonders interessant hervorgetan haben. Hierzu zählen vor allem die Beschaffenheit und Kollokationsstärke der Ausgangseinheiten, die Variation der Zieleinheiten je Ausgangseinheit sowie die syntaktische und lexikalisch-semantische Gestalt der Übersetzungseinheit. Die Analyseergebnisse werden exemplarisch an ausgewählten Übersetzungseinheiten veranschaulicht; für eine vollständige Übersicht der Übersetzungseinheiten der Studie 2 vgl. Kapitel 8.1.1.

8.2.1 Die Zieleinheiten der Kategorie "Kollokation"

Die Verteilung der Zieleinheiten der Kategorie "Kollokation" (KOLL) auf die Ausgangseinheiten: Die insgesamt 259 kollokativen Zieleinheiten machen einen Anteil von 53,18 % aller Zieleinheiten der Studie 2 aus. Sie verteilen sich auf 45 der insgesamt 47 Ausgangseinheiten (95,74 %).

Studie 2, Übersetzungseinheiten KOLL	f	%
Zieleinheiten der Studie 2 insgesamt	487	100
Zieleinheiten der Kategorie KOLL	259	53,18
Ausgangseinheiten der Studie 2 insgesamt	47	100
Ausgangseinheiten, denen in mindestens einem Zieltext eine Einheit der Kategorie KOLL entspricht	45	95,74

Tabelle (8.6): Studie 2, Übersetzungseinheiten der Kategorie KOLL

Allein zu zwei Ausgangseinheiten der Studie 2 gibt es keine Zieleinheiten der Kategorie KOLL. In beiden Fällen führt die direkte, das heißt wörtliche Übersetzung des Kollokators im syntagmatischen Verbund mit der Basis zu keinem sinnvollen Ergebnis. Dies gilt vor allem für die Einheit "town + thriving" (Strukturtyp L2 aus L3, mittlerer Kollokationsstärkegrad K2), bei der zudem eine Personifizierung der Basis durch den

Kollokator vorliegt. Der Einheit "dirt + road" (Strukturtyp L4, hoher Kollokationsstärkegrad K3) wiederum entspricht im Deutschen üblicherweise ein Kompositum (z.B. *Feldweg*, *Schotterstraße*, *Sandpiste*).

Zu drei der aus den Ausgangstexten ausgewählten Kollokationen hingegen gibt es in *allen* entsprechenden Zieltexten Kollokationen (6,38 %). Bei diesen Ausgangseinheiten handelt es sich um Kollokationen eines hohen Stärkegrades, die zum einen syntaktisch und semantisch sehr eindeutig sind und dem Übersetzer in der Rezeptionsphase des Übersetzungsprozesses entsprechend wenig Interpretationsspielraum bieten (EX2.1_AE9 "contract + to sign" (L1.1), EX2.2_AE7 "area + rural" (L2), und EX3.2_AE3 "night + clear (L2)). Zum anderen haben die direkten Äquivalente dieser Ausgangskollokationen im Deutschen ebenfalls die Form von starken Kollokationen ("Vertrag + unterzeichnen" (L1.1), "Gebiet + ländlich" (L2), "Nacht + klar" (L2)). Alles in allem handelt es sich um Ausgangs- und Zielkollokationen, deren Verfügbarkeit im Übersetzungsprozess im Grunde vorausgesetzt werden kann.

Auch im Falle der Ausgangseinheiten, die *mehrheitlich* mit Kollokationen in die Zieltexte übertragen wurden, handelt es sich um ausgangssprachige Kollokationen eines hohen oder mittleren Kollokationsstärkegrades (46,8 % bzw. 22 Einheiten). Bei diesen Ausgangseinheiten ist ebenfalls eine strukturelle und lexikalisch-semantische Ähnlichkeit zu den Komponenten der äquivalenten ziel-sprachigen Kollokationen gegeben. Zudem weisen die direkten zielsprachigen Äquivalente der Basis-Komponenten der Ausgangskollokationen ein vergleichsweise eingeschränktes Kombinationsverhalten auf. Beispiele hierfür sind etwa die Übersetzungseinheiten EX1.1_AE3 "faith + to strengthen" (L1.1, K2) → "Glauben + stärken" (L1.1, K1, Häufigkeit des Vorkommens in den Zieltexten F=4), EX3.2_AE7 "witness + to report" (L3, K2) → "Zeuge + berichten" (L3, K1, F=3). Hinzu kommt, dass die jeweiligen Ausgangseinheiten im Zusammenhang des Kontextes dem Übersetzer eine überschaubare Anzahl an Interpretationsmöglichkeiten bieten.

Bei der Gruppe der aus den Ausgangstexten ausgewählten Kollokationen, denen in *etwa der Hälfte* der zugehörigen Zieltexte Kollokationen entsprechen (17,02 % bzw. 8 Einheiten), handelt es sich ebenfalls überwiegend um Kollokationen eines hohen Stärkegrades, wie z.B. EX2.1_AE2 "living + to make" (L1.1, K3) und EX2.1_AE7 "time + to pass" (L3, K3). Dass der Anteil der kollokativen Zieleinheiten in dieser Gruppe nicht größer ist, kann zumindest teilweise darauf zurückgeführt werden, dass in machen Übersetzungseinheiten eine direkte, wörtliche Übertragung des Kollokators im Satz- und Textzusammenhang der einzelnen Zieltexte keine semantische Äquivalenzrelation zur Folge hätte. Hingegen ist es nach den Erkenntnissen aus der Studie 1 nicht ungewöhnlich, dass die beiden Kollokationen eines *niedrigen* Stärkegrades EX1.1_AE7 "to sift + carefully" (L6 (Verb, Basis + Adverb, Kollokator), K1) und EX3.2_AE2 "phenomenon + to witness" (L1.1, K1) unter diesen Ausgangseinheiten sind.

Bei den Kollokationen der Ausgangstexte, die in *weniger als der Hälfte* der entsprechenden Zieltexte mit Kollokationen übertragen wurden (21,28 % bzw. 10 Einheiten), handelt es sich überwiegend um Kollokationen eines niedrigen bis mittleren Stärkegrades. In dieser Gruppe wiederholt sich mit den Einheiten EX2.2_AE8 "association + to head" (L1.1, K1) und EX3.2_AE4 "light + to illuminate" (L3, K2) ein Typ Übersetzungseinheit aus der Studie 1: In beiden Ausgangseinheiten hat die Basis-Komponente die Funktion eines Eigennamens. Soll dieser in der Übersetzung beibehalten werden, ist die direkte Übertragung der Einheit mit einer äquivalenten zielsprachigen Kollokation nur schwer möglich (vgl. Kapitel 8.2.2 zu möglichen Übersetzungen in Form freier Wortkombinationen).

Eine Erklärung dafür, dass auch zwei starke Ausgangskollokationen vergleichsweise selten mit einer Kollokation in die Zieltexte übertragen wurden, liegt im Falle von EX2.1_AE10 "number + small" (L2, K3) in der Gewichtung der Basis- und Kollokator-Komponenten: Der semantische Schwerpunkt liegt jeweils auf dem Kollokator. Zudem eignet sich für die Übertragung dieser Ausgangseinheit ko- und kontextbedingt und im Hinblick auf die Wahrung der Konventionen des gebundenen Wortgebrauchs in der Zielsprache eine Ein-Wort-Entsprechung, wie auch an anderen Zieleinheiten zu dieser Ausgangskollokation ersichtlich wird (vgl. Kapitel 8.2.4). Die zweite Einheit EX2.2_AE5 "road + paved" (L2, K3) jedoch weist eine gewöhnliche Kollokationssyntax auf und hätte auch mit einem direkten kollokativen Äquivalent adäquat in die Zieltexte übertragen werden können (*Straße + gepflastert*). Vermutlich bedingt durch die Interpretation des Kontextes wurde die Bedeutung der Basis allerdings in sieben der zehn zugehörigen Zieleinheiten gegenüber der Ausgangseinheit spezifiziert ("Landstraße", "Landstraßenabschnitt"). Dadurch verändert bzw. verkleinert sich das Kombinationsspektrum der Basis-Komponente der Übersetzungseinheit in der Zielsprache.

Nur vereinzelt mit Kollokationen in die Zieltexte übertragen wurden allein zwei Ausgangseinheiten der Studie 2: EX1.1_AE9 "mark (of genuineness) + to bear" (L1.1, K2) und EX2.2_AE2 "idea + daring" (L2, K1). Im Fall der Ausgangseinheit "mark + to bear" ist eine direkte Übersetzung unter Beibehaltung der Struktur der Ausgangseinheit im Hinblick auf die zielsprachigen Konventionen nur bedingt möglich; im Fall der Kollokation "idea + daring" ergibt eine wörtliche Übersetzung der Komponenten und deren Zusammenfügung eine freie Kombination (z.B. "Idee + gewagt", vgl. Kapitel 8.2.2).

Zwischenfazit (1): Die Anteile an Ausgangseinheiten, denen wengistens eine KOLL-Zieleinheit entspricht, sind in den Studien 1 und 2 etwa gleich groß (94,59 % und 95,74 %). Analog zu den Ergebnissen der Studie 1 lässt sich feststellen, dass eine Ausgangseinheit umso häufiger mit einer Kollokation in die Zieltexte übertragen wird, je höher ihr Kollokationsstärkegrad ist.
Ebenso wie in der Studie 1 kann in der Studie 2 grundsätzlich festgestellt werden, dass einer Ausgangseinheit umso mehr KOLL-Zieleinheiten entsprechen, je eindeutiger die strukturelle und vor allem die lexikalisch-semantische Ähnlichkeit zwischen der Ausgangskollokation und den ihr entsprechenden Kollokationen der Zielsprache ist.

In der Studie 2 allerdings gibt es im Vergleich zur Studie 1 mehr starke Ausgangseinheiten, denen nur in der Hälfte der Zieltexte oder noch seltener eine KOLL-Zieleinheit entspricht. Dies mag damit zusammenhängen, dass die Ausgangseinheiten und die Ausgangstexte in der Studie 2 insgesamt weniger wörtlich übersetzt wurden als in der Studie 1; in der Studie 2 zeichnet sich eine deutlichere Tendenz ab, sich von der Lexik und Grammatik der Ausgangseinheit zu lösen.

Die Kollokationsstärke der Ausgangs- und Zieleinheiten: Die Zieleinheiten der Kategorie Kollokation weisen tendenziell einen ähnlichen und häufig den gleichen Stärkegrad wie die zugehörigen Ausgangskollokationen auf. Nur zu knapp einem Fünftel der Ausgangseinheiten der Studie 2, die mit Kollokationen übertragen wurden, gibt es gleich mehrere Zieleinheiten, die sich um mehr als einen Grad von der Kollokationsstärke der Ausgangseinheit unterscheiden (9 Ausgangseinheiten). Im Vergleich zur Ausgangskollokation stärker sind dabei nur die kollokativen Zieleinheiten zu der Ausgangseinheit EX3.2_AE8 "glow + radiant" (K1) → "Glühen + schwach" (L2, K1), "leuchten + hell" (L6, K3), "Leuchten + hell", (L2, K3). Die Zieleinheiten zu den restlichen acht Ausgangseinheiten sind schwächer als die Ausgangskollokationen. Dabei wurden etwa bei der Übersetzung der beiden Ausgangseinheiten EX3.2_AE9 "on video + to capture" und EX3.1_AE5 "hope + to dash", denen in mehr als nur einem Zieltext eine Kollokation entspricht, die schwächer als die Ausgangskollokation ist, die bildsprachlichen Eigenschaften der Komponenten der Ausgangseinheit eingeebnet bzw. neutralisiert:

> Beispiel (8.1a, EN-DE): Ausschnitt aus dem Ausgangstext: "However, one witness, Bernard Fritz, believes the light is always there and that it only becomes visible at night. Bernard captured the specter on video while visiting the Paulding Lights in the summer of 1999." (www69) → Ausgangseinheit EX3.2_AE9 "on video + to capture", Strukturtyp L7, Kollokationsstärkegrad K3.
> 7 der zugehörigen 12 Zieleinheiten wurden als Kollokationen kategorisiert:
> "auf Video + aufnehmen", L7, K1, Häufigkeit des Vorkommens in der Gruppe der Übersetzungen F=2; "auf Video + festhalten", L7, K2, F=3; "mit Videokamera + festhalten", L7, K1; "mit Videokamera + filmen", L7, K3.

> Beispiel (8.1b, EN-DE): Ausschnitt aus dem Ausgangstext: "Who were these people? How did they live? What were their dreams and aspirations? What happened to dash their hopes and plans?" (www68) → Ausgangseinheit EX3.1_AE5 "hope + to dash", Strukturtyp L1.1, Kollokationsstärkegrad K3.
> 9 der 12 zugehörigen Zieleinheiten wurden als Kollokationen kategorisiert, darunter die Einheiten "Hoffnung + zerstören", L1.1, K1, Häufigkeit des Vorkommens der Zieleinheit in der Gruppe der Übersetzungen F=7; "Hoffnungen + zerplatzen wie Luftblasen"*, L3, K2; "Traum + zerstören", L1.1, K1. Bei der mit nachgestelltem * markierten Zieleinheit besteht auch im Kontext des Zieltextes kein Verhältnis der semantischen Äquivalenz zur Ausgangseinheit.

Zwischenfazit (2): Wie in der Studie 1 sind die Kollokationsstärkegrade der Ausgangs- und Zieleinheit ähnlich und nur in wenigen Fällen ist die Differenz zwischen den Stärkegraden der Ausgangs- und Zielkollokation größer als 1.

Die strukturelle und semantische Beschaffenheit der Übersetzungseinheiten: Wie an den bisher genannten Übersetzungseinheiten bereits ersichtlich wurde, entsprechen sich die *Struktur*typen von Ausgangseinheit und kollokativer Zieleinheit in der Regel. Nur 39 und damit 15,06 % der insgesamt 259 KOLL-Zieleinheiten unterscheiden sich strukturell von den zugehörigen 15 Ausgangseinheiten.

Bei den von der Struktur der Ausgangseinheiten verschiedenen KOLL-Zieleinheiten handelt es sich zumeist um freie, sinngemäße Übertragungen, wenngleich eine wörtlichere Übersetzung der Ausgangseinheiten unter Beibehaltung der Ausgangsstruktur in vielen Fällen durchaus möglich scheint. Von den beiden Ausgangseinheiten EX2.1_AE7 "time + to pass", (L3, K3) und EX3.2_AE2 "phenomenon + to witness" (L1.1, K1) etwa unterscheiden sich alle kollokativen Zieleinheiten strukturell. Einher geht die Abweichung von der Struktur der Ausgangskollokation mit einer jeweils freien Übersetzung des Kollokators, die sich im Falle der KOLL-Zieleinheiten zu "phenomenon + to witness" außerdem in einer semantischen Erweiterung und Explizierung der Einheit äußert:

> Beispiel (8.2a, EN-DE): Ausschnitt aus dem Ausgangstext: " Because no exact science has determined its origin this spectrum is a witnessed phenomenon." (www69) →Ausgangseinheit EX3.2_AE2 "phenomenon + to witness", Strukturtyp L1.1, Kollokationsstärkegrad K1.
> 6 der zugehörigen 12 Zieleinheiten wurden als Kollokationen kategorisiert: "Phänomen + beobachtet", L2 aus L1.1, K2, Häufigkeit des Vorkommens in der Gruppe der Übersetzungen F=3; "Phänomen + beobachtet | Augenzeuge + beobachten", L2 (aus L1.1), K2 + L3, K1; "Phänomen + beobachten | Augenzeuge + beobachten", L1.1 , K1 + L3, K2; "Phänomen + beschreiben | Augenzeuge + beschreiben", L2, K2 + L3, K1.

Einen besonderen Fall stellen außerdem die kollokativen Zieleinheiten zu der Ausgangseinheit EX3.2_AE5 "visitor + frequent" (L2, K3) dar. Bei den für die Übersetzung gewählten direkten kollokativen Entsprechungen der Zielsprache handelt es sich um strukturell freiere Übertragungen (z.B. "beobachten + häufig", L6, K1; "besuchen + häufig", L6, K1). Die Zielkollokationen sind jedoch schwächer als die Ausgangskollokation; eine Übersetzung der Ausgangseinheit mit einer ähnlich starken Kollokation der Zielsprache würde zusätzlich zu einem Wortartenwechsel eine sinngemäße, weniger wörtliche Übertragung des Kollokators der Ausgangseinheit erfordern (z.B. *besuchen + regelmäßig*).[151]

Vereinzelt erfolgt außerdem bei der Übertragung der Ausgangseinheit mit einer Kollokation der Zielsprache ein grammatischer und/oder semantischer Perspektivenwechsel, wie etwa im Falle der Ausgangseinheit EX3.1_AE7 "family + to raise" (Strukturtyp L1.1, Kollokationsstärkegrad K3) (Beispiel 8.2b): Die Basis-Komponente hat in der Ausgangseinheit die Funktion eines Akkusativ-Objekts. In der Zieleinheit

151 Bei dieser Kombination handelt es sich, den Kriterien für die Bestimmung der Kollokationsstärke folgend (vgl. Kapitel 6.5.5), um eine Kollokation mittleren Stärkegrades (*Wortprofil*analyse im *DWDS* vom 04.02.2014 zu "besuchen": Assoziation = 8.78, Frequenz = 1094).

nimmt die Basis die Position des Subjekts ein. In fünf der sechs Zieleinheiten wurde die Ausgangseinheit außerdem semantisch erweitert, wie z.B. "Familie + mit + Kind | Familie + leben" (F=2). Auch bei folgenden Einheiten liegen übersetzerische Perspektivenwechsel vor: EX2.1_AE3 "attention + to draw" (L1.1, K3) → "Ohren + spitzen" (L1.1, K3), "verfolgen + mit Interesse" (L6, K2); EX2.2_AE6 "ruin + to face" (L1.1, K2) → "Ende + drohend" (L2 aus L3, K1), "Scheitern + verurteilen zu" (L1.4 "zu", K2); EX1.1_AE2 "city + to grow" (L3, K1) → "Stadt + errichten" (L1.1, K1).

Unabhängig von der Äquivalenz der Strukturen sind die KOLL-Zieleinheiten in einem weiteren Sinne *semantisch* äquivalent zu den zugehörigen Ausgangseinheiten. Nur bei elf der 259 KOLL-Zieleinheiten (4,25 %) ist dies nicht der Fall. Träger der semantischen (und auch der strukturellen) Nicht-Äquivalenz zwischen kollokativen Ausgangs- und Zieleinheiten können sowohl die Basis- als auch die Kollokator-Komponente der Übersetzungseinheit sein.

Zwischenfazit (3): Im Wesentlichen decken sich die Ergebnisse aus der Analyse der strukturellen und lexikalisch-semantischen Äquivalenz zwischen kollokativer Ausgangs- und Zieleinheit mit den aus der Studie 1 gewonnen Erkenntnissen: Wie in der Studie 1 entsprechen die Strukturtypen der KOLL-Zieleinheiten in der Regel denen der Ausgangseinheit, wenngleich es insgesamt einige Abweichungen mehr gibt als in der Studie 1 (Studie 2: etwa 15 %, Studie 1: etwa 11 %). Dies steht im Einklang mit der im Vergleich zur Studie 1 tendenziell freieren Übersetzung der Ausgangseinheiten. Außerdem sind die KOLL-Zieleinheiten der Studie 2 wie in der ersten Studie in der Regel zumindest im Satz- und Textzusammenhang semantisch äquivalent zu den Ausgangseinheiten (Studie 2: 95,75 % der KOLL-Zieleinheiten, Studie 1: 95,87 %).

Die Variation der KOLL-Zieleinheiten je Ausgangseinheit: Die strukturelle und lexikalische Variation der KOLL-Zieleinheiten der Studie 2 fällt umso geringer aus, je eindeutiger die Bindung zwischen Basis und Kollokator in der Zielsprache und je stärker somit das direkte zielsprachige kollokative Äquivalent der Ausgangseinheit ist. Unter den KOLL-Zieleinheiten je Ausgangseinheit ist zudem eine proportionale Zunahme der Variation des Wortlauts zu verzeichnen, je weniger kollokative Zieleinheiten es insgesamt zu dieser Ausgangseinheit gibt. Die KOLL-Zieleinheiten variieren außerdem tendenziell umso mehr, je schwächer die der Ausgangseinheit entsprechende Kollokation der Zielsprache ist.

Zwischenfazit (4): Auch bezüglich der Variation der KOLL-Zieleinheiten je Ausgangseinheit bestätigen sich die Ergebnisse der Studie 1: Je höher der Kollokationsstärkegrad der zur Ausgangseinheit semantisch äquivalenten Kollokation der Zielsprache, desto geringer fällt die strukturelle und lexikalische Variation unter den kollokativen Zieleinheiten innerhalb einer Gruppe von Übersetzungen aus.

8.2.2 Die Zieleinheiten der Kategorie "gebrauchsunauffällige freie Wortverbindung"

Die Verteilung der Zieleinheiten der Kategorie "gebrauchsunauffällige freie Wortverbindung" (FWV-GUA) auf die Ausgangseinheiten: Das Ergebnis der Studie 1, dass kollokative Ausgangseinheiten regelmäßig mit freien Wortverbindungen in die Zieltexte übertragen werden, kann für die Studie 2 bestätigt werden. Die meisten der freien Wortverbindungen sind dabei gebrauchs*unauffällig*. Die Zahl der Zieleinheiten der Kategorie FWV-GUA beläuft sich auf 124; der Anteil an den Zieleinheiten der Studie 2 liegt damit bei 25,46 %.

Die FWV-GUA-Zieleinheiten verteilen sich auf 39 der 47 Ausgangseinheiten (82,97 %); Ausgangseinheiten, denen ausschließlich gebrauchsunauffällige freie Zielkombinationen entsprechen, sind nicht darunter. 17,02 % der Ausgangseinheiten der Studie 2 wurden mehrheitlich mit gebrauchsunauffälligen freien Wortverbindungen übersetzt (8 Einheiten). Zu 36,17 % der ausgewählten Kollokationen der Ausgangstexte finden sich wiederholt, doch in weniger als der Hälfte der entsprechenden Zieltexte Einheiten der Kategorie FWV-GUA (18 Einheiten). 27,66 % der Ausgangseinheiten der Studie 2 wurden in Einzelfällen mit gebrauchsunauffälligen freien Wortkombinationen in die Zieltexte übertragen (13 Einheiten).

Studie 2, Übersetzungseinheiten FWV-GUA	f	%
Zieleinheiten der Studie 2 insgesamt	487	100
Zieleinheiten der Kategorie FWV-GUA	124	25,46
Ausgangseinheiten der Studie 2 insgesamt	47	100
Ausgangseinheiten, denen in mindestens einem Zieltext eine Einheit der Kategorie FWV-GUA entspricht	39	82,97

Tabelle (8.7): Studie 2, Übersetzungseinheiten der Kategorie FWV-GUA

Zwischenfazit (1): Verglichen mit der Studie 1 ist der Anteil der Ausgangseinheiten, denen im Korpus wenigstens eine Zieleinheit der Kategorie FWV-GUA entspricht, in der Studie 2 deutlich größer als in der Studie 1 (Studie 2: 82,97 %; Studie 1: 62,16 %).

Die Kollokationsstärke der Ausgangseinheiten: Bei den Ausgangseinheiten, zu denen sich in der Studie 2 in mehreren Zieltexten gebrauchsunauffällige freie Wortverbindungen finden, handelt es sich wie in der Studie 1 mehrheitlich um Kollokationen eines niedrigen bis mittleren Stärkegrades. Unter den Ausgangseinheiten, denen nur in einzelnen Zieltexten Einheiten der Kategorie FWV-GUA entsprechen, sind hingegen überwiegend starke Kollokationen. Dass es in der Studie 2 deutlich mehr Ausgangskollokationen eines hohen Stärkegrades gibt, die mit freien gebrauchsunauffälligen Wortverbindungen übertragen wurden, als in der Studie 1, kann mit der Tendenz zu den insgesamt eher freien, von der grammatischen und lexikalischen Struktur der Ausgangseinheiten gelösten Übersetzungen in Zusammenhang gebracht werden, die sich in der Studie 2 abzeichnet (vgl. hierzu die nachstehenden Absätze sowie die Ausführungen zu den Zieleinheiten der Kategorie Kollokation in Kapitel 8.2.1). Auch bei den acht Ausgangseinheiten der Studie 2, die *nicht* mit gebrauchsunauffälligen freien Wortverbindungen in die Zieltexte übertragen wurden, handelt es sich um starke Kollokationen, denen entweder ausschließlich oder mehrheitlich Zieleinheiten der Kategorie KOLL entsprechen.

Zwischenfazit (2): Es bestätigt sich die Erkenntnis der Studie 1, dass die Zieleinheiten der Kategorie FWV-GUA *in der Regel* auf Ausgangseinheiten mit niedrigem bis mittlerem Kollokationsstärkegrad zurückgeführt werden können.

Die Variation der Zieleinheiten der Kategorie FWV-GUA je Ausgangseinheit: Die Anzahl an strukturellen und vor allem lexikalischen Varianten gebrauchsunauffälliger freier Zielkombinationen zu einer Ausgangskollokation fällt zumeist umso größer aus, je weniger Zieleinheiten der Kategorie FWV-GUA es insgesamt zu dieser Ausgangseinheit gibt. Allein für die FWV-GUA-Zieleinheiten zu zwei Ausgangseinheiten gilt dies nicht. Bei beiden Einheiten ist das Kombinationsspektrum des direkten zielsprachigen Äquivalents der Basis-Komponente, das sich auch in den Zieleinheiten findet, vergleichsweise eingeschränkt (z.B. EX3.2_AE6 "hike + to take", (Strukturtyp L1.1, Kollokationsstärkegrad K2) → 4 FWV-GUA-Zieleinheiten, 2 Varianten: "Wanderung + aufbrechen zu" (L1.4 "zu", F=2), "Wanderung + gehen auf" (L1.2 "auf", F=2).

Zwischenfazit (3): Wie bereits in der Studie 1 festgestellt wurde, sind die FWV-GUA-Zieleinheiten zu einer Ausgangseinheit in ihrem Wortlaut umso variantenreicher, je weniger Zieleinheiten dieser Kategorie es insgesamt zu der Ausgangseinheit gibt.

Die strukturelle und semantische Beschaffenheit der Übersetzungseinheiten: Bei den FWV-GUA-Zieleinheiten handelt es sich häufig um Übersetzungen, die zum einen an der *Struktur* der Ausgangskollokationen orientiert sind. Zum anderen stellen viele FWV-GUA-Zieleinheiten wörtliche Übersetzungen der Ausgangseinheiten dar, wobei sich die Wörtlichkeit der Übersetzung bzw. die Explizitheit der Nähe zur Lexik der Ausgangseinheit sowohl auf die Basis- *und* die Kollokator-Komponente als auch nur auf *eine* der beiden Komponenten erstrecken kann. So liegt etwa mit den FWV-GUA-Zieleinheiten zu EX2.1_AE6 "to point out + correctly" (L6, K1) eine recht wörtliche Übersetzung beider Komponenten der jeweiligen Ausgangseinheit vor (z.B. "hinweisen auf + richtigerweise" (L6), "aufmerksam machen + korrekterweise" (L6)).

In den FWV-GUA-Zieleinheiten zu EX2.2_AE2 "idea + daring" (L2, K1) und EX3.2_AE5 "visitor + frequent" (L2, K3) hingegen wurden teilweise nur die Kollokator-Komponenten wörtlich übersetzt (vgl. etwa "Vorhaben + gewagt/wagemutig/waghalsig", (L2) bzw. "ansehen + häufig" (L6), "beobachten + schon oft" (L6), "besuchen + des öfteren" (L6)) (Beispiel 8.3a): Es mag es sein, dass die im mentalen Lexikon des Übersetzers verfügbare direkte Entsprechung des Ausgangskollokators als Einzellexem in diesen Fällen nicht unbedingt mit der Kollokator-Komponente der äquivalenten zielsprachigen Kollokation übereinstimmt. Die FWV-GUA-Zieleinheiten zu EX3.2_AE5 "visitor + frequent" unterscheiden sich ferner mehrheitlich in ihrer syntagmatischen Struktur von der Ausgangseinheit. Hier dürfte der Übersetzer erkannt haben, dass das zielsprachige Äquivalent der Ausgangseinheit gemäß den Vorgaben des gebundenen Wortgebrauchs eine von der Ausgangseinheit verschiedene Typenstruktur hat, da nur bei einer der insgesamt acht entsprechenden FWV-GUA-Zieleinheiten die Ausgangsstruktur übernommen wurde.

Bei den gebrauchsunauffälligen freien Zielkombinationen zu EX3.1_AE1 "town + thriving" (L2, K2) und EX2.2_AE5 "road + paved" (L2, K3) hingegen wurde die Basis der Ausgangseinheit wörtlich übersetzt (Beispiel 8.3b): In den Einheiten "Stadt + blühend" (L2 aus L3), "Städtchen + geschäftig" (L2), "Ort + voller Leben" (LX, Substantiv + Präpositionalgruppe), bzw. "Landstraße + gepflastert" (L2), "Straße + betoniert" (L2) etwa ist dies der Fall. Dabei ist zu berücksichtigen, dass in der Einheit "town + thriving" der Kollokator die Form eines adjektivisch gebrauchten Partizips hat, das erstens in seinem Vorkommen weniger frequent und daher vermutlich nicht unbedingt auf Abruf beim Übersetzen verfügbar ist, und dessen wörtliche Übersetzung in Verbindung mit dem zielsprachigen Äquivalent zur Basis zweitens zu keinem syntaktisch und semantisch "üblichen" Ergebnis führt. Auch bei den gebrauchsunauffälligen freien Zieleinheiten zu "road + paved" handelt es sich um kontextgeleitete, sinngemäße Übersetzungen der Ausgangseinheit, in denen entweder die Ausgangsbasis oder der Ausgangskollokator expliziert wurde.

Ein ähnlicher Fall stellt sich mit den FWV-GUA-Zieleinheiten zu der Ausgangseinheit EX2.1_AE8 "contract + to draw up" (L1.2 "up", K3) dar (Beispiel 8.3c): Zu dieser Ausgangskollokation finden sich in der Hälfte der Zieltexte der Probe EX2.1 gebrauchsunauffällige freie Wortverbindungen. Die Übertragung mit einer freien Wortkombination mag damit in Verbindung gebracht werden, dass die Übersetzer mit der Verwendung der in ihren mentalen Lexika verfügbaren direkten Entsprechung des Ausgangs*kollokators* als einzelnem Lexem den semantischen Zusammenhalt der Übersetzungseinheit gefährdet sehen. In den Zieleinheiten wurde die Struktur der Ausgangseinheit beibehalten und für den Kollokator ein in der Zielsprache vergleichsweise ungebundenes Verb gewählt, das über einen entsprechend größeren Kombinationsradius verfügt, wie z.B. in den Einheiten "Vertrag + entwerfen" (L1.1) und "Vertrag + erstellen" (L1.1).

Als freie Übersetzungen wurden auch die FWV-GUA-Zieleinheiten zu den beiden Ausgangseinheiten eingeordnet, deren Basis-Komponenten einen Eigennamen ersetzen oder einen Bestandteil eines Eigennamens wiederaufgreifen (EX2.2_AE8 "association [~ Lincoln Highway Association] + to head" (L1.1, K1) → z.B. "Association + leiten" (L1.1), und EX3.2_AE4 "light [~ Paulding Lights] + to illuminate" (L3, K2) → "Light + erhellen" (L3). Dass derartige Ausgangseinheiten häufig mit freien gebrauchsunauffälligen Wortverbindungen in die Zieltexte übertragen werden, ist ein bereits aus der Studie 1 bekanntes Phänomen (vgl. Kapitel 7.2.2).

Auch in der Gruppe der Ausgangseinheiten, die seltener oder auch nur vereinzelt mit gebrauchsunauffälligen freien Wortverbindungen übertragen wurden, entsprechen die FWV-GUA-Zieleinheiten in ihrer Struktur mehrheitlich den zugehörigen Ausgangseinheiten. Allerdings kommt es hier etwas häufiger zu Unterschieden in der Struktur von Ausgangs- und Zieleinheit. Geändert wurde etwa die Struktur der Tripelkollokation EX2.1_AE4 "consideration + to give | consideration + serious" (L1.1 ◊ L2, K3). Anders als die Ausgangseinheiten stellen die zugehörigen FWV-GUA-Zieleinheiten keine Verschmelzungen zweier Kombinationen mit gemeinsamer "Basis" dar, sondern weisen eine einfache Zwei-Komponenten-Struktur auf (z.B. "überlegen + ernsthaft" (L6), "überlegen + lange" (L6), vgl. auch Kapitel 8.2.6). Dies kann auf die syntagmatische Gewichtung der Komponenten der L1.1-Kombination der Ausgangseinheit zurückgeführt werden, innerhalb derer der Bedeutungsschwerpunkt klar auf der Basis liegt. Insgesamt jedoch kommen in der Studie 2 jene Ausgangseinheiten eher selten vor, zwischen deren Komponenten ein semantisches "Ungleichgewicht" besteht.

Die Abweichungen von der Struktur der Ausgangseinheiten in den FWV-GUA-Zieleinheiten können hingegen, wie bereits in der Studie 1 und auch für die Zieleinheiten anderer Kategorien festgestellt, zum einen mit semantischen oder grammatischen Perspektivenwechseln in Verbindung gebracht werden, wie etwa in den Übersetzungseinheiten EX3.1_AE7 "family + to raise" (L1.1, K3) → "Familie + leben" (L3) oder EX2.1_AE3 "attention + to draw" (L1.1, K3) → "aufmerksam + werden". Allerdings ist ein derartiger Perspektivenwechsel im Hinblick auf die semantische Äquivalenzrelation zum Ausgangstext nicht immer erfolgreich (Beispiel 8.3d): EX2.1_AE2 "living + to make" (L1.1, K3) → Zieleinheit der Kategorie FWV-GUA "Lebensweise + bescheiden" (L2); sowohl die Basis- als auch die Kollokator-Komponenten der Übersetzungseinheit sind selbst im Satz- bzw. Textzusammenhang semantisch nicht äquivalent.

Zum anderen kann die strukturelle Abweichung bei der Übersetzung auf eine semantische Erweiterung einer binären Ausgangseinheit in Form einer Verschmelzung oder Addition zweier zielsprachiger Kombinationen mit gleichen bzw. unterschiedlichen "Basis"[152]-Komponenten zurückgeführt werden (vgl. auch Kapitel 8.2.6). Auch dieses Phänomen ist bereits aus der Studie 1 bekannt. Eine Erklärung hierfür könnte sein, dass der Übersetzer um eine möglichst adäquate Formulierung bemüht ist (z.B. EX1.1_AE1 "development + rapid" (L2, K2) → "Entwicklung + fortschreitend | fortschreitend + rasant" (L2 + L5 (aus L6)) oder EX2.2_AE6 "ruin + to face" (L1.1, K2) → "kurz vor dem Ruin + stehen", "kurz vor dem Scheitern + stehen" (LX, Erweiterung der dem Typ L7 ähnlichen Struktur um ein Adverb).

Darüber hinaus kann in der Studie 2 an Einzelfällen auch der zur semantischen Erweiterung entgegengesetzte Fall einer lexikalischen Reduktion der Ausgangseinheit festgestellt werden. Dies wird etwa an den FWV-GUA-Zieleinheiten zu EX3.2_AE7

152 Unabhängig von der Kategorie der Zieleinheit wird die Komponente, die semantisch der Basis der Ausgangseinheit entspricht bzw. entsprechen soll, als "Basis" bezeichnet, die Entsprechung des Ausgangskollokators als "Kollokator" (vgl. Kapitel 6.2.3).

"witness + to report" (L3, K2) ersichtlich (Beispiel 8.3e): "Augenzeuge + zufolge" (LX, Präposition + Substantiv), "so + berichten", (L6). In diesen Zieleinheiten werden jeweils Komponenten der Ausgangseinheit strukturell und semantisch "eingeebnet": So wird im ersten Fall das Verb der Ausgangskollokation in der Zieleinheit zur Präposition. Im zweiten Fall wird die Basis der Ausgangskollokation auf ein Adverb reduziert, das in der FWV-GUA-Zieleinheit die Funktion der "Kollokator"-Komponente einnimmt; der Kollokator der Ausgangseinheit hingegen wird wörtlich in die Zieleinheit übertragen und nimmt dort die Funktion der "Basis" ein.

Semantisch sind die meisten FWV-GUA-Zieleinheiten der Studie 2 ihren Ausgangseinheiten gegenüber gleichwertig, wobei sich die Äquivalenz teilweise erst aus dem Satz- bzw. Textzusammenhang ergibt. Auf nur sieben der insgesamt 125 gebrauchsunauffälligen freien Zieleinheiten trifft selbst dies nicht zu (5,65 %). Die Nicht-Äquivalenz der Einheiten liegt dabei anders als in der Studie 1 nicht überwiegend in der Kollokator-Komponente der Übersetzungseinheit, sondern durchaus auch in der Basis- oder aber in beiden Komponenten begründet (vgl. etwa weiter oben im Text Beispiel 8.3d).

Zwischenfazit (4): Die Erkenntnisse der Studie 1 zur strukturellen und semantischen Beschaffenheit der Übersetzungseinheiten aus Kollokation und freier gebrauchsunauffälliger Wortverbindung im Zieltext haben sich in der Studie 2 bestätigt:
Die Strukturen der Ausgangskollokation und der Zieleinheit der Kategorie freie gebrauchsunauffällige Wortverbindung entsprechen sich in der Regel (Studie 2: 70 % der Übersetzungseinheiten; Studie 1: 73 %). Wie in der Studie 1 können Abweichungen von der Struktur der Ausgangseinheit u. a. mit semantischen oder grammatischen Perspektivenwechseln oder Erweiterungen der Ausgangseinheit in Form von Verschmelzungen oder Additionen mehrerer zielsprachiger Kombinationen in Verbindung gebracht werden.
Die freien gebrauchsunauffälligen Zielkombinationen entsprechen ihren Ausgangseinheiten in der Regel zumindest im Satz- bzw. Textzusammenhang auch semantisch (Studie 1: 93,9 %; Studie 2: 94,35 %).
Bestätigt hat sich das Ergebnis der Studie 1, dass den Ausgangskollokationen häufig dann FWV-GUA-Zieleinheiten entsprechen, wenn eine wörtliche Übersetzung unter Wahrung des semantischen Zusammenhalts der Zieleinheit oder im Hinlick auf die zielsprachigen Konventionen zumindest auf den ersten Blick nicht möglich ist. In derartigen Fällen wurde die Basis-Komponente der Ausgangseinheit recht wörtlich übersetzt und hierzu eine in ihrem Wortgebrauch vergleichsweise ungebundene zielsprachige "Kollokator"-Komponente gewählt.

8.2.3 Die Zieleinheiten der Kategorie "gebrauchsauffällige freie Wortverbindung"

Die Verteilung der gebrauchsauffälligen freien Zielkombinationen (FWV-GA)[153] *auf die Ausgangseinheiten*: Auch in der Studie 2 treten gebrauchsauffällige Zieleinheiten regelmäßig auf. Ihr Anteil beläuft sich auf 10,06 % (49 Einheiten). Sie verteilen sich auf gut die Hälfte der 47 Ausgangseinheiten der Studie 2 (24 Einheiten).

Studie 2, Übersetzungseinheiten FWV-GA	f	%
Zieleinheiten der Studie 2 insgesamt	487	100
Zieleinheiten der Kategorie FWV-GA	49	10,06
Ausgangseinheiten der Studie 2 insgesamt	47	100
Ausgangseinheiten, denen in mindestens einem Zieltext eine Einheit der Kategorie FWV-GA entspricht	24	51,06

Tabelle (8.8): Studie 2, Übersetzungseinheiten der Kategorie FWV-GA

Von diesen Ausgangseinheiten wurden drei jeweils in etwa der Hälfte einer Gruppe von Übersetzungen mit als gebrauchsauffällig verifizierten Wortverbindungen übertragen: EX1.1_AE4 "resources + develop | resources + to utilize" (L1.1 ◊ L.1.1, K1), EX2.2_AE3 "dirt + road" (L4, K3) und EX3.2_AE8 "glow + radiant" (L2, K1).[154] Jeweils in etwa einem Viertel der Zieltexte einer Probe finden sich gebrauchsauffällige freie Wortkombinationen zu insgesamt fünf Ausgangseinheiten, darunter EX1.1_AE2 "city + to grow" (L3, K1), EX3.1_AE2 "activity + economic" (L2, K3), EX3.2_AE9 "on video + to capture" (L7, K3). Je zweimal innerhalb einer Gruppe von Übersetzungen mit gebrauchsauffälligen Wortverbindungen in die Zieltexte übertragen wurden insgesamt vier Ausgangseinheiten, wie z.B. EX3.1_AE4 "activity + bustling" (L2, K3) und EX3.2_AE1 "origin + to determine" (L1.1, K2). Zwölf Ausgangseinheiten wurden nur in Einzelfällen mit einer gebrauchsauffälligen freien Wortverbindung in die Zieltexte übertragen, wie etwa EX2.1_AE1 "river + to cross" (L1.1, K3), EX2.1_AE11 "ditch + to dig" (L1.1, K3) oder EX3.1_AE5 "hope + to dash" (L1.1, K3).

Zwischenfazit (1): Die Anteile an Ausgangseinheiten, denen in den Zieltexten Einheiten der Kategorie FWV-GA entsprechen, sind in den Studien 1 und 2 ähnlich groß (Studie 1: 54,05 %, Studie 2: 51,06 %). In der Studie 2 konnte ebenso wie in der Studie 1 festgestellt werden, dass es Ausgangseinheiten gibt, denen in mehr als nur einem Zieltext gebrauchsauffällige freie Wortverbindungen entsprechen. Jedoch fällt der Anteil dieser Ausgangseinheiten in der Studie 2 insgesamt geringer aus

Die Kollokationsstärke und die strukturelle und lexikalisch-semantische Beschaffenheit der Ausgangseinheiten: Von den 24 Ausgangseinheiten der Studie 2, zu denen

153 Zur Definition der gebrauchsauffälligen Zieleinheit vgl. Kapitel 6.5.1

154 Die gebrauchsauffälligen Zieleinheiten zu den hier genannten Ausgangseinheiten werden in den folgenden Abschnitten gesondert beschrieben.

sich in den Zieltexten gebrauchsauffällige Wortverbindungen finden, wurde sechs ein niedriger, fünf ein mittlerer und dreizehn ein hoher Kollokationsstärkegrad zugewiesen. Die starken Ausgangskollokationen konzentrieren sich in der Gruppe der vereinzelt mit gebrauchsauffälligen freien Wortverbindungen übertragenen Einheiten. Hingegen gibt es zu acht der elf schwachen und mittelstarken Ausgangskollokationen in gleich mehreren Zieltexten Einheiten der Kategorie FWV-GA.

Bei den 23 Ausgangseinheiten der Studie 2, zu denen es *keine* gebrauchsauffällige Zieleinheit gibt, handelt es sich überwiegend um Kollokationen eines hohen und mittleren Stärkegrades (15 bzw. 6 Einheiten). Diesen Ausgangseinheiten entsprechen in den Zieltexten häufig Kollokationen: Drei der Einheiten wurden ausschließlich, elf mehrheitlich mit Kollokationen in die Zieltexte übertragen (wie z.B. die Einheiten EX3.2_AE3 "night + clear" (L2, K3) und EX2.2_AE6 "ruin + to face" (L1.1, K2), vgl. auch Kapitel 8.2.1).

Studie 2, Übersetzungseinheiten FWV-GA	f	%
Ausgangseinheiten, denen in mindestens einem Zieltext eine Einheit der Kategorie FWV-GA entspricht	24	100
davon Ausgangseinheiten des Kollokationsstärkegrades K1	6	25
davon Ausgangseinheiten des Kollokationsstärkegrades K2	5	20,83
davon Ausgangseinheiten des Kollokationsstärkegrades K3	13	54,17
Ausgangseinheiten, denen in den Zieltexten *keine* Einheiten der Kategorie FWV-GA entsprechen	23	100
davon Ausgangseinheiten des Kollokationsstärkegrades K1	2	8,69
davon Ausgangseinheiten des Kollokationsstärkegrades K2	6	26,09
davon Ausgangseinheiten des Kollokationsstärkegrades K3	15	65,22

Tabelle (8.9): Studie 2, Übersetzungseinheiten der Kategorie FWV-GA — Kollokationsstärkegrad der Ausgangseinheiten

Bezogen auf die Gesamtheit der FWV-GA-Zieleinheiten ist allerdings die Differenz zwischen den entsprechenden schwachen bis mittelstarken Ausgangskollokationen einerseits und starken Ausgangskollokationen andererseits nicht so groß wie in der Studie 1. In diesem Zusammenhang ist die unterschiedliche Verteilung der Kollokationsstärkegrade unter allen Ausgangseinheiten der beiden Studien zu berücksichtigen: In der Studie 2 ist der Anteil an Ausgangseinheiten eines hohen Kollokationsstärkegrades mehr als doppelt so groß wie in der Studie 1. Dabei haben nicht alle starken Ausgangskollokationen der Studie 2, zu denen sich in mehr als einem Zieltext gebrauchsauffällige Wortverbindungen finden lassen, in der Zielsprache gleich starke direkte kollokative Äquivalente, wie etwa im Falle der Ausgangseinheit EX2.2_AE3 "dirt + road" (L4, K3), zu der sich in einem Zieltext u.a. die als gebrauchsauffällig verifizierte Wortkombination "Landstraße + rau" findet, und für deren zielsprachiges kollokatives Äquivalent "Straße + unbefestigt" ein im Vergleich zur Ausgangseinheit niedrigerer Stärkegrad bestimmt wurde. Durchaus üblich sowie semantisch äquivalent und ebenfalls "stark" wären allerdings auch die zielsprachigen Komposita "Feldweg" oder "Schotterstraße" (vgl. Kapitel 8.2.1 und 8.2.4).

Wie schon in der Studie 1 festgestellt wurde, ist auch den Ausgangseinheiten der Studie 2, die innerhalb einer Gruppe von Zieltexten mehrmals mit gebrauchsauffälligen freien Wortverbindungen übertragen wurden, gemeinsam, dass zwischen ihnen und den semantisch äquivalenten Kollokationen der Zielsprache keine oder nur eine bedingte *strukturelle oder lexikalische Ähnlichkeit* besteht: In der Ausgangseinheit EX1.1_AE4 "resources + develop | resources + to utilize" (L1.1 ◊ L.1.1, K1) etwa ist die Basis-Komponente "resources" kontextbedingt nicht mit "Ressourcen" zu übersetzen, sondern mit "Bodenschätze" oder "Rohstoffe"; ebenfalls kontextbedingt nimmt die Kollokator-Komponente "to develop" in dieser Einheit die Bedeutung von "weiterverarbeiten", nicht etwa von "entwickeln" an (vgl. auch Beispiel 6.29 in Kapitel 6.5.6). In der Einheit EX3.1_AE2 "activity + economic" (L2, K3) entspricht der Basis-Komponente in einer auch außerhalb des Kontextes semantisch äquivalenten Kollokation des Deutschen nicht etwa die "Aktivität", sondern die "Leistung" oder "Tätigkeit". In der Einheit EX2.2_AE3 "dirt + road" (L4, K3) entspricht die Kollokator-Komponente im syntagmatischen Verbund mit "road" nicht dem deutschen Substantiv "Schmutz", sondern vielmehr etwa dem Adjektiv "unbefestigt".

In vergleichbarer Weise ist an mehreren FWV-GA-Zieleinheiten eine lexikalische Interferenzbildung abzulesen. Ein Beispiel hierfür ist die Übersetzungseinheit EX3.1_AE4 "activity + bustling (L2, K3) → "Aktivität + geschäftig" (L2), bei der die Interferenz an der Basis-Komponente festgemacht werden kann: Für die Übersetzung der Basis wurde die lexikalisch am nächsten liegende Entsprechung und für den Kollokator ein zu diesem Substantiv semantisch nicht kompatibles Adjektiv gewählt.

Zwischenfazit (2): Die Erkenntnis der Studie 1, dass es sich bei den Ausgangseinheiten, denen in den Zieltexten gebrauchsauffällige freie Wortverbindungen entsprechen, überwiegend um Kollokationen eines niedrigen bis mittleren Stärkegrades handelt, und dass starke Ausgangskollokationen hingegen vergleichsweise selten mit gebrauchsauffälligen freien Wortverbindungen übertragen werden, kann in der Studie 2 bestätigt werden.
Es bestätigt sich außerdem die Beobachtung aus der Studie 1, dass einer Ausgangskollokation nur in Ausnahmefällen eine FWV-GA-Zieleinheit entspricht, wenn das entsprechende kollokative Äquivalent in der Zielsprache ebenfalls einen hohen Stärkegrad hat.
Darüber hinaus lässt sich auch in der Studie 2 erkennen, dass es umso eher zu FWV-GA-Zieleinheiten kommt, je niedriger die Kollokationsstärkegrade der Ausgangseinheit und der semantisch äquivalenten Kollokation der Zielsprache ist.

Zwischenfazit (3): In der Studie 2 bestätigt sich die Annahme, dass die Art und Weise der Übertragung einer Kollokation, und in diesem Fall konkret die Übertragung der Kollokation mit einer gebrauchsauffälligen freien Wortverbindung, nicht ausschließlich auf den Übersetzer zurückzuführen ist, sondern durchaus auch in der lexikalisch-semantischen Beschaffenheit der Ausgangseinheit und der zu ihr äquivalenten Kollokation der Zielsprache begründet sein kann. Seinen Ausdruck findet dies etwa in Form eines Phänomens, das sich in der Studie 2 wiederholt und deutlicher als in der Studie 1 gezeigt hat: Es kommt u.a. zu einer gebrauchsauffälligen Wortverbindung im Zieltext, wenn sich zwischen den Komponenten der Ausgangseinheit und ihren direkten zielsprachigen Entsprechungen ein Verhältnis der lexikalischen Interferenz abzeichnet.

Die Übersetzungseinheiten mit gebrauchsauffälliger Zieleinheit: Auch für die Studie 2 lässt sich feststellen, dass über die Hälfte der FWV-GA-Zieleinheiten den zugehörigen Ausgangseinheiten *strukturell* entsprechen. Von den insgesamt 49 Zieleinheiten der Kategorie FWV-GA weisen 30 eine zu ihren Ausgangseinheiten äquivalente Struktur auf (61,22 %). Die Zieleinheiten, die sich strukturell von den zugehörigen Ausgangseinheiten unterscheiden, kommen in der Regel in dieser Form nur je einmal in den Zieltexten vor, wie z.B. die FWV-GA-Zieleinheiten zu EX3.1_AE3 "imagination + to captivate" (L1.1, K2) → "Atmosphäre + fesselnd" (L2 aus L3), "Gefühl + fesselnd" (L2 aus L3), "Vorstellungskraft (Subjekt) + beflügeln" (L3; vgl. auch Beispiel 8.4b weiter unten im Text).

Zumindest im Satz- bzw. Textzusammenhang *semantisch* äquivalent zu den zugehörigen Ausgangseinheiten sind gut 75 % der gebrauchsauffälligen Zieleinheiten der Studie 2 und damit noch deutlich mehr FWV-GA-Zieleinheiten als in der Studie 1 (60 %). Teilweise zwar strukturell gleichwertig, doch auch im weiteren Sinne semantisch *nicht* äquivalent zu den Ausgangseinheiten sind nur etwa ein Viertel der gebrauchsauffälligen freien Zielkombinationen, wie z.B. die Übersetzungseinheiten EX2.2_AE3 "dirt + road" (L4, K3) → "Landstraße + rau" (L2), EX1.1_AE2 "city + to grow" (L3, K1) → "Stadt + stehen" (L3) oder EX1.1_AE6 "to perform + faithfully" (L6, K1) → "verrichten + fromm" (L6). Die Nicht-Äquivalenz ist dabei, wie schon in der Studie 1, in den meisten Fällen an der Kollokator-Komponente der Übersetzungseinheit festzumachen.

Darüber hinaus besteht bei gut 65 % der gebrauchsauffälligen freien Zielkombinationen eine semantische Inkompatibilität zwischen den Komponenten. Der Anteil dieser FWV-GA-Zieleinheiten ist größer als in der Studie 1 (53,33 %). Dies kann durchaus auch mit der Methode des freien Übersetzens zusammenhängen, für die sich die Übersetzer in der Studie 2 vergleichsweise häufig entschieden haben, und die nicht immer erfolgreich angewandt wird:

> Beispiel (8.4a EN-DE): Ausschnitt aus dem Ausgangstext: "It is said the light takes many forms [...]. However, claims of a campfire amber or just radiant glows are not uncommon." (www69) → Ausgangseinheit EX3.2_AE8 "glow + radiant", Strukturtyp L2, Kollokationsstärkegrad K1.
> Unter den zugehörigen Zieleinheiten findet sich die als gebrauchsauffällig kategorisierte L2-Kombination "Glühen + strahlend" (Ausschnitt aus dem entsprechenden Zieltext EX3.2_ZT2: "Man sagt, dass das Licht viele verschiedene Formen annehmen kann; [...]. Nicht selten wird jedoch auch von einem Gelbbraun wie bei einem Lagerfeuer oder einfach von einem strahlenden Glühen berichtet."). Die Bedeutungsinhalte der beiden Komponenten stehen streng genommen im Gegensatz zueinander. Die Komponenten dieser Kombination sind syntagmatisch nicht kompatibel.

Beispiel (8.4b EN-DE): Ausschnitt aus dem Ausgangstext: "Ghost towns captivate our imagination as we stand in the midst of a town site and look around us trying to envision the bustling activity of the people who lived and worked here." (www68) → Ausgangseinheit EX3.1_AE3 "imagination + to captivate", Strukturtyp L1.1, Kollokationsstärkegrad K2.
Unter den zugehörigen Zieleinheiten finden sich die als gebrauchsauffällig kategorisierten L2-Kombinationen "Atmosphäre + fesselnd" und "Gefühl + fesselnd" (Ausschnitte aus den entsprechenden Zieltexten EX3.1_ZT1 und ZT10: "Für uns ist es heute ein fesselndes Gefühl, wenn wir inmitten einer Geisterstadt stehen [...]."; "In einer Geisterstadt herrscht eine fesselnde Atmosphäre. [...]"). Gebrauchsauffällig ist auch die L3-Kombination "Vorstellungskraft (Subjekt) + beflügeln" (Ausschnitt aus dem entsprechenden Zieltext EX3.1_ZT5: "Besucher der Stätten werden beflügelt von einer Vorstellungskraft [...]."). Die Komponenten dieser Kombinationen sind jeweils syntagmatisch nicht kompatibel.

Die Zahl der *wörtlichen* Übersetzungen unter den FWV-GA-Zieleinheiten beläuft sich auf zwölf. In allen Fällen wurde die Basis der Ausgangseinheit mit dem direkten zielsprachigen Äquivalent übertragen, in einigen Fällen auch der Kollokator:

Beispiel (8.5a, EN-DE): Ausschnitt aus dem Ausgangstext: "However, one witness, Bernard Fritz, believes the light is always there and that it only becomes visible at night. Bernard captured the specter on video while visiting the Paulding Lights in the summer of 1999." (www69) → Ausgangseinheit EX3.2_AE9 "on video + to capture", Strukturtyp L7, Kollokationsstärkegrad K3.
Unter den Zieleinheiten der Kategorie FWV-GA ist die Kombination "auf Video + einfangen" (Ausschnitt aus dem Zieltext EX3.2_ZT10: "Bernard hat das Spuklicht während einer Tour zu den „Paulding Lights“ im Sommer 1999 auf Video eingefangen."). Die Zieleinheit entspricht dem Strukturtyp der Ausgangseinheit. Basis und Kollokator der Ausgangskollokation wurden wörtlich übersetzt. Dadurch sind die Komponenten der zielsprachigen Kombination semantisch inkompatibel. In der Gruppe der Übersetzungen kommt sie wortgleich in drei Zieltexten vor.

Beispiel (8.5b, EN-DE): Ausschnit aus dem Ausgangstext: "Ghost towns captivate our imagination as we stand in the midst of a town site and look around us trying to envision the bustling activity of the people who lived and worked here." (www68) → Ausgangseinheit EX3.1_AE4 "activity + bustling", Strukturtyp L2, Kollokationsstärkegrad K3.
In einem der Zieltexte findet sich die als gebrauchsauffällig verifizierte Einheit "Aktivität + geschäftig" (Ausschnitt aus dem Zieltext EX3.1_ZT11: "Geisterstädte beflügeln unsere Fantasie, wenn wir mitten in ihrem Herzen stehen und uns, während wir uns umschauen, die geschäftige Aktivität derjenigen Menschen vorstellen, die hier früher gelebt haben."). Die Wortkombination entspricht dem Strukturtyp der Ausgangseinheit. Beide Komponenten der Ausgangseinheit wurden wörtlich übersetzt. In Kombination miteinander sind die hier gewählten Entsprechungen der Ausgangskomponenten nicht kompatibel. Hinzu kommt, dass die Zieleinheit auch im Satz- und Textzusammenhang keine Entsprechung der Ausgangseinheit darstellt.

Der unter den FWV-GA-Zieleinheiten bei Weitem am häufigsten vertretene Übersetzungstyp ist die *freie* Übersetzung der Ausgangskollokation: 37 der 49 gebrauchsauffälligen Zielkombinationen (75,51 %) können als freie Übersetzungen gelten, wobei mehrheitlich die Basis der Ausgangseinheit mit dem direkten zielsprachigen Äquivalent übertragen und die "Kollokator"-Komponente dazu frei gewählt wurde. Vergleichsweise selten findet sich unter diesen Zieleinheiten der umgekehrte Fall, das heißt die Zusammenfügung des direkten zielsprachigen Äquivalents des Kollokators mit einer frei übersetzten Basis. Durchaus nicht unüblich ist eine freie Übersetzung beider Komponenten der Ausgangseinheit. Als freie Übersetzungen eingeordnet werden etwa die nachstehenden Beispiele:

Beispiel (8.6a, EN-DE): Ausschnitt aus dem Ausgangstext: "The historian who faithfully performs the task committed to his charge, will sift carefully the material which he gathers [...]." (www65) → Ausgangseinheit EX1.1_AE6 "to perform + faithfully", Strukturtyp L6, Kollokationsstärkegrad K1.
→ FWV-GA-Zieleinheiten "etw. auf sich halten + ernsthaft", L6, Komponenten semantisch kompatibel: frei übersetzt wurden Basis und Kollokator; →"verrichten + fromm", L6, Komponenten semantisch kompatibel: frei übersetzt wurde der Kollokator.

Beispiel (8.6b, EN-DE): Ausschnitt aus dem Ausgangstext: "A ghost town is a once thriving town that has been completely abandoned." (www68) → Ausgangseinheit EX3.1_AE1 "town + thriving", Strukturtyp L2, Kollokationsstärkegrad K2.
→ FWV-GA-Zieleinheiten "Gemeinde + blühend", L2, und "Stadt + belebt", L2. In beiden Fällen wurde der Kollokator frei übersetzt. In beiden Einheiten besteht trotz Gebrauchsauffälligkeit zwischen den Komponenten ein Verhältnis der semantischen Kompatibilität.

Beispiel (8.6c, EN-DE): Ausschnitt aus dem Ausgangstext "As late as 1905 there was not a mile of rural paved road in the whole nation [...]." (www67) → Ausgangseinheit EX2.2_AE5 "road + paved", Strukturtyp L2, Kollokationsstärkegrad K3.
→ FWV-GA-Zieleinheit "Landstraße + geebnet", L2. Frei übersetzt wurden beide Komponenten der Ausgangseinheit. Die Komponenten der Zieleinheit sind semantisch kompatibel.

Die freien Übersetzungen auch in der Kategorie der gebrauchsauffälligen Zieleinheiten stehen im Einklang damit, dass sich die Übersetzer in der Studie 2 insgesamt eher von der lexikalischen Gestalt der Ausgangseinheiten und Ausgangstexte im Allgemeinen gelöst haben als die Übersetzer in der Studie 1. Weniger sollte dies jedoch auf das in der Studie 2 untersuchte Sprachenpaar (Englisch-Deutsch) zurückzuführen sein: In der Studie 1 sind unter den Zieleinheiten der Probe des gleichen Sprachenpaars (VD1) nicht weniger wörtliche Übersetzungen als in den Samples zu den Sprachenpaaren Französisch-Deutsch und Spanisch-Deutsch. Ausschlaggebender für die Tendenz zur freieren Übersetzung dürfte vielmehr der jeweilige Erfahrungsstand der angehenden Übersetzer in den beiden Studien sein.

Ungeachtet des Übersetzungstyps sind wiederkehrende Formen von FWV-GA-Zieleinheiten zudem Kombinationen, in denen *Präpositionen* nicht gemäß dem üblichen Sprachgebrauch eingesetzt wurden, wie z.B. in EX2.1_AE10 "number + small" (L2, K3) → "Menge (an) + Arbeiter | Menge + gering" (L4 ◊ L2).

Zum anderen können gebrauchsauffällige freie Wortkombinationen an einer in der Zielsprache eher unüblichen *Personifizierung* der substantivischen "Basis"-Komponente festgemacht werden, wie z.B. in EX1.1_AE2 "city + to grow" (L3, K1) → "Stadt + heranwachsen" (L3), "Stadt + wachsen und gedeihen" (L3).

Darüber hinaus gibt es in der Studie 2 wie in der Studie 1 Zieleinheiten der Kategorie FWV-GA, die nicht nur aus einer, sondern aus zwei Kombinationen bestehen. Zum Teil verschmelzen dabei Kombinationen mit gemeinsamer "Basis"-Komponente, zum Teil werden Kombinationen mit unterschiedlichen "Basis"-Komponenten addiert. Es gibt FWV-GA-Zieleinheiten in Form einer Addition oder Verschmelzung zweier Wortkombinationen, in denen neben der gebrauchsauffälligen Teilkombination auch eine kollokative oder freie gebrauchsunauffällige Wortverbindung enthalten ist. Die Teilkombination der Kategorie FWV-GA ist in derartigen komplexen Einheiten stets dominant (vgl. hierzu Kapitel 6.5.6). Nur teilweise können diese Verschmelzungen und Additionen dabei auf eine Ausgangseinheit mit Tripelstruktur zurückgeführt werden, wie etwa im Falle der bereits angeführten Einheit EX1.1_AE4 "resources + to develop | resources + to utilize" (L1.1 ◊ L1.1): Beide Teilkombinationen der Zieleinheit "Ressourcen (!) + entwickeln | Ressourcen (!) + nutzen" (L1.1 ◊ L1.1) werden ko- und kontextbedingt als gebrauchsauffällig kategorisiert: Das im Text-zusammenhang zur Basis semantisch äquivalente zielsprachige Substantiv des Deutschen ist "Rohstoffe" oder "Bodenschätze" (s.o.).

Komplexe gebrauchsauffällige Zieleinheiten gibt es außerdem, wie bereits in der Studie 1, zu Ausgangseinheiten mit binärer Struktur. Bei diesen Zieleinheiten wurden die Ausgangseinheiten bei der Übertragung nicht nur strukturell, sondern auch semantisch erweitert (vgl. hierzu ebenfalls Kapitel 8.2.6).

Zwischenfazit 4: Auch in der Studie 2 weisen die wortkombinatorisch auffälligen Zieleinheiten mehrheitlich die gleiche Struktur auf wie die zugehörigen Ausgangskollokationen. Verglichen mit den Übersetzungseinheiten der Studie 1 zeigt sich jedoch auch in den Zieleinheiten der Kategorie FWV-GA die bereits für die Zieleinheiten der Kategorien Kollokation und freie gebrauchs*unauffällige* Wortverbindung festgestellte insgesamt stärkere Tendenz, sich von der Wortartenstruktur der Ausgsangseinheit zu lösen. In der Studie 1 machen die strukturell von den Ausgangseinheiten verschiedenen FWV-GA-Zieleinheiten einen Anteil von ca. 15 % aus, in der Studie 2 liegt dieser Anteil bei 38,73 %.

Zwischenfazit (5): Die Erkenntnis der Studie 1, dass auch die Zieleinheiten der Kategorie FWV-GA in einem weiteren Sinne semantisch äquivalent zu den zugehörigen Ausgangseinheiten sind, lässt sich für die Studie 2 bestätigen. Auch die Erkenntnis der Studie 1, dass die Komponenten der gebrauchsauffälligen freien Wortverbindungen nur zum Teil eindeutig semantisch inkompatibel sind, kann in ihrem Grundsatz für die Studie 2 bestätigt werden.

Zwischenfazit (6): Wie auch in der Studie 1 sind unter den gebrauchsauffälligen freien Zieleinheiten unterschiedliche Übersetzungstypen auszumachen. Insgesamt sind freie Übersetzungen unter den gebrauchsauffälligen Zieleinheiten häufiger vertreten als in der Studie 1 (75,51 % der FWV-GA-Zieleinheiten in der Studie 2 gegenüber 51,67 % der FWV-GA-Zieleinheiten in der Studie 1).

Die Variation der gebrauchsauffälligen freien Zielkombinationen: Der Wortlaut der Zieleinheiten der Kategorie FWV-GA zu einer Ausgangseinheit variiert in der Regel. In der Studie 2 sind die FWV-GA-Zieleinheiten zu nur vier Ausgangseinheiten wortgleich in mehreren Zieltexten abgebildet: EX2.2_AE3 "dirt + road" (L4, K3) → "Landstraße + unbefestigt" (L2, Häufigkeit des Vorkommens in den Zieltexten F=2), EX3.2_AE8 "glow + radiant" (L2, K1) → "Glühen + strahlend" (L2, F=3), EX3.1_AE2 "activity + economic" (L2, K3) → "Betriebsamkeit + wirtschaftlich" (L2, F=2) sowie EX3.2_AE9 "on video + to capture" (L7, K3) → "auf Video + einfangen" (L7, F=3). Die gebrauchsauffälligen freien Zielkombinationen zu den übrigen Ausgangseinheiten sind in ihrem lexikalischen Erscheinungsbild einzigartig.

Zwischenfazit (7): Insgesamt kommen wie in der Studie 1 auch in der Studie 2 nur einzelne gebrauchsauffällige freie Zielkombinationen wortgleich in unterschiedlichen Zieltexten vor.

8.2.4 Zieleinheiten der Kategorie "Ein-Wort-Entsprechung"

Die Verteilung der Zieleinheiten der Kategorie "Ein-Wort-Entsprechung" (EWE) auf die Ausgangseinheiten: Zieleinheiten der Kategorie Ein-Wort-Entsprechung treten in der Studie 2 regelmäßig und etwas weniger häufig auf als Zieleinheiten der Kategorie gebrauchsauffällige freie Wortverbindung. Von den 487 Zieleinheiten der Studie 2 entfallen 43 auf die Kategorie EWE (8,83 %). Es handelt sich dabei um Zieleinheiten zu insgesamt 22 Ausgangseinheiten.

Studie 2, Übersetzungseinheiten EWE	f	%
Zieleinheiten der Studie 2 insgesamt	487	100
Zieleinheiten der Kategorie EWE	43	8,83
Ausgangseinheiten der Studie 2 insgesamt	47	100
Ausgangseinheiten, denen in mindestens einem Zieltext eine Einheit der Kategorie EWE entspricht	22	46,81

Tabelle (8.10): Studie 2, Übersetzungseinheiten der Kategorie EWE

Der Anteil der Kollokationen der Ausgangstexte, die mit Ein-Wort-Entsprechungen übertragen wurden, ist mit 46,81 % kleiner als in der Studie 1 (51,35 %). Ausgangseinheiten, zu denen sich in den Zieltexten mehrheitlich oder ausschließlich Ein-Wort-Entsprechungen finden, gibt es dabei in der Studie 2 nicht. Etwa in der Hälfte einer Gruppe von Zieltexten mit Ein-Wort-Entsprechungen übertragen wurden zwei Ausgangseinheiten (EX3.1_AE8 "lesson + to learn" (L1.1), EX2.1_AE5 "quantity + huge" (L2); es handelt sich dabei jeweils um Kollokationen eines hohen Kollokationsstärkegrades. Zu insgesamt zwölf aus den Ausgangstexten ausgewählten Kollokationen gibt es in etwa einem Viertel der zugehörigen Zieltexte EWE-Zieleinheiten und zu acht Ausgangseinheiten gibt es nur je eine Ein-Wort-Entsprechung in den Übersetzungen.

Die Kollokationsstärke der Ausgangseinheiten: Von den 22 Ausgangseinheiten, die mit Ein-Wort-Entsprechungen in die Zieltexte übertragen wurden, haben drei einen niedrigen, fünf einen mittleren und vierzehn einen hohen Kollokationsstärkegrad. In der Studie 1 hingegen weisen die meisten Ausgangseinheiten mit Ein-Wort-Entsprechungen in den Zieltexten einen niedrigen bis mittleren Kollokationsstärkegrad auf.

Zwischenfazit (1): Ein Zusammenhang zwischen der Stärke der Ausgangskollokation und ihrer Übertragung mit einer Ein-Wort-Entsprechung zeichnet sich in der Studie 2 nicht unbedingt ab.

Die strukturelle und semantische Beschaffenheit der Übersetzungseinheiten im direkten Vergleich mit der Studie 1: Bestätigt haben sich außerdem mehrere Erkenntnisse der Studie 1 zur Beschaffenheit der Übersetzungseinheit aus KOLL-Ausgangseinheit und EWE-Zieleinheit:

In über einem Drittel der Ein-Wort-Entsprechungen sind beide Komponenten der Ausgangseinheit abgebildet: In 16 der 43 EWE-Zieleinheiten der Studie 2 ist sowohl der Bedeutungsinhalt der Basis der Ausgangskollokation als auch der des Kollokators erfasst (37,21 %). In elf Zieleinheiten wurde die Bedeutung der Basis der Ausgangseinheit übertragen (25,58 %). Zehn Zieleinheiten greifen hauptsächlich die Bedeutungsinhalte des Kollokators auf (23,26 %). Die beiden am häufigsten unter den EWE-Zieleinheiten vertretenen Wortarten sind dabei das Substantiv und das Verb, und in geringerem Maße das Adjektiv (vgl. die nachstehenden Beispiele).

So wie in der Studie 1 kommt es auch in der Studie 2 zu Ein-Wort-Entsprechungen, wenn der Kollokator der Ausgangseinheit bereits implizit in einem zielsprachigen Äquivalent enthalten ist, wie in den Übersetzungseinheiten EX3.1_AE8 "<u>lesson</u> + to learn" (L1.1, K3) → "Lehre" (Substantiv), "lernen" (Verb), "lernen aus" (Verb), "lernen von" (Verb), EX1.1_AE5 "<u>task</u> + to perform" (L1.1, K3) → "Aufgabe" (Substantiv) oder EX2.1_AE11 "<u>ditch</u> + to dig" (L1.1, K3) → "graben" (Verb).

Eine weitere Erscheinungsform der Zieleinheiten der Kategorie EWE ist auch in der Studie 2 ein zielsprachiges Kompositum, in dem die inhaltlichen Merkmale beider Komponenten der zugehörigen Ausgangseinheiten enthalten sind, wie z.B. EX2.1_AE2 "<u>living</u> + to make" (L1.1, K3) → "Existenzaufbau".

Neben den EWE-Zieleinheiten in Gestalt von substantivischen Komposita gibt es unter den Ein-Wort-Entsprechungen auch zusammengesetzte Adjektive und Präfigierungen von Substantiven und Verben, die in einem weiteren Sinne ebenfalls die inhaltlichen Elemente der Ausgangseinheit in sich vereinen, wie im Falle von EX2.1_AE5 "<u>quantity</u> + huge" (L2, K3) → "kilometerlang" (Adjektiv), "zahlreich" (Adjektiv), "Unmenge" (Substantiv, F=2), oder EX2.1_AE7 "<u>time</u> + to pass" (L3, K3) → "längerfristig" (Adjektiv).

Unter den 43 Ein-Wort-Entsprechungen der Studie 2 sind nur sechs Einheiten, die *weder die Inhalte der Basis noch die des Kollokators* widerspiegeln, wie z.B. EX2.1_AE10 "<u>number</u> + small" (L2, K3) → "nur allmählich" (abgetöntes adverbial gebrauchtes Adjektiv), EX2.1_AE7 "time + to pass" (L3, K3) → "noch" (Adverb), EX3.1_AE2 "activity + economic" (L2, K3) → "Leben" (Substantiv). Diese sechs Zieleinheiten sind selbst im Satz- bzw. Textzusammenhang semantisch nicht äquivalent zu den ihnen entsprechenden Ausgangseinheiten, und die Bedeutungsinhalte der Ausgangseinheit werden auch im Textverlauf der Übersetzung nicht aufgegriffen.

Auch in einem weiteren Sinne semantisch ebensowenig äquivalent zu den Ausgangseinheiten sind daneben noch acht weitere EWE-Zieleinheiten. Wie in der Studie 1 ist die Nicht-Äquivalenz in diesen Fällen mehrheitlich an der Basis-Komponente bzw. an den ihr entsprechenden semantischen Merkmalen der Übersetzungseinheit festzumachen.

> Beispiel (8.7, EN-DE): Ausschnitt aus dem Ausgangstext: "Perhaps some of the lessons we learn from earlier generations about overuse of our natural resources and abuse of our environment can be applied to our 21st century world." (www68) → Ausgangseinheit EX3.1_AE9 "generation + earlier", Strukturtyp L2, Kollokationsstärkegrad K2.
> Unter den Zieleinheiten ist die auch im Satz- und Textzusammenhang semantisch nicht äquivalente substantivische Ein-Wort-Entsprechung "Geschichte"; vor allem die Inhalte der Basis-Komponente der Ausgangseinheit sind nicht entsprechend abgebildet.

Von diesen Übersetzungseinheiten abgesehen sind die meisten EWE-Zieleinheiten (70 %) zumindest im weiteren Sinne semantisch äquivalent zu den zugehörigen Ausgangseinheiten.

In der Studie 2 zeigt sich allerdings an vereinzelten Beispielen auch, dass EWE-Zieleinheiten gebrauchsauffällig sein können, in Fällen, in denen sie adhoc und entgegen den Wortbildungsregeln gebildet werden und/oder nicht lexikalisiert sind, wie z.B. EX2.1_AE11 "ditch + to dig" (L1.1, K3) → "Grabearbeiten", oder EX2.1_AE3 "dirt + road" (L4, K3) → "Erdstraße". Diese substantivischen Adhoc-Komposita erinnern an bestimmte gebrauchsauffällige freie Zielkombinationen der Studie 1, deren "Basis"- oder "Kollokator"-Komponente aus einem entgegen den Regeln gebildeten Kompositum besteht (z.B. VD3.1_AE4, ES "proyecto (de la ley fundamental) + redactar" (L1.1, K1) → "Verfassungsvorschlag + ausarbeiten", vgl. Kapitel 7.2.3).

Ähnlich wie im Falle der in ihrem Gebrauch unauffälligen freien Wortverbindungen gibt es Zieleinheiten in Form von Ein-Wort-Entsprechungen außerdem auch dann, wenn die Zusammenfügung der direkten zielsprachigen Äquivalente der Komponenten der Ausgangskollokation im Zieltext nicht sinnstiftend wäre (vgl. Kapitel 8.2.2). Damit können etwa die EWE-Zieleinheiten zu der folgenden Ausgangseinheit erklärt werden:

> Beispiel (8.8, EN-DE): Ausschnitt aus dem Ausgangstext: "However, one witness, Bernard Fritz, believes the light is always there and that it only becomes visible at night. Bernard captured the specter on video while visiting the Paulding Lights in the summer of 1999." (www69) → Ausgangseinheit EX3.2_AE9 "on video + to capture", Stukturtyp L7, Kollokationsstärkegrad K3.
> Unter den EWE-Zieleinheiten findet sich zweimal das Verb "filmen". Darin abgebildet sind die semantischen Inhalte beider Komponenten der Ausgangseinheit.

Vergleichbare Beispiele liefern auch die EWE-Zieleinheiten zu der Ausgangseinheit EX1.1_AE6 "to perform + faithfully" (L6, K1) → "erfüllen" (Verb, abgebildet ist der Bedeutungsinhalt der Basiskomponente der Ausgangseinheit) und "getreu" (Adjektiv, abgebildet ist der Bedeutungsinhalt der Kollokatorkomponente der Ausgangseinheit).

Ferner können einige Ein-Wort-Zieleinheiten auch in der Studie 2 mit einer ungleichen Verteilung des syntaktischen und semantischen "Gewichts" der Komponenten innerhalb der Ausgangseinheit in Zusammenhang gebracht werden. Deutlich wird dies etwa an den EWE-Zieleinheiten zu den Verb-Substantiv-Kombinationen EX1.1_AE9 "mark (of genuineness) + to bear" (L1.1, K2) → "Authentizität" (Substantiv), "unverfälscht" (Adjektiv), EX2.1_AE4 "consideration + to give | consideration + serious" (L1.1, K3 verschmilzt mit L2, K3) → "(etw.) andenken" (Verb), "überlegen" (Verb) oder EX3.2_AE6 "hike + to take" (L1.1, K2) → "Waldwanderung" (Substantiv, Kompositum). Der semantische Schwerpunkt dieser Ausgangseinheiten liegt jeweils auf der Basis-Komponente, deren Inhalte in den Zieleinheiten widergespiegelt sind. Dabei stellen die Ausgangseinheiten "consideration + to give | consideration + serious" und "hike + to take" (Teil-)Kombinationen aus Substantiv und Verb mit der Eigenschaft eines Funktionsverbgefüges dar, deren Kollokator-Komponenten als einzelne Lexeme einen sehr großen Kombinationsradius haben. In der Ausgangseinheit "mark (of genuineness) + to bear" hingegen wird die Basis durch das Genitivattribut gegenüber dem Kollokator syntaktisch und semantisch aufgewertet. Allerdings können nicht so viele EWE-Zieleinheiten wie in der Studie 1 auf diesen Umstand des "Ungleichgewichts" zurückgeführt werden. Dies lässt sich damit erklären, dass es in der Studie 2 insgesamt weniger Ausgangseinheiten mit ungewöhnlicher Gewichtung gibt.

Zwischenfazit (2): Die Erkenntnis der Studie 1, dass in den EWE-Zieleinheiten häufig die inhaltlichen Merkmale wenigstens der Basis und vielfach beider Komponenten der Ausgangseinheit enthalten sind, kann für die Studie 2 bestätigt werden. Dabei können EWE-Zieleinheiten die Form von Wortzusammensetzungen haben.

Zwischenfazit (3): Die nicht-äquivalenten EWE-Zieleinheiten der Studie 2 stellen wie in der Studie 1 eine vergleichsweise kleine Gruppe dar: Gut zwei Drittel der Ein-Wort-Entsprechungen der Studie 2 sind im Satz- oder Textzusammenhang semantisch äquivalent zu den zugehörigen Ausgangseinheiten.

Zwischenfazit (4): Ein-Wort-Entsprechungen treten in Fällen auf, in denen eine wörtliche Übertragung der Ausgangskollokation in Form einer Mehr-Komponenten-Kombination nicht sinnstiftend wäre.
Des Weiteren kommen EWE-Zieleinheiten auch dann vermehrt zu einer Ausgangseinheit vor, wenn zwischen den Komponenten dieser Kollokation ein deutliches syntaktisches und semantisches Ungleichgewicht besteht.

Die Variation der EWE-Zieleinheiten je Ausgangseinheit: Bis auf wenige Ausnahmen kommen die Ein-Wort-Entsprechungen der Studie 2 in den Zieltexten nur je einmal vor. Wortgleiche EWE-Zieleinheiten gibt es allein zu drei Ausgangseinheiten: EX3.1_

AE8 "lesson + to learn" (L1.1, K3) → "lernen aus" (Verb, Häufigkeit des Vorkommens der Einheit in der Gruppe der Übersetzungen F=3), abgebildet in der Zieleinheit ist der Bedeutungsinhalt des Kollokators der Ausgangseinheit; EX2.1_AE5 "quantity + huge" (L2, K3) → "Unmenge" (Substantiv, F=2), abgebildet in der Zieleinheit sind die Bedeutungsinhalte der Basis und des Kollokators der Ausgangseinheit; EX3.2_AE9 "on video + to capture" (L7, K3) → "filmen" (Verb), abgebildet in der Zieleinheit sind die Bedeutungsinhalte der Basis und des Kollokators der Ausgangseinheit.

Zwischenfazit (5): Grundsätzlich zeichnet sich auch in der Studie 2 ab, dass die Variation des Wortlauts der EWE-Zieleinheiten zu derselben Ausgangseinheit zunimmt, je rückläufiger die Anzahl der Zieleinheiten dieser Kategorie insgesamt zu der Ausgangseinheit ist.

8.2.5 Die Zieleinheiten der Kategorie "Auslassung"

Unter den 487 Zieleinheiten der Studie 2 finden sich zwölf Auslassungen. Mit 2,46 % ist der Anteil der Zieleinheiten der Kategorie X ähnlich klein wie in der Studie 1 (2,09 %). Insgesamt neun und damit 19,15 % der 47 Ausgangseinheiten wurden nicht in die Zieltexte übertragen; in der Studie 1 hingegen verteilen sich die Auslassungen auf nur 10,81 % der Ausgangseinheiten.

Studie 2, Übersetzungseinheiten "Auslassung"	f	%
Zieleinheiten der Studie 2 insgesamt	487	100
Zieleinheiten der Kategorie X	12	2,46
Ausgangseinheiten der Studie 2 insgesamt	47	100
Ausgangseinheiten, denen in mindestens einem Zieltext eine Einheit der Kategorie X entspricht	9	19,15

Tabelle (8.11): Studie 2, Übersetzungseinheiten der Kategorie "Auslassung"

Wiederholt nicht übersetzt wurden drei dieser neun Ausgangseinheiten: Je zwei Auslassungen in den Zieltexten finden sich zu den Ausgangseinheiten EX2.1_AE10 "number + small" (Strukturtyp L2, Kollokationsstärkegrad K3), EX2.2_AE3 "dirt + road" (L4, K3) und EX3.2_AE7 "witness + to report" (L3, K2). Anders als in der Studie 1, in der sich die neun Zieleinheiten der Kategorie X auf vier Ausgangseinheiten (10,81 %) verteilen, lässt sich jedoch auch bei den zweimal ausgelassenen Übertragungen der Ausgangseinheiten der Studie 2 kein gemeinsames Muster in den Übersetzungseinheiten erkennen (vgl. hierzu Kapitel 7.2.5). Bei den drei Ausgangseinheiten, die in der Studie 2 in je zwei Zieltexten nicht explizit übertragen wurden, handelt es sich um ausgangssprachige Kollokationen mit gewöhnlicher Kollokationssyntax, die in den jeweiligen Ausgangstexten nicht ohne Bedeutung für den Satzzusammenhang sind. Ebensowenig lassen sie sich, im Gegensatz zu den ausgelassenen Übertragungen von Ausgangseinheiten der Studie 1, auf die syntaktische und lexikalisch-semantische Beschaffenheit der ausgangssprachigen Kollokation oder auch die Einbettung der Ausgangseinheit im Ausgangstext und die damit verbundenen übersetzungsrelevanten

Vorgaben durch zielsprachige Konventionen zurückführen (wie etwa die Nicht-Übersetzung von Ausgangseinheiten aus Textüberschriften, vgl. auch hierzu Kapitel 7.2.5).

Zwischenfazit: Insgesamt kann in der Studie 2 die Erkenntnis der Studie 1 bestätigt werden, dass es sich bei den Auslassungen der expliziten Übertragung der Ausgangseinheiten um Ausnahmeerscheinungen handelt. Ein gemeinsames Muster zeichnet sich in den Übersetzungseinheiten der Studie 2 jedoch nicht ab.

8.2.6 Die Verschmelzungen und Additionen

Zieleinheiten zu komplexen Ausgangseinheiten: Es gibt in der Studie 2 zwei Ausgangseinheiten mit Tripelstruktur: EX1.1_AE4 "resources + to develop | resources + to utilize" (Strukturtyp L1.1 ◊ L1.1, Kollokationsstärkegrad K1) und EX2.1_AE4 "consideration + to give | consideration + serious" (L1.1 ◊ L2, K3). Die Zieleinheiten zu diesen beiden Ausgangseinheiten haben mehrheitlich ebenfalls eine komplexe Struktur; es gibt jedoch auch Zieleinheiten mit einer binären Struktur und solche in Form eines Einzellexems. Dabei sind die meisten Zieleinheiten wenigstens im Satz- und Textzusammenhang semantisch äquivalent zu den Ausgangseinheiten.

Im Falle der Einheit EX1.1_AE4 "resources + to develop | resources + to utilize" handelt es sich um eine Verschmelzung einer freien Wortverbindung des Strukturtyps L1.1 mit einer Kollokation des gleichen Strukturtyps L1.1 und mittleren Kollokationsstärkegrades; die Basis-Komponente der beiden Kombinationen ist die gleiche. Unter den insgesamt acht Zieleinheiten finden sich vier Verschmelzungen, die jeweils die Struktur der Ausgangseinheit widerspiegeln (wie z.B. die Einheit "Bodenschätze + fördern, L1.1, K1 | Bodenschätze + nutzen, L1.1, K1"), zwei Additionen zweier Wortkombinationen mit unterschiedlichen "Basis"-Komponenten (wie z.B. "Bodenschätze + Verwendung (für), LX, FWV-GUA | Verwendung (für) + finden", L1.1, KOLL K2, sowie zwei Wortkombinationen mit binärer Struktur. Die Tripelstruktur der Ausgangseinheit wurde bei den Verschmelzungen zweier Kombinationen mit gleicher "Basis"-Komponente und somit bei der Hälfte der Zieleinheiten übernommen; auch im Falle der beiden Additionen ist die Komplexität der Struktur der Ausgsangseinheit in der Zieleinheit nachgebildet. In den beiden binären Zieleinheiten wurde jeweils der Kollokator der ersten Kombination der Ausgangseinheit nicht explizit übertragen ("Bodenschätze + nutzen", L1.1, KOLL K1; "Ressourcen (!) + nutzen", L1.1, FWV-GA, vgl. Kapitel 8.2.3).

In der zweiten Ausgangseinheit EX2.1_AE4 "consideration + to give | consideration + serious" verschmelzen zwei starke Kollokationen der Typen L1.1 und L2 mit der gleichen Basis-Komponente miteinander. Zu dieser Ausgangseinheit gibt es *keine* Zieleinheiten in Form von Additionen oder Verschmelzungen: Die Struktur der Ausgangseinheit wurde bei der Übertragung in die Zieltexte nicht übernommen. Allerdings kann an fünf Zieleinheiten, die eine von der hier verwendeten Kombinationstypologie abweichende Struktur aufweisen, eine Annäherung an die Komplexität der

Struktur der Ausgangseinheit festgemacht werden: Die L1.1-Kollokation der Ausgangseinheit kommt einem Funktionsverbgefüge gleich und als solches kann diese Teil-Kollokation auch in die Zieleinheit übertragen werden. Eine direkte semantische und strukturelle zielsprachige Entsprechung der L2-Kollokation der Ausgangseinheit gibt es vermutlich nicht: Hier erfordert die Herstellung einer Äquivalenzrelation zur Ausgangseinheit bzw. zum Ausgangstext die Lösung von der Ausgangsstruktur. Im Falle der fünf Zieleinheiten mit "besonderer" Struktur haben die Übersetzer jeweils den adjektivischen Kollokator der Ausgangskollokation des Typs L2 in ein Adverb umgewandelt und diesen mit seiner Übersetzung der L1.1-Kollokation der Ausgangseinheit als Funktionsverbgefüge kombiniert (z.B. "(in Erwägung + ziehen) + ernsthaft" (L7 + adverbial gebrauchtes Adjektiv, K2), "(Gedanken + spielen mit) + ernsthaft" (L7 + adverbial gebrauchtes Adjektiv, K2). Drei weitere Zieleinheiten haben eine normale binäre Struktur (z.B. die als gebrauchs*un*auffällig kategorisierte freie Kombination des Typs L6 "überlegen + ernsthaft"). Diese Zieleinheiten aus zwei oder mehr Komponenten greifen die Bedeutungsinhalte sowohl der Basis als auch des Kollokators der Ausgangseinheit auf. Bei zwei Zieleinheiten handelt es sich um Ein-Wort-Entsprechungen. Letztere spiegeln die Basis-Komponente der Ausgangseinheit wider; aufgrund dessen, dass die für den Textzusammenhang nicht unerhebliche Bedeutung des Kollokators nicht in den Zieleinheiten enthalten ist, sind diese nicht bzw. nur im weiteren Sinne äquivalent zur Ausgangseinheit (z.B. "(etw.) andenken", vgl. auch Kapitel 8.2.4). Die übrigen Zieleinheiten greifen die Inhalte beider Komponenten der Ausgangseinheit auf.

Komplexe Zieleinheiten zu einfach strukturierten Ausgangseinheiten: Auch der bereits aus der Studie 1 bekannte umgekehrte Fall, dass einfach strukturierte Kollokationen der Ausgangstexte mit komplexeren Wortverbindungen in die Zieltexte übertragen werden, tritt in der Studie 2 auf: Zu neun der 45 binären Ausgangseinheiten finden sich in einzelnen Zieltexten Einheiten, die Verschmelzungen oder Additionen zweier Kombinationen darstellen. Bei den Ausgangseinheiten handelt es sich dabei mehrheitlich um Kollokationen eines hohen und mittleren Stärkegrades; die Zieleinheiten stellen jeweils strukturelle und teilweise auch semantische Erweiterungen der Ausgangseinheiten dar. Dabei wurden knapp die Hälfte der insgesamt 13 komplexen Zieleinheiten als Kollokationen verifiziert. Auch gibt es Zieleinheiten, in denen wenigstens eine der zusammengefügten freien Kombinationen gebrauchsauffällig ist (vgl. Beispiel 8.9b).

> Beispiel (8.9a, EN-DE): Ausgangseinheit = binäre Kollokation, Zieleinheit = Mehrkomponenten-Kollokation:
> Ausschnitt aus dem Ausgangstext: "Clearly, the area was crying for some form of efficient transportation. The opening of the Erie Canal of New York in 1825 drew the attention of transportation hungry Indiana." (www66) → Ausgangseinheit EX2.1_AE3 "attention + to draw", Strukturtyp L1.1, Kollokationsstärkegrad K3.
> Ausschnitt aus einem der zugehörigen Zieltexte (EX2.1_ZT8): "Die Öffnung des Erie Kanals in New York im Jahr 1825, erhielt in dem nach guten Transportwegen verzweifelten Indiana, die ungeteilte Aufmerksamkeit." In der Zieleinheit "Aufmerksamkeit + erhalten | Aufmerksamkeit + ungeteilt" verschmilzt eine gebrauchsunauffällige freie Wortkombination des Strukturtyps L1.1 mit einer Kollokation des Typs L2 und mittle-

ren Kollokationsstärkegrades. Aus dieser Verschmelzung ergibt sich gemäß den in Kapitel 6.5.6 hergeleiteten Regeln für die Kategorisierung komplexer Ausgangs- oder Zieleinheiten eine Kollokation des Stärkegrades K2.

Beispiel (8.9b, EN-DE): Ausgangseinheit = binäre Kollokation, Zieleinheit = gebrauchsauffällige Mehrkomponenten-Kombination:
Ausschnitt aus dem Ausgangstext: "Immigrants, mostly Irish, came drifting in from New York and Philadelphia and workers on the Ohio and Pennsylvania canals signed up in small numbers." (www66) → Ausgangseinheit EX2.1_AE10 "number + small", Strukturtyp L2, Kollokationsstärkegrad K3.
Ausschnitt aus einem der zugehörigen Zieltexte (EX2.1_ZT5): "Nach und nach siedelten sich hauptsächlich irische Einwanderer aus New York und Philadelphia an, und geringe Mengen an Arbeitern von den Kanälen in Ohio und Pennsylvania verpflichteten sich für den Bau." In der Zieleinheit "Menge (an) + Arbeiter | Menge + gering" verschmilzt eine als gebrauchsauffällig verifizierte freie Wortkombination des Strukturtyps L4 (mit Präposition "an") mit einer Kollokation des Typs L2 und mittleren Kollokationsstärkegrades. Gemäß den in Kapitel 6.5.6 hergeleiteten Regeln für die Kategorisierung von Verschmelzungen und Additionen von Wortkombinationen wird die komplexe Einheit als gebrauchsauffällig kategorisiert.

Zwischenfazit: Zusammenfassend lässt sich feststellen, dass die Zieleinheiten zu den aus mehreren Kombinationen zusammengesetzten Ausgangseinheiten mehrheitlich die Form von ähnlich komplexen Verschmelzungen und Additionen haben oder aber eine von der in Kapitel 6.2.3 hergeleiteten Typologie der binären Kombinationen abweichende komplexere Struktur aufweisen; in der Studie 1 konnte dies ebenfalls festgestellt werden.
Wie in der Studie 1 gibt es auch in der Studie 2 zu den Ausgangseinheiten, die sich aus einer Basis und zwei Kollokatoren zusammensetzen, gleichermaßen Zieleinheiten mit binärer Struktur sowie Ein-Wort-Entsprechungen. Bei diesen Zieleinheiten wurde, wie in der Studie 1, auf die Übertragung wenigstens eines Kollokators der Ausgangseinheit verzichtet.
Bestätigt werden kann darüber hinaus die Erkenntnis der Studie 1, dass die Zieleinheiten ungeachtet ihrer Struktur und ihrer Kategorie zu den Mehr-Komponenten-Ausgangseinheiten zumindest im Satz- bzw. Textzusammenhang semantisch äquivalent sind.
Außerdem wurden, ebenfalls wie in der Studie 1, auch in der Studie 2 vereinzelt Ausgangseinheiten mit einfacher binärer Basis-Kollokator-Struktur mit je zwei miteinander kombinierten zielsprachigen Wortverbindungen in die Zieltexte übertragen. Die Ausgangseinheiten wurden dabei strukturell und teilweise auch semantisch erweitert. Die Verschmelzungen zweier Wortkombinationen mit gleicher Basis-Komponente konnten dabei in die Kategorien Kollokation und freie gebrauchsauffällige Wortverbindung eingeordnet werden; gebrauchs*un*auffällige Wortverbindungen sind — anders als im Falle der Additionen zweier Kombinationen mit unterschiedlichen Basis-Komponenten — nicht unter den Verschmelzungen.
Insgesamt jedoch können die Zieleinheiten in Form von Additionen oder Verschmelzungen zu binären Ausgangseinheiten auch in der Studie 2 aufgrund ihrer

geringen Anzahl als Ausnahmeerscheinungen gelten. Übersetzungstechnisch betrachtet stellen sie vor allem im Fall der komplexen Kollokationen interessante Lösungen im Zieltext dar.

9 Die Ergebnisse der Studien 1 und 2 im Vergleich

Dem in Kapitel 6.1 dargelegten Studiendesign folgend werden nun die Häufigkeitenverteilungen der Zieleinheiten der Studien 1 und 2 sowie das Vorkommen von gebrauchsauffälligen Wortverbindungen in gepaarten Übersetzungssamples verglichen (Substudien 1 und 2). Hierfür werden zunächst die zentralen Ergebnisse der statistischen Auswertung der Studien 1 und 2 noch einmal zusammengefasst; auf die aus der qualitativen Analyse der Übersetzungseinheiten gewonnenen Erkenntnisse wird im Anschluss daran eingegangen.[155]

9.1 Die Ergebnisse der statistischen Auswertung der Studien 1 und 2

In den Studien 1 und 2 sollte festgestellt werden, wie Kollokationen aus fremdsprachigen Texten in die Mutter- oder Erstsprache übersetzt werden, mit dem Ziel, zwei zuvor aufgestellte Forschungshypothesen zur Her-Übersetzung von Kollokationen zu überprüfen. Diese leiteten sich aus der Vorannahme ab, dass im fremdsprachigen Ausgangstext enthaltene kollokative Strukturen bei der Her-Übersetzung eingeebnet werden und dass lineare Kombinationen von Wörtern in den Zieltexten, die zwar nach dem Muster von Kollokationen gebildet sind, sich in ihrem Erscheinungsbild vom "normalerweise Gebräuchlichen" abheben können: *Bei der Her-Übersetzung entspricht einer Kollokation des fremdsprachigen Ausgangstextes im muttersprachlichen Zieltext nicht immer eine Kollokation (Hypothese 1). Einer Kollokation des fremdsprachigen Ausgangstextes kann im muttersprachlichen Zieltext eine wortkombinatorisch "auffällige" Einheit entsprechen (Hypothese 2).*

Die in der Studie 1 analysierten Zieleinheiten stammen aus Übersetzungen englischer, französischer und spanischer Ausgangstexte. Die Zieltexte wurden von angehenden Übersetzern mit grundlegenden Übersetzungserfahrungen aus dem Studium heraus erstellt ("Angehende Übersetzer I"). In der Studie 2 wurden Übersetzungen aus dem Englischen untersucht, die von fortgeschrittenen Übersetzern gegen Ende ihrer universitären Übersetzerausbildung angefertigt wurden ("Angehende Übersetzer II"); in dieser Studie ging es neben der quantitativen Datenanalyse vor allem auch darum, zu überprüfen, welche der in der Studie 1 gewonnenen Erkenntnisse aus der qualitativen Untersuchung der Übersetzungseinheiten sich bestätigen ließen.

In beiden Studien wurde zunächst die Zusammensetzung der Gesamtmenge der Ausgangseinheiten deskriptiv analysiert (vgl. Kapitel 7.1.2 und 8.1.2). Es konnte gezeigt werden, dass die lexikalisch-semantische Nähe der Kollokatoren der Ausgangseinheiten zu den Kollokatoren äquivalenter zielsprachiger Kollokationen je Studie in ähnlich vielen Fällen gegeben bzw. nicht gegeben ist.

155 In den Beispielen sind die analysierten Einheiten aus den Ausgangs- und Zieltexten in Anführungszeichen gesetzt. Die Komponenten von Kollokationen und freien Wortkombinationen sind in ihrer grammatischen Grundform dargestellt. Die Basis-/"Basis"-Komponente ist unterstrichen.

Vor diesem Hintergrund konnte durch eine erste Analyse der Häufigkeitenverteilung der Zieleinheiten auf die Kategorien Kollokation (KOLL), gebrauchsunauffällige freie Wortverbindung (FWV-GUA), gebrauchsauffällige freie Wortverbindung (FWV-GA), Ein-Wort-Entsprechung (EWE) und Auslassung (X) sowohl für die Studie 1 als auch für die Studie 2 festgehalten werden, dass die in den Forschungshypothesen genannten Phänomene in allen Einzelproben abgebildet sind. Der Vergleich der ermittelten Häufigkeiten der Proben der Studie 1 ergab darüber hinaus, dass die in den Hypothesen genannten Phänomene unabhängig von der Sprache des Ausgangstextes auftreten:

Beispiel (9.1, EN-DE): Ausgangseinheit VD1_AE7 "state + independent", Strukturtyp L2, Kategorie KOLL, hoher Kollokationsstärkegrad K3.[156]
→ 14 Zieleinheiten, darunter die Kollokation mittleren Stärkegrades "Staat + unabhängig" (KOLL, K2), die gebrauchsunauffällige freie Wortverbindung "Neuseeland [=Eigenname] + unabhängig" (FWV-GUA), die gebrauchsauffällige Wortkombination "Neuseeland [= Eigenname] + eigenverantwortlich" (FWV-GA), sowie die Ein-Wort-Entsprechung "Autonomie" (EWE)

Beispiel (9.2, FR-DE): Ausgangseinheit VD2_AE4 "existence + remplir", Strukturtyp L1.1, Kategorie KOLL, Kollokationsstärkegrad K1.
→ 11 Zieleinheiten, darunter "Dasein + erfüllen" (KOLL, K1), "Leben + ausfüllen" (FWV-GUA), "Existenz + erfüllen" (FWV-GA), "jdn. ausfüllen" (EWE)

Beispiel (9.3 ES-DE): Ausgangseinheit VD3.2_AE7 "debate + celebrar", Strukturtyp L1.1, Kategorie KOLL, Kollokationsstärkegrad K1
→ 11 Zieleinheiten, darunter "Debatte + führen" (KOLL, K2), "Debatte + stattfinden" (FWV-GUA), "Debatte + feiern" (FWV-GA), "debattieren" (EWE)

An diese Feststellungen anknüpfend wurden die Hypothesen zuerst qualitativ geprüft und für beide Studien verifiziert. Für die sich anschließende statistische Auswertung der Häufigkeitenverteilung der Zieleinheiten wurden die beiden ursprünglichen Hypothesen zusammengeführt und konkretisiert: *Kollokationen des fremdsprachigen Ausgangstextes werden nicht nur mit Kollokationen in die Zieltexte übertragen; ihnen entsprechen in den muttersprachlichen Zieltexten auch gebrauchsunauffällige freie Wortverbindungen, wortkombinatorisch "auffällige" Einheiten, Ein-Wort-Entsprechungen oder Auslassungen,* wobei für die Studie 1 gilt: Fremd- und Ausgangssprache = Englisch, Französisch, Spanisch, Mutter- und Zielsprache = Deutsch, und für die Studie 2: Fremd- und Ausgangssprache = Englisch, Mutter- und Zielsprache = Deutsch.

Der Chi²-Test lieferte sowohl für die Studie 1 als auch für die Studie 2 ein signifikantes Ergebnis. Ein zufälliges Zustandekommen der Verteilung der Zieleinheiten auf die fünf Kategorien ist somit unwahrscheinlich und die dem Test vorangestellte Hypothese konnte für beide Studien angenommen werden.

156 Zu den Kürzeln der Kollokationstypen und Kollokationsstärkegrade vgl. das Verzeichnis in Kapitel 6.8. Zur Herleitung der Kombinationstypologie vgl. Kapitel 6.2.3, zur Bestimmung der Kollokationsstärke vgl. Kapitel 6.5.5.

9.2 Der Vergleich der Studien 1 und 2

Daran anknüpfend sollen nun in in erster Linie die Häufigkeitenverteilungen der Zieleinheiten der Studien 1 und 2 verglichen werden (Substudie 1). Dem Vergleich der Häufigkeiten der Zieleinheiten wird ein Vergleich der Ausgangseinheiten der Studien 1 und 2 vorangestellt.

9.2.1 Die Ausgangseinheiten der Studien 1 und 2

	gesamt Studie 1		gesamt Studie 2	
AE	f	%	f	%
KOLL, K1	17	45,95	8	17,02
KOLL, K2	10	27,03	12	25,53
KOLL, K3	10	27,03	27	57,45
gesamt	37	100	47	100*

Tabelle (9.1): Die Ausgangseinheiten der Studien 1 und 2; *Gesamt in % gerundet.

In der Studie 1 wurden Zieleinheiten zu insgesamt 37, in der Studie 2 zu insgesamt 47 Ausgangseinheiten untersucht. Bei den Ausgangseinheiten handelt es sich um Kollokationen unterschiedlicher Stärkegrade. Dabei überwiegen in der Studie 1 die Kollokationen eines niedrigen Stärkegrades (K1), in der Studie 2 die Kollokationen eines hohen Stärkegrades (K3). Die Anteile der Kollokationen eines mittleren Stärkegrades (K2) sind in beiden Studien etwa gleich groß.

Aus der in den Kapiteln 7.1.2 und 8.1.2 durchgeführten Analyse der Ausgangseinheiten der beiden Studien ergibt sich zwar, dass die Ausgangseinheiten der Studie 2 im Durchschnitt einen höheren Kollokationsstärkegrad[157] besitzen als die der Studie 1; die lexikalisch-semantische Nähe der Kollokatoren der Ausgangseinheiten zu den Kollokatoren der äquivalenten zielsprachigen Kollokationen ist jedoch in beiden Studien zu einem vergleichbaren Maße gegeben. Daran mag auch die ähnliche Verteilung der Zieleinheiten der Kategorie KOLL in den beiden Studien festgemacht werden können.

157 Zum Begriff der Kollokationsstärke vgl. Kapitel 4.2.5. Bestimmt wird der Stärkegrad der Ausgangs- und Zielkollokationen in erster Linie über das Kollokationspotential der Basis-Komponente. Dieses wird mittels einer Analyse der syntagmatischen Kompatibilität und Exklusivität der Verbindung und über eine entsprechende Recherche in den für die Übersetzungsanalyse verwendeten Nachschlagewerken und Korpora überprüft. Bei den Zielkollokationen wird die Stärke zusätzlich über die Assoziationswerte der syntaktischen Relation zwischen Basis und Kollokator im *Wortprofil 3.0* des *DWDS* überprüft. Zur Bemessung des Kollokationsstärkegrades vgl. auch Kapitel 6.5.5.

9.2.2 Die Häufigkeitenverteilung der Zieleinheiten der Studien 1 und 2

	gesamt Studie 1		gesamt Studie 2	
ZE	f	%	f	%
KOLL	218	50,58	259	53,18
FWV-GUA	82	19,03	124	25,46
FWV-GA	60	13,92	49	10,06
EWE	62	14,38	43	8,83
X	9	2,09	12	2,46
gesamt	431	100	487	100*

Tabelle (9.2): Häufigkeitenverteilung der Zieleinheiten der Studien 1 und 2; *Gesamt in % gerundet.

In der Studie 1 wurden 431 Zieleinheiten, in der Studie 2 insgesamt 487 Zieleinheiten analysiert. Diese Zieleinheiten verteilen sich in beiden Studien zu unterschiedlichen Anteilen auf die fünf Kategorien Kollokation (KOLL), gebrauchsunauffällige freie Wortverbindung (FWV-GUA), gebrauchsauffällige freie Wortverbindung (FWV-GA), Ein-Wort-Entsprechung (EWE) und Auslassung (X). Ausgangspunkt für den Vergleich der Häufigkeitenverteilung der Zieleinheiten der beiden Studien ist die zuvor für den Vergleich formulierte Leitfrage: *Gibt es Unterschiede bezüglich des Übersetzens von Kollokationen in die Muttersprache und bezüglich des Vorkommens gebrauchsauffälliger Wortverbindungen je nach Fachsemester bzw. je nach Übersetzungserfahrung der Übersetzer?* Ein Blick auf die Verteilung der Zieleinheiten auf die fünf Kategorien erlaubt zunächst die Feststellung quantitativer Ähnlichkeiten und Unterschiede: Die KOLL-Zieleinheiten machen in der Studie 1 und in der Studie 2 jeweils die Hälfte der Zieleinheiten aus und ihre Anteile sind mit 50,58 % und 53,18 % ähnlich groß. Ähnlich sieht es bei den Zieleinheiten der Kategorie gebrauchsauffällige freie Wortverbindung aus: Der Anteil an FWV-GA-Zieleinheiten ist in der Studie 2 etwas kleiner als in der Studie 1 (10,06 % vs. 13,92 %). Auch die Anteile an Auslassungen unter den Zieleinheiten sind in beiden Studien ähnlich groß (2,09 % und 2,46 %). Größere quantitative Unterschiede sind in den Kategorien gebrauchsunauffällige freie Wortverbindung (FWV-GUA) und Ein-Wort-Entsprechung (EWE) auszumachen: In der Studie 2 gibt es mehr Zieleinheiten der Kategorie FWV-GUA als in der Studie 1 (25,46 % vs. 19,03 %) und deutlich weniger EWE-Zieleinheiten (8,83 % vs. 14,38 %).

Der Unterschied der Verteilung der Ein-Wort-Entsprechungen (kann anhand der in den Kapiteln 7.2.4 und 8.2.4 durchgeführten deskriptiven Analyse der Zieleinheiten dieser Kategorie erklärt werden. Diese hat ergeben, dass gerade die Zieleinheiten in Form eines Einzellexems nicht nur auf die lexikalisch-semantische Beschaffenheit, sondern häufig auch auf die syntaktische Gestalt der Ausgangseinheit zurückgeführt werden können. So kommen etwa in der Studie 1 mehr Ausgangseinheiten des Strukturtyps L4 (Substantiv, Kollokator + Substantiv, Basis) vor, die häufig mit Komposita in die Zieltexte übertragen wurden.

Die deskriptive Analyse der EWE-Zieleinheiten hat außerdem ergeben, dass diese häufig auf eine Ausgangseinheit des Typs L1.1 in Form eines Funktionsverbgefüges mit Objektgruppe zurückgeführt werden können. Ausgangseinheiten dieses Strukturtyps sind in der Studie 1 häufiger vertreten als in der Studie 2. Hinzu kommt, dass diese Ausgangseinheiten ebenso wie die zuvor genannten Ausgangseinheiten des Strukturtyps L4 vorwiegend aus den Proben der Sprachenpaare Französisch-Deutsch und Spanisch-Deutsch stammen, nicht jedoch aus der Probe des Sprachenpaars Englisch-Deutsch. In der Studie 2 wurden hingegen nur Proben des Sprachenpaars Englisch-Deutsch untersucht.

Anders als die Ein-Wort-Entsprechungen sind die Zieleinheiten der Kategorie gebrauchs*unauffällige* freie Wortverbindung (FWV-GUA) allerdings nicht unbedingt über die syntaktische Struktur der Ausgangseinheit begründbar, denn diese wird in den meisten Fällen bei der Bildung der freien Zielkombinationen übernommen (strukturgleich sind in der Studie 1 etwa 73 % der FWV-GUA-Zieleinheiten, in der Studie 2 ist der Anteil mit 70 % ähnlich groß). Die gebrauchsunauffälligen freien Zielkombinationen können in vielen Fällen eher auf die lexikalisch-semantische Gestalt der Ausgangseinheit zurückgeführt werden, etwa wenn die syntagmatische Gewichtung der beiden Komponenten innerhalb der Verbindung nicht ausgewogen ist, wie etwa in der Kollokation VD3.1_AE3_ES "referéndum + celebrar" (L1.1, K1) aus der Studie 1, bei welcher der syntaktische und semantische Schwerpunkt eindeutig auf der Basis liegt und die Bedeutung des Kollokators innerhalb der Kollokation abgeschwächt ist. Entscheidender für den Unterschied der beiden Studien in der Kategorie gebrauchsunauffällige freie Wortverbindung dürfte jedoch sein, dass in der Studie 2 sehr viel häufiger auch starke Ausgangskollokationen mit freien gebrauchsunauffälligen Wortverbindungen übertragen wurden als in der Studie 1. Dies steht mit der für die Zieltexte der Studie 2 insgesamt festgestellten Tendenz im Einklang, sich von den grammatischen und lexikalischen Strukturen des Ausgangstextes zu lösen, d. h. freier zu übersetzen.

In der Kategorie der Auslassungen (X) kann ein Unterschied zwischen den Ergebnissen der beiden Studien nicht so sehr auf der Ebene der Häufigkeiten der Zieleinheiten als vielmehr auf der Ebene der entsprechenden Ausgangseinheiten festgestellt werden: Der Anteil an Ausgangseinheiten, auf deren explizite Übertragung in die Zieltexte insgesamt verzichtet wurde, ist in der Studie 2 deutlich größer als in der Studie 1 (Studie 1: 10,81 %, Studie 2: 19,15 %). Dies steht ebenfalls im Einklang mit der Tendenz zur freieren Übersetzung der Ausgangseinheiten und Ausgangstexte, die über alle Kategorien der Zieleinheiten hinweg für die Studie 2 beobachtet wurde (s.o.): Anders als die Übersetzer der Studie 1 neigen die Übersetzer der Studie 2 eher dazu, die durch die Ausgangseinheiten insgesamt vorgegebenen syntaktischen und lexikalischen Strukturen zu verändern oder eben nicht explizit in die Zieltexte zu übernehmen.

Die nur geringen Unterschiede in der Verteilung der Kollokationen (KOLL) und freien gebrauch*sauffälligen* Wortverbindungen (FWV-GA) unter den Zieleinheiten der beiden Studien bestätigen die voreempirischen Beobachtungen: Erstens scheint bei der Übersetzung von Kollokationen des fremdsprachigen Ausgangstextes die Wahl des angehenden Übersetzers mit ähnlicher Regelmäßigkeit nicht auf äquivalente kollokative Strukturen in der Mutter- und Zielsprache zu fallen. Zweitens werden Kollokationen des Ausgangstextes auch mit freien Wortverbindungen in die Zieltexte übertragen, die zwar nach dem Muster kollokativer Strukturen gebildet, jedoch wortkombinatorisch auffällig sind. Das Ergebnis kann außerdem als ein Hinweis darauf gedeutet werden, dass es sich sowohl bei der Übersetzung einer Ausgangskollokation mit einer Kollokation als auch bei ihrer Übertragung mit einer gebrauchsauffälligen freien Wortverbindung tatsächlich um Erscheinungen der Her-Übersetzung von Kollokationen handelt, die mehr oder weniger unabhängig vom Ausgangstext, unabhängig von der Ausgangssprache und unabhängig von der Zusammensetzung der Probandengruppe auftreten.

Regelmäßigkeiten in der Her-Übersetzung von Kollokationen der fremdsprachigen Ausgangstexte werden darüber hinaus daran ersichtlich, dass die Anteile an Ausgangseinheiten, denen in den Zieltexten wenigstens eine Einheit der Kategorie Kollokation entspricht, in den beiden Studien ähnlich groß sind (Studie 1: 94,6 % der Ausgangseinheiten, Studie 2: 95,74 %). Gleiches lässt sich für die Anteile an Ausgangseinheiten bestätigen, denen wenigstens eine Zieleinheit der Kategorie gebrauchsauffällige freie Wortverbindung zugeordnet werden kann (Studie 1: 54,05 %, Studie 2: 51,06 %), und für die Anteile an Ausgangseinheiten, denen in zumindest einem Zieltext eine Einheit in Form eines Einzellexems entspricht (Studie 1: 51,35 %, Studie 2: 46,81 %).

9.2.3 Unterschiede und Ähnlichkeiten in den Übersetzungseinheiten

Zwischen den Übersetzungseinheiten der beiden Studien lassen sich außerdem übergeordnete qualitative Ähnlichkeiten feststellen (vgl. Kapitel 8.2). So wurde beispielsweise in beiden Studien ähnlich selten eine Kollokation des Ausgangstextes mit einer im Vergleich schwächeren Kollokation der Zielsprache übertragen (Studie 1: 16,97 %, Studie 2: 20,85 %). Ebenso sind die Anteile der Zieleinheiten der Kategorie Kollokation, die selbst im Zusammenhang der Zieltexte semantisch nicht äquivalent zu ihren Ausgangseinheiten sind, in den beiden Studien ähnlich klein (Studie 1: 4,13 %, Studie 2: 4,25 %); das Gleiche gilt für die Zieleinheiten der Kategorie freie gebrauchsunauffällige Wortverbindung (Studie 1: 6,1 % aller FWV-GUA-Zieleinheiten sind semantisch nicht äquivalent zu ihren Ausgangseinheiten, Studie 2: 5,65 %).

Außerdem wurde in beiden Studien etwa gleich häufig von der Wortartenstruktur der Ausgangseinheit abgewichen, wenn diese mit einer Kollokation der Zielsprache übertragen wurde (Studie 1: etwa 11 % der Zieleinheiten, Studie 2: etwa 15 %) oder wenn eine freie gebrauchs*unauffällige* Zielkombination gebildet wurde (Studie 1: etwa 27 %, Studie 2: etwa 30 %). Die etwas höheren Anteile in der Studie 2 lassen sich damit erklären, dass die Übersetzungen der Studie 2 insgesamt weniger am Wortlaut und den Strukturen der Ausgangstexte ausgerichtet sind als die Zieltexte der Studie 1.

Die insgesamt stärkere Tendenz zur freien Übersetzung in der Studie 2 wird auch daran erkennbar, dass in der Studie 2 mehr Zieleinheiten vorkommen, deren Struktur sich nicht in die für die Analyse der Einheiten aufgestellte Kombinationstypologie einordnen lässt (Studie 1: 3,48 % der Zieleinheiten, Studie 2: 6,78 % der Zieleinheiten. Außerdem haben sich die Übersetzer in der Studie 2 auch bei der Bildung der gebrauchs*auffälligen* freien Zieleinheiten häufiger von der Wortartenstruktur der Ausgangseinheiten gelöst als die Übersetzer in der Studie 1 (Studie 1: etwa 15 % der Zieleinheiten, Studie 2: 38,73 %). Zudem ist der Anteil der FWV-GA-Zieleinheiten, deren Komponenten semantisch nicht kompatibel sind, in der Studie 2 größer als in der Studie 1 (Studie 1: 53,33 %, Studie 2: 65 %). Damit zusammenhängend handelt es sich bei den FWV-GA-Zieleinheiten der Studie 2 auch häufiger um freiere Übersetzungen der Ausgangseinheiten als in der Studie 1 (Studie 1: 51,67 %, Studie 2: 75,51 %).

Die hier skizzierten Gemeinsamkeiten der Übersetzungseinheiten beider Studien werden im Zuge des Ergebnistransfers in Kapitel 10.1.2ff. noch einmal aufgegriffen; auf weitere Ähnlichkeiten der Übersetzungseinheiten wird ebenfalls in Kapitel 10 eingegangen.

9.3 Der Vergleich gepaarter Proben aus den Studien 1 und 2

Der Vergleich gepaarter Proben wurde ursprünglich mit dem Ziel konzipiert, mögliche Unterschiede bezüglich des Vorkommens von wortkombinatorisch auffälligen freien Wortverbindungen in gepaarten Proben von Übersetzungen festzustellen (Substudie 2). Je Paar handelt es sich um zwei Proben von Übersetzungen, die von derselben Gruppe von Übersetzern zu zwei unterschiedlichen Ausgangstexten und zu zwei unterschiedlichen Zeitpunkten angefertigt wurden. Überprüft werden sollte, ob die Anzahl an Zieleinheiten der Kategorie gebrauchsauffällige freie Wortverbindung (FWV-GA) in Übersetzungen zu einem Ausgangstext A, die zu Beginn eines Studiensemesters entstanden sind, größer oder kleiner ist als in Übersetzungen zu einem Ausgangstext B, die von den gleichen Übersetzern zu vergleichbaren Bedingungen gegen Ende desselben Studiensemesters angefertigt wurden. Nach den Ergebnissen des Vergleichs der Verteilung der Häufigkeiten der Zieleinheiten in den Studien 1 und 2 jedoch werden neben den Zieleinheiten der Kategorie gebrauchsauffällige freie Wortverbindung auch die Zieleinheiten der Kategorie Kollokation (KOLL) noch einmal näher beleuchtet. Aus den Studien 1 und 2 werden hierfür jeweils zwei gepaarte Gruppen von Übersetzungen ausgewählt:

VD3 (Studie 1, "Angehende Übersetzer I")

> VD3.1: 11 Übersetzer, Teilnehmer einer Lehrveranstaltung zum Übersetzen gemeinsprachlicher Texte aus dem Spanischen ins Deutsche; erste Übersetzung, Ausgangstext VD3.1; Zeitpunkt der Übersetzung: Semesterbeginn.
>
> VD3.2: die gleichen Übersetzer wie im Sample VD3.1; zweite Übersetzung, Ausgangstext VD3.2; Zeitpunkt der Übersetzung: Semesterende.

EX3 (Studie 2, "Angehende Übersetzer II")

EX3.1: 12 Übersetzer, Teilnehmer einer Lehrveranstaltung zum Übersetzen gemeinsprachlicher Texte aus dem Englischen ins Deutsche; erste Übersetzung, Ausgangstext EX3.1; Zeitpunkt der Übersetzung: Semesterbeginn.

EX3.2: die gleichen Übersetzer wie im Sample EX3.1; zweite Übersetzung, Ausgangstext EX3.2; Zeitpunkt der Übersetzung: Semesterende.

Dem Paarvergleich der Zieleinheiten vorangestellt wird ein Vergleich der Ausgangseinheiten der jeweiligen Gruppen von Übersetzungen.

9.3.1 VD3: Die Ausgangseinheiten

	VD3.1 Zeitpunkt der Übersetzung: Semesterbeginn		VD3.2 Zeitpunkt der Übersetzung: Semesterende	
AE	f	%	f	%
KOLL, K1	6	66,66	3	33,33
KOLL, K2	3	33,33	4	44,44
KOLL, K3	0	0	2	22,22
gesamt	9	100*	9	100*

Tabelle (9.3): Die Ausgangseinheiten des Probenpaars VD3; *Gesamt in % gerundet.

In den Übersetzungssamples VD3.1 und VD3.2 der Studie 1 wurden die Zieleinheiten zu jeweils neun Ausgangseinheiten aus zwei spanischen Ausgangstexten untersucht. Strukturell handelt es sich bei den Ausgangseinheiten hauptsächlich um Kollokationen des Typs L1.1 (Substantiv (Akkusativ-Objekt), Basis + Verb, Kollokator) und L2 (Substantiv, Basis + Adjektiv, Kollokator). In beiden Proben ist außerdem je eine Tripelkollokation unter den Einheiten.

Betrachtet nach Kollokationsstärkegraden sind die Gesamtmengen der Ausgangseinheiten der beiden Proben unterschiedlich: In der Probe VD3.1 überwiegen die schwachen Kollokationen deutlich; in der Probe VD3.2 ist die Gruppe der Kollokationen eines mittleren Stärkegrades am größten, doch das Verhältnis zwischen den Ausgangseinheiten der unterschiedlichen Stärkegrade ist insgesamt ausgewogener.

Die Zusammensetzung der Menge der Ausgangseinheiten der Proben VD3.1 und VD3.2 ist unabhängig von der Kollokationsstärke in dem Sinne ähnlich, dass die strukturelle und lexikalisch-semantische Nähe zwischen den Ausgangskollokationen und möglichen zielsprachigen Kollokationen in beiden Proben vergleichbar eindeutig bzw. nicht eindeutig ist.

In beiden Proben dürften darüber hinaus jeweils über die Hälfte der Ausgangseinheiten dem Übersetzer bekannt und vermutlich auch in den mentalen Lexika verfügbar sein, da sie zu einem fremdsprachigen Grundwortschatz gezählt werden können.

9.3.2 VD3: Die Zieleinheiten der Kategorie "Kollokation"

Auch dem Vergleich gepaarter Übersetzungssamples werden Leitfragen vorangestellt, auf die mittels eines Vergleichs der Verteilung der Häufigkeiten der Zieleinheiten zunächst für die Kategorie Kollokation (KOLL) eine Antwort gefunden werden soll: *Gibt es in den Zieltexten, die von einer Gruppe von angehenden Übersetzern zu einem Ausgangstext A angefertigt wurden, und in den Zieltexten, die von derselben Gruppe von Übersetzern zu einem späteren Zeitpunkt zu einem vergleichbaren Ausgangstext B angefertigt wurden, unterschiedliche Ergebnisse hinsichtlich der Anzahl der KOLL-Zieleinheiten?*

	VD3.1 Zeitpunkt der Übersetzung: Semesterbeginn		VD3.2 Zeitpunkt der Übersetzung: Semesterende	
ZE	f	%	f	%
KOLL	36	36,37	45	45,45
gesamt	99	100	99	100

Tabelle (9.4): Die Zieleinheiten der Kategorie KOLL des Probenpaars VD3

In der Kategorie Kollokation stehen sich Anteile von 36,37 % in der Probe VD3.1 und 45,45 % in der Probe VD3.2 gegenüber; die Differenz in dieser Kategorie beträgt 9,08 Prozentpunkte. So betrachtet ist der Anteil an Kollokationen in der Gruppe der Zieltexte, die zu Semesterende zu Ausgangstext VD3.2 angefertigt wurden größer als in der Gruppe der Zieltexte, die zu Semesterbeginn zu Ausgangstext VD3.1 angefertigt wurden.

Um zu überprüfen, ob dieser Unterschied statistisch signifikant ist, wird im Folgenden ein Wilcoxon-Test für das Probenpaar durchgeführt. Der Wilcoxon-Test, in Rasch et al. (2010³b: 130) auch als "W-Test für abhängige Proben" bezeichnet, ist ein Rangsummentest[158] für den Vergleich der zentralen Tendenz zweier verbundener Proben bzw. gepaarter Daten (Bortz/Schuster 2010: 130). Es handelt sich dabei um ein nicht-parametrisches Verfahren. Die Berechnung der Testwerte erfordert daher keine Annahme der Verteilung des untersuchten Merkmals (Rasch et al. 2010³b: 157), weshalb es auch mit Stichproben geringeren Umfangs vereinbar ist. [159] Der W-Test wird häufig in Untersuchungen mit wiederholten Messungen innerhalb einer kleineren

158 In einem Rangsummentest wird durch das Ranking der einzelnen Messergebnisse eine "künstliche Äquidistanz" zwischen den Rängen erzeugt, die sich in einem rechnerischen Abstand von jeweils genau 1 ausdrückt. Nach der Zuordnung von Rangplätzen ist die Normalverteilung der Messwerte in der Population für die Signifikanzprüfung keine Bedingung mehr. (Rasch et al. 2010³b: 144)

159 Der Umfang "kleiner" Proben bzw. die Anzahl der Ergebnisse bzw. Versuchspersonen ist allerdings nicht einheitlich festgelegt. So gelten etwa als "kleine" Stich-proben in Rasch et al. (2010³b: 152 und 154) solche, deren Umfang kleiner als 20 ist, "größere" Stichproben liegen über dieser Marke. In Bortz/Schuster (2010: 134) hingegen werden Stichproben ab einem Umfang von 25 als "größere" Proben bezeichnet.

Gruppe eingesetzt.[160] Daher scheint er auch für die Signifikanzprüfung der Ergebnisse dieses Vergleichs gepaarter Proben geeignet. Die Grundlage für die Durchführung des Wilcoxon-Tests stellt die Bildung einer Rangreihe aus den gepaarten Daten der Gruppe, das heißt aus den Unterschieden der Ergebnisse je Versuchsperson (in diesem Fall je Übersetzer bzw. je Zieltext) und Messzeitpunkt dar (in diesem Fall die Übersetzung zu Ausgangstext VD3.1 zu Semesterbeginn und die Übersetzung zu Ausgangstext VD3.2 zu Semesterende). Hierfür werden erstens die Differenzen der Messwertpaare der ersten und der zweiten Probe ermittelt, wobei das Vorzeichen der Differenz (+/-) ignoriert wird; für den im Folgenden durchgeführten Vergleich wird hierbei in einem ersten Test die Anzahl der Zieleinheiten der Kategorie Kollokation je Übersetzer und Probe eines Paares und in einem zweiten Test die Anzahl der Zieleinheiten der Kategorie gebrauchsauffällige freie Wortverbindung berücksichtigt. Zweitens werden nur die Differenzbeträge einbezogen, die von Null verschieden sind; aus diesem Grund wird die Anzahl N der Rangplätze um die Differenzen der Größe Null reduziert. Drittens werden die absoluten Beträge der Differenzen in eine aufsteigende Rangreihe geordnet; sind Differenzbeträge mehrfach vorhanden, müssen diesen gemittelte Rangplätze zugewiesen werden. Viertens werden die Rangplätze gerichtet, das heißt mit den Vorzeichen der ihnen zugeordneten Differenzbeträge versehen. (vgl. Rasch et al. 2010³b: 161f.)

Erster Rangsummentest für das Probenpaar VD3: KOLL

	KOLL		FWV-GUA		FWV-GA		EWE		X		gesamt	
	3.1	3.2	3.1	3.2	3.1	3.2	3.1	3.2	3.1	3.2	3.1	3.2
ZT1	4	4	4	2	0	2	0	1	1	0	9	9
ZT3	4	6	3	2	1	1	1	1	0	0	9	9
ZT4	1	4	4	1	1	3	2	1	1	0	9	9
ZT5	3	4	1	1	2	1	3	3	0	0	9	9
ZT6	4	3	2	2	1	1	2	3	0	0	9	9
ZT7	2	2	1	2	4	4	2	1	0	0	9	9
ZT8	3	4	2	3	3	0	1	2	0	0	9	9
ZT9	3	4	1	0	4	2	1	3	0	0	9	9
ZT10	4	5	2	0	2	2	1	2	0	0	9	9
ZT11	6	5	1	2	0	0	1	2	1	0	9	9
ZT12	2	4	4	1	2	3	0	1	1	0	9	9
gesamt	36	45	25	16	20	19	14	20	4	0	99	99

Tabelle (9.5): Verteilung der Zieleinheiten des Probenpaars VD3 je Zieltext

160 Beispiele für Fragestellungen, bei denen das Wilcoxon-Verfahren zum Einsatz kommt, sind etwa "Eine Therapeutin möchte prüfen, ob ihre Patienten nach einem Ausdruckstraining mehr emotionale Erlebnisse verbalisieren als davor." oder "Hat die Einführung einer 'Aktiven Pause' einen Einfluss auf das Körpergewicht von Schülern?" (www18)

Die Anzahl der KOLL-Zieleinheiten je Zieltext:

ZT	1	3	4	5	6	7	8	9	10	11	12
VD3.1	4	4	1	3	4	2	3	3	4	6	2
VD3.2	4	6	4	4	3	2	4	4	5	5	4
Differenz	0	+2	+3	+1	-1	0	+1	+1	+1	-1	+2

Ermittlung der Rangplätze und Bildung der Rangreihe: Die Anzahl der zu vergebenen Rangplätze ist N = 9 (die Null-Differenzen werden nicht berücksichtigt).

Differenz	-1	-1	+1	+1	+1	+1	+2	+2	+3
absolute Differenz	1	1	1	1	1	1	2	2	3
mittlerer Rang	3,5	3,5	3,5	3,5	3,5	3,5	7,5	7,5	9
gerichteter Rang	-3,5	-3,5	+3,5	+3,5	+3,5	+3,5	+7,5	+7,5	+9

Bildung der Rangsummen und Ermittlung des W-Werts: Zur Ermittlung des Testwertes werden mit den gerichteten Rängen zwei Rangsummen gebildet, indem alle positiven Ränge und alle negativen Ränge jeweils summiert werden; als W-Wert gilt der kleinere absolute Summenwert. Für einen ungerichteten Wilcoxon-Test ist das niedrigste Signifikanzniveau 0,05. (Rasch et al. 2010³b: 163)

In dem hier durchgeführten Test ergeben die positiven und negativen Rangsummen die Werte 38 bzw. -7. Der W-Wert liegt mit 7 über dem für N=9 für das niedrigste Signifikanz-Niveau festgelegten kritischen Wert des Wilcoxon-Tests (6). Das Ergebnis und somit die Differenz der Anzahl an Kollokationen unter den Zieleinheiten der zum Ausgangstext VD3.1 zu Semesterbeginn angefertigten Übersetzungen einerseits und der zum Ausgangstext VD3.2 zu Semesterende produzierten Zieltexte andererseits ist statistisch nicht signifikant.[161] Es gibt also in den Zieltexten, die von einer Gruppe von angehenden Übersetzern zu einem ersten Ausgangstext angefertigt wurden, und in den Zieltexten, die von derselben Gruppe von Übersetzern zu einem späteren Zeitpunkt zu einem vergleichbaren zweiten Ausgangstext angefertigt wurden, ähnlich viele Kollokationen unter den Zieleinheiten. Dieses Ergebnis bestätigt erneut die übergeordnete Annahme, dass einer Kollokation des fremdsprachigen Ausgangstextes nicht immer eine Kollokation im muttersprachlichen Zieltext entspricht.

9.3.3 VD3: Die Zieleinheiten der Kategorie "gebrauchsauffällige freie Wortverbindung"

Leitfrage: *Gibt es in den Zieltexten, die von einer Gruppe von angehenden Übersetzern zu einem Ausgangstext A angefertigt wurden, und in den Zieltexten, die von derselben Gruppe von Übersetzern zu einem späteren Zeitpunkt zu einem vergleichbaren Ausgangstext B angefertigt wurden, unterschiedliche Ergebnisse hinsichtlich der Anzahl der FWV-GA-Zieleinheiten?*

161 Aus der Zusammenstellung der kritischen Werte des Wilcoxon-Test geht der maximale W-Wert hervor, der noch ein signifikantes Ergebnis liefert (Rasch et al. 2010³b: 163).

	VD3.1 Zeitpunkt der Übersetzung: Semesterbeginn		VD3.2 Zeitpunkt der Übersetzung: Semesterende	
ZE	f	%	f	%
FWV-GA	20	20,2	19	19,2
gesamt	99	100	99	100

Tabelle (9.6): Die Zieleinheiten der Kategorie FWV-GA des Probenpaars VD3

Von den jeweils 99 Zieleinheiten der Proben VD3.1 und VD3.2 entfallen 20,2 % bzw. 19,2 % auf die Kategorie gebrauchsauffällige freie Wortverbindung (FWV-GA). In diesem Sinne kann die Leitfrage also mit Nein beantwortet werden, da die Differenz zwischen den FWV-GA-Anteilen beider Proben recht gering ist (= 1 Prozentpunkt). In den Zieltexten, die von einer Gruppe von angehenden Übersetzern zum Ausgangstext VD3.1 angefertigt wurden, und in den Zieltexten, die von derselben Gruppe von Übersetzern zu einem vergleichbaren Ausgangstext VD3.2 angefertigt wurden, wurden kollokative Ausgangseinheiten mehr oder weniger genauso häufig mit FWV-GA-Zieleinheiten übertragen.

Zweiter Rangsummentest für das Probenpaar VD3: FWV-GA

Die Anzahl der FWV-GA-Zieleinheiten je Zieltext:

ZT	1	3	4	5	6	7	8	9	10	11	12
VD3.1	0	1	1	2	1	4	3	4	2	0	2
VD3.2	2	1	3	1	1	4	0	2	2	0	3
Differenz	+2	0	+2	-1	0	0	-3	-2	0	0	+1

Ermittlung der Rangplätze und Bildung der Rangreihe: Die Anzahl der zu vergebenen Rangplätze ist N = 6 (die Null-Differenzen werden nicht berücksichtigt).

Differenz	-1	+1	-2	+2	+2	-3
absolute Differenz	1	1	2	2	2	3
mittlerer Rang	1,5	1,5	4	4	4	6
gerichteter Rang	-1,5	+1,5	-4	+4	+4	-6

Bildung der Rangsummen und Ermittlung des W-Werts: Rangsumme negativ = -11,5, Rangsumme positiv = 9,5. Der kleinere absolute Summenwert liegt mit 9,5 deutlich über dem für N=6 für das Signifikanz-Niveau 0,05 festgelegten kritischen Wert (0). Der Unterschied zwischen der Anzahl der gebrauchsauffälligen freien Wortverbindungen des Probenpaares ist somit nicht signifikant. In den von einer Gruppe angehender Übersetzer zu Semesterbeginn angefertigten Übersetzungen zu einem Ausgangstext gibt es also ähnlich häufig bzw. selten wortkombinatorisch auffällige Zieleinheiten wie in den Übersetzungen, die von denselben Übersetzern zu Semesterende zu einem vergleichbaren zweiten Ausgangstext angefertigt wurden. Dieses Ergebnis untermauert die übergeordnete Annahme, dass einer kollokativen Einheit des fremdsprachigen Ausgangstextes eine wortkombinatorisch auffällige Einheit im muttersprachlichen Zieltext entsprechen kann.

Auf die Untersuchung des Probenpaars VD3 der Studie 1 folgt nun die Untersuchung des Probenpaars EX3 der Studie 2.

9.3.4 EX3: Die Ausgangseinheiten

	EX3.1 Zeitpunkt der Übersetzung: Semesterbeginn		EX3.2 Zeitpunkt der Übersetzung: Semesterende	
AE	f	%	f	%
KOLL, K1	0	0	2	22,22
KOLL, K2	3	33,33	4	44,44
KOLL, K3	6	66,66	3	33,33
Gesamt	9	100*	9	100*

Tabelle (9.7): Die Ausgangseinheiten des Probenpaars EX3; *Gesamt in % gerundet.

Auch in den Proben EX3.1 und EX3.2 wurden die Zieleinheiten zu jeweils neun Ausgangseinheiten aus zwei unterschiedlichen Ausgangstexten analysiert. Unter den ausgewählten Kollokationen des Englischen sind in beiden Proben in erster Linie die Strukturtypen L1.1 und L2 vertreten. Betrachtet nach Kollokationsstärkegraden unterscheidet sich die Zusammensetzung der Gruppe der Ausgangseinheiten der beiden Proben: Bei 66,66 % der Ausgangseinheiten der Probe EX3.1 handelt es sich um starke Kollokationen, in der Probe EX3.2 ist das Verhältnis der Ausgangseinheiten der drei unterschiedlichen Stärkegrade deutlich ausgewogener. Die größte Gruppe bilden hier die mittelstarken Kollokationen; die starken Kollokationen machen hingegen nur einen Anteil von 33,33 % aus. Ungeachtet der Kollokationsstärke weisen ähnlich viele Ausgangseinheiten der Probe EX3.1 und der Probe EX3.2 eine recht deutliche Bildsprachlichkeit auf, wie etwa EX3.1_AE1 "town + thriving" (L2) und EX3.1_AE4 "activity + bustling" (L2) oder die Einheiten EX3.2_AE8 "glow + radiant" (L2) und EX3.2_AE9 "on video + to capture" (L7). Allerdings sind alle Ausgangseinheiten lexikalisch-semantisch transparent und in ihrem Vorkommen nicht unüblich. Davon abgesehen bestätigt der Vergleich der Ausgangseinheiten der beiden Proben, dass die Zusammensetzung der jeweiligen Gruppen der Ausgangseinheiten im Hinblick auf die strukturelle und lexikalisch-semantische Nähe zwischen den Ausgangskollokationen und möglichen zielsprachigen Kollokationen ähnlich ist.

9.3.5 EX3: Die Zieleinheiten der Kategorie "Kollokation"

Leitfrage: *Gibt es in den Zieltexten, die von einer Gruppe von angehenden Übersetzern zu einem Ausgangstext A angefertigt wurden, und in den Zieltexten, die von derselben Gruppe von Übersetzern zu einem späteren Zeitpunkt zu einem vergleichbaren Ausgangstext B angefertigt wurden, unterschiedliche Ergebnisse hinsichtlich der Anzahl der KOLL-Zieleinheiten?*

	EX3.1 Zeitpunkt der Übersetzung: Semesterbeginn		EX3.2 Zeitpunkt der Übersetzung: Semesterende	
ZE	f	%	f	%
KOLL	63	58,33	48	44,45
gesamt	108	100	108	100

Tabelle (9.8): Die Zieleinheiten der Kategorie KOLL des Probenpaars EX3

In der Kategorie Kollokation stehen sich Anteile von 58,33 % in der Probe EX3.1 und 44,45 % in der Probe EX3.2 gegenüber. Damit unterscheidet sich erstens auch in diesem Probenpaar die Anzahl der KOLL-Zieleinheiten der Zieltexte, die von einer Gruppe von angehenden Übersetzern zum Ausgangstext EX3.1 angefertigt wurden, und die Anzahl der KOLL-Zieleinheiten der Übersetzungen, die von derselben Gruppe von Übersetzern zu einem späteren Zeitpunkt zu einem vergleichbaren Ausgangstext (EX3.2) angefertigt wurden. Zweitens ist auch in diesem Probenpaar die Differenz zwischen den Ergebnissen in der Kategorie KOLL mit 13,88 Prozentpunkten deutlich größer als in der Kategorie gebrauchsauffällige freie Wortverbindung (s.u.).

Erster Rangsummentest für das Probenpaar EX3: KOLL

	KOLL		FWV-GUA		FWV-GA		EWE		X		gesamt	
	3.1	3.2	3.1	3.2	3.1	3.2	3.1	3.2	3.1	3.2	3.1	3.2
ZT1	5	5	2	4	2	0	0	0	0	0	9	9
ZT2	5	4	3	3	0	2	0	0	1	0	9	9
ZT3	4	5	4	3	0	0	1	1	0	0	9	9
ZT4	5	5	2	2	2	1	0	1	0	0	9	9
ZT5	7	3	1	4	1	1	0	0	0	1	9	9
ZT6	6	3	1	3	1	2	1	1	0	0	9	9
ZT7	6	6	1	3	1	0	1	0	0	0	9	9
ZT8	5	5	1	1	1	1	2	2	0	0	9	9
ZT9	3	3	3	2	1	3	1	1	1	0	9	9
ZT10	6	3	1	5	1	1	1	0	0	0	9	9
ZT11	5	2	2	4	1	1	1	1	0	1	9	9
ZT12	6	4	1	3	0	1	2	0	0	1	9	9
gesamt	63	48	22	37	11	13	10	7	2	3	108	108

Tabelle (9.9): Die Verteilung der Zieleinheiten des Probenpaars EX3 je Zieltext

Anzahl der KOLL-Zieleinheiten je Zieltext:

ZT	1	2	3	4	5	6	7	8	9	10	11	12
EX3.1	5	5	4	5	7	6	6	5	3	6	5	6
EX3.2	5	4	5	5	3	6	5	3	3	3	2	4
Differenz	0	-1	+1	0	-4	-3	0	0	0	-3	-3	-2

Ermittlung der Rangplätze und Bildung der Rangreihe: Die Anzahl der zu vergebenen Rangplätze ist N = 7 (die Null-Differenzen werden nicht berücksichtigt).

Differenz	-1	+1	-2	-3	-3	-3	-4
absolute Differenz	1	1	2	3	3	3	4
mittlerer Rang	1,5	1,5	3	5	5	5	7
gerichteter Rang	-1,5	+1,5	-3	-5	-5	-5	-7

Bildung der Rangsummen und Ermittlung des W-Werts: Rangsumme negativ = -26,5, Rangsumme positiv = 1,5. Der W-Wert liegt mit 1,5 unter dem für N=7 für das Signifikanz-Niveau 0,05 festgelegten kritischen Wert (2). Es gibt also in diesem Probenpaar einen signifikanten Unterschied zwischen der Anzahl an Kollokationen unter den Zieleinheiten der ersten und zweiten Übersetzung: In der ersten Übersetzung wurden deutlich mehr Ausgangseinheiten mit Kollokationen in die Zieltexte übertragen.

9.3.6 EX3: Die Zieleinheiten der Kategorie "gebrauchsauffällige freie Wortverbindung"

Leitfrage: *Gibt es in den Zieltexten, die von einer Gruppe von angehenden Übersetzern zu einem Ausgangstext A angefertigt wurden, und in den Zieltexten, die von derselben Gruppe von Übersetzern zu einem späteren Zeitpunkt zu einem vergleichbaren Ausgangstext B angefertigt wurden, unterschiedliche Ergebnisse hinsichtlich der Anzahl der FWV-GA-Zieleinheiten?*

	EX3.1 Zeitpunkt der Übersetzung: Semesterbeginn		EX3.2 Zeitpunkt der Übersetzung: Semesterende	
ZE	f	%	f	%
FWV-GA	11	10,19	13	12,04
gesamt	108	100	108	100

Tabelle (9.10): Die Zieleinheiten der Kategorie FWV-GA des Probenpaars EX3

Die Zieleinheiten der Kategorie gebrauchsauffällige freie Wortverbindung machen in den Proben EX3.1 und EX3.2 einen Anteil von 10,19 % bzw. 12,08 % aus. Der messbare Unterschied zwischen diesen beiden Ergebnissen ist recht gering (1,89 Prozentpunkte), die Proben von Übersetzungen in den Übersetzungen zu Ausgangstext EX3.1 und den Übersetzungen zu Ausgangstext EX3.2, die zu einem späteren Zeitpunkt angefertigt wurden, scheinen sich im Hinblick auf die Anzahl der wortkombinatorisch gebrauchsauffälligen Zieleinheiten kaum zu unterscheiden. Damit kann die auch bereits dem Vergleich der Proben VD3.1 und VD3.2 vorangestellte Leitfrage zunächst mit Nein beantwortet werden.

Zweiter Rangsummentest für das Probenpaar EX3: FWV-GA

Anzahl der FWV-GA-Zieleinheiten je Zieltext:

ZT	1	2	3	4	5	6	7	8	9	10	11	12
EX3.1	2	0	0	2	1	1	1	1	1	1	1	0
EX3.2	0	2	0	1	1	2	0	1	3	1	1	1
Differenz	-2	+2	0	-1	0	+1	-1	0	+2	0	0	+1

Ermittlung der Rangplätze und Bildung der Rangreihe: Die Anzahl der zu vergebenen Rangplätze ist N = 7 (die Null-Differenzen werden nicht berücksichtigt).

Differenz	-1	-1	+1	+1	-2	+2	+2
absolute Differenz	1	1	1	1	2	2	2
mittlerer Rang	2,5	2,5	2,5	2,5	6	6	6
gerichteter Rang	-2,5	-2,5	+2,5	+2,5	-6	+6	+6

Bildung der Rangsummen und Ermittlung des W-Werts: Rangsumme negativ = -11, Rangsumme positiv = 11. Der W-Wert liegt mit 11 deutlich über dem für N=7 festgelegten für das Signifikanz-Niveau (0,05) festgelegten kritischen Wert (2). Damit ist auch im Probenpaar EX3.1 und EX3.2 der Unterschied zwischen der Anzahl an gebrauchsauffälligen freien Wortverbindungen unter den Zieleinheiten der Übersetzungen zu Ausgangstext EX3.1 und unter den Zieleinheiten der von denselben Übersetzern produzierten Zieltexte zu Ausgangstext EX3.2 nicht signifikant.

9.3.7 Fazit aus dem Vergleich der gepaarten Proben VD3 und EX3

Wie zuvor festgestellt, sind die Unterschiede der Studien 1 und 2 in der Verteilung der Zieleinheiten sowohl der Kategorie Kollokation (KOLL) als auch der Kategorie gebrauchsauffällige freie Wortverbindung (FWV-GA) gering. Aufgrund dessen wurde im Vergleich der gepaarten Übersetzungssamples entgegen dem ursprünglichen Vorhaben zusätzlich zur Verteilung der Zieleinheiten der Kategorie FWV-GA die Verteilung der Zieleinheiten der Kategorie KOLL überprüft. Ausgewählt wurden die Proben VD3.1 und VD3.2 (Spanisch-Deutsch) der Studie 1 sowie die Proben EX3.1 und EX3.2 (Englisch-Deutsch) der Studie 2. Untersucht wurden je Probenpaar die Daten aus den Zieltexten, die jeweils von denselben Übersetzern zu einem ersten Ausgangstext zu Beginn eines Studiensemesters und zu einem vergleichbaren zweiten Ausgangstext zu Semesterende erstellt wurden.

Auch hier wurde zunächst gezeigt, dass die Zusammenstellung der Ausgangseinheiten in der ersten und zweiten Übersetzung aufgrund der strukturellen und lexikalisch-semantischen Nähe zwischen den Ausgangskollokationen und möglichen zielsprachigen Kollokationen ähnlich war und in diesem Sinne keine Auswirkung auf die Verteilung der Zieleinheiten auf diese Kategorien in den einzelnen Proben gehabt haben sollte.

Der qualitative Vergleich der Anzahl der Kollokationen (KOLL) unter den Zieleinheiten ergab sowohl für das Probenpaar VD3 als auch für das Probenpaar EX3 einen Unterschied zwischen der ersten und der zweiten Übersetzung. Der im Anschluss durchgeführte Wilcoxon-Test jedoch lieferte für beide Probenpaare unterschiedliche Ergebnisse. Im Probenpaar VD3 unterscheiden sich die Anteile an kollokativen Zieleinheiten nicht signifikant voneinander, im Probenpaar EX3 hingegen schon: Hier ist der Anteil an KOLL-Zieleinheiten in der Probe EX3.1 und damit den zu Beginn des Semesters angefertigten Übersetzungen zu einem ersten Ausgangstext, signifikant größer als in der Probe EX3.2, den gegen Semesterende angefertigten Übersetzungen zu einem zweiten Ausgangstext.

Eine mögliche Erklärung für diese unterschiedlichen Ergebnisse liefert die Verteilung der Kollokationsstärkegrade der Ausgangseinheiten der beiden Probenpaare: In der Probe VD3.1 setzt sich die Menge der Ausgangseinheiten zu 100 % aus Kollokationen niedriger und mittlerer Stärke zusammen. In der Probe VD3.2 stellt diese Gruppe einen Anteil von 77,77 % dar; 22,22 % der Ausgangseinheiten sind Kollokationen eines hohen Stärkegrades. Wie die deskriptive Analyse der Zieleinheiten in den Kapiteln 7.2 und 8.2 gezeigt hat, werden starke Ausgangskollokationen im Allgemeinen eher mit Kollokationen in die Zieltexte übertragen. Der Vergleich der Ergebnisse der Zieleinheiten der Kategorie Kollokation der beiden Proben zeigt allerdings, dass der Anteil an starken Ausgangskollokationen der Probe VD3.2 zu gering zu sein scheint, um die Menge der Ausgangseinheiten dieser Probe zu dominieren und sich in einem Anteil an KOLL-Zieleinheiten zu äußern, der statistisch signifikant größer ist als der Anteil an KOLL-Zieleinheiten der Vergleichsprobe VD3.1, in der keine Ausgangskollokationen mit hohem Kollokationsstärkegrad untersucht wurden. In der Probe EX3.1 hingegen machen die Kollokationen eines hohen Stärkegrades (K3) einen Anteil von 66,66 % der Ausgangseinheiten aus, der damit doppelt so groß wie in der entsprechenden Vergleichsprobe EX3.2 ist (33,33 %). Der Anteil an starken Ausgangkollokationen der Probe EX3.1 überwiegt nicht nur eindeutig in der Gesamtmenge der Ausgangseinheiten dieser Probe, sondern ist auch im Probenvergleich dominant. Dies mag ein Grund dafür sein, dass der Anteil an KOLL-Zieleinheiten, die eben häufig auf starke Ausgangskollokationen zurückgeführt werden können, in der Probe EX3.1 statistisch signifikant größer ist als in der Probe EX3.2.

Der Vergleich der Anzahl der gebrauchsauffälligen freien Wortverbindungen unter den Zieleinheiten hingegen zeigte für beide Probenpaare einen nur sehr geringen Unterschied zwischen der ersten und der zweiten Übersetzung. Der Wilcoxon-Test bestätigte das Ergebnis des qualitativen Vergleichs: Weder für das Probenpaar VD3 (Studie 1, Spanisch-Deutsch) noch für das Paar EX3 (Studie 2, Englisch-Deutsch) sind die Unterschiede bezüglich der Übertragung kollokativer Ausgangseinheiten mit gebrauchsauffälligen freien Wortverbindungen statistisch signifikant. Es liegt daher nahe, anzunehmen, dass es sich bei der gebrauchsauffälligen freien Wortverbindung um ein Phänomen in der Her-Übersetzung von Kollokationen handelt, das unabhängig von der Gruppe der Übersetzer, unabhängig von der Fremdsprache der Ausgangstexte und, sofern diese Texte Kollokationen unterschiedlicher Kollokationsstärkegrade enthalten, durchaus auch unabhängig von der Verteilung der Stärkegrade der Kollokationen auftritt.

10 Der Transfer der Ergebnisse aus der empirischen Untersuchung in die Übersetzungspraxis

Im Folgenden werden die Ergebnisse aus der statistischen Auswertung und deskriptiven Analyse der syntagmatischen Übersetzungseinheiten aus den Lernerkorpora auf die Übersetzungspraxis übertragen. Strategien für die Her-Übersetzung von Kollokationen werden daraus hergeleitet und die Möglichkeiten und Bedingungen ihrer Anwendung beschrieben. Die im ersten Teil der Arbeit entworfenen Konzepte zum Übersetzungsprozess und zur Übersetzungskompetenz werden wieder aufgegriffen und Methoden zum Ausbau einer übersetzungsbezogenen Kollokationskompetenz vorgestellt.[162]

10.1 Die Erkenntnisse aus der empirischen Untersuchung zur Her-Übersetzung von Kollokationen

Übergeordnetes Ziel der empirischen Untersuchung von syntagmatischen Übersetzungseinheiten war es aufzuzeigen, was mit der Kollokation in der Her-Übersetzung aus der Fremd- in die Mutter- bzw. Erstsprache geschieht. Daher werden zunächst noch einmal die zentralen Ergebnisse der statistischen Auswertung der durchgeführten Studien festgehalten. Im Anschluss werden die aus der deskriptiven Analyse der Übersetzungseinheiten gewonnenen übergreifenden Erkenntnisse zur Her-Übersetzung von Kollokationen dargestellt.

10.1.1 Die Erkenntnisse aus der statistischen Auswertung

Die Kollokation im Ausgangstext und ihre Entsprechung im Zieltext: In den durchgeführten Studien wurden ausgewählte Kollokationen aus englischen, französischen und spanischen Ausgangstexten und ihre Entsprechungen in Lernerkorpora deutscher Zieltexte untersucht (vgl. Kapitel 7 und 8). Über die statistischen Ergebnisse der Verteilung der analysierten Zieleinheiten auf die fünf Kategorien Kollokation (KOLL), freie gebrauchsunauffällige Wortverbindung (FWV-GUA), freie gebrauchsauffällige Wortverbindung (FWV-GA), Ein-Wort-Entsprechung (EWE) und Auslassung (X) konnte nachgewiesen werden, dass erstens Kollokationen fremdsprachiger Ausgangstexte bei der Her-Übersetzung in die Mutter- bzw. Erstsprache nicht ausschließlich mit Kollokationen übertragen werden. Darauf scheinen zweitens weder die Fremdsprache, aus der übersetzt wird, noch das Fachsemester bzw. die Übersetzungserfahrung der angehenden Übersetzer, deren Zieltexte untersucht wurden, einen entscheidenden Ein-

162 In den Beispielen sind die analysierten Einheiten aus den Ausgangs- und Zieltexten in Anführungszeichen gesetzt. Die Komponenten von Kollokationen und freien Wortkombinationen sind in ihrer grammatischen Grundform dargestellt. Die Basis-/"Basis"-Komponente ist unterstrichen.

fluss zu haben. Es lässt sich daher feststellen, dass kollokative Strukturen der Ausgangstexte bei der Her-Übersetzung eingeebnet werden.

Die Kollokation im Ausgangstext und die Gebrauchsauffälligkeit im Zieltext: Hinzu kommt, dass den Ausgangskollokationen in den Zieltexten lineare Kombinationen von Wörtern entsprechen, die zwar nach dem Muster von Kollokationen gebildet, in ihrem Erscheinungsbild jedoch auffällig sind: Sie heben sich vom "üblichen" Wortgebrauch ab und entsprechen nicht unbedingt den Gebrauchsnormen im Bereich der Wortkombinatorik. Auch im Vergleich der Ergebnisse der Auswertung der Übersetzungseinheiten aus den beiden Lernerkorpora wird deutlich, dass das Fachsemester der angehenden Übersetzer weder einen entscheidenden Einfluss auf die Übertragung von Kollokationen der Ausgangstexte mit nicht-kollokativen Einheiten noch auf das Phänomen der Gebrauchsauffälligkeit zu haben scheint. Zudem liegt die Annahme nahe, dass die Auffälligkeiten im Bereich des Wortgebrauchs erstens unabhängig von der Zusammensetzung der Probandengruppe, zweitens unabhängig von der Sprache, aus der übersetzt wird und drittens unabhängig von der Verteilung der Stärkegrade der Kollokationen des Ausgangstextes auftreten (vgl. Kapitel 9.2 und 9.3).

Fazit: Die vorempirischen Beobachtungen, dass bei der Her-Übersetzung von Kollokationen im Ausgangstext diese nicht regelhaft mit äquivalenten Kollokationen in den Zieltext übertragen werden und dass es dabei auch zu wortkombinatorischen Auffälligkeiten kommen kann, haben sich demnach bestätigt. Bei beiden Phänomenen scheint es sich um mehr oder weniger unabhängige Erscheinungen der Her-Übersetzung von Kollokationen zu handeln.

10.1.2 Die Erkenntnisse aus der deskriptiven Analyse der Übersetzungseinheiten

Über die Ergebnisse der statistischen Auswertung hinaus haben die deskriptiven Analysen der Zieleinheiten aller Kategorien zu neuen Erkenntnissen in der Her-Übersetzung von Kollokationen geführt. In der Zusammenschau wird ersichtlich, dass es in der Her-Übersetzung von Kollokationen bestimmte Regelmäßigkeiten gibt, die nicht allein auf den Übersetzer zurückgeführt werden können und die somit nicht ausschließlich an die Leistung des Individuums gekoppelt sind.

Die syntaktisch-semantische Ähnlichkeit zwischen der ausgangs- und der zielsprachigen Kollokation: Beim Übertragen kollokativer Ausgangseinheiten sind zum einen die Textsortenkonventionen der Zielsprache von Bedeutung: Sollen diese gewahrt werden, mag z.B. die Verkürzung der Ausgangskollokation zum Einzellexem oder Kompositum bzw. der Verzicht auf ihre explizite Übertragung in den Zieltext sinnvoll sein. Dies ist etwa dann der Fall, wenn eine knappe Formulierung im Zieltext vonnöten ist, wie etwa in Textüberschriften oder in Aufzählungen. Zum anderen stehen Regelmäßigkeiten, die sich in den Übersetzungseinheiten zeigen, im Zusammenhang mit der Beschaffenheit der Ausgangseinheiten und ihrer direkten zielsprachigen Äquivalente.

So konnte festgestellt werden, dass einer Ausgangseinheit in den Zieltexten umso häufiger eine Kollokation entspricht, je eindeutiger die lexikalisch-semantische und strukturelle Äquivalenz zwischen ihr und den direkten kollokativen Entsprechungen in der Zielsprache ist. Bei allen Ausgangseinheiten der Studien 1 und 2, denen in den Zieltexten ausnahmslos Kollokationen entsprechen, und bei den meisten der mehrheitlich mit Kollokationen übertragenen Ausgangseinheiten war eine strukturelle und lexikalisch-semantische "Nähe" bzw. Ähnlichkeit zwischen *beiden* Komponenten der Ausgangs- und Zielkollokation gegeben (wie z.B. in der Übersetzungseinheit EX2.2_ AE4_EN "mud + to sink in", Strukturtyp L1.4[163], Kollokationsstärkegrad K1 → "Schlamm + steckenbleiben/versinken in", Strukturtyp L1.4, Kollokationsstärkegrad K2). Bei den Ausgangseinheiten, denen vermehrt wortkombinatorisch auffällige Einheiten in den Zieltexten entsprechen, ist diese Ähnlichkeit zu Kollokationen der Zielsprache hingegen nicht oder nur bedingt gegeben (wie z.B. im Falle der Ausgangseinheit EX3.2_ AE8_EN "glow + radiant", L2, K1, der insgesamt sechs als gebrauchsauffällig verifizierte Einheiten in den Zieltexten entsprechen, darunter die L2-Kombination "Glühen + strahlend").

Die Bedeutung der Kollokationsstärke: Von Relevanz für die Übertragung der Ausgangseinheit in den Zieltext scheint außerdem die Kollokationsstärke der Ausgangseinheit zu sein. Wie in Kapitel 4.2.5 ausgeführt, besteht zwischen der Basis- und der Kollokator-Komponente eine syntagmatische Bindung, deren Stärke zunächst mit den jeweiligen Kombinationsspektren der Komponenten in Zusammenhang gebracht werden kann. Je weniger syntagmatische Verbindungen ein Lexem mit anderen Wörtern eingeht, desto stärker werden diese Bindungen sein (z.B. *eingefleischt*, *Jungfer*, *drosseln*). Als besonders stark kann eine syntagmatische Verbindung folglich gelten, wenn die syntagmatische Beziehung zwischen den beiden Komponenten mehr oder weniger exklusiv ist. Dies ist häufig dann der Fall, wenn der Inhalt der Kollokator-Komponente den Inhalt der Basis-Komponente impliziert, wie z.B. *Biene* + *summen* (L3) oder *Holz* + *morsch* (L2). Die Stärke einer Kollokation wird daher über die Analyse des syntaktisch-semantischen Zusammenhalts zwischen Basis und Kollokator und der Kollokationsspektren der Komponenten bestimmt. Weitere Anhaltspunkte bieten wie in Kapitel 6.5.5 dargelegt die Vorkommenshäufigkeit der Kollokation in Textkorpora und das statistische Assoziationsmaß. Dabei wird die Kollokation in der Sprachverwendung umso gefestigter sein, je höher der Stärkegrad der Bindung zwischen den Kollokationspartnern ist. Damit zusammenhängend wird die Kollokationsstärke auch die Verfügbarkeit der Kollokation in der Rezeptions- und Produktionsphase des Übersetzens bedingen (vgl. ebenfalls Kapitel 4.2.5).

Dies zeigt sich darin, dass eine Kollokation des Ausgangstextes umso seltener mit einer gebrauchsauffälligen freien Kombination in die Zieltexte übertragen wird, je höher ihr Kollokationsstärkegrad ist (vgl. etwa die Ausgangseinheit EX2.1_AE9_EN

163 Es gibt in keiner der beiden Studien Ausgangseinheiten des Typs L1.3 Substantiv (Dativ-Objekt, Basis) + Verb (Kollokator).

"contract + to sign", eine Kollokation des Tps L1.1 mit hohem Kollokationsstärkegrad, und die zugehörigen zehn Zieleinheiten, die alle als Kollokationen eines hohen Stärkegrades verifiziert wurden ("Vertrag + abschließen/unterschreiben/unterzeichnen"). In den Fällen, in denen die Ausgangseinheit mit einer Kollokation übersetzt wurde, sind die Kollokationsstärkegrade von Ausgangs- und Zieleinheit ähnlich und weichen höchstens um einen Grad voneinander ab. Bei kollokativen Übersetzungseinheiten, die in der Ausgangs- und der Zielsprache vergleichsweise stark sind und über einen engen Kombinationsradius verfügen, variiert außerdem der Wortlaut der Zieleinheiten deutlich seltener. Dies wiederum dürfte mit der Verfügbarkeit starker Kollokationen in den mentalen mehrsprachigen Lexika der Übersetzer einhergehen. Wenn einer starken Ausgangskollokation in der Zielsprache eine ebenso starke Kollokation entspricht, ist es daher weniger wahrscheinlich, dass sich zu dieser Ausgangseinheit Gebrauchsauffälligkeiten in den Zieltexten finden.

Derartige starke Kollokationen, die in der Übersetzerausbildung u.a. in Lehrveranstaltungen zu den Fremd- und Fachsprachen kontrastiv vermittelt werden, stellen allerdings einen eher geringen Teil des durchschnittlichen Kollokationspotentials natürlicher Texte dar (vgl. Kapitel 4.2.5). Gleiches gilt für kontextspezifische Kollokationen, die Teil eines fachspezifischen Grundwortschatzes sind. (wie z.B. *Blut* + *verdünnen*, Typ L1.1, *Blut* + *arteriell*, Typ L2, *Blut* + *gerinnen*, Typ L3). Die schwachen Kollokationen hingegen machen in den meisten Texten, die in der Praxis übersetzt werden, den größten Anteil aus. In Wörterbüchern sind sie nicht unbedingt verzeichnet und können häufig nur über die Analyse von Textkorpora und daraus resultierenden "Wortprofilen"[164] verifiziert werden.

Schließlich lassen die Ergebnisse der beiden Studien zudem darauf schließen, dass Kollokationen eines niedrigen Stärkegrades in der Rezeptions- und Produktionsphase des Übersetzens nicht in gleichem Maße kognitiv verfügbar sind wie die starken Kollokationen: Die schwachen Ausgangskollokationen sind im Übersetzungsprozess weniger stabil bzw. robust, in dem Sinne, dass sie vermehrt auch mit freien Wortverbindungen und Einzellexemen in die Zieltexte übertragen werden. Dadurch gehen im Ausgangstext enthaltene Strukturen des gebundenen Wortgebrauchs und die damit einhergehenden stilistischen Eigenschaften des Ausgangstextes bei der Überführung in die Zielsprache verloren. Durch die Auflösung der affinen Beziehung der Komponenten der Einheiten des gebundenen Wortgebrauchs wird außerdem die syntaktisch-semantische Kohärenz des Ausgangssatzes bzw. -textes gemindert.

Die kollokationstypische Basis-Kollokator-Struktur in der Her-Übersetzung: Wie in Kapitel 4.2.2 dargelegt, lässt sich über die syntaktische und semantische Ordnung und Gewichtung der beiden Kollokationskomponenten der Kern der Kollokation in Form der Basis-Komponente bestimmen. Das hierarchische Verhältnis von Basis und Kollokator lässt sich über das Zusammenspiel der Wortarten der beiden Komponenten er-

164 Wie etwa das *Wortprofil 3.0* des *Digitalen Wörterbuchs der Deutschen Sprache* der Berlin-Brandenburgischen Akademie der Wissenschaften (DWDS), vgl. Kapitel 6.5.3.

klären, das auch in der aus Hausmann (1989a und 1989b) abgeleiteten Kombinationstypologie abgebildet ist: Das Substantiv versprachlicht Personen, Gegenstände und Sachverhalte, bedingt daher die durch Verben realisierten Handlungen sowie die durch Adjektive zugeschriebenen Eigenschaften und ist aus diesem Grund in einer Kollokation immer die Basis-Komponente. In Verb-Adverb-Kollokationen erfüllt das Verb die Funktion der Basis, da das Adverb die durch das Verb ausgedrückte Handlung genauer definiert. In Adjektiv-Adverb-Kollokationen hingegen stellt stets das Adjektiv das Zentrum der Verbindung dar, das Adverb bestimmt die durch das Adjektiv versprachlichte Handlung näher.[165] Das hierarchische Verhältnis zwischen Basis und Kollokator wird darüber hinaus über den Vergleich der Kollokationsradien der beiden Komponenten deutlich: In der Regel ist der Kollokationsradius der Basis-Komponente kleiner als der des Kollokators.[166] Ersichtlich wird die "Gerichtetheit" der Beziehung der Kollokationskomponenten zudem über den Sprachkontrast: Die Basis ist in ihrer freien Bedeutung in allen Sprachen gleich bzw. ähnlich, die freie Bedeutung des Kollokators hingegen kann mit der Einzelsprache variieren:

> Beispiel (10.1): (DE) <u>Augenbrauen</u> + *zupfen* (Strukturtyp L1.1) → (FR) <u>*sourcils*</u> + *épiler* (~Augenbrauen + epilieren/enthaaren) → (EN) <u>*eyebrows*</u> + *to pluck* (~Augenbrauen + zupfen) → (ES) <u>*cejas*</u> + *depilar* (~Augenbrauen + epilieren/enthaaren)

Der Wortlaut und die Struktur der Zieleinheiten lassen ungeachtet ihrer Kategorie erkennen, dass die grundlegende Basis-Kollokator-Struktur der Kollokation gefestigt ist: In der Regel wird die Basis-Komponente der Ausgangseinheit erfasst und ist als solche in der Zieleinheit abgebildet. Dabei ist es gleich, ob es sich bei der Zieleinheit schließlich um eine Kollokation, eine freie Wortverbindung oder ein Einzellexem handelt. Die Gerichtetheit der Beziehung der Kollokationskomponenten ist demnach in der Her-Übersetzung abgebildet.

Die Kollokation als Übersetzungseinheit: Die aus der Analyse der Zieleinheiten der beiden Studien gewonnenen Erkenntnisse sprechen insgesamt dafür, dass die Kollokation erstens als eine Übersetzungseinheit betrachtet werden kann, die syntaktisch und semantisch recht klar begrenzt ist. Darüber hinaus ist sie zweitens im Übersetzungsprozess in dem Sinne vergleichsweise stabil, dass die Betrachtung der Übersetzungseinheit regelhaft von der Basis-Komponente auszugehen und die zweite Komponente zu dieser entweder gebunden oder frei gewählt zu werden scheint. Die Rezeption und Re-Produktion der Kollokation werden also auch in der Her-Übersetzung in der Regel von der Basis zum Kollokator erfolgen, gleichgültig ob die Zieleinheit sich als eine Kollokation oder eine freie Wortverbindung realisiert.

Die theoretischen Vorüberlegungen aus den Kapiteln 2.3.2 und 5.2.2 zur Übersetzungseinheit Kollokation haben sich demnach in der empirischen Untersuchung bestätigt: Die Kollokation scheint im Prozess der Her-Übersetzung vom Übersetzer in der Rezeptionsphase in der Regel als syntaktisch-semantische Einheit unterhalb der

165 Vgl. Kapitel 4.2.4 und 6.2.3.

166 Zu Kollokationen mit "ungewöhnlicher" Kollokationssyntax vgl. Kapitel 3.2.1.

Satzgrenze erfasst zu werden. Der Bedeutungsinhalt und die Struktur bzw. Form der Ausgangskollokation werden in der Regel in die Zieleinheit überführt. Die Basis-Komponente ist dabei das Kernstück der Übersetzungseinheit, von dem sowohl die Rezeption der Gesamtbedeutung der Einheit und deren Transfer als auch die Produktion des zielsprachigen Äquivalents auszugehen scheinen.

10.1.3 Die Übersetzungseinheit Kollokation im Übersetzungsprozess

Wie in den Kapiteln 3 und 4 dargelegt, ist die Kollokation als Gefüge des gebundenen Wortgebrauchs durch die syntagmatische Zusammengehörigkeit ihrer Komponenten bedingt und stellt eine formale und inhaltliche Einheit der sprachlichen Gebrauchsnormen dar. In den Studien wurde eine weitgehende Äquivalenz der syntaktischen und lexikalisch-semantischen Strukturen der Ausgangs- und Zieleinheiten gleich welcher Kategorie festgestellt. Selbst die nicht-adäquaten Zieleinheiten in Form gebrauchsauffälliger Wortverbindungen sind nicht unbedingt auch nicht-äquivalent zu den Ausgangseinheiten.[167] Dies ist insgesamt erstens als Indiz dafür zu sehen, dass der Übersetzer die Ausgangskollokation im Übersetzungsprozess als strukturelles und semantisches Ganzes erkennt und sie als solches behandelt. Hierfür spricht zweitens, dass nur äußert selten auf die explizite Übertragung einer kollokativen Ausgangseinheit in den Zieltext verzichtet wird. Ausdruck dessen ist drittens die teils strukturelle, teils lexikalisch-semantische Erweiterung von binären Ausgangskollokationen bei der Formulierung der Zieleinheit. Die Ergebnisse der statistischen und deskriptiven Analyse der syntagmatischen Daten bestärken die in Kapitel 5.2.2 formulierten vorempirischen Annahmen, dass die Kollokation für den Übersetzer eine Rezeptionseinheit seines mentalen fremdsprachigen Lexikons und zugleich eine Produktionseinheit seines mentalen muttersprachlichen Lexikons ist, und dass er mit der Kollokation über Ausgangs- und Zieltext hinweg als Übersetzungseinheit arbeitet.[168]

Die Ergebnisse der durchgeführten Studien lassen darüber hinaus erkennen, dass Kollokationen der Ausgangstexte regelmäßig und in ähnlichen Fällen mit freien Verbindungen und Einzellexemen übertragen werden. Daher weicht der Übersetzer bei der Her-Übersetzung von Kollokationen möglicherweise bewusst auf nicht kollokative freie Wortkombinationen und Einzellexeme aus bzw. entschließt sich dazu, die Kollokation des Ausgangstextes nicht explizit in den Zieltext zu übertragen.

Über die Analyse der Beschaffenheit der Zieleinheiten und ihre Rückführung auf die jeweiligen Ausgangseinheiten kann jedoch nicht nur erklärt werden, was mit der Kollokation in der Her-Übersetzung geschieht. Es lässt sich zudem erkennen, in wel-

---

167 Auch der umgekehrte Fall hat sich vereinzelt in den untersuchten Übersetzungseinheiten abgezeichnet: Die Zieleinheit kann syntaktisch und lexikalisch adäquat formuliert sein und entweder die Form einer Kollokation oder einer unauffälligen freien Wortverbindung haben, und gleichzeitig der Ausgangseinheit auch in einem größeren Satz- und Textzusammenhang semantisch nicht entsprechen. Eine gelungene Übersetzungslösung stellt weder der eine noch der andere Fall dar.

168 Vgl. hierzu außerdem die Ausführungen zur Übersetzungseinheit in Kapitel 5.2.

cher der drei ineinander übergreifenden Hauptphasen des Übersetzungsprozesses das Zustandekommen der Zieleinheiten der einzelnen Kategorien seinen Ursprung haben dürfte. Im Folgenden werden zunächst die Zieleinheiten der Kategorien "Auslassung" und "gebrauchsauffällige freie Wortverbindung" im Übersetzungsprozess lokalisiert. Die Verortung der Zieleinheiten der Kategorien "Kollokation", "gebrauchsunauffällige freie Wortverbindung" und "Ein-Wort-Entsprechung" schließt sich daran an.

Nicht explizit übertragene Ausgangseinheiten: Wie in Kapitel 2.1.3 dargelegt, findet in der Rezeptionsphase des Übersetzungsprozesses das Erfassen des Ausgangstextes von der Makro- zur Mikrostruktur statt. Übersetzungsrelevante sprachliche und außersprachliche Informationen werden unter Berücksichtigung der Vorgaben des Übersetzungsauftrags zusammengetragen. Die Ergebnisse der Rezeptionsphase interpretierend werden in der Transferphase die Rahmenstrategie für die Übersetzung festgelegt und Übersetzungsverfahren für die Produktionsphase skizziert. Dabei werden sowohl die Makro- als auch Mikroebene des Textes berücksichtigt. Auf den Ergebnissen der Transferphase aufbauend erfolgt die Produktion des Zieltextes. In Fällen, in denen die explizite Übertragung der Ausgangseinheit für die korrekte Abbildung des Satz- und Textzusammenhangs im Zieltext nicht unbedingt notwendig ist, kann dies eine mögliche Erklärung dafür sein, dass es bewusst zur Auslassung der Ausgangseinheit kommt (vgl. nachstehendes Beispiel 10.2a).

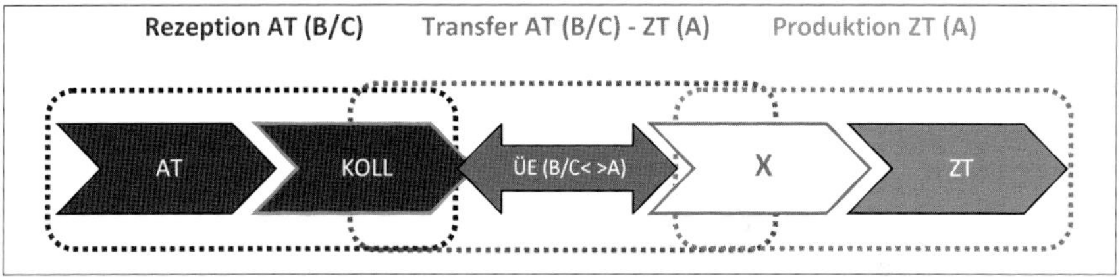

Abbildung (10.1): Kollokation → Auslassung (I)[169]

Beispiel (10.2a, EN-DE): Studie 1, Ausgangseinheit VD1_AE6 "flag + to fly", Strukturtyp L1 (L1.1), Kategorie = KOLL, Kollokationsstärkegrad K3 → Zieleinheit VD1_ZT4_ZE6 = Auslassung im Zieltext.
Ausgangstext VD1: "Busby's moves to select a flag for New Zealand in March 1834 can be seen in this context. While ships flying this flag could now be recognised according to maritime law [...]" (www62)
Zieltext VD1_ZT4: "Auch das Vorgehen Busby´s, der im März 1834 eine Flagge für Neuseeland aussuchte, kann in diesem Zusammenhang gesehen werden. Nicht nur konnten neuseeländische Schiffe nun nach geltendem Seerecht anerkannt werden [...]"

Eine weitere Möglichkeit für bewusste Auslassungen stellen die zielsprachigen Konventionen des Deutschen dar, die etwa in Textüberschriften eine knappere Formulierung erfordern. Bei der bewussten Auslassung werden die Ausgangseinheiten zwar

169 Legende zu den Abbildungen: AT = Ausgangstext, ÜE = Übersetzungseinheit, B/C = erste bzw. zweite Fremdsprache, A = Mutter- oder Erstsprache, ZT = Zieltext.

korrekt rezipiert und ihre Inhalte transferiert, in der Produktionsphase jedoch nicht weiter berücksichtigt. Bei der Übersetzung werden folglich weder Form noch Inhalt der Ausgangskollokation bewahrt.

In Fällen, in denen die explizite Übertragung der Ausgangseinheit in den Zieltext für den Satz- und Textzusammenhang notwendig bzw. im kontextuellen Zusammenhang sinnstiftend ist, kann eine Zieleinheit der Kategorie Auslassung andererseits mit einer fehlgeschlagenen Rezeption der Einheit im Ausgangstext und einem dementsprechend nicht erfolgten Transfer der syntaktischen und semantischen Informationen in die Zielsprache in Verbindung gebracht werden (vgl. Beispiel 10.2b).

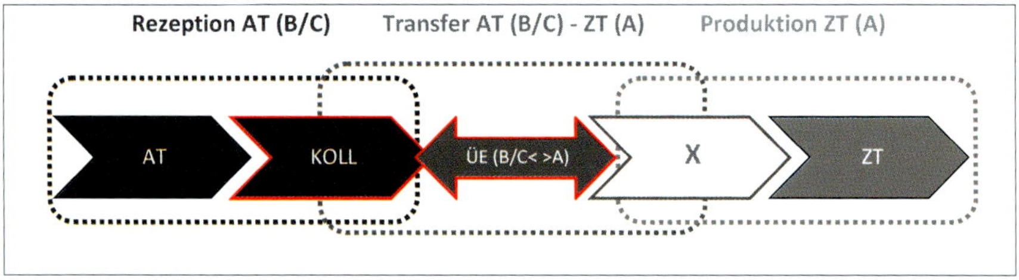

Abbildung (10.2): Kollokation → Auslassung X (II)

Beispiel (10.2b, EN-DE): Studie 1, Ausgangseinheit VD1_AE1 "frontier + to tame", Strukturtyp L1 (L1.1), Kategorie = KOLL, K1 → Zieleinheit VD1_ZT11_ZE1 = Auslassung im Zieltext.
Ausgangstext VD1: "Declaration of independence - taming the frontier?
British Resident James Busby was not alone in his concerns about life in New Zealand. By the early 1830s [...]"
Zieltext VD1_ZT11: " ---
Der Brite James Busby war nicht der Einzige, der seine Bedenken über den Lebensstil in Neuseeland äußerte. Anfang der 1830er Jahre [...]"

Wortkombinatorisch auffällige Zieleinheiten: Die Ergebnisse der Studien 1 und 2 legen nahe, dass wortkombinatorisch auffällige Zieleinheiten in der lexikalisch-semantischen Gestalt der Ausgangseinheit und in der Beschaffenheit der äquivalenten zielsprachigen Kollokation begründet sein können (vgl. Kapitel 7.2.3 und 8.2.3). So können gebrauchsauffällige Zieleinheiten u.a. auf ein Verhältnis der lexikalischen Interferenz zwischen den Komponenten der Ausgangseinheit und ihren direkten Entsprechungen in der Zielsprache zurückgeführt werden. Allerdings handelt es sich bei den wortkombinatorisch auffälligen Einheiten nicht zwingenderweise um wörtliche Übersetzungen der Komponenten der Ausgangseinheit: Es konnte festgestellt werden, dass auch freiere Übersetzungen der Ausgangseinheit zu zielsprachig auffälligen Einheiten führen. Komplexere Zieleinheiten etwa, die strukturelle und teils auch semantische Erweiterungen der Ausgangseinheit darstellen, können gebrauchsauffällige Teilkombinationen enthalten.

Für das Zustandekommen der gebrauchsauffälligen Zieleinheit gibt es wenigstens zwei plausible Erklärungen. Einerseits kann bereits die Rezeption der Ausgangskollokation fehlgeschlagen sein, in dem Sinne, dass die Einheit des Ausgangstextes weder formal noch inhaltlich korrekt erfasst wurde. Darauf folgend ist die Verarbeitung der Einheit in der Transferphase und ihre anschließende Reproduktion mit den Mitteln der Zielsprache fehlgeleitet. Form und/oder Inhalt der Ausgangseinheit gehen in der Übersetzung verloren (vgl. Beispiel 10.2c).

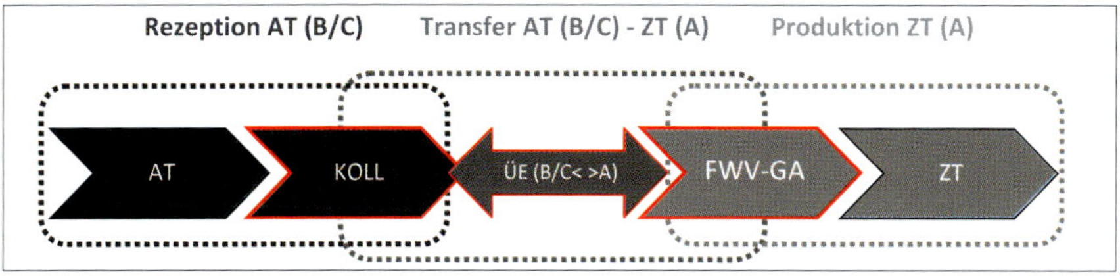

Abbildung (10.3): Kollokation → gebrauchsauffällige freie Wortverbindung FWV-GA (I)

Beispiel (10.2c, EN-DE): Studie 1, Ausgangseinheit VD1_AE1 "frontier + to tame", Strukturtyp L1 (L1.1), Kategorie KOLL, Kollokationsstärkegrad K1 (vgl. Beispiel 10.2b sowie Beispiel 7.7a in Kapitel 7.2.3).
→ formal teil-äquivalente und semantisch nicht-äquivalente Zieleinheit VD1_ZT13_ZE1 " 'Zähmung' + Grenze", Strukturtyp L4 (aus L1.1), Kategorie = FWV-GA.

Andererseits kann die Ausgangseinheit zwar formal und inhaltlich richtig erfasst und der Inhalt der Einheit korrekt transferiert worden sein. Die Form der Ausgangseinheit wurde jedoch bewusst oder unbewusst entgegen den wortkombinatorischen Gebrauchsnormen der Zielsprache nachgebildet und in den Zieltext überführt (vgl. Beispiel 10.2d).

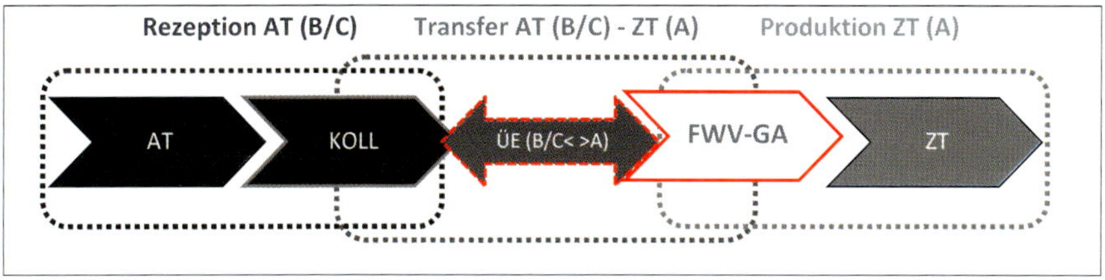

Abbildung (10.4): Kollokation → gebrauchsauffällige freie Wortverbindung FWV-GA (II)

Beispiel (10.2d, EN-DE): Studie 1, Ausgangseinheit VD1_AE7 "state + independent", Strukturtyp L2, Kategorie KOLL, Kollokationsstärkegrad K3.
Ausgangstext VD1: "[...] the flag also represented a Symbol of sovereignty, and a necessary first step in creating an independent New Zealand state that Britain could negotiate with." (www62)
→ formal und semantisch äquivalente Zieleinheit VD1_ZT4_ZE7 "Neuseeland [= Eigenname] + eigenverantwortlich", Strukturtyp L2, Kategorie = FWV-GA

> Zieltext VD1_ZT4: "[...] die Flagge war außerdem ein Symbol für die Unabhängigkeit und ein wichtiger erster Schritt zur Erschaffung eines eigenverantwortlichen Neuseelands mit dem dann auch Großbritannien Verhandlungen aufnehmen konnte."

Kollokationen, freie Wortverbindungen und Einzellexeme in den Zieltexten: Wurde eine Kollokation des Ausgangstextes mit einer Kollokation, einer gebrauchsunauffälligen freien Wortverbindung oder mit einem Einzellexem in den Zieltext übertragen, so ist in der Regel die Basis der Ausgangseinheit als syntaktischer und semantischer Kern bei der Überführung in den Zieltext bewahrt worden.

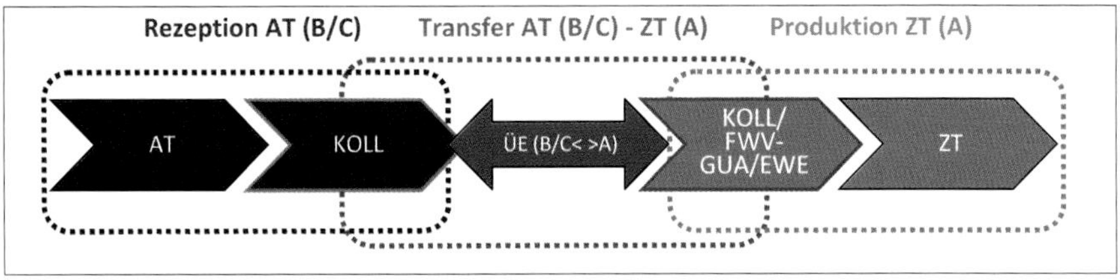

Abbildung (10.5): Kollokation → Kollokation/ gebrauchsunauffällige freie Wortverbindung/ Ein-Wort-Entsprechung

Besteht die Übersetzungseinheit aus einer Kollokation des Ausgangstextes und einer Kollokation des Zieltextes, lässt sich schlussfolgern, dass die Ausgangseinheit in der Rezeptionsphase erfasst und die entsprechenden inhaltlichen und sprachlichen Informationen in der Transferphase korrekt interpretiert und umgewandelt wurden. In der Produktionsphase wurde die Ausgangseinheit bewusst oder unbewusst als syntaktisch und in der Regel auch semantisch äquivalente normtypische Wortkombination der Zielsprache nachgebildet und in den Zieltext eingebettet. Form und Inhalt der Ausgangseinheit werden in der Zieleinheit gewahrt:

> Beispiel (10.2e, EN-DE): Studie 1, VD1_AE7 "<u>state</u> + independent", Strukturtyp L2, Kategorie = KOLL, Kollokationsstärkegrad K3 (vgl. Beispiel 10.2d)
> → formal und semantisch äquivalente Zieleinheit VD1_ZT6u.a_ZE7 "<u>Staat</u> + unabhängig", Strukturtyp L2, Kategorie = KOLL, Kollokationsstärkegrad K2.
> Zieltext VD1_ZT6: "[...] die Flagge war ebenso ein Symbol der Souveränität und ein wichtiger erster Schritt zur Schaffung eines unabhängigen neuseeländischen Staats, mit dem Großbritannien nun Verhandlungen führen konnte."

Handelt es sich bei der Zieleinheit um eine wortkombinatorisch unauffällige freie Wortverbindung, kann ebenfalls festgestellt werden, dass die Ausgangseinheit syntaktisch und semantisch korrekt, möglicherweise jedoch nicht unbedingt als normtypische Wortkombination rezipiert wurde. In der Transferphase wurde die Einheit den Regeln der Zielsprache entsprechend umgewandelt und in der Produktionsphase syntaktisch und meistens auch semantisch äquivalent als normkompatible freie Wortkombination in den Zieltext überführt. Der Inhalt der Ausgangseinheit wird in der Zieleinheit gewahrt, ihre Form wird nachgebildet:

Beispiel (10.2f, EN-DE): Studie 1, Ausgangeinheit VD1_AE7 "state + independent", Strukturtyp L2, Kategorie = KOLL, Kollokationsstärkegrad K3 (vgl. Beispiel 10.2d).
→ formal und semantisch äquivalente Zieleinheit VD1_ZT1u.a._ZE7 "Neuseeland [= Eigenname] + unabhängig", Strukturtyp L2, Kategorie = FWV-GUA.
Zieltext VD1_ZT1: "[...] sowie ein notwendiger erster Schritt, um ein unabhängiges Neuseeland zu schaffen, mit dem Großbritannien dann verhandeln konnte."

Auf ähnliche Weise müsste sich auch die Übertragung der Ausgangseinheit mit einer Ein-Wort-Entsprechung vollziehen: Die Ausgangseinheit wird korrekt, jedoch nicht unbedingt als normtypische Wortkombination rezipiert. In der Transferphase wird auf die Bewahrung und Übernahme der Form der Ausgangseinheit verzichtet und diese in der Produktionsphase in der Regel sinngemäß mit einem Einzelwortlexem oder Kompositum der Zielsprache übertragen. Der Inhalt der Ausgangseinheit wird bei der Übersetzung gewahrt, die Form wird nicht übernommen:

Beispiel (10.2g, EN-DE): Studie 1, Ausgangeinheit VD1_AE7 "state + independent", Strukturtyp L2, Kategorie = KOLL, Kollokationsstärkegrad K3 (vgl. Beispiel 10.2d).
→ semantisch äquivalente Zieleinheit VD1_ZT10_ZE7 "Autonomie", Substantiv, Kategorie = EWE.
VD1_ZT10: "[...] die außerdem ein Symbol der Unabhängigkeit war und den ersten Schritt Neuseelands in eine Autonomie darstellte, mit der Großbritannien Handel betreiben konnte."

Die Basis-Komponente als Invariante: Den hier dargestellten Überlegungen zur Verortung der Zieleinheiten in den drei Hauptphasen des Übersetzungsprozesses ist eine zentrale Erkenntnis aus der Analyse der Zieleinheiten übergeordnet: Die Basis-Komponente der Ausgangseinheit ist in der Her-Übersetzung insgesamt als Invariante zu betrachten, die der Übersetzer als syntaktisch-semantisches Kernstück der Einheit (vgl. Kapitel 4.2.2) zu erkennen scheint.[170] Ob sich dieser Erkennungsprozess stets vordergründig und bewusst vollzieht, bleibt dabei offen.

10.2 Die Herleitung von Strategien für die Her-Übersetzung von Kollokationen

In den Daten der durchgeführten Studien haben sich zudem Gemeinsamkeiten in Form von strukturellen und lexikalisch-semantischen Übersetzungsmustern gezeigt. Diese Übersetzungsmuster bieten sich für die Herleitung von Strategien für die Her-Übersetzung von Kollokationen eines fremdsprachigen Ausgangstextes an. Die Strategien können mit dem übergeordneten Ziel angewandt werden, einen zum Ausgangstext semantisch äquivalenten und kohärenten Zieltext zu erstellen und dem (angehenden) Übersetzer konkret den Umgang mit der Kollokation in den einzelnen Phasen des Übersetzungsprozesses erleichtern.

Im Folgenden werden *Regel-* und *Kompensationsstrategien* formuliert. Regelstrategien werden dabei verstanden als die aus der empirischen Analyse der syntagma-

170 Zum Begriff der Invarianz in der Übersetzungswissenschaft vgl. Albrecht (1990).

tischen Daten hervorgegangenen regelhaften Übersetzungsverfahren für die Her-Übersetzung von Kollokationen. Hierfür werden die Ausgangs- und Zieleinheiten beider Studien nach Strukturtypen und Kollokationsstärkegraden betrachtet.

10.2.1 Regelstrategien: Ausgangspunkt syntaktische Struktur

Wie sich bei der Datenanalyse abgezeichnet hat, können die Gemeinsamkeiten abstrahiert und auf die strukturellen und lexikalisch-semantischen Eigenschaften der Ausgangskollokation zurückgeführt werden. Bei der Erschließung der Struktur der syntagmatischen Einheiten im Ausgangstext mag eine Kombinationstypologie zweckdienlich sein, in der die häufigsten syntaktischen Kollokationsmuster berücksichtigt sind. Die in Kapitel 6.2.3 aufgestellte Typologie kann Orientierung bieten. Sie bezieht sich auf das Deutsche, Englische, Französische und Spanische, dürfte aber auf andere indogermanische Sprachen übertragbar sein.[171] Dieser Typologie entsprechend beziehen sich die im Folgenden formulierten Strategien auf die Her-Übersetzung aus dem Englischen, Französischen und Spanischen ins Deutsche, wobei ihre Anwendung auch auf die Her-Übersetzung aus anderen Ausgangssprachen möglich scheint. Außerdem dürften die Strategien für die Hin-Übersetzung aus dem Deutschen ins Englische, Französische und Spanische gespiegelt werden können.

Die Ausgangseinheiten der Studien 1 und 2 werden zunächst zusammengefasst nach Strukturtypen sortiert und den zugehörigen Zieleinheiten aller Kategorien gegenübergestellt. Dabei wird die strukturelle Ähnlichkeit zwischen Ziel- und Ausgangseinheit ermittelt. Auch die Kombinationstypen L1.2, L1.4 und L7, denen in den Lernerkorpora jeweils nur eine Ausgangseinheit entspricht, werden insofern berücksichtigt, als die zugehörigen Zieleinheiten zumindest eine Tendenz im Hinblick auf die Übersetzung erkennen lassen.

Fasst man die in den Studien analysierten Einheiten der Typen L1.1, L1.2 und L1.4[172] zusammen zum übergeordneten Kombinationstyp *L1 (Substantiv (Objekt), Basis) + Verb, Kollokator)*, entsprechen 60,21% der Zieleinheiten dem Kombinationstyp der Ausgangseinheiten:

Studien 1 und 2	AE Typ L1	zugehörige ZE	zugehörige ZE Typ L1	
	f	f	f	%
EN	30	322	196	60,87
FR	5	55	34	61,81
ES	8	88	50	56,82
gesamt	43	465	280	60,21

Tabelle (10.1): Ausgangseinheiten des Kombinationstyps L1

171 Eine Abbildung der Kombinationstypologie findet sich in Kapitel 6.8.

172 Es gibt in keiner der beiden Studien Ausgangseinheiten des Typs L1.3 Substantiv (Dativ-Objekt, Basis) + Verb (Kollokator).

71,56 % der Zieleinheiten zu Ausgangseinheiten des Kombinationstyps *L2 (Substantiv, Basis + Adjektiv, Kollokator)* haben die gleiche Struktur wie die Ausgangseinheiten:

Studien 1 und 2	AE Typ L2	zugehörige ZE	zugehörige ZE Typ L2	
	f	f	f	%
EN	18	206	161	77,67
FR	2	22	15	68,18
ES	9	99	58	58,58
gesamt	29	327	234	71,56

Tabelle (10.2): Ausgangseinheiten des Kombinationstyps L2

Bei Ausgangseinheiten des Kombinationstyps *L3 (Substantiv (Subjekt), Basis + Verb, Kollokator)* stimmen 50,94 % der Zieleinheiten strukturell mit den Ausgangseinheiten überein:

Studien 1 und 2	AE Typ L3	zugehörige ZE	zugehörige ZE Typ L3	
	f	f	f	%
EN	4	42	20	47,62
FR	---	---	---	---
ES	1	11	7	63,64
gesamt	5	53	27	50,94

Tabelle (10.3): Ausgangseinheiten des Kombinationstyps L3

Die Übereinstimmung der Struktur von Ausgangs- und Zieleinheit bei Ausgangseinheiten des Kombinationstyps *L4 (Substantiv (+ Präposition), Kollokator + Substantiv, Basis)* trifft auf insgesamt 68,52% der Einheiten zu; betrachtet man nur die Ausgangseinheiten des Typs L4 mit Präposition, ist der Anteil mit 84,1% noch deutlich größer.

Studie 1 und 2	AE Typ L4	zugehörige ZE	zugehörige ZE Typ L4	
	f	f	f	%
EN	1 (ohne Präposition)	10	0	0
FR	2 (mit Präposition)	22	20	90,91
ES	2 (mit Präposition)	22	17	77,27
gesamt	5	54	37	68,52

Tabelle (10.4): Ausgangseinheiten des Kombinationstyps L4

Aus den für die Studien 1 und 2 ausgewählten Ausgangstexten konnten keine Kollokationen des Typs *L5 (Adjektiv, Basis + Adverb/adverbial gebrauchtes Adjektiv, Kollokator)* erhoben werden. Da es für die Struktur ähnlich wie bei den Typen 4 und 6 (s.u.) wenige Alternativen gibt, kann davon ausgegangen werden, dass die Struktur von Ausgangskollokationen des Typs L5 bei der Übertragung in den Zieltext ebenfalls in der Regel beibehalten werden kann.

Für den Kombinationstyp *L6 (Verb, Basis + Adverb/adverbial gebrauchtes Adjektiv, Kollokator)* ergibt die Auswertung der Daten einen Anteil von 87,5 % strukturell gleicher Zieleinheiten:

Studien 1 und 2	AE Typ L3	zugehörige ZE	zugehörige ZE Typ L3	
	f	f	f	%
EN	3	26	22	84,62
FR	2	22	20	90,91
ES	---	---	---	---
gesamt	5	48	42	87,5

Tabelle (10.5): Ausgangseinheiten des Kombinationstyps L6

Aus den Ergebnissen der Datenanalyse können so zwei erste Regelstrategien abgeleitet werden:

Regelstrategie 1, Beibehaltung der syntaktischen Struktur der Kollokation

Die syntaktische Struktur der Ausgangskollokation wird bei der Übertragung in den Zieltext in der Regel beibehalten, vor allem wenn es sich um binäre Kollokationen der Typen L2, L5, L6 und L7 handelt; in vielen Fällen wird auch die Struktur von L1.1-Ausgangseinheiten beibehalten. Die kollokativen zielsprachigen Äquivalente haben häufig die gleiche syntaktische Struktur wie die Ausgangskollokationen (vgl. Beispiele 10.3a-c sowie weiter oben im Text Beispiel 10.2e). Gleichermaßen wird die Struktur von Tripelkollokationen des Ausgangstextes, das heißt von Ausgangseinheiten, die aus zwei miteinander verschmolzenen Kollokationen mit der gleichen Basis-Komponente bestehen, in der Regel in die Zieleinheit überführt (vgl. Beispiel 10.3d). Ergebnis der Strukturübernahme können sowohl Zieleinheiten der Kategorie Kollokation als auch der Kategorie freie Wortverbindung sein. Übergreifend kann es sich bei den Zieleinheiten entweder um wörtliche Übersetzungen handeln, die Syntax und Lexik der Ausgangskollokation abbilden, oder um freie Übersetzungen im Sinne einer von der Lexik der Ausgangskollokation gelösten Übersetzung.

Beispiel (10.3a, EN-DE): *clearly* + *<u>visible</u>* = KOLL, Typ L5 → *deutlich* + *<u>sichtbar</u>* = KOLL, Typ L5

Beispiel (10.3b, EN-DE): Studie 2, Ausgangseinheit EX1.1_AE6 "<u>to perform</u> + faithfully" = KOLL, Typ L6 → Zieleinheit EX1.1_ZT1(u.a)_ZE6 "<u>erledigen</u> + gewissenhaft" = KOLL, Typ L6

Beispiel (10.3c, ES-DE): Studie 1, Ausgangseinheit VD3.2_AE7 "<u>debate</u> + celebrar" = KOLL, Strukturtyp L1.1 → Zieleinheit VD3.2_ZT1(u.a)._ZE7 "<u>Debatte</u> + führen" = KOLL, Typ L1.1

Beispiel (10.3d, ES-DE): Studie 1, Ausgangseinheit VD3.2_AE8 "<u>apoyo</u> + dar | <u>apoyo</u> + total" = KOLL, Strukturtypen L1 (L1.1) ◊ L2 → Zieleinheit VD3.2_ZT1u.a._ZE8 "<u>Unterstützung</u> + zusichern | <u>Unterstützung</u> + voll" = L1 (L1.1) ◊ L2, KOLL, K2

Regelstrategie 2, Auflösung der syntaktischen Struktur

Aus syntaktischen Gründen wird die Struktur der Ausgangskollokation in bestimmten Fällen aufgelöst. Übergreifendes Übersetzungsverfahren ist dabei die zumindest syntaktisch freie Übersetzung. Es können zwei Fälle unterschieden werden:

(1) *Die Umwandlung des Typs der Zwei-Komponenten-Struktur.*
Zu Ausgangskollokationen des Typs L4 mit und ohne Präposition gibt es im Deutschen nicht zwingenderweise eine direkte strukturelle Entsprechung. Ähnliches kann für Ausgangskollokationen des Typs L2 gelten. Eine übliche Übertragung besteht in diesen Fällen in der Zusammenfügung der semantischen Äquivalente der Basis- und Kollokator-Komponenten der Ausgangeinheit zum Kompositum.

> Beispiel (10.4a, EN-DE): Studie 2, Ausgangseinheit EX2.2_AE3 "dirt + road" = KOLL, Strukturtyp L4 → Zieleinheit EX2.2_ZT10_ZE3 "Feldweg" = EWE

> Beispiel (10.4b, FR-DE): Studie 1, Ausgangseinheit VD2_AE6 "gestion (de) + maison" = KOLL, Typ L4 (L4, "de", aus L1.1) → Zieleinheit VD2_ZT2(u.a)_ZE6 "Haushaltsführung" = EWE (aus L4)

Außerdem kann die Typenstruktur der Ausgangskollokation aus stilistischen Gründen umgewandelt werden. Vermehrt kann dies bei L3-Kollokationen der Ausgangssprache zugunsten einer Formulierung im Nominalstil der Fall sein (vgl. Beispiel 10.4c). Auch L3-Ausgangskollokationen, durch die ein unbelebter Gegenstand oder Sachverhalt personifiziert wird, können strukturell umgestaltet werden, wenn die Personifizierung des direkten zielsprachigen Äquivalents der Basis-Komponente im Deutschen unüblich ist (vgl. Beispiel 10.4d).

> Beispiel (10.4c EN-DE): Studie 2, Ausgangseinheit EX2.1_AE7 "time + to pass", Strukturty L3, Kollokationsstärkegrad K3.
> Ausgangstext EX2.1: "[...] after the initial settling of the earth for a few years, a canal will tend to become more permanent and durable as time passes." (www66)
> → Keine der zugehörigen Zieleinheiten der Kategorien Kollokation und freie gebrauchsunauffällige Wortverbindung entspricht dem Typ L3. Vier Zieleinheiten haben z.B. die Struktur einer Verbindung zweier Substantive und einer Präposition ("im Lauf/Laufe der Zeit"), die als Kollokationen mit hohem Stärkegrad (K3) verifiziert wurden, eine als gebrauchsunauffällig verifizierte Zieleinheit etwa besteht aus einer Kombination aus Präposition und Substantiv ("über die Jahre hin").

> Beispiel (10.4d, ES-DE): Studie 1, Ausgangseinheit VD3.2_AE2 "fuentes + informar" = KOLL, Typ L3 → Die wörtliche Entsprechung der Ausgangskollokation wäre die im Deutschen unübliche freie L3-Kombination "Quellen + informieren", die auch unter den gebrauchsauffälligen Zieleinheiten der Studie vertreten ist. Äquivalente zielsprachige Kollokationen finden sich etwa mit den Formulierungen *aus Kreisen heißt es*, *aus Kreisen verlautete.*

(2) *Die Vereinfachung der Drei-Komponenten-Struktur der Ausgangseinheit.*
Gleichermaßen wird die syntaktische Struktur von komplexen Ausgangseinheiten, die aus zwei miteinander verschmolzenen Kollokationen mit gleicher Basis-Komponente bestehen, bei der Übertragung in den Zieltext in bestimmten Fällen zugunsten der Bei-

behaltung des Kollokationsstatus der Übersetzungseinheit aufgelöst, etwa wenn die Bedeutung des Kollokators einer Teilkombination der Ausgangseinheit kontextbedingt im zielsprachigen Äquivalent der Basis der Ausgangseinheit enthalten ist:

> Beispiel (10.4e ES-DE): Studie 1, Ausgangstext VD3.1: "Los principales mandatarios de la UE y líderes de partidos políticos europeos [...]" (www63) → Ausgangseinheit VD3.1_AE1 "partido + político | líder + partido" = KOLL, Strukturtypen L2 ◊ L4 (L4, "de")
> → Zieltext VD3.1_ZT5 "Die wichtigsten Mandatsträger der EU und die Spitzen der europäischen Parteien [...]" → Zieleinheit VD3.1_ZT5_ZE1 "Spitze + Partei" = KOLL, Typ L4

Unter den L1-Kombinationen der in den beiden Studien berücksichtigten Ausgangs- und Zielsprachen ist der Typ L1.1 das am häufigsten vertretene syntaktische Muster. Die Typen L1.2, L1.3 und L1.4 kommen ungleich seltener vor. Wenngleich die Datenanalyse für die beiden Ausgangseinheiten des Typs L1.2 die vermehrte Auflösung, und für die Ausgangseinheiten des Typs L1.4 die Beibehaltung der syntaktischen Struktur in der Zieleinheit ergeben hat, lässt sich daraus aufgrund der Datenlage nur bedingt eine Regel ableiten. Gleiches gilt für die Einheiten des Typs L7, der nur einmal unter den Ausgangseinheiten vertreten war. Ausgangseinheiten des Typs L1.3 wurden in den beiden Studien nicht erhoben. Insgesamt wird die Beibehaltung der syntaktischen Struktur von Kollokationen dieser Strukturtypen in der Übersetzung sprachenpaarabhängig, jedoch aufgrund der Kasus- und Präpositionsgebundenheit nicht sehr wahrscheinlich sein.

10.2.2 Regelstrategien: Ausgangspunkt Kollokationsstärke

Des Weiteren lassen sich die abstrahierten Gemeinsamkeiten, die sich bei der Datenanalyse abgezeichnet haben, auf die Kollokationsstärke der Ausgangseinheiten zurückführen. Somit kann auch das Konzept der verschiedenen Stärkegrade des syntaktisch-semantischen Zusammenhalts zwischen den beiden Kollokationskomponenten dem Übersetzer als Stütze bei der Her-Übersetzung von Kollokationen fremdsprachiger Ausgangstexte dienen. Eine vereinfachte Darstellung des Konzepts und eine Einteilung in die drei Stärkegrade "hoch - mittel - niedrig" scheint hierfür ausreichend. Die Stärke der Ausgangskollokation ist für den Übersetzer zwar nur bedingt erkennbar, doch gibt es Anhaltspunkte, an denen er sich orientieren kann. Hierzu zählen die Abbildung der Kollokation in Nachschlagewerken und Textkorpora. Auch die in dieser Untersuchung verwendeten online verfügbaren Kookkurrenz- bzw. Wortprofilanalysen des Instituts für Deutsche Sprache Mannheim (IDS) und der Berlin-Brandenburgischen Akademie der Wissenschaften, können für die Überprüfung der Kollokationsstärke genutzt werden.[173] Aus der Analyse der Daten unter dem Aspekt der Kollokationsstärke der Ausgangseinheiten lässt sich eine dritte Regelstrategie herleiten.

173 Eine Abbildung der vereinfachten Bestimmung der Kollokationsstärke findet sich in Kapitel 10.5.2. Zur Möglichkeit der Bestimmung der Kollokationsstärke unter Berück-

Regelstrategie 3, Orientierung an der Kollokationsstärke
Kollokationen eines hohen Stärkegrades haben häufig in der Zielsprache ein entsprechend starkes kollokatives Äquivalent. Ist dieses verfügbar, wird die starke Ausgangskollokation mit einer Kollokation in den Zieltext übertragen.[174] So wird die im Ausgangstext gegebene stilistische Ausdruckskraft des gebundenen Wortgebrauchs in der Übersetzung beibehalten. Übergreifende Übersetzungsverfahren sind hier sowohl die eher wörtliche als auch die freie Übersetzung.

> Beispiel (10.5, EN-DE): Studie 2, Ausgangseinheit EX3.2_AE3 "night + clear" = KOLL K3, Strukturtyp L2 → Zieleinheit EX3.2_ZT1(u.a.)_ZE3, wörtliche Übersetzung "Nacht + klar" = KOLL K2, Typ L2; Zieleinheit EX3.2_ZT5(u.a.)_ZE3, freiere Übersetzung "Nacht + sternenklar" = KOLL K3, Typ L2.

10.2.3 Regelstrategien: Wortarten- und Perspektivenwechsel

Im Bereich der syntaktisch freien und der lexikalisch-semantisch wörtlichen oder freien Übersetzung der Ausgangskollokation kommen Verfahren hinzu, die sich an den "klassischen" Übersetzungsverfahren[175] orientieren und die das Handlungsinventar des Übersetzers für die Her-Übersetzung von Kollokationen ergänzen. Konkret sind dies Formen der *Transposition* und der *Modulation*. Für die Herleitung der Strategien 4 und 5 werden dabei nur Zieleinheiten berücksichtigt, die zumindest im Satz- bzw. Textzusammenhang ein semantisches Äquivalent der Ausgangseinheit darstellen.

Regelstrategie 4, Wortartenwechsel
In vielen Fällen können die Wortarten der Komponenten der Ausgangskollokation bei der Übertragung in die Zielsprache gewechselt werden, ohne dass dabei der Kollokationsstatus der Übersetzungseinheit verloren gehen muss.

(1) Wortartenwechsel der Komponenten der Ausgangskollokation mit dem Ergebnis einer Zieleinheit in Form einer *Kollokation* oder einer *freien Wortverbindung* (vgl. auch weiter oben im Text Beispiel 10.4c):

> Beispiel (10.6a, EN-DE): Studie 2, Ausgangstext EX3.2 "Tracy Dotson, a frequent visitor to the Paulding Lights, [...]" (www69) → Ausgangseinheit EX3.2_AE5 "visitor + frequent" = KOLL, Typ L2.
> → Zieltext EX3.2_ZT2 "Tracy Dotson, die die Paulding Lights häufig besucht, [...]" → Zieleinheit EX3.2_ZT2_ZE5 "besuchen + häufig" = KOLL, Typ L6.
> *kontrastiert mit einer Zieleinheit in Form einer freien Wortverbindung:*

---

sichtigung der Assoziationswerte aus Kookkurrenz- und Wortprofilanalysen vgl. Kapitel 6.5.5.

174 Zu den Möglichkeiten der Bestimmung der Kollokationsstärke auch durch den angehenden Übersetzer vgl. Kapitel 10.5.2.

175 Zu den hier als "klassisch" bezeichneten Übersetzungsverfahren vgl. primär Vinay/Darbelnet (1977: 46-55) und Newmark, Peter (1988: 45-53; 81-93) sowie sekundär Hansen (2003) und Fokoua (2009).

→ Zieltext EX3.2_ZT10 "Tracy Dotson, eine regelmäßige Besucherin der "Paulding Lights", [...]" → Zieleinheit EX3.2_ZT10_ZE5 "Besucher + regelmäßig" = FWV-GUA, Typ L2.

(2) Wortartenwechsel der Komponenten der Ausgangskollokation und Bildung eines *Kompositums* aus den zielsprachigen Entsprechungen beider Komponenten der Ausgangseinheit:

Beispiel (10.6b, FR-DE): Studie 1, Ausgangstext VD2 "[...] je ne pourrai jamais me définir seulement par mon activité professionnelle." (L'Express)[176] → Ausgangseinheit VD2_AE3 "activité + professionnel" = KOLL, Strukturtyp L2.
→ Zieltext VD2_ZT7 "[...] ich könnte mich niemals ausschließlich durch meine Berufstätigkeit definieren." → VD2_ZT7_ZE3 "Berufstätigkeit" = EWE.
kontrastiert mit einer Zieleinheit in Form einer Gebrauchsauffälligkeit: → Zieltext VD2_ZT4 "[...] könnte ich mich niemals nur mit meiner beruflichen Aktivität identifizieren." → Zieleinheit VD2_ZT4_ZE3 "Aktivität + beruflich"= FWV-GA, Typ L2.

Beispiel (10.6c, ES-DE): Studie 1, Ausgangstext VD3.1 "Los principales mandatarios de la UE y líderes de partidos políticos europeos [...]" www63 → Ausgangseinheit VD3.1_AE1 "partido + político | líder + partido" = KOLL, Typ L2 ◊ L4 (L4, "de").
→ Zieltext VD3.1_ZT4 "Die wichtigsten EU-Abgeordneten und europäischen Parteivorsitzenden [...]" → Zieleinheit VD3.1_ZT4_ZE1 "Parteivorsitzender" = EWE (aus L4).
kontrastiert mit einer Zieleinheit in Form einer Gebrauchsauffälligkeit, entstanden durch die wörtliche Übersetzung aller Komponenten der komplexen Ausgangseinheit: → Zieltext VD3.1_ZT9 "Die Hauptgesandten der EU und Führer politischer Parteien Europas [...]" → Zieleinheit VD3.1_ZT9_ZE1 "Partei + politisch | Führer + Partei" = FWV-GA, Typ L2 ◊ L4 (vgl. auch Beispiel 7.6 in Kapitel 7.2.3).

Regelstrategie 5, Perspektivenwechsel

Auch ein semantischer und/oder grammatischer Perspektivenwechsel ist bei der Umwandlung der Ausgangskollokation in die Zieleinheit möglich. Regelhafte Erscheinungsformen sind die Umkehr von Affirmation und Negation der gesamten Einheit oder der Tausch von Objekt- und Subjektfunktion der Basis-Komponente.

(1) Semantischer und ggf. grammatischer Perspektivenwechsel: negiert ↔ bejaht:

Beispiel (10.7a, ES-DE): Studie 1, Ausgangstext VD3.1 "Sobre la alta abstención (más del 57 por ciento), el francés ha asegurado que [...]" (www63) → Ausgangseinheit VD3.1_AE8 "abstención + alto" = KOLL, Strukturtyp L2.
→ Zieltext VD3.1_ZT6 "Hinsichtlich der niedrigen Wahlbeteiligung (weniger als 43%) versichert der Franzose, dass [...]." → Zieleinheit VD3.1_ZT6_ZE8 "Wahlbeteiligung + niedrig" = KOLL, Typ L2.
kontrastiert mit einer wörtlichen Übersetzung, die zu einer gebrauchsauffälligen Zieleinheit führt:
→ Zieltext VD3.1_ZT7 "Über die hohe Stimmenthaltung (mehr als 57%) versicherte der Franzose, dass [...]" → Zieleinheit VD3.1_ZT7_ZE8 "Stimmenthaltung + hoch" = FWV-GA, Typ L2.

176 L'Express, Ausgabe vom 13.10.2005.

(2) Semantischer und ggf. grammatischer Perspektivenwechsel: Objekt ↔ Subjekt

> Beispiel (10.7b, EN-DE): Studie 2, Ausgangstext EX1.1 "[...] upon which since has grown the opulent and magnificent city of Chicago [...]" (www65) → Ausgangseinheit EX1.1_AE2 "city + to grow" = KOLL, Strukturtyp L3.
> → Zieltext EX1.1_ZT6 "[...] auf dem die wohlhabende und prächtige Stadt Chicago seither errichtet wurde [...]" → Zieleinheit EX1.1_ZT6_ZE2 "Stadt + errichten" = KOLL, Typ L1.1.
> *kontrastiert mit einer kollokativen Zieleinheit des gleichen Strukturtyps*:
> → Zieltext EX1.1_ZT3 "Seitdem entsteht dort die wohlhabende und beeindruckende Stadt Chicago [...]" → Zieleinheit EX1.1_ZT3_ZE2 "Stadt + entstehen" = KOLL, Typ L3.

10.2.4 Kompensationsstrategien für die Her-Übersetzung von Kollokationen

Neben den Regelstrategien werden im Folgenden weitere Möglichkeiten zur Übertragung von Kollokationen dargestellt, für Fälle, in denen die Regelstrategien kein zufriedenstellendes bzw. kein verifizierbares Ergebnis liefern und so nicht auf die Übersetzungseinheit angewandt werden können. Der Begriff der Kompensationsstrategien wird aus der Fremdsprachendidaktik entlehnt. Kompensationsstrategien werden dort als Unterkategorie der Kommunikationsstrategien definiert. Sie dienen der Kompensation von Lücken in der Fremdsprache, um sprachlich korrekte Kommunikation zu gewährleisten und Fehler zu vermeiden. Ausdruck von Kompensationsstrategien sind u.a. Paraphrasierungen bzw. Umschreibungen. Vom Fremdsprachenlerner werden sie in der Regel nicht bewusst bzw. nicht methodisch angewandt. (Kleppin 1998: 34f.)

Kompensationsstrategien sind Sprachbenutzungsstrategien (vgl. u.a. Launer 2008: 16). Im Übersetzungskontext eignet sich ihre Anwendung in Situationen mit beschränktem Zugang zu Hilfsmitteln und beim Arbeiten unter Zeitdruck, um Formulierungsmängel auszugleichen. Sie können in einem weitergefassten methodischen Rahmen betrachtet für den Ausbau übersetzerischer Fertigkeit genutzt werden und dadurch zur Handlungssicherheit des Übersetzers beitragen. Hergeleitet werden auch diese Art von Strategien aus der Datenanalyse. Den Ausgangspunkt stellen dabei die kreativen Übersetzungsmuster jenseits der regelhaften Verfahren für das Übersetzen von Kollokationen aus der Fremd- in die Mutter- oder Erstsprache dar. Berücksichtigt werden Übersetzungseinheiten bestehend aus einer Ausgangskollokation und einer Kollokation, einer gebrauchsunauffälligen freien Wortverbindung oder einem Einzellexem.

Die Motivation für die Anwendung der Kompensationsstrategien ist in der Suche nach Möglichkeiten zur Vermeidung gebrauchsauffälliger Wortkombinationen im Zieltext zu sehen. In diesem Sinne gilt: Sollte es dem Übersetzer nicht möglich sein, die Ausgangskollokation mit einer Kollokation in den Zieltext zu übertragen, kann der Verzicht auf die Einheit des gebundenen Wortgebrauchs durch eine semantisch, jedoch nicht unbedingt syntaktisch äquivalente Struktur in der Zielsprache ausgeglichen werden. Die übergreifende Strategie ist daher die Ersetzung des kollokativen zielsprachigen Äquivalents der Ausgangseinheit durch eine gebrauchsunauffällige freie Wortverbindung oder ein Einzellexem der Zielsprache (*Substitution*). Ausgangspunkt für die Bildung der Zieleinheit ist dabei in vielen Fällen die Basis-Komponente der Ausgangskollokation bzw. ihr zielsprachiges Äquivalent (vgl. Kapitel 10.1.3).

Kompensationsstrategie 1, Substitution durch Reproduktion
Bei der Ersetzung eines zielsprachigen kollokativen Äquivalents der Ausgangseinheit durch die Reproduktion dieser Einheit in Form einer freien Wortverbindung können zwei Substrategien unterschieden werden:

(1) Die syntaktische Struktur und lexikalische Gestalt der Ausgangseinheit werden in der Zielsprache nachgebildet. Das übergeordnete Übersetzungsverfahren ist die wörtliche Übersetzung.

> Beispiel (10.8a, EN-DE): Studie 1, Ausgangstext VD1 "[...] negotiations between Britain and a sovereign New Zealand nation were impossible." (www62) → Ausgangseinheit VD1_AE5 "<u>nation</u> + sovereign" = KOLL, Strukturtyp L2.
> → Zieltext VD1_ZT9 "[...] dass Verhandlungen zwischen Großbritannien und einer souveränen neuseeländischen Nation unrealisierbar seien [...]" → Zieleinheit VD1_ZT9_ZE5 "<u>Nation</u> + souverän" = FWV-GUA, Typ L2.
> *kontrastiert mit einer kollokativen Entsprechung der Ausgangseinheit:*
> → Zieltext VD1_ZT3 "[...] dass Verhandlungen zwischen Großbritannien und einem souveränen neuseeländischen Staat unmöglich wären [...]" → Zieleinheit VD1_ZT3_ZE5 "<u>Staat</u> + souverän" = KOLL, Typ L2.

(2) Die syntaktische Struktur der Ausgangseinheit wird in der Zielsprache nachgebildet, die lexikalische Gestalt wird umgewandelt. Übergeordnetes Übersetzungsverfahren ist dabei die freie Übersetzung.

> Beispiel (10.8b, ES-DE): Studie 1, Ausgangstext VD3.2 "[...] el documento alemán rebaja el nivel del tratado [...]" (www64) → Ausgangseinheit VD3.2_AE9 "<u>nivel</u> + rebajar" = KOLL, Strukturtyp L1 (L1.1).
> → Zieltext VD3.2_ZT3 "[...] verringert der deutsche Vorschlag die Bedeutung des Vertrags [...]" → Zieleinheit VD3.2_ZT3_ZE9 "<u>Bedeutung</u> + verringern" = FWV-GUA, Typ L1.1.
> *kontrastiert mit einer kollokativen Entsprechung der Ausgangseinheit:*
> → Zieltext VD3.2_ZT11 "[...] wird auch das Niveau des Vertrags gesenkt" → Zieleinheit VD3.2_ZT11_ZE9 "<u>Niveau</u> + senken" = KOLL, Typ L1.1.

Kompensationsstrategie 2, Substitution durch Extension
Bei der "Substitution durch Extension" wird die syntaktische und lexikalische Struktur der Ausgangseinheit durch die Zusammenfügung zweier Wortkombinationen mit unterschiedlichen Basis-Komponenten erweitert. Das übergeordnete Übersetzungsverfahren ist auch hier die freie Übersetzung.

> Beispiel (10.9, EN-DE): Studie 1, Ausgangstext VD1 "Humanitarian groups like the Church Missionary Society [...]" (www62) → Ausgangseinheit VD1_AE4 "<u>group</u> + humanitarian" = KOLL, Strukturtyp L2.
> → Zieltext VD1_ZT2 "Institutionen mit humanitären Anliegen, wie die Church Missionary Society [...]" → Zieleinheit VD1_ZT2_ZE4 "<u>Institution</u> + Anliegen | <u>Anliegen</u> + humanitär" = FWV-GUA, Typ L4 (L4, "mit") + L2 (vgl. auch Beispiel 7.4e in Kapitel 7.2.2).

Bei der Anwendung der Strategie ist zu berücksichtigen, dass derartige Erweiterungen die Gefahr der Entstehung einer (komplexen) gebrauchsauffälligen Zieleinheit bergen, wie die Analyse der Daten der Studien 1 und 2 gezeigt hat (vgl. Kapitel 7.2.6 und 8.2.6). Die Verifizierung der Teilkombinationen über Nachschlagewerke und Textkorpora ist daher unerlässlich.

Kompensationsstrategie 3, Substitution durch Reduktion
Bei der Substitution durch Reduktion wird die syntaktische und lexikalische Struktur der Ausgangskollokation vereinfacht und in eine freie Wortverbindung oder ein Einzellexem der Zielsprache überführt. Letzteres bildet wenigstens die Inhalte der Komponente der Ausgangseinheit ab, die für den Satz- oder Textzusammenhang bedeutender ist; bei dieser handelt es sich in der Regel um die Basis. Das übergeordnete Übersetzungsverfahren ist die freie Übersetzung.

Beispiel (10.10, EN-DE): Ausgangstext EX3.2 ""Even on the clearest of nights witnesses report that the light is hesitant to appear when [...]" (www69)
→ EX3.2_AE7 "witness + to report" = KOLL, Strukturtyp L3.
→ Zieltext EX3.2_ZT2 " Selbst in den klarsten Nächten, so wird berichtet, zögert das Licht zu erscheinen, wenn [...]" " → Zieleinheit EX3.2_ZT2_AE7 "so + berichten", FWV-GUA, Typ L6: Die Komponenten der Ausgangseinheit wurden strukturell und semantisch "eingeebnet": Die substantivische Basis der Ausgangskollokation ist in der gebrauchsunauffälligen freien Zielkombination auf ein Adverb reduziert und nimmt die Position der "Kollokator"-Komponente ein; der verbale Kollokator der Ausgangseinheit hingegen wird wörtlich in die Zieleinheit übertragen und hat die Funktion der "Basis"-Komponente (vgl. auch Beispiel 8.3e in Kapitel 8.2.2).

Kompensationsstrategie 4, Substitution durch Konzentration
Eine weitere Form der Ersetzung der Ausgangskollokation besteht in der Verdichtung ihrer syntaktischen und lexikalischen Struktur, mit dem Ergebnis einer Zieleinheit in Form eines Einzellexems. Dieses spiegelt die Inhalte beider Komponenten der Ausgangseinheit wider. Das übergeordnete Übersetzungsverfahren ist erneut die freie Übersetzung.

Beispiel (10.11, FR-DE): Studie 1, Ausgangstext VD2 "J'ai envie de répondre plutôt par l'affirmative à cette question pas très facile [...]" (L'Express)[177] → VD2_AE1 "répondre + par l'affirmative" = KOLL, Strukturtyp L6.
→ Zieltext VD2_ZT5 "Ich würde diese nicht ganz einfache Frage gern bejahen [...] → Zieleinheit VD2_ZT5_ZE1 "bejahen" = EWE
gegenüber einer kollokativen Entsprechung der Ausgangseinheit:
→ Zieltext VD2_ZT1 "Ich möchte diese nicht ganz einfache Frage mit "ja" beantworten [...]" → Zieleinheit VD2_ZT1_ZE1 "beantworten + mit Ja" = KOLL, Typ L6.

177 Quelle: L'Express, 13.10.2005.

10.2.5 Übersetzungsstrategien für Kollokationen mit "besonderer" Struktur

Wie in den Kapiteln 3.2.1 und 4.2.3 dargelegt, können aus übersetzungspraktischer Perspektive unter den Kollokationsbegriff auch bestimmte Arten teilidiomatischer Wortverbindungen subsummiert werden. Für den Übersetzer stellen teilidiomatische Kollokationen eine besondere Herausforderung dar, da es gerade in diesem Bereich zu Gebrauchsauffälligkeiten kommen kann, die durch Interferenzen bedingt sind. Durch das Basis-Kollokator-Konzept bzw. das Konzept des syntaktisch-semantischen Kerns werden diese Kollokationen mit "besonderer" Typenstruktur für den Übersetzer greifbarer (vgl. Kapitel 4.2.2 und 4.2.3). Die im Folgenden entworfenen Übersetzungsstrategien orientieren sich an den hergeleiteten Regel- und Kompensationsstrategien und werden an den in Kapitel 3.2.1 angeführten Beispielen veranschaulicht.

Ausgangspunkt für die Übersetzung teilidiomatischer Kollokationen ist stets die in ihrer freien Bedeutung gebrauchte Basis-Komponente und damit der syntaktisch-semantische Kern der Wortverbindung. Von ihr ausgehend erschließt sich die Bedeutung der Einheit. In die Zieleinheit wird in jedem Fall die Basis als solche überführt, als Komponente einer Kollokation oder freien Wortkombination oder als Bestandteil eines Einzellexems. Die Wortart der Basis ändert sich dabei nicht.

Zunächst kann versucht werden, die Struktur der Ausgangseinheit in die Zieleinheit zu überführen und nach einem syntaktisch, semantisch und stilistisch äquivalenten zielsprachigen Kollokator zu suchen:

> Beispiel (10.12a, EN-DE): Ausgangstext "Portman's direct response to Strickland's attacks suggests <u>he could be spoiling for a fight with</u> the GOP incumbent over the issue of trade." (www70)
> → Ausgangseinheit <u>*fight*</u> + *to be spoiling for*, "Substantiv + Redewendung"dem Strukturtyp 1 untergeordnet (vgl. auch Kapitel 3.2.1, Beispiel 3.15b)
> → die nicht-idiomatische Basis-Komponente ist *fight*
> → das äquivalente zielsprachige Substantiv hierzu ist *Streit*
> → die Kollokator-Komponente hat ausschließlich eine gebundene Bedeutung im Sinne von *to be eager for sth*
> → die Bedeutung der Einheit wäre dann *auf Streit aus sein, Streit provozieren*. Ausgehend von der Basis-Komponente gelangt man auf der Suche nach Redewendungen zu *Strei*t zu der quasi-äquivalenten Kollokation aus Substantiv und Redewendung *Streit* + *vom Zaun brechen*.
>
> Beispiel (10.12b, EN-DE): Ausgangstext "When a student receives a <u>pink slip</u>, the <u>pink slip</u> is to be signed by a parent or guardian and returned to school on the following day." (www71)
> → Ausgangseinheit *pink* + <u>*slip*</u>, besonderer Typ 2 "Adjektiv + Substantiv" (vgl. auch Kapitel 3.2.1, Beispiel 3.10b)
> → die nicht-idiomatische Basis-Komponente ist *slip*; der Kontext grenzt die Bedeutung ein auf *Mahnschreiben, Ermahnung*
> → mögliche wörtliche Übersetzungen wäre *rosafarbenes Formular, rosafarbener Brief*. Auf der Suche nach Idiomen zum Stichwort Brief gelangt man zur syntaktisch identisch strukturierten und semantisch äquivalenten Zieleinheit <u>*Brief*</u> + *blau*.

Beispiel (10.12c, FR-DE): Ausgangstext "Luc, 100 ans et fier comme un coq! S'il est aujourd'hui un peu dur d'oreille Luc M[..] n'a rien perdu de sa vivacité et de sa belle voix." (www72)
→ Ausgangseinheit *fier* + *comme un coq*, besonderer Typ 5 "Adjektiv + Vergleichsformel", dem Strukturtyp 5 untergeordnet (vgl. auch Kapitel 3.2.1)
→ die nicht-idiomatische Basis-Komponente ist *fier*
→ das deutsche Äquivalent hierzu ist *stolz*
→ eine wörtliche Übersetzung der Kollokator-Komponente ist *wie ein Hahn*
→ die Gesamtbedeutung der Einheit ist *sehr stolz*. Ausgehend von der Basis ist eine syntaktisch identisch strukturierte und semantisch äquivalente Zieleinheit die teilidiomatische Kollokation aus Adjektiv und Vergleichsformel *stolz* + *wie ein Pfau*.

Beispiel (10.12d, ES-DE): Ausgangstext "Adrián le había contado con todo lujo de detalles cómo había sido el accidente [...]."[178]
→ Ausgangseinheit *contar* + *con todo lujo de detalles*, "Verb + Redewendung", dem Strukturtyp 6 untergeordnet (vgl. auch Kapitel 4.2.3)
→ die in ihrer freien Bedeutung gebrauchte, d.h. nicht-idiomatische Basis-Komponente ist das Verb *contar*
→ mögliche Äquivalente im Deutschen sind etwa *erzählen, berichten*
→ eine mögliche wörtliche Übersetzung der Kollokator-Komponente wäre *mit dem Luxus vieler Details*
→ die Gesamtbedeutung der Einheit ist *detailliert berichten*. Nach Redewendungen zum Stichwort der Basis *erzählen* suchend gelangt man etwa zur kollokationssyntaktisch und semantisch äquivalenten Zieleinheit *erzählen* + *lang und breit*.

Unter Beibehaltung oder Auflösung der Typenstruktur kann in der dem Kollokationstyp 2 untergeordneten *festen Attribuierung* der Kollokator alternativ dazu mit einem nicht-idiomatischen zielsprachigen Äquivalent wiedergegeben werden. Dabei wird auf die Reproduktion der idiomatischen Ausdruckskraft der Einheit des Ausgangstextes verzichtet.

zu Beispiel (10.12a, EN-DE): *pink* + *slip*, besonderer Typ 2 → *Mahnschreiben, schriftliche Ermahnung*

Die Auflösung der syntaktischen Struktur bietet sich auch für die den Kollokationstypen 1, 5 und 6 untergeordneten teilidiomatischen Kollokationen mit Kollokatoren in Form einer Vergleichsformel oder einer Redewendung an. Dabei wird die Wortart der Basis-Komponente beibehalten, der Kollokator syntaktisch vereinfacht und seine idiomatische Bedeutung sinngemäß reproduziert. Wie die zuvor beschriebenen Kompensationsstrategien stellt diese Einebnung der Idiomatik in Kombination mit dem Verifizierungsverfahren der Zieleinheiten (vgl. Kapitel 10.3.5) eine Möglichkeit dar, um wortkombinatorische Gebrauchsauffälligkeiten im Zieltext zu vermeiden.

zu Beispiel (10.12b, EN-DE): *fight* + *to be spoiling for*, besonderer Typ 1 → *Streit* + *provozieren*
zu Beispiel (10.12c, FR-DE): *fier* + *comme un coq*, besonderer Typ 5 → *stolz* + *sehr*
zu Beispiel (10.12d, ES-DE): *contar* + *con todo lujo de detalle*, besonderer Typ 6 → *berichten* + *detailliert*

178 Brunengo, Marco (2012): *El segundo sepelio del jefe y otros cuentos*. Madrid: Visión Libros. 32.

10.2.6 "Kritische" Ausgangseinheiten

Besonderer Beachtung bedürfen zudem Typen von Kollokationen in den Ausgangstexten, die in der Rezeptionsphase des Übersetzungsprozesses in der Regel keine Schwierigkeiten bereiten, in der Transfer- und Produktionsphase des Übersetzungsprozesses jedoch das Risiko der allzu wörtlichen Übersetzung einer und häufig auch beider Komponenten bergen. Zum Ausdruck kommt dies in den zugehörigen Einheiten in den Zieltexten, die nicht selten die Gestalt von gebrauchsauffälligen Wortverbindungen haben.

Zu derartigen "kritischen" Ausgangseinheiten zählen etwa Kollokationen, zu deren Basis-Komponente es in der Zielsprache wenigstens ein Äquivalent mit breitem Kombinationsspektrum gibt, nicht jedoch zur Kollokator-Komponente (wie etwa in der Übersetzungseinheit VD1_AE4_EN "<u>group</u> + humanitarian", L2, KOLL K1: Die direkten zielsprachigen Äquivalente zu Basis und Kollokator sind "Gruppe" und "humanitär"; "Gruppe" ist ein Lexem mit großem Kombinationspotential, die Kombinationsmöglichkeiten von "humanitär" hingegen sind begrenzt. Die Zusammenfügung dieser beiden Lexeme ergibt eine freie Wortverbindung, die als gebrauchsauffällig verifiziert wurde (vgl. Kapitel 7.2.3)).

Hinzu kommen Ausgangskollokationen, deren zielsprachige Basis-Äquivalente über einen engen Kombinationsradius verfügen. Sie können daher nur eingeschränkt mit anderen Wörtern freie Wortverbindungen oder Kollokationen bilden. Dadurch werden eventuelle textbedingte synonyme Formulierungen schwierig (z.B. die Übersetzungen der Ausgangseinheit VD3.2_AE6_ES "iniciativa + tomar", L1.1, KOLL K3, vgl. Beispiel 7.3a in Kapitel 7.2.1).

In besonderer Weise zu berücksichtigen sind zudem Ausgangskollokationen, deren Übersetzung ein Interferenzrisiko in sich birgt:

> Beispiel (10.13, FR-DE): Studie 1, Ausgangseinheit VD2_AE4 "<u>existence</u> + remplir", Strukturtyp L1.1, Kollokationsstärkegrad K1.
> Ausgangstext VD2: "Ça ne remplit pas mon existence." (L'Express, Ausgabe vom 13.10.2005)
> → Kognitiv nahe liegt die Übertragung der Basis durch das ihr lexikalisch ähnlichste zielsprachige Äquivalent. Dadurch entsteht in Kombination mit dem Äquivalent des Kollokators die freie Wortverbindung "<u>Existenz</u> + erfüllen", die nach den Recherchen in Nachschlagewerken und Korpora als gebrauchsauffällig eingeordnet wurde. (Zieltext VD2_ZT3 "Das erfüllt meine Existenz nicht.")

Auch Ausgangseinheiten, deren kollokatives zielsprachiges Äquivalent einen grammatischen oder semantischen Perspektivenwechsel erfordert, können zu den besonders "riskanten" Kollokationen gezählt werden (vgl. Beispiel 10.7a weiter oben im Text). Derartige Typen von Übersetzungseinheiten sind zwar sprachenpaarspezifisch, doch ein sprachenübergreifendes Phänomen. Sie stellen besondere Herausforderungen für den Übersetzer dar, weshalb sie in allen Phasen des Übersetzungsprozesses besonderer Achtsamkeit bedürfen.

10.2.7 Die Einbindung der Regel- und Kompensationsstrategien in den Übersetzungsprozess

An den in Kapitel 10.1.3 erläuterten Zusammenhang zwischen der Beschaffenheit der Übersetzungseinheit und den Phasen des Übersetzungsprozesses anknüpfend können die hergeleiteten Regel- und Kompensationsstrategien im Übersetzungsprozess verortet werden: Eine sinnvolle Anwendung der Strategien setzt eine die Übersetzung vorbereitende Rezeptionsphase voraus. Während der Rezeptionsphase soll auf der Grundlage des Wissens um die Einheiten des gebundenen Wortgebrauchs die Kollokation als Einheit im Ausgangstext erkannt werden. Darauf folgt eine Analyse der syntaktischen Struktur und semantischen Gestalt der Ausgangskollokation. Ein zentrales Ergebnis dieser Phase des Übersetzungsprozesses ist dabei, dass die Basis-Komponente als Hauptbestandteil der Übersetzungseinheit gesichert und als Invariante in die Transferphase überführt wird. In der Transferphase wird zunächst das zielsprachige Äquivalent der Basis festgelegt. In einem zweiten Schritt werden, ausgehend von den Ergebnissen der Analyse der Struktur und Gestalt der Ausgangskollokation in der Rezeptionsphase, passende Regel- oder Kompensationsstrategien ausgewählt. In der Produktionsphase werden diese, ausgehend von dem bereits festgelegten zielsprachigen Äquivalent der Basis-Komponente, tentativ umgesetzt. Im Ergebnis wird die Kollokation des Ausgangstextes semantisch gleichwertig mit einer Kollokation, einer gebrauchsunauffälligen freien Wortkombination oder einem Einzellexem in den Zieltext übertragen. Gemäß der in Kapitel 2.1.3 dargestellten Zirkularität des Übersetzens in drei Phasen kann der Übersetzer dabei von der Produktionsphase wieder in die Rezeptions- und Transferphase zurückkehren, um sicherzustellen, dass er die richtige Strategie gewählt hat und die semantischen und grammatischen Zusammenhänge des Ausgangstextes im Zieltext korrekt abgebildet sind. Gegebenenfalls revidiert der Übersetzer seine erste Übersetzungsentscheidung und wendet eine andere als die zuerst gewählte Übersetzungsstrategie an.

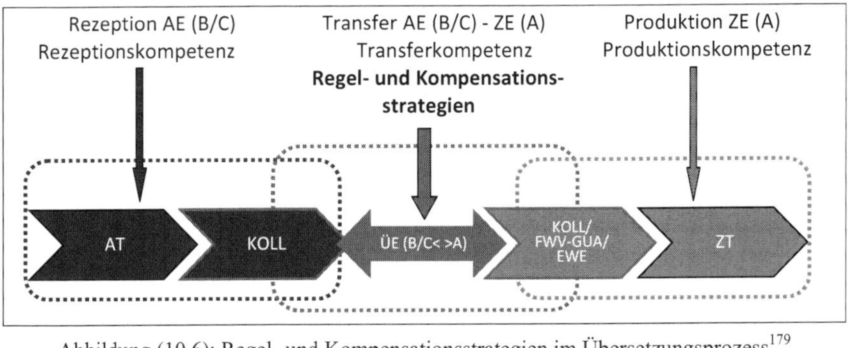

Abbildung (10.6): Regel- und Kompensationsstrategien im Übersetzungsprozess[179]

179 Legende zur Abbildung: AE = Ausgangseinheit, B/C = erste und zweite Fremdsprache, ZE = Zieleinheit, A = Mutter- bzw. Erstsprache, AT = Ausgangstext, ÜE = Übersetzungseinheit, ZT = Zieltext.

10.3 Übersetzungsstrategien und Übersetzungskompetenzen in der Her-Übersetzung von Kollokationen

Im Folgenden werden die hergeleiteten Übersetzungsstrategien mit den für die Her-Übersetzung von Kollokationen relevanten Übersetzungskompetenzen zusammengeführt.

10.3.1 Die Anwendung der Regel- und Kompensationsstrategien

Übergeordnetes Ziel der Herleitung der beschriebenen Regel- und Kompensationsstrategien und deren Anwendung ist die Sicherheit im Umgang mit der Übersetzungseinheit Kollokation. Dadurch sollen vor allem nicht-intendierte gebrauchsauffällige Wortkombinationen im Zieltext vermieden werden können. Diese gefährden zwar nicht zwingenderweise die Rezeption des Textes bzw. die Kommunikation an sich, und im Allgemeinen werden sie auch nicht gleichermaßen negativ wie etwa ein Verstoß gegen die grammatischen Regeln bewertet. Allerdings wird bei der Kombination zweier Wörter zu einer Art "konter-affinen"[180] Fügung von den wortkombinatorischen Gebrauchsnormen abgewichen. Dies mag je nach Kommunikationskontext unterschiedliche Konsequenzen haben. So wird eine nach dem Muster einer Kollokation gebildete Wortkombination, die vom "normalen" Wortgebrauch abweicht, in der mündlichen Kommunikation und vor allem in "nicht-kontrollierten" Kommunikationssituationen wie etwa einem ungezwungenen Gespräch unter Freunden weniger auffallen. In schriftlichen Texten jedoch ist es wahrscheinlicher, dass derartige Abweichungen vom Leser bemerkt werden, wobei hier neben der "Kontrolliertheit" der Kommunikationssituation und der damit im Zusammenhang stehenden Bewertung des Textproduzenten durch den Textrezipienten sicherlich auch unterschieden werden muss nach Sorte und Funktion des Textes, nach der Form, in der er vorliegt und nach dem Medium, über das er publiziert wird.

10.3.2 Zur notwendigen Wissensgrundlage

Um die beschriebenen Regel- und Kompensationsstrategien für die Her-Übersetzung von Kollokationen sinnvoll anwenden zu können, ist eine Sensibilisierung des Übersetzer für den Umgang mit der Kollokation erforderlich.

Grundlegend hierfür ist zum einen das Wissen um die Funktion und die Wirkung des gebundenen Wortgebrauchs im Text. Der gebundene Wortgebrauch ergibt sich, wie in Kapitel 2.3.1 dargelegt, aus der sich wiederholenden und daher üblichen Verwendung bestimmter Zusammenfügungen von Wörtern zu syntaktisch-semantischen Einheiten, die Personen, Gegenstände, Sachverhalte oder Handlungen versprachlichen. Diese syntagmatischen Einheiten sind Ausdruck der wortkombinatorischen Gebrauchs-

180 Diese Benennung setzt sich aus den beiden von Hausmann (1984) angeführten Begriffen der Affinitiät der Kollokation und der Konter-Kreation zusammen. Vgl. hierzu auch Kapitel 3.2.1.

normen einer Sprachgemeinschaft. Sie tragen nicht nur dazu bei, die syntaktisch-semantische Kohärenz eines Textes zu steigern, sondern verfügen durch ihre Vorkommenshäufigkeit in Texten gleich welcher Sorte und Thematik auch über einen Wiedererkennungswert in der Sprachverwendung, aus dem eine bestimmte Erwartungshaltung des Textempfängers resultiert.[181] In diesem Sinne sollte dem Übersetzer bewusst sein, wie sich Kollokationen als Einheiten des gebundenen Wortgebrauchs, Einzellexeme und freie Wortverbindungen in ihren Effekten im Text voneinander unterscheiden und welche Auswirkungen eine von den wortkombinatorischen Normen abweichende und daher gebrauchsauffällige Struktur im Zieltext haben kann.

Zudem wird sich das Erkennen der Kollokation im Ausgangstext als Einheit während der Rezeptionsphase der Übersetzung für den Übersetzer insgesamt effizienter gestalten, wenn er um die Komponenten- und Wortartenstruktur der Kollokation weiß und ein Grundverständnis für die "Funktionsweise" und "Gerichtetheit" der Kollokation entwickelt hat. Dementsprechend müsste vermittelt werden, dass zur Kollokation nicht zwei einzelne Wörter beliebig kombiniert werden, sondern sich vielmehr zwei passende Kollokations*partner*, dass heißt Basis und Kollokator zusammenfügen. Zu berücksichtigen ist dabei, dass der Kollokator durchaus aus mehr als nur einem Wort bestehen und/oder idiomatische Bedeutung haben kann (vgl. Kapitel 4.2.3).

Zur Erklärung des hierarchischen Verhältnisses der beiden Kollokationspartner kann das in Kapitel 4.2.2 dargestellte Konzept des syntaktisch-semantischen Kerns genutzt werden, mit dem in dieser Untersuchung gearbeitet wurde. Dieses Konzept ist im Hinblick auf die Übersetzung und darauf angelegt, dass der Übersetzer die Gerichtetheit der Kollokation und die damit verbundene Re-Produktionsrichtung der Einheit erkennt. Als solches ist das Konzept nicht linguistisch differenziert, sondern stellt einen Anhaltspunkt für die Suche nach dem zielsprachigen Äquivalent der Ausgangskollokation dar. Auf dieser Wissensgrundlage kann eine Analyse der syntaktischen und lexikalisch-semantischen Eigenschaften der Ausgangskollokation mit dem Ergebnis der Bestimmung ihres Kerns erfolgen.

Veranschaulicht werden können das hierarchische Verhältnis von Basis und Kollokator und das Konzept des syntaktisch-semantischen Kerns zum einen durch den Sprachkontrast: Eine Kollokation zeichnet sich dadurch aus, dass die Basis in ihrer freien Bedeutung in allen Sprachen gleichwertig ist, die freie Bedeutung des Kollokators hingegen mit der Einzelsprache variiert (vgl. u.a. Beispiel 10.1 weiter oben im Text). Zum anderen wird die Orientiertheit der Beziehung zwischen den Kollokationskomponenten und die Betrachtung jeder Kollokation von der Basis zum Kollokator über die vergleichende Analyse der Kollokationsradien der beiden Komponenten in der Einzelsprache deutlich.

Die Aufschlüsselung der Kollokationsstruktur nach Wortarten und eine vereinfachte Typologie der Kollokationen in der Ausgangs- und Zielsprache der Übersetzung können als Orientierung bei der Suche nach der Basis dienen, von der ausgehend die Betrachtung der syntagmatischen Einheit im Übersetzungsprozess erfolgt. Dadurch

181 Vgl. hierzu die Kapitel 2.3.2 und 2.3.3.

sind vor allem komplexe Kollokationen aus einer Basis und zwei oder mehreren Kollokatoren und auch Kollokationen mit besonderer Struktur einfacher zu handhaben (vgl. Kapitel 10.2.5). Insgesamt sollten auf dieser Wissensgrundlage die Rezeption, der Transfer und die Produktion der Einheit konsequent von der Basis aus erfolgen können. Ist die Basis strukturell erkannt, können von ihr ausgehend mögliche Kollokatoren über Nachschlagewerke und Textkorpora verifiziert werden. Damit wäre eine grundlegende Voraussetzung für einen sinnvollen Einsatz der Regel- und Kompensationsstrategien erfüllt.

10.4 Die Entwicklung des Kollokationswissens und der Kollokationsbewusstheit

10.4.1 Übersetzungskompetenz und Übersetzungsbewusstheit

Aus der Übersetzungspraxis und -lehre heraus wurde die Übersetzungskompetenz in Kapitel 2.2.2 definiert als eine übergeordnete Kompetenz, die den Übersetzungsprozess überdacht und sich in den einzelnen Phasen als *Rezeptions-*, *Transfer-* und *Produktionskompetenz* realisiert. Wie dargelegt, wirken auf den Übersetzungsprozess und sein Ergebnis in entscheidender Weise das Sprachwissen, das methodische und das metakognitive Wissen des Übersetzers ein.

Das sprachtheoretische und -praktische Wissen des Übersetzers konkretisiert sich im Bereich der Rezeptionskompetenz als differenziertes ausgangssprachliches und ausgangskulturelles Wissen, in der Produktionskompetenz als zielsprachliches und zielkulturelles Wissen und in der Transferkompetenz als kontrastives Sprach- und Kulturwissen. Sprachtheoretisches und sprachpraktisches Wissen fördern die *Sprachbewusstheit.* Sprachwissen und Sprachbewusstheit ergeben zusammen die Sprachkompetenz des Übersetzers. Diese befähigt ihn nicht nur dazu, Äußerungen oder Texte den Regeln des Sprachsystems und den Gebrauchsnormen der Sprache entsprechend zu formulieren; er kann außerdem begründet beurteilen, ob dies in fremden Texten der Fall ist. Aufgrund seiner Sprachkompetenz vermag der Übersetzer darüber hinaus kreativ-spielerisch und gleichzeitig situationsangemessen mit Sprache umzugehen.

Das übersetzungsmethodische Wissen zeigt sich in der zielgerichteten Anwendung des im Studium erworbenen übersetzungswissenschaftlichen und linguistischen Wissens und in der gesammelten Praxiserfahrung. Es befähigt den Übersetzer in der Transferphase dazu, geeignete Übersetzungsstrategien und -techniken festzulegen und sie in der Produktionsphase flexibel anzuwenden. Das übersetzungsbezogene metakognitive Wissen steuert die Reflexion über das übersetzerische Handeln und manifestiert sich in einer ausgeprägten *Übersetzungsbewusstheit.* Diese überdacht alle Phasen des Übersetzungsprozesses und Schritte des Übersetzens. So ist in der Übersetzungsbewusstheit eine grundlegende Voraussetzung dafür zu sehen, dass der Übersetzer erstens die Inhalte und Formen eines Ausgangstextes im Hinblick auf die Kommunikationssituation erfasst, zweitens die inhaltlichen und formalen Informationen des Ausgangstextes derart umwandelt, dass er drittens einen semantisch äquivalenten Zieltext produziert, wobei er die Kommunikationssituation sowie die Regeln und Gebrauchsnormen der Zielsprache berücksichtigt.

Für die Entwicklung einer Übersetzungsbewusstheit und, darauf aufbauend, einer Übersetzungskompetenz ist die Bewusstmachung der Funktion und Relevanz des Zieltextes, der Aufgabe des Übersetzers und der Abläufe des Übersetzungsprozesses wesentlich. Dadurch wird ein vorausschauendes Handeln im Sinne eines problembewussten und problemerkennenden Handelns erst möglich.

10.4.2 Sprach- und Übersetzungsbewusstheit beim Übersetzen von Kollokationen

Beim Übersetzen von Kollokationen konkretisiert sich das Sprachwissen als theoretisches und praktisches kontrastives *Kollokationswissen*, in dem Sinne, dass der Übersetzer mit den sprachlichen Phänomenen des gebundenen Wortgebrauchs vertraut ist. Vor diesem Hintergrund entwickelt sich die *sprachbezogene Kollokationsbewusstheit*: Weiß der Übersetzer sprachenübergreifend und sprachenpaarbezogen um die charakteristischen Eigenschaften der Kollokation als wortkombinatorischer Einheit, und ist er für die syntagmatischen Beziehungen zwischen zwei oder mehr sprachlichen Zeichen sensibilisiert, kann er die hierarchische Beziehung der Kollokationskomponenten in Ausgangs- und Paralleltexten sowie in seiner eigenen Übersetzung erkennen. Die *übersetzungsbezogene Kollokationsbewusstheit* lässt die Funktion der Kollokation im Übersetzungsprozess und im Übersetzungsprodukt ersichtlich werden und ermöglicht das Erfassen der Ausgangskollokation, ihren Transfer und ihre Re-Produktion in der Zielsprache.

Kollokationswissen und Kollokationsbewusstheit sind als *Kollokationskompetenz* darüber hinaus eine grundlegende Voraussetzung für das bewusste Spiel mit den Gebrauchsnormen der Sprache.[182]

10.4.3 Methoden zum Ausbau der Kollokationskompetenz

Das Kollokationswissen des Übersetzers kann einerseits passiv auf- und ausgebaut werden. Als Methoden sind in diesem Zusammenhang das Lesen von ausgangs- und zielsprachigen Texten eines breiten Themen- und Textsortenspektrums und unterschiedlicher Sprachregister zu nennen.[183] Auch das Hören vorgelesener schriftsprachlicher Texte kann in Erwägung gezogen werden. An der Grenze zwischen passivem und aktivem Wissensaufbau liegt das textbasierte Erstellen zwei- oder einsprachiger thematischer Kollokationslisten (etwa für das Fachübersetzen).

Aktive Methoden des Wissensaufbaus haben gegenüber dem passiven Kollokationslernen den Vorteil, dass mit ihnen gleichzeitig die Kollokationsbewusstheit gestärkt und somit die Kollokationskompetenz ausgebaut wird (vgl. etwa auch den methodischen Ansatz, der dem Wortschatz-Tool *E-COR* (Angelone 2007) zugrunde liegt und

182 Vgl. hierzu auch die Ausführungen in Kapitel 2.3.1.

183 Zum Zusammenhang zwischen Lese- und Kollokationskompetenz vgl. auch Grauer (2009).

hierzu Kapitel 4.1.2). In diesem Zusammenhang ist die Förderung der Übersetzungsbewusstheit, die der Kollokationsbewusstheit übergeordnet ist, elementar. Die Offenlegung der Struktur des Übersetzungskontexts, -prozesses und -workflows kann dabei zweckdienlich sein. Die Skizzierung eines Übersetzungsprozesses mit Modellcharakter kann im Lehr-/Lernkontext des Übersetzens auch im Hinblick auf den Umgang mit Kollokationen zur Orientierung bei der Anfertigung einer Übersetzung im Rahmen des übersetzungsbewussten und problemerkennenden Handelns dienen. Zudem können am Arbeitsalltag ausgerichtete fiktive Übersetzungsaufträge und Projektarbeiten, Fall- und Rollenspiele beim Übersetzer ein Gefühl der Verantwortung für die Erfüllung seiner Aufgaben den Kollegen und dem Auftraggeber gegenüber generieren und somit professionelles übersetzerisches Handeln fördern.

Im Zentrum des aktiven Aufbaus des Kollokationswissens steht die Vermittlung der in Kapitel 10.3.2 beschriebenen Wissensgrundlagen für den Umgang mit Kollokationen in der Übersetzung. Neben allgemeinen und übersetzungsbezogenen kollokationstheoretischen Grundlagen sollten vor allem die auf die Übersetzungspraxis anwendbaren Ergebnisse der Kollokationsforschung vermittelt werden. Zu diesen zählen neben der Gerichtetheit der Kollokation und dem hierarchischen Verhältnis der Kollokationspartner, das Konzept des syntaktisch-semantischen Kerns, eine vereinfachte Kollokationstypologie und die unterschiedlichen Grade der Kollokationsstärke. Auch eine Veranschaulichung der Wege, die eine Kollokation im Übersetzungsprozess durchlaufen kann, mag dazu beitragen, das Bewusstsein des angehenden Übersetzers für die Kollokation zu stärken.

Darauf aufbauend sollte kollokationsbezogenes übersetzungsmethodisches Wissen vermittelt werden. Hierzu zählt eine spezifische Recherchekompetenz in Nachschlagewerken, Korpora und Kookkurrenz- und Wortprofilanalysen (vgl. hierzu die Kapitel 6.3, 6.4 und 6.5.3). Um übersetzerische Entscheidungen ko- und kontextbasiert zu stützen, wird die Verifizierung möglicher Kollokationspartner über die Orientierung an der Vorkommensfrequenz und statistischen Assoziation dabei mit der qualitativen Interpretation von Sprachdaten kombiniert. So wird der Übersetzer Kollokationen der Ausgangstexte und seine tentativen Übersetzungen während der Rezeptions-, der Transfer- und vor allem der Produktionsphase effizienter bestätigen bzw. verwerfen können. Ergänzend hierzu sollte der Übersetzer mit spezifischen Übersetzungsstrategien und -techniken, wie etwa den beschriebenen Regel- und Kompensationsstrategien, umgehen können. Durch deren wiederholte Anwendung in praktischen Übersetzungsübungen kann der Übersetzer so auch in Übersetzungssituationen souverän mit der Kollokation umgehen, in denen die Möglichkeiten zur Absicherung von Zieleinheiten eingeschränkt sind, wie etwa in einer Prüfungssituation oder auch während einer Probeübersetzung im Rahmen eines Bewerbungsverfahrens.

Ein mögliches Anwendungsszenario des vermittelten bzw. des angeeigneten übersetzungsbezogenen Kollokationswissens in der Lehre stellt schließlich das *Kooperative Übersetzen* dar, wie im Folgenden gezeigt wird.

10.5 Das Kooperative Übersetzen als Lehr-/Lernszenario für die Her-Übersetzung von Kollokationen

10.5.1 Die Grundlagen des Kooperativen Übersetzens

Das *Kooperative Übersetzen* ist eine von W. Orbán (2008) entworfene übersetzungsdidaktische Methode, die sie durch empirische Beobachtungen von Gruppenübersetzungsprozessen in universitären Lehrveranstaltungen zum Übersetzen gemein- und fachsprachlicher Texte in das Englische und aus dem Englischen erprobt hat.[184] Das Kooperative Übersetzen ist als eine Sonderform des problembewussten Lernens zu verstehen, das an der Tätigkeit professioneller Übersetzer ausgerichtet ist. Gearbeitet wird in der Kleingruppe und nach realem oder fiktivem Übersetzungsauftrag. Die Arbeitsabläufe der Gruppe werden von einem "Tutor" begleitet und von einem Gruppenmitglied protokolliert. Durch das Arbeitsprotokoll soll der Übersetzungsprozess bewusst und die Entscheidungsfindung auch bei Nachbesprechungen der Gruppenarbeit mit dem Tutor bzw. Dozenten nachvollziehbar werden. Das Kooperative Übersetzen zeichnet sich vor allem dadurch aus, dass das Übersetzen dabei zu einer kommunikativen Tätigkeit wird. Beim Kooperativen Übersetzen findet eine intensive Auseinandersetzung mit verschiedenen, für das professionelle Übersetzen charakteristischen Problemstellungen statt:

> Die Studierenden erarbeiten gemeinsam verschiedene Übersetzungsvarianten und einigen sich in einem kommunikativen Entscheidungsprozess auf die bestmögliche Lösung. Die Gruppe steht dabei im ständigen Austausch miteinander, so dass alle Teilnehmer gleichzeitig am gesamten Übersetzungsprozess beteiligt sind. (Orbán 2010: 3)

Durch dieses kommunikative Arbeiten im Team erlangen die Studierenden beim Kooperativen Übersetzen Selbständigkeit im übersetzerischen Handeln. Auch das Verhalten des Tutors bzw. Lehrenden trägt hierzu bei. In Orbáns Darstellungen wird deutlich, dass der Tutor die Funktion eines in den Lehr-/Lerntheorien als *Facilitator* bezeichneten "Ermöglichers" erfüllt, der dementsprechend nur gegebenenfalls Hilfestellung gibt (vgl. etwa Hmelo-Silver/Barrows 2006). Die für den Facilitator charakteristische Balance zwischen Fordern und Fördern der Studierenden scheint wesentlich für den Erfolg der übersetzungsdidaktischen Methode des Kooperativen Übersetzens zu sein.

Insgesamt kann das Kooperative Übersetzen durch den authentischen und kommunikativen Arbeitskontext zur Förderung der Übersetzungskompetenz und von berufspraktischen Schlüsselkompetenzen beitragen. Darüber hinaus werden soziale und kommunikative Fähigkeiten ausgebaut. (Orbán 2010: 4)

10.5.2 Kollokationskompetenz durch Kooperatives Übersetzen

Angesichts dieser konzeptionellen Grundlage und der Erfolge des Kooperativen Übersetzens in weiteren Untersuchungen (z.B. Thanner (2014) und Bilic (2014)) scheint das Kooperative Übersetzen überaus geeignet, die skizzierten aktiven Methoden zum

184 Zur Untersuchung von Orbán vgl. auch die Darstellungen in den Kapiteln 4.1.5 und 5.2.1f.

Ausbau der Kollokationskompetenz anzuwenden. Im Hinblick auf die Stärkung der Kollokationsbewusstheit bei der Her-Übersetzung sind die Vorteile des Kooperativen Übersetzens konkret in drei Punkten zu sehen: dem projektbezogenen und an professionellen Übersetzungsszenarien ausgerichteten Arbeiten, dem kommunikativen Lehr-/Lernszenario, und der Rolle des Lehrenden, der als Facilitator den Lernprozess begleitet.

Die Vermittlung der notwendigen Wissensgrundlage: Voraussetzung ist in jedem Fall die Vermittlung des in Kapitel 10.3.2 und 10.4.2 dargestellten Kollokationswissens. Eine vereinfachte Kollokationstypologie und eine simplifizierte Übersicht über die Bestimmung der Kollokationsstärke können auch während des Übersetzens in der Kleingruppe genutzt werden:

Kombinationstypologie zur Beschreibung der Struktur der Einheiten	
L1	Substantiv (Objekt), Basis + Verb
L1.1	Substantiv (Akkusativ-Objekt), Basis + Verb
L1.2	Substantiv (Akkusativ-Objekt), Basis + (Verb + Präposition)
L1.3	Substantiv (Dativ-Objekt), Basis + Verb
L1.4	Substantiv (Dativ-Objekt), Basis + (Verb + Präposition)
L2	Substantiv, Basis + Adjektiv
L3	Substantiv (Subjekt), Basis + Verb
L4	Substantiv (+ Präposition), Basis + Substantiv
L5	Adverb/adverbial gebrauchtes Adjektiv + Adjektiv, Basis
L6	Verb, Basis + Adverb/adverbial gebrauchtes Adjektiv/adverbiale Umschreibung)
L7	(Präposition + Substantiv (Objekt)), Basis + Verb

Tabelle (10.6): Kombinationstypologie

Vereinfachte Bestimmung der Kollokationsstärke	
Stärkegrad	Syntagmatische Relation der Kollokationskomponenten
hoch	Das Kollokationspotential der Basis und/oder des Kollokators ist gering. Die Kontextgebundenheit der Verbindung ist deutlich. Die Kollokation ist in Nachschlagewerken verzeichnet und kommt deutlich häufiger als nur vereinzelt in Textkorpora vor.
mittel	Das Kollokationspotential der Basis und/oder des Kollokators ist durchschnittlich. Die Kontextgebundenheit der Verbindung ist weder unbestimmt noch deutlich. Die Kollokation ist in Nachschlagewerken verzeichnet und kommt deutlich häufiger als nur vereinzelt in Textkorpora vor.
niedrig	Das Kollokationspotential der Basis und/oder des Kollokators ist groß. Die Kontextgebundenheit der Verbindung ist unbestimmt. Die Kollokation ist in Nachschlagewerken verzeichnet und kommt deutlich häufiger als nur vereinzelt in Textkorpora vor.

Tabelle (10.7): Vereinfachte Bestimmung der Kollokationsstärke

Während des Übersetzungsprozesses ist es Aufgabe des Lehrenden, die Aufmerksamkeit der Gruppe auf die Kollokationen im Ausgangstext zu lenken und ggf. Hilfestellung bei deren syntaktisch-semantischer Analyse zu geben. Bei wortkombinatorisch auffälligen Einheiten des Ausgangstextes, die nach dem Muster einer Kollokation gebildet sind, ist zunächst zu überprüfen, ob die Auffälligkeit vom Autor des Ausgangstextes intendiert ist. Feststellbar ist dies in einem ersten Schritt über die Textsorte und Funktion des Ausgangstextes: Handelt es sich um eine expressiv-intendierte Gebrauchsauffälligkeit, ist zu erwägen, sie als solche im Hinblick auf die Beibehaltung des intendierten stilistischen Effekts im Zieltext nachzubilden. Lässt sich hinter der Gebrauchsauffälligkeit keine begründete stilistische Intention erkennen, mag es im Hinblick auf die Akzeptanz der Übersetzung beim Zielpublikum sinnvoll sein, die Ausgangseinheit semantisch äquivalent, doch stilistisch eingeebnet, das heißt mit einer wortkombinatorisch unauffälligen Einheit in den Zieltext zu übertragen.

Insgesamt ist schon während der Analyse der Ausgangskollokation darauf zu achten, dass mögliche Übersetzungsprobleme und ihre schrittweise Lösung in dem für das Kooperative Übersetzen charakteristischen Arbeitsprotokoll festgehalten und so in der Nachbesprechung der Übersetzung thematisiert und noch einmal reflektiert werden.

Die Verifizierung von Ausgangs- und Zieleinheiten: Bestimmte Prozesse der (Re-)Produktion von Kollokationen können sich im Kooperativen Übersetzen effizient gestalten, wie die Untersuchung von Orbán (2008) gezeigt hat. So schlussfolgert Orbán, dass "durch die Interaktion und den Ideenaustausch in der Gruppe eine Assoziationskette in Gang gesetzt [wird], die über kreative kognitive Prozesse zu einer adäquaten Übersetzung der AS-Kollokation führt." (Orbán 2008: 384). Auch Kornelius/Orbán/ Stewart (2010) weisen im Besonderen auf die Steigerung der übersetzerischen Kreativität durch das Zusammenspiel der Gruppenmitglieder und auf die Sicherung der Übersetzungsqualität vor allem bei der Erarbeitung von Übersetzungslösungen für untersatzmäßige Einheiten im Ausgangstext hin:

> The fact that even assessments of acceptability, grammaticality, and the basic euphony and felicity of translation proposals are subjected to scrutiny from several linguistically and methodologically competent points of view assures a high rate of appropriate solutions. (Kornelius/Orbán/Stewart 2010: 23)

Derartige kommunikative Absicherungsprozesse lassen sich in kooperativen wie auch individuellen Übersetzungsprozessen methodisch stützen: Mit Blick auf die Absicherung zielsprachiger Formulierungen ist dabei zunächst zu beachten, dass die Kombinationsspektren einzelner Wörter dem angehenden Übersetzer schier unendlich erscheinen mögen. Die von der Gruppe zur Diskussion gestellten Formulierungen können hinsichtlich ihres Gebrauchs über ein recht breites Angebot an unterschiedlichen Hilfsmitteln abgesichert werden. Hierfür sollten vor dem eigentlichen Übersetzungsprozess Grundlagen der Anwendung von Verfahren zur Verifizierung der Ausgangs- und Zieleinheiten vermittelt und während des Übersetzungsprozesses erprobt werden: Innerhalb der Kleingruppe werden Wortkombinationen der Ausgangstexte und entsprechende Übersetzungsvorschläge in Nachschlagewerken, Korpora und Kookkurrenz- und Wortprofilanalysen überprüft und die entsprechenden Ergebnisse interpretiert. Zur Verifizierung syntaktisch-semantischer Ausgangs- und Zieleinheiten können etwa die in dieser Untersuchung verwendeten Wörterbücher und Textkorpora eingesetzt werden. Eine Besprechung dieses Referenzmaterials sowie eine ausführliche Darstellung des Verifizierungsverfahrens einschließlich eines Vorschlags zur Auswertung der quantitativen Ergebnisse von Suchanfragen in Korpora und Wortprofil- bzw. Kookkurrenzanalysen finden sich in Kapitel 6.3ff. In der nachstehenden Übersicht ist der Verifizierungsprozess vereinfacht in Schritten abgebildet.[185]

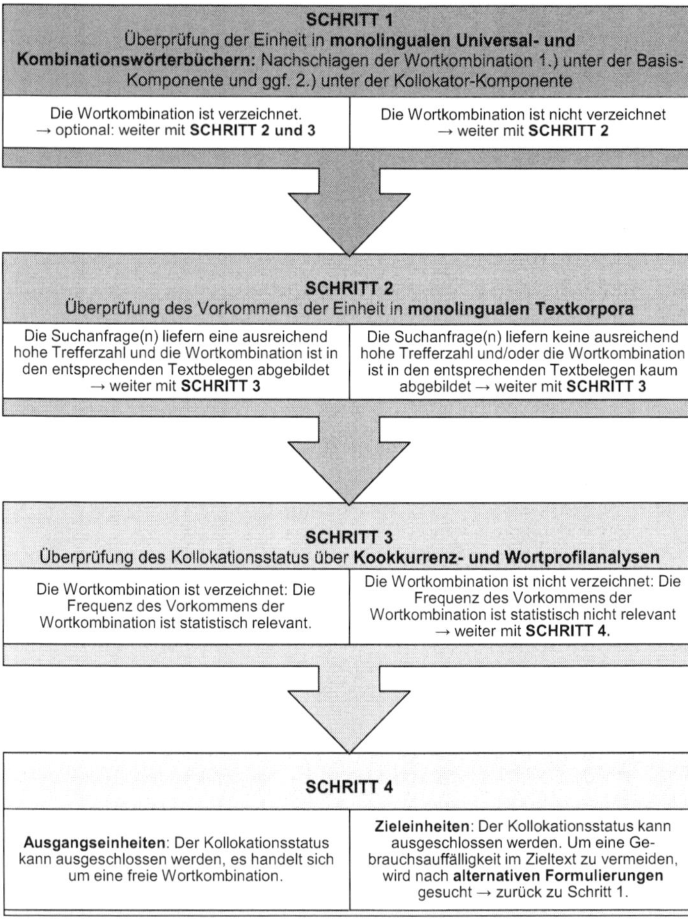

Abbildung (10.7): Verifizierung der Ausgangs- und Zieleinheiten

185 Sollte das dargestellte Verifizierungsverfahren zeitaufwändig erscheinen, sei darauf hingewiesen, dass der Prozess sich mit zunehmender Übung und Routine in seiner Dauer deutlich verkürzen wird. Es sei auch betont, dass das Verfahren nicht für alle Kombinationen im Ausgangs- und/oder Zieltext durchgeführt werden soll, sondern im Wesentlichen für jene, deren syntagmatischer Status den Übersetzern unklar ist.

Bei alldem ist es die Aufgabe des Lehrenden, die Verifizierungsprozesse anzuleiten und zu begleiten, indem er Rückfragen zu Recherchen und Suchanfragen stellt bzw. technische Hilfestellung gibt. Diese kann vor allem dann notwendig sein, wenn die Studierenden mit den entsprechenden Verifizierungsverfahren und vor allem dem Arbeiten in Korpora noch nicht ausreichend vertraut sind. Darüber hinaus mag die Unterstützung des Lehrenden bei der Formulierung der Suchanfrage bzw. beim Enkodieren der Suchanfragesyntax in den jeweiligen Korpora sowie bei der Interpretation der Rechercheergebnisse notwendig sein, unter anderem weil die Suchanfragesyntax je Korpus variiert.[186] Der Lehrende achtet außerdem darauf, dass die Rechercheergebnisse sorgfältig im Arbeitsprotokoll dokumentiert werden, damit die Gruppe bei der Nachbesprechung der Übersetzung auf sie zurückgreifen und Formulierungen nachvollziehen und ggf. begründet verteidigen kann.

Die Berücksichtigung der Regel- und Kompensationsstrategien: Eine weitere Aufgabe des Lehrenden besteht darin, während der Transfer- und Produktionsphase Impulse zur Lösungsfindung zu geben, indem er der Gruppe die in Kapitel 10.2 hergeleiteten Regel- und Kompensationsstrategien in Erinnerung ruft. Dabei ist von einem Übungseffekt auszugehen: Nach wiederholter angeleiteter Anwendung können die Strategien gekonnt selbständig vom Übersetzer eingesetzt werden. Vor allem durch die Kompensationsstrategien sollte sich die übersetzerische Kreativität noch steigern. Die Ergebnisse der Anwendung der Strategien werden von der Übersetzergruppe über das Verifizierungsverfahren der zielsprachigen Formulierungen kontrolliert. So können nichtintendierte Gebrauchsauffälligkeiten im Zieltext vermieden und damit die Qualität des Übersetzungsprodukts gesteigert werden. Die nachstehende Übersicht enthält die Regel- und Kompensationsstrategien für die Übertragung von Kollokationen des Ausgangstextes in den Zieltext.[187]

Strategien für die Her-Übersetzung von Kollokationen	
Regelstrategien (RS)	
Ausführung	Übersetzungsverfahren[188]
RS 1: Beibehaltung der syntaktischen Struktur der Ausgangskollokation	
Übernahme der Struktur von Ausgangskollokationen der Typen L2, L5, L6 und L7. In vielen Fällen beibehalten werden kann auch die Struktur von L1.1-Ausgangseinheiten sowie von Tripelkollokationen.	syntaktisch: wörtliche Übersetzung; lexikalisch: wörtliche oder freie Übersetzung
RS 2: Auflösung der syntaktischen Struktur der Ausgangskollokation	
(A) Umwandlung des Typs der Zwei-Komponenten-Struktur. Dies ist häufig der Fall bei Kollokationen der Typen L3 und L4 sowie bei komplexen Ausgangsein-	syntaktisch: freie Übersetzung; lexikalisch: wörtliche oder freie Übersetzung

186 Vgl. hierzu auch die Darstellungen und Muster für Suchanfragen in Kapitel 6.4.

187 Vgl. hierzu u.a. die Ausführungen in Kapitel 10.2.4 und in Kapitel 6.5.1.

188 Bei den übergeordneten Übersetzungsverfahren werden unterschieden: "wörtliche" Übersetzung i.S. einer die Syntax und Lexik der Ausgangskollokation abbildenden Übersetzung; "freie" Übersetzung i.S. einer von der Syntax und Lexik der Ausgangskollokation gelösten Übersetzung. Vgl. Kapitel 10.2.

heiten. (B) Vereinfachung einer Drei-Komponenten-Struktur.	
RS 3: Orientierung an der Kollokationsstärke der Ausgangskollokation	
Zu Kollokationen eines hohen Stärkegrades gibt es in der Zielsprache häufig ein starkes kollokatives Äquivalent.	syntaktisch und lexikalisch wörtliche oder freie Übersetzung
RS 4: Wortartenwechsel	
Wechsel der Wortart einer oder beider Komponenten der Übersetzungseinheit, häufig innerhalb ihrer Wortfamilien	syntaktisch: freie Übersetzung; lexikalisch wörtliche oder freie Übersetzung
RS 5: Perspektivenwechsel	
(A) Umkehr von Affirmation und Negation der Ausgangseinheit (B) Tausch von Objekt- und Subjektfunktion der Basis-Komponente	syntaktisch: freie Übersetzung; lexikalisch: i.d.R. freie Übersetzung
Kompensationsstrategien (KS) Ersetzung der Kollokation durch eine freie Wortverbindung bzw. durch ein Einzellexem der Zielsprache	
Ausführung	Übersetzungsverfahren
KS 1: Substitution durch Reproduktion	
(A) Die syntaktische Struktur und lexikalische Gestalt der Ausgangseinheit werden in der Zielsprache nachgebildet; Ergebnis ist eine freie Wortverbindung.	syntaktisch und lexikalisch wörtliche Übersetzung.
(B) Die syntaktische Struktur der Ausgangseinheit werden in der Zielsprache nachgebildet, die lexikalische Gestalt wird umgewandelt; Ergebnis ist eine freie Wortverbindung.	syntaktisch und lexikalisch freie Übersetzung
KS 2: Substitution durch Extension	
Addition zweier zielsprachiger Wortkombinationen mit unterschiedlicher "Basis"-Komponente; Ergebnis ist eine freie Wortverbindung.	syntaktisch und lexikalisch freie Übersetzung
KS 3: Substitution durch Reduktion	
Die syntaktische und lexikalische Struktur der Ausgangseinheit wird vereinfacht; Ergebnis ist eine freie Wortverbindung oder ein Einzellexem.	syntaktisch und lexikalisch freie Übersetzung
KS 4: Substitution durch Konzentration	
Die syntaktische und lexikalische Struktur der Ausgangseinheit wird verdichtet; Ergebnis ist ein Einzellexem.	syntaktisch und lexikalisch wörtliche freie Übersetzung

Tabelle (10.8): Strategien für die Her-Übersetzung von Kollokationen

Die nachstehende Darstellung der Vorgehensweise für die Her-Übersetzung von Kollokationen schließt die Anwendung der Übersetzungsstrategien und das Verifizierungsverfahren ein. Die Vorgehensweise gilt in erster Linie für regulär gebildete Kollokationen, nicht für nach dem Kollokationsmuster gebildete *intendierte* expressiv-gebrauchsauffällige Wortkombinationen im Ausgangstext.

Die Anwendung der Strategien in der Her-Übersetzung von Kollokationen:

Abbildung (10.8): Anwendung der Strategien in der Her-Übersetzung von Kollokationen

Das dokumentierte Peer-Proofreading: Als zusätzliche letzte aktive Methode zum Ausbau der Kollokationskompetenz in der Her-Übersetzung, die sich in das Kooperative Übersetzen integrieren lässt, wird das dokumentierte *Peer-Proofreading* von Übersetzungen vorgeschlagen.[189] Hergeleitet aus der vor allem in der Sprachdidaktik

189 Außerhalb des Übersetzungskontextes wird das Peer Proofreading u.a. von der *Edinburgh University Students' Association EUSA* als eine Art Textkorrekturservice für nicht-englischsprachige Studierende angeboten (vgl. www22).

angewandten Methode des *Peer-Feedback* werden beim Peer-Proofreading die in den Kleingruppen angefertigten Übersetzungen vor der Nachbesprechung mit dem Lehrenden gegenseitig begründet lektoriert. Darin ist eine weitere Übung des Recherchierens von zielsprachigen Kollokationen, der Verifizierung von Wortkombinationen in den Zieltexten und der Anwendung von Regel- und Kompensationsstrategien zu sehen. Die Rolle des Lehrenden besteht dabei im Wesentlichen in der Begleitung des Lektorats- und erneut des Verifizierungsprozesses.

Der Ausbau der Kollokationskompetenz: Zusammenfassend bleibt festzuhalten, dass in der gemeinsamen Anfertigung einer Übersetzung in der Kleingruppe nicht nur das Problembewusstsein, sondern auch die Sprach- und Übersetzungsbewusstheit geschult werden. Ermöglicht wird dies in erster Linie durch die intensive Auseinandersetzung mit den Ausgangs- und Zieltexten und ihrer Einheiten und durch den vom Lehrenden moderierten Austausch mit den Kommilitonen. Wird die Übersetzung von Kollokationen explizit als Teilaspekt in den Gruppenarbeitsprozessen berücksichtigt, kann der Übersetzer beim Kooperativen Übersetzen auch für die Funktion und die Wirkung des gebundenen Wortgebrauchs im Text und für den Umgang mit der Kollokation sensibilisiert werden. Über die durch den Lehrenden angeleitete Anwendung der aktiven Methoden wird das kontrastive Kollokationswissen vertieft und die Kollokationsbewusstheit gestärkt. In der Konsequenz kann sich eine übersetzungsbezogene Kollokationskompetenz entwickeln.

10.6 Zusammenfassung des Ergebnistransfers

Ausgangspunkt für den Transfer der zentralen Ergebnisse aus der Untersuchung syntagmatischer Übersetzungseinheiten war die Feststellung, dass sich die vorempirischen Beobachtungen zur Her-Übersetzung von Kollokationen in den durchgeführten Studien im Wesentlichen bestätigt haben: Erstens entsprechen den Kollokationen des fremdsprachigen Ausgangstextes nicht regelhaft äquivalente Kollokationen in den Zieltexten; zweitens kommt es bei der Her-Übersetzung von Kollokationen u.a. zu wortkombinatorischen Auffälligkeiten; drittens zeigen sich in der Her-Übersetzung von Kollokationen bestimmte Regelmäßigkeiten, die nicht ausschließlich an die Leistung des Individuums gekoppelt sein können.

Auf der Grundlage der Ergebnisse der statistischen Auswertung und deskriptiven Analyse der Übersetzungseinheiten wurden zum einen Regelstrategien für die Her-Übersetzung von Kollokationen skizziert und die Möglichkeiten und Bedingungen ihrer Anwendung beschrieben. Zum anderen wurden bestimmte strukturelle und lexikalisch-semantische Übersetzungsmuster, die sich in den syntagmatischen Übersetzungseinheiten gezeigt haben, für die Herleitung von Kompensationsstrategien genutzt.

Allerdings können nicht nur die aus den Ergebnissen der empirischen Untersuchung hergeleiteten Übersetzungsstrategien zu einem kontrollierten und effizienteren Umgang mit Kollokationen in der Her-Übersetzung beitragen. Wie in Kapitel

10.5.2 dargelegt, können auch die für die Untersuchung aufgestellte erweiterte Kombinationstypologie, das entworfene Verifizierungsverfahren von Kombinationen der Ausgangs- und Zieltexte sowie das in den durchgeführten Studien genutzte Verfahren zur Bestimmung der Kollokationsstärke in vereinfachter Form in der Lehre und Praxis der Her-Übersetzung genutzt werden.

Die für die Anwendung der Strategien und Nutzung der Bestimmungs- und Verifizierungserfahren erforderliche Wissensgrundlage wurde dargelegt und Methoden für den passiven und vor allem aktiven Ausbau der Kollokationskompetenz wurden vorgestellt. Es wurde gezeigt, dass vor allem die Lehr-/Lernumgebung des Kooperativen Übersetzens geeignet ist, um den angehenden Übersetzer zum einen für die Funktion und die Wirkung des gebundenen Wortgebrauchs im Text und für den Umgang mit der Kollokation zu sensibilisieren. Zum anderen kann er in angeleiteten Gruppenübersetzungsprozessen an die Anwendung der entworfenen Übersetzungsstrategien und der Methoden zum Ausbau seiner übersetzungsbezogenen Kollokationskompetenz herangeführt werden.

11 Abschließende Betrachtung

Ausgehend von Beobachtungen aus der Übersetzungslehre und -praxis und anknüpfend an die übergeordnete Fragestellung der Übersetzungswissenschaft wurde die Kollokation in der Her-Übersetzung angehender Übersetzer untersucht. Dabei wurde die Kollokation als Einheit des gebundenen Wortgebrauchs einerseits und als Übersetzungseinheit andererseits betrachtet. Zentral waren zum einen die Fragen, was beim Übersetzen und durch das Übersetzen mit der Kollokation eines fremdsprachigen Ausgangstextes geschieht und inwiefern dies im Zusammenhang mit den Eigenschaften der Kollokation als Übersetzungseinheit steht. Zum anderen war vorempirisch beobachtet worden, dass der angehende Übersetzer im Umgang mit den Einheiten des gebundenen Wortgebrauchs bei der Übersetzung in die Mutter- oder Erstsprache nicht immer handlungssicher ist. Zum Teil waren Wortverbindungen in Zieltexten bemerkt worden, die zwar nach dem syntaktischen Muster einer Kollokation gebildet schienen, sich in ihrer lexikalischen Gestalt jedoch vom normalerweise Gebräuchlichen abhoben. Daher wurde ein zweiter Untersuchungsschwerpunkt festgelegt, bei dem diese Wortkombinationen genauer betrachtet werden sollten. Konkret überprüft werden sollte hierbei zunächst, ob es sich bei diesen Einheiten um Ausnahmen in einzelnen Zieltexten handelt oder ob sie regelmäßig auftreten. Dabei wurde die Frage nach dem Ursprung der wortkombinatorischen Gebrauchsauffälligkeiten nicht direkt in Bezug auf die Leistung des Übersetzers gestellt, sondern in erster Linie auf die Eigenschaften der Kollokation als Übersetzungseinheit bezogen. Bei der Untersuchung der Kollokation in der Her-Übersetzung war es ebenfalls von Interesse, zu bestimmen, welche Bedeutung dabei den ausgewählten Ausgangssprachen einerseits (Englisch, Französisch und Spanisch) und der Übersetzungserfahrung der angehenden Übersetzer andererseits zukommt.

Die theoretischen Grundlagen für die Bearbeitung der Fragestellung wurden im ersten Teil der Arbeit dargelegt (Kapitel 2 bis 5). So wurde zunächst die Her-Übersetzung aus der Übersetzungspraxis und aus den Ergebnissen der empirischen Übersetzungswissenschaft heraus als zwischensprachliche und interkulturelle Handlung definiert, die sich in einem dreiphasigen Prozess vollzieht: Der Rezeption des in der Fremdsprache des Übersetzers verfassten Ausgangstextes, dem Transfer der sprachlichen und kulturellen Informationen in die Muttersprache des Übersetzers, und der Produktion des Zieltextes. Die Übergänge zwischen den Phasen wurden als durchlässig beschrieben, entsprechend den Rückgriffen des Übersetzers von der Produktion auf den Transfer und die Rezeption. Es wurde aufgezeigt, dass auf die Abläufe und Ergebnisse des Übersetzungsprozesses einerseits externe Faktoren einwirken, zu denen die inhaltliche und formale Beschaffenheit des Ausgangstextes sowie dessen Sender- und Empfängerpragmatik, und auch die Vorgaben des Übersetzungsauftrags und damit verbunden das Profil des Zieltextempfängers zu zählen sind. Entscheidend für die Abläufe des Übersetzungsprozesses und sein Ergebnis ist andererseits der Übersetzer selbst. Daher wurde die Übersetzungskompetenz aus der Übersetzungspraxis und -lehre heraus als eine übergeordnete Fertigkeit definiert, die den Übersetzungsprozess in allen Phasen überdacht und die sich als Rezeptionskompetenz, Transferkompetenz und Produktionskompetenz konkretisiert.

Der Untersuchung wurden zudem Beobachtungen und Erkenntnisse der empirischen Übersetzungswissenschaft zugrunde gelegt, die auf eine Segmentierung des Ausgangstextes in der Rezeptionsphase im Hinblick auf die Produktion des Zieltextes schließen lassen. In diesem Zusammenhang wurde der Begriff der Übersetzungseinheit diskutiert, die teils als Element des Ausgangstextes, teils als Element des Zieltextes, teils als formale, teils als inhaltliche Einheit oder auch als kognitive Größe angesehen wird. Für die folgende Arbeit wurde davon ausgegangen, dass beim professionellen Übersetzen der Text stets als Ganzes betrachtet wird, und dass sich Rezeption, Transfer und Produktion auf der operativen Ebene in über- und untergeordneten Segmenten unterschiedlicher Länge vollziehen.

Als derartige untergeordnete Segmente können u.a. die Einheiten des gebundenen Wortgebrauchs und damit die Kollokationen betrachtet werden. Diese kommen als normtypische Elemente des Wortschatzes einer Sprachgemeinschaft nicht nur in nahezu allen Texten der allgemeinen und fachspezifischen Kommunikation vor. Sie sind zudem einzelsprach- und kulturabhängig und daher von besonderem Interesse für die Übersetzung. Die Nachzeichnung der Herausbildung von Forschungsansätzen zur Erfassung und Beschreibung der Kollokation hat gezeigt, dass die Kollokation in der Regel auf eine rekurrente Verbindung zweier Wörter zu einer syntaktisch-semantischen Einheit eingegrenzt wird: Wortzweierkombinationen stehen sowohl im Zentrum der dargestellten Anfängen der Kollokationsforschung im britischen Kontextualismus als auch in ähnlichen Konzepten aus der Semantik, die ebenfalls das wiederholt gemeinsame Auftreten bestimmter Wörter im Verbund mit bestimmten anderen Wörtern beleuchten. Auch phraseologiegeleitete Kollokationsbegriffe und die zumeist darauf gründenden Ergebnisse der anwendungsbezogenen Kollokationsforschung wurden vorgestellt. In dieser stellt die einzelsprachliche Gebundenheit der Kollokation in der Regel den Ausgangspunkt für die Arbeiten dar und häufig steht die Frage im Vordergrund, wie Kollokationen dem Fremdsprachennutzer bzw. -lerner vermittelt, wie sie für ihn aufbereitet und ihm zugänglich gemacht werden können. In Kapitel 3 wurde ersichtlich, dass dabei über die frühen Arbeiten von H. E. Palmer (1933) hinaus, auf den die Kollokationsforschung häufig zurückgeführt wird, in der fremdsprachendidaktischen und -lexikographischen Kollokationsforschung vor allem die Beiträge von M. Benson (1985a f.) und von F. J. Hausmann (1979ff.) grundlegend für zahlreiche weitere Untersuchungen sind.

Aus der in Kapitel 4.1 erfolgten Darstellung der bisherigen übersetzungsbezogenen Kollokationsforschung ging hervor, dass die Kollokation als sprachliche Problemgröße vor allem bei der Produktion des fremdsprachigen Zieltextes in der Hin-Übersetzung angesehen wird. Ausschließlich auf die Kategorie der Kollokationen begrenzte übersetzungswissenschaftliche Untersuchungen sind in der Regel empirisch angelegt und befassen sich etwa mit der übersetzungsgerechten lexikographischen Aufbereitung syntagmatischer Daten, mit der Relevanz und dem Aufbau des fremdsprachigen Kollokationswissens, mit Kollokationsfeldern oder mit der Kollokation als Lese- und Übersetzungsgröße. In vielen dieser Arbeiten wird die Kollokation als Rezeptions- und als Produktionseinheit des Übersetzens gehandelt. Dabei ist der von Hausmann geprägte Kollokationsbegriff grundlegend. Die Kollokation gilt in den übersetzungswissenschaftlichen Arbeiten entsprechend als Gefüge von zwei zumeist lexikalischen Komponenten, Basis und Kollokator, die in einem syntaktisch und semantisch hierarchisch geordnetem Verhältnis zueinander stehen, das "die Bedingungen beim Übersetzen abbildet" (Kornelius/Holderbaum 2001). Auf den Ergebnissen der übersetzungswissenschaftlichen Untersuchungen aufbauend wurde auch in dieser Arbeit die von Hausmann begründete hierarchische Beziehung der Kollokationskomponenten aus zwei Gründen als zentral angesehen: Erstens wird die Kollokation mit der von Hausmann etablierten Kollokationssyntax aus Basis und Kollokator und deren hierarchischer Ordnung für den Übersetzer greifbarer. Dadurch kann der Übersetzer nicht nur die Vielfalt der Einheiten des gebundenen Wortgebrauchs souveräner handhaben, sondern auch kontrollierter mit den Einschränkungen der Kollokationsbildung umgehen. Zweitens kann die Basis-Kollokator-Struktur als Grundgerüst für die "Übersetzungseinheit Kollokation" angesehen werden: Über die von Hausmann aufgestellte Kollokationstypologie wurde erklärt, weshalb und wie sich aus dem Zusammenspiel der Wortarten der Kollokationskomponenten der syntaktische und semantische Kern der Kollokation in Form ihrer Basis-Komponente bestimmen lässt. Dabei wurde die Kollokation als Einheit zweier *Komponenten* verstanden, nicht zwingendermaßen und im herkömmlichen Sinne als Verbindung zweier *Wörter*; zwar handelt es sich bei der großen Mehrzahl der Kollokationen gleich welcher Sprache um Wortzweierverbindungen, doch berücksichtigt man etwa die mit den jüngeren Beiträgen Hausmanns aufgekommene und in Kapitel 3.2.1 dargestellte Gruppe der teilidiomatischen Kollokationen, wird ersichtlich, dass die Basis-Komponente in der Regel aus nur einem Lexem besteht, die Kollokator-Komponente jedoch ein Konstrukt aus mehreren Wörtern sein kann. Auf dieser Grundlage wurde in der für diese Arbeit erweiterten Kollokationstypologie erstens die Basis der Kollokation mit der begrenzten Zahl an Formen, die sie annehmen kann, als Ausgangspunkt für die Rezeption und die Produktion der Einheit in der Übersetzung fokussiert. Zweitens wurde der Kollokator-Begriff im Hinblick auf das Übersetzen ausgedehnt; die von Hausmann herausgearbeiteten grundlegenden Kollokationstypen wurden um bestimmte Wortkombinationen mit Kollokationssyntax ergänzt, die mit den Präpositionen u.a. auch sprachliche Elemente enthalten, denen primär grammatische Bedeutung zugeschrieben wird.

Des Weiteren wurde in Kapitel 4 der Begriff der "Kollokationsstärke" herausgearbeitet, die einen Aspekt der syntaktisch-semantischen Bindung zwischen den beiden Kollokationskomponenten beschreibt und dem Übersetzer neben der Kollokationssyntax weitere Orientierung bietet. Anhaltspunkte für die Bestimmung der Stärke einer Kollokation bieten die Kombinationsspektren von Basis und Kollokator und, wie in Kapitel 6ff. gezeigt, die Erfassung der Kollokation in Nachschlagewerken sowie die Frequenz und die Qualität ihres Vorkommens in Textkorpora. Den theoretischen ersten Teil der Arbeit abschließend wurde die Übersetzungseinheit Kollokation als ein aus zwei Einheiten zusammengesetztes Ganzes konzipiert: der fremdsprachigen Ausgangseinheit in Form einer Kollokation und der wie auch immer gestalteten Einheit im muttersprachlichen Zieltext. Dieses Verständnis der Übersetzungseinheit entspricht der Praxis des Übersetzens von gebundenem Wortgebrauch, mit dessen Einheiten der Übersetzer über Ausgangs- und Zieltext hinweg arbeitet.

Auf diesen Grundlagen aufbauend wurde in Kapitel 6 eine empirische Untersuchung der Kollokation in der Her-Übersetzung entworfen und eine Methode zur Analyse syntagmatischer Übersetzungseinheiten hergeleitet. Bei dieser handelt es sich um ein am Übersetzungprodukt orientiertes Analyseverfahren, das in bestimmtem Maße Rückschlüsse auf die Prozesse der Her-Übersetzung aus der Fremd- in die Muttersprache zulässt. Über die quantitative und qualitative Untersuchung von Übersetzungseinheiten in zwei Lernerkorpora sollten bestimmte Tendenzen, Gemeinsamkeiten und Unterschiede beim Übersetzen von Kollokationen aus der Fremd- in die Muttersprache aufgezeigt werden. Dabei sollten auch die aus den theoretischen Vorüberlegungen hervorgegangenen Annahmen zum Zusammenhang zwischen der Stärke der Kollokation und ihrer Verfügbarkeit beim Übersetzen und zur Übersetzungseinheit Kollokation überprüft werden. Verbunden damit war die Frage, ob die Kollokation im Übersetzungsprozess vom Übersetzer bei der Rezeption des fremdsprachigen Ausgangstextes innerhalb eines bestimmten Kontextes als syntaktisch-semantisches Ganzes wahrgenommen wird und ob sich dies in erkennbarer Weise im Zieltext widerspiegelt. Jene freien Wortverbindungen unter den Zieleinheiten, die sich belegbar als syntagmatisch auffällig herausgestellt hatten, wurden als zielsprachige Wortkombinationen definiert, die von den Normen des gebundenen Wortgebrauchs abweichen und vom Empfänger des Zieltextes als normuntypische Formulierung wahrgenommen werden können.

Über die statistische Auswertung der erhobenen syntagmatischen Daten in den Kapiteln 7, 8 und 9 konnte erstens aufzeigt werden, dass Kollokationen fremdsprachiger Ausgangstexte tatsächlich nicht nur mit Kollokationen in die muttersprachlichen Zieltexte übertragen werden. Zweitens hat sich herausgestellt, dass es sich bei der Übertragung ausgangssprachiger Kollokationen mit gebrauchsauffälligen freien Wortverbindungen um ein Phänomen handelt, das in der Her-Übersetzung unabhängig von der Gruppe und vom Erfahrungsstand der Übersetzer, sowie unabhängig von der Ausgangssprache auftritt.[190]

Die ergänzende deskriptive Analyse der Übersetzungseinheiten hat in der Summe zu neuen Erkenntnissen in der Her-Übersetzung von Kollokationen geführt, die zusammen mit den zentralen Ergebnissen aus der statistischen Auswertung im dritten Teil der Arbeit auf die Übersetzungspraxis übertragen wurden. So wurde übergeordnet

190 So entsprechen etwa der in der ersten Studie erhobenen spanischen Substantiv-Verb-Kollokation "debate + celebrar" insgesamt elf Zieleinheiten, darunter die Kollokation "Debatte + führen", die freie Wortverbindung "Debatte + stattfinden", das Einzellexem "debattieren" und die gebrauchsauffällige Kombination "Debatte + feiern" (vgl. Kapitel 7).

festgestellt, dass es bestimmte regelmäßige Formen der Her-Übersetzung von Kollokationen gibt, die sich nicht allein über die individuelle Leistung der angehenden Übersetzer erklären lassen. Zurückgeführt werden können sie vielmehr auf die kollokationstypische Basis-Kollokator-Struktur, auf die formale Ähnlichkeit zwischen ausgangs- und bedeutungsäquivalenter zielsprachiger Kollokation, auf die Stärke der syntaktischen und lexikalisch-semantischen Bindung zwischen den Kollokationskomponenten sowie auf die kognitive Verfügbarkeit der Kollokation in der Fremd- und in der Muttersprache des Übersetzers: Erstens lassen der Wortlaut und die Syntax der Zieleinheiten erkennen, dass die grundlegende Basis-Kollokator-Struktur der Kollokation in der Her-Übersetzung gefestigt ist. Je eindeutiger zweitens die syntaktische und lexikalische Ähnlichkeit zwischen der fremdsprachigen Kollokation und der äquivalenten Kollokation der Muttersprache ausfällt, desto wahrscheinlicher ist es, dass der Übersetzer sich für dieses Äquivalent entscheidet. Umgekehrt kommt es umso häufiger zu gebrauchsauffälligen Übersetzungen, je unterschiedlicher die Formen der ausgangssprachigen Kollokation und der zu ihr bedeutungsäquivalenten Kollokation in der Zielsprache sind. Je stärker drittens die ausgangssprachige Kollokation, desto eher wird sie mit einer Kollokation in den Zieltext übertragen und desto seltener kommt es bei der Übersetzung an dieser Stelle des Textes zu einer Gebrauchsauffälligkeit. Insgesamt lassen die Ergebnisse in diesem Bereich viertens darauf schließen, dass Kollokationen eines niedrigen Stärkegrades im Übersetzungsprozess nicht in gleicher Weise verfügbar sind wie Kollokationen, zwischen deren Komponenten eine starke Bindung besteht. Die Unsicherheit des Übersetzers im Umgang mit Kollokationen in der Her-Übersetzung ist im Wesentlichen im Bereich der Kollokationen eines niedrigen bis mittleren Stärkegrades beobachtbar, die in den meisten für die Übersetzungspraxis relevanten Texten einen größeren Anteil ausmachen als die starken Kollokationen.

Zudem haben sich in der deskriptiven Analyse bestimmte Übersetzungsmuster in der Her-Übersetzung von Kollokationen abgezeichnet. Werden diese bewusst angewandt, können sie den Übersetzungsprozess methodisch unterstützen. Auf den über die empirische Untersuchung gewonnenen Erkenntnissen aufbauend wurden diese Übersetzungsmuster daher in Kapitel 10 operationalisiert und spezifische Strategien für die Her-Übersetzung von Kollokationen hergeleitet. Die so genannten Regelstrategien orientieren sich dabei an der Stärke und der syntaktischen Struktur der ausgangssprachigen Kollokation, die je nach Kollokationstyp bei der Übertragung in die Zielsprache beibehalten kann oder aufgelöst werden sollte. Auch der Wortarten- und Perspektivenwechsel wurde als zielführende Regelstrategie herausgestellt. Die kreativen Übersetzungsverfahren, die sich darüber hinaus in der deskriptiven Analyse der Übersetzungseinheiten hervorgetan haben, wurden für die Formulierung von Kompensationsstrategien zur Vermeidung von gebrauchsauffälligen Übersetzungen genutzt. Diese können vor allem in Übersetzungssituationen, in denen der Zugang zu Hilfsmitteln beschränkt ist oder in denen unter großem Zeitdruck gearbeitet werden muss, angewandt werden. Zu ihnen zählen mehrere Formen der Ersetzung des kollokativen zielsprachigen Äquivalents der Ausgangskollokation durch eine unauffällige freie Wortverbindung oder ein Einzellexem. Dargelegt wurde auch die für eine sinnvolle Anwendung der Übersetzungsstrategien notwendige Wissensgrundlage im Sinne eines Verständnisses für die Abläufe des Übersetzungsprozesses in Phasen einerseits und für die Phänomene des gebundenen Wortgebrauchs andererseits, wobei auf die Forschungserträge aus dem ersten Teil der Arbeit zurückgegriffen wurde. Anknüpfend an das Konzept der Übersetzungskompetenz als übergeordneter Fertigkeit wurde die Kollokationskompetenz des Übersetzers als eine Teilkompetenz definiert. Diese ergibt sich aus der Kollokationsbewusstheit und dem kontrastiven Kollokationswissen. Methoden für den passiven und vor allem den aktiven Ausbau dieser Kompetenz wurden aufgezeigt bzw. skizziert. Deren Anwendung wurde zusammen mit den für die empirische Untersuchung entworfenen Typologien und Verfahren zur Verifizierung und Klassifizierung von Kombinationen des freien und des gebundenen Wortgebrauchs in der Ausgangs- und in der Zielsprache in das Lehr-/Lernszenario des bereits erfolgreich erprobten Kooperativen Übersetzens (Orbán 2008) eingefügt. In welchem Maße sich durch die Einbindung der herausgearbeiteten Strategien und Methoden in die Übersetzungslehre die übersetzungsbezogene Kollokationsbewusstheit und das Kollokationswissen in der Muttersprache systematisch schulen lassen, wird in zukünftigen Untersuchungen zu überprüfen sein.

Gleichermaßen sollten die Untersuchungsergebnisse in weiteren Studien verglichen werden mit Ergebnissen der Analyse syntagmatischer Einheiten in muttersprachlichen Texten, die der angehende Übersetzer außerhalb des Übersetzungskontextes verfasst. Darauf aufbauend könnten durch eine umfassende Untersuchung und Nachzeichnung von Spracherwerbsprozessen in der Muttersprache mögliche Zusammenhänge zwischen den beobachteten Unsicherheiten bei der muttersprachlichen Produktion von Kollokationen und der allgemeinen Sprachkompetenz des Übersetzers untersucht werden. Dies wäre ebenso von wissenschaftlichem Interesse wie eine empirische Untersuchung eines möglichen Zusammenhangs zwischen der Kollokationsstärke, dem *collocational range* und der Abrufbarkeit der Kollokation im mentalen Lexikon des Übersetzers, von welchem über die qualitative Analyse der syntagmatischen Übersetzungseinheiten ein erster Eindruck gewonnen werden konnte.

Weitere Einblicke in die Her-Übersetzung von Kollokationen könnten darüber hinaus Analysen syntagmatischer Übersetzungseinheiten geben, in denen weitere Variablen berücksichtigt werden. So könnte etwa nach erster und zweiter Fremd- bzw. Arbeitssprache des Übersetzers unterschieden werden, und nach gemeinsprachlicher und fachsprachlicher Ausgangskollokation. Möglich wäre zudem die Ausführung eines ähnlichen Untersuchungsdesigns unter Einbeziehung anderer Ausgangssprachen, die syntaktisch und lexikalisch entweder weiter vom Deutschen entfernt oder dem Deutschen ähnlicher sind als die hier analysierten.

Die angesichts der übersetzungspraktischen Relevanz der Übersetzung in die Muttersprache notwendige Änderung der Blickrichtung jedoch wurde hier mit der Untersuchung der Kollokation in der Her-Übersetzung vorgenommen. Es wurde gezeigt, wie syntagmatische Übersetzungseinheiten bestehend aus einer Kollokation des Ausgangstextes und ihrer Entsprechung im Zieltext systematisch analysiert werden können. Die Analyse gründet auf der praxisgeleiteten Darlegung des Übersetzens in Makro- und Mikroeinheiten in einem Prozess aus drei ineinander übergreifenden Phasen, sowie auf einem Kollokationsbegriff, der für den angehenden Übersetzer neu ausgerichtet wurde und die wesentlichen Charakteristika der Kollokation fokussiert: Mit der Normtypik wird der Bezug zur Kollokation als Sprachgebrauchsphänomen hergestellt; das Zusammenspiel der Wortarten und der syntaktisch-semantische Kern lassen den Ausgangspunkt für die Rezeption und (Re-)produktion der Kollokation in der Übersetzung erkennen; der Aspekt der Kollokationsstärke wiederum stellt einen Anhaltspunkt für die Interpretation des Ergebnisses des Verifizierungsprozesses dar. Mit der Grundlegung des übersetzungsbezogenen Kollokationsbewusstseins und -wissens, mit den in der Analyse der Übersetzungseinheiten erprobten Verfahren für die Verifizierung und Klassifizierung von Wortkombinationen und den empirisch gestützten Regel- und Kompensationsstrategien sollten Lernende und Lehrende Orientierung für den Umgang mit den Einheiten des gebundenen Wortgebrauchs in der Her-Übersetzung finden können. So sollte der angehende Übersetzer letztlich nicht nur die von ihm nicht beabsichtigten wortkombinatorisch auffälligen Einheiten in seinem Produkt vermeiden, sondern insgesamt souveräner und effizienter mit normtypischen Einheiten über Ausgangs- und Zieltext hinweg arbeiten können.

12 Verzeichnisse

12.1 Literaturverzeichnis

12.1.1 Literatur in Printform

ABEL, Andrea/ZANIN, Renata (Hgg.) (2011): *Korpora in Lehre und Forschung*. Bozen: University Press.

ALBERT, Ruth/KOSTER, Cor J. (2002): *Empirie in Linguistik und Sprachlehrforschung: ein methodologisches Arbeitsbuch*. Tübingen: Narr.

ALBRECHT, Jörn (1973): *Linguistik und Übersetzung*. Tübingen: Niemeyer.

ALBRECHT, Jörn (1990): "Invarianz, Äquivalenz, Adäquatheit", in ARNTZ, R./THOME, G. (Hgg.). 71-81.

ALBRECHT, Jörn (1991): "Syntagmatik im Wörterbuch" in FORSTNER, M. (Hg.). 305-323.

ALBRECHT, Jörn (2000^2): *Europäischer Strukturalismus*. Tübingen: Narr.

ALBRECHT, Jörn (2005): *Übersetzung und Linguistik*. Tübingen: Narr.

ALBRECHT, Jörn/GERZYMISCH-ARBOGAST, Heidrun/ROTHFUSS-BASTIAN, Dorothee (Hgg.) (2004): *Übersetzung – Translation – Traduction. Neue Forschungsfragen in der Diskussion. Festschrift für Werner Koller*. Tübingen: Narr.

ALONSO RAMOS, Margarita (2006): "Entón, ¿é unha colocación ou non? Análise contrastiva das colocacións" in *Cadernos de Fraseoloxía Galega (8)*. 29-43.

ALONSO RAMOS, Margarita (2010): "No importa si la llamas o no colocación, descríbela" in MELLADO, C./BUJÁN, P./HERRERO, C./IGLESIAS, N./MANSILLA, A. (Hgg.). 55-80.

ANDERMAN, Gunilla/ROGERS, Margaret (Hgg.) (2008): *Incorporating Corpora. The Linguist and the Translator*. Clevedon et al.: Multilingual Matters. 49- 59.

ANGELONE, Erik (2007): *The Conceptualization and Integration of an E-Collocation Trainer. Methods of Empirical, Translation-Based Collocation Research*. Trier: Wissenschaftlicher Verlag Trier.

ANGELONE, Erik/CONNELLY, Martha (2007): "E-COR (Electronic Collocation Organization and Retrieval) as a CAT-Tool: A Computer-based Approach for Fostering English L2 Collocational Competence" in BRENNER, K./HOLDERBAUM, A. (Hgg.). 27-38.

APRESJAN, J./MEL'ČUK, I./ŽOLKOVSKIJ, A. (1969): "Semantics and Lexicography: Towards a New Type of Unilingual Dictionary." in KIEFER, F. (Hg.). 1-33.

ARNTZ, Reiner/THOME, Gisela (Hgg.) (1990): *Übersetzungswissenschaft. Ergebnisse und Perspektiven. Festschrift für Wolfram Wilss zum 65. Geburtstag*. Tübingen: Narr.

AUSTERMÜHL, Frank/KORNELIUS, Joachim (Hgg.) (2008): *Learning Theories and Practice in Translation Studies*. Trier: Wissenschaftlicher Verlag Trier.

BAHNS, Jens (1993): "Kollokation kontra Kontext" in *Praxis des neusprachlichen Unterrichts (40)*. 30-37.

BAHNS, Jens (1996): *Kollokationen als lexikographisches Problem*. Tübingen: Niemeyer.

BAHNS, Jens (1997): *Kollokationen und Wortschatzarbeit im Englischunterricht*. Tübingen: Narr.

BAHNS, Jens/SIBILIS, Ulrich (1992): "Kollokationslernen durch Lektüre" in *Neusprachliche Mitteilungen (45)*. 158-163.

BAKER, Mona (1993): "Corpus Linguistics and translation studies: Implications and applications" in BAKER, M./FRANCIS, G./TOGNINI-BONELLI, E. (Hgg.). 233-250.

BAKER, Mona (Hg.) (1998): *Routledge Encyclopedia of Translation Studies*. London/ New York: Routledge.

BAKER, Mona/FRANCIS, Gill/TOGNINI-BONELLI, Elena (Hgg.) (1993): *Text and Technology: In Honour of John Sinclair*. Amsterdam/Philadelphia: John Benjamins.

BAKER, Mona/SALDANHA, Gabriela (Hgg.) (2009): *Routledge Encyclopedia of Translation Studies, 2nd edition*. London/New York: Routledge.

BALLY, Charles (1909): *Traité de stylistique française*. Heidelberg: Winter.

BARNBROOK, Geoff/MASON, Oliver/KRISHNAMURTHY, Ramesh (2013): *Collocation. Applications and Implications*. Basingstoke et al.: Palgrave Macmillan.

BARRERA-VIDAL, Albert/KÜHLWEIN, Wolfgang (1975): *Angewandte Linguistik im Fremdsprachenunterricht*. Dortmund: Lensing.

BARTSCH, Renate (1987^2 [1985]): *Sprachnormen: Theorie und Praxis*. Tübingen: Niemeyer.

BAZELL, C. E./CATFORD, J.C./HALLIDAY, M. A. K./ROBINS, R. H. (Hgg.) (1966): *In Memory of J.R. Firth*. London et al.: Longmans.

BEEBY LONSDALE, Allison (1996): *Teaching Translation from Spanish to English: Worlds beyond Words*. Ottawa: University of Ottawa.

BEEBY, Allison (2000): "Evaluating the Development of Translation Competence" in SCHÄFFNER, C./ADAB, B. (Hgg.). 185-198.

BELICA, Cyril (1995): *Statistische Kollokationsanalyse und -clustering. Korpuslinguistische Analysemethode*. Mannheim: Institut für Deutsche Sprache.

BELICA, Cyril (2011): "Semantische Nähe als Ähnlichkeit von Kookkurrenzprofilen" in ABEL, A./ZANIN, R. (Hgg.).155-178.

BENSON, Morton (1985a): "Lexical combinability" in FRAWLEY, W./STEINER, R. (Hgg.). 3-15.

BENSON, Morton (1985b): "Collocations and Idioms" in ILSON, R. (Hg.). 61-68.

BENSON, Morton/BENSON, Evelyn/ILSON, Robert (1986): *The BBI Combinatory Dictionary of English: A Guide to Word Combinations*. Amsterdam/Philadelphia: John Benjamins.

BENSON, Morton/BENSON, Evelyn/ILSON, Robert (1989): *Student's Dictionary of Collocations. Mit einem Vorwort von F.J. Hausmann*. Berlin: Cornelsen.

BENSON, Morton/BENSON, Evelyn/ILSON, Robert (1997): *The BBI dictionary of English word combinations.* Amsterdam/Philadelphia: John Benjamins.

BENSON, Morton/BENSON, Evelyn/ILSON, Robert/YOUNG, Richard (1986): *Lexicographic description of English.* Amsterdam et al.: John Benjamins.

BENSON, Morton/BENSON, Evelyn/ILSON, Robert/YOUNG, Richard (1991): *Using the BBI.* Amsterdam/Philadelphia: John Benjamins.

BERGENHOLTZ, Henning/MUGDAN, Joachim (Hgg.) (1985): *Lexikographie und Grammatik.* Tübingen: Niemeyer.

BERGEROVA, Hana (2012): "Emotionswortschatz im Lichte der Kollokationsforschung" in *Brünner Beiträge zur Germanistik und Nordistik (26/2012/1-2).* 67-80.

BERTY, Katrin (2016): "Die "üblichen Verdächtigen"? Muster und Strategien der Her-Übersetzung von Kollokationen" in *T21N – Translation in Transition (2016-03).* Verfügbar unter http://www.t21n.com/homepage/articles/T21N-2016-03-Berty.pdf, zuletzt aufgerufen am 14.04.2017.

BEST, Joanna (2002): "Die Bedeutung der grundsprachlichen Kompetenz in der Übersetzer- und Dolmetscherausbildung" in BEST, J./KALINA, S. (Hgg.). 123-133.

BEST, Joanna/KALINA, Sylvia (Hgg.) (2002): *Übersetzen und Dolmetschen.* Tübingen: Francke.

BEYER, Manfred/DILLER, Hans-Jürgen/KORNELIUS, Joachim/OTTO, Erwin/STRATMANN, Gerd (Hgg.) (1995): *Realities of Translating* (Reihe *Anglistik & Englischunterricht 55/56*). Heidelberg: Winter.

BILIĆ, Viktorija (2014): *Historische amerikanische und deutsche Briefsammlungen. Alltagstexte als Gegenstand des Kooperativen Übersetzens.* Trier: Wissenschaftlicher Verlag Trier.

BLUMENTHAL, Peter/DIWERSY, Sascha/MIELEBACHER, Jörg (2005): "Kombinatorische Wortprofile und Profilkontraste. Berechnungsverfahren und Anwendungen" in *Zeitschrift für Romanische Philologie (Band 121, Heft 1).* 49-83.

BLUMENTHAL, Peter/HAUSMANN, Franz Josef (2006a): "Présentation: collocations, corpus, dictionnaires" in BLUMENTHAL, P./HAUSMANN, F. J. (Hgg.). 3-13.

BLUMENTHAL, Peter/HAUSMANN, Franz Josef (Hgg.) (2006b): *Collocations, corpus, dictionnaires.* (*Langue Française* (150)). Paris: Armand Colin.

BORTZ, Jürgen/SCHUSTER, Christof (2010): *Statistik für Human- und Sozialwissenschaftler.* 7., vollständig überarbeitete und erweiterte Auflage. Berlin/Heidelberg: Springer.

BOSQUE, Ignacio (2004a): "Combinatoria y significación. Algunas reflexiones" in BOSQUE, I. (Dir.). LXXVII-CLXXIII.

BOSQUE, Ignacio (Dir.) (2004b): *REDES. Diccionario combinatorio del español.* Madrid: SM.

BRENNER, Kerstin/HOLDERBAUM, Anja (2007a): "Mach doch mal Licht – Die Produktivität von *machen* als Kollokator im intersprachlichen Vergleich" in BRENNER, K./HOLDERBAUM, A. (Hgg.). 52-71.

BRENNER, Kerstin/HOLDERBAUM, Anja (Hgg.) (2007b): *Gebundener Sprachgebrauch in der Übersetzungswissenschaft – Festschrift für Joachim Kornelius zum 60. Geburtstag.* Trier: Wissenschaftlicher Verlag Trier.

BURGER, Harald (1987): "Normative Aspekte der Phraseologie", in KORHONEN, J. (Hg.). 65-89.

BURGER, Harald (2007^3 [1998]): *Phraseologie. Eine Einführung am Beispiel des Deutschen.* Berlin: E. Schmidt.

BURGER, Harald/BUHOFER, Annelies/SIALM, Ambros (1982): *Handbuch der Phraseologie.* Berlin et al.: de Gruyter.

BURGER, Harald/HÄCKI BUHOFER, Annelies/GRÉCIANO, Gertrud (Hgg.) (2004): *Flut von Texten – Vielfalt der Kulturen. Ascona 2001 zur Methodologie und Kulturspezifik der Phraseologie.* Hohengehren: Schneider.

BURGER, Harald/DOBROVOL'SKIJ, Dimitrij/KÜHN, Peter/NORRICK, Neal (Hgg.) (2007a): *Phraseologie. Ein internationales Handbuch zeitgenössischer Forschung. Vol. 1* (Handbücher zur Sprach- und Kommunikationswissenschaft HSK, Band 28.1). Berlin et al.: de Gruyter.

BURGER, Harald/DOBROVOL'SKIJ, Dimitrij/KÜHN, Peter/NORRICK, Neal (Hgg.) (2007b): *Phraseologie. Ein internationales Handbuch zeitgenössischer Forschung. Vol. 2* (Handbücher zur Sprach- und Kommunikationswissenschaft HSK, Band 28.2). Berlin et al.: de Gruyter.

BUSTOS PLAZA, Alberto (2008): "Relaciones de dependencia sintáctica y semántica en combinaciones verbonominales lexicalizadas" in MELLADO BLANCO, C. (Hg.) (2008). 53-68.

CARO CEDILLO, Ana (2004): *Fachsprachliche Kollokationen: ein übersetzungsorientiertes Datenbankmodell Deutsch-Spanisch.* Tübingen: Narr.

CATFORD, John C. (1965): *A linguistic theory of translation: an essay in applied linguistics.* London et al.: Oxford University Press.

CHERUBIM, Dieter (1980a): "Abweichung und Sprachwandel", in CHERUBIM, D. (Hg.). 124-152.

CHERUBIM, Dieter (Hg.) (1980b): *Fehlerlinguistik.* Tübingen: Niemeyer.

CHESTERMAN, Andrew (1993): "From 'Is' to 'Ought': Laws, Norms and Strategies in Translation Studies" in *Target (Band 5, Heft 1).* Amsterdam/Philadelphia: John Benjamins. 1-20.

CHOMSKY, Noam (1965): *Aspects of the Theory of Syntax.* Cambridge, Mass.: MIT Pr.

CORDER, Stephen P. (1967): "The significance of learners' errors" in *IRAL - International Review of Applied Linguistics in Language Teaching (Band 5, Heft 1-4).* 161-170.

CORDER, Stephen P. (1981): *Error Analysis and Interlanguage.* Oxford: Oxford University Press.

CORPAS PASTOR, Gloria (2003): *Diez años de investigación en fraseología: análisis sintáctico-semánticos, contrastivos y traductológicos.* Madrid: Iberoamericana.

COSERIU, Eugenio (1952): "Sistema, norma y habla", Centro Lingüístico de Montevideo 1952, Nachdr. in COSERIU, E.: *Teoría del lenguaje y lingüística general. Cinco Estudios.* Madrid: Gredos.

COSERIU, Eugenio (1967): "Lexikalische Solidaritäten" in *POETICA (Band 1, Heft 1).* 293-303.

COSERIU, Eugenio (1973^3 [1962]): *Teoría del lenguaje y lingüística general. Cinco Estudios.* Madrid: Gredos.

COSERIU, Eugenio (1973^2 [1970]): *Einführung in die strukturelle Betrachtung des Wortschatzes.* Tübingen: Narr.

COSERIU, Eugenio (1988): *Einführung in die allgemeine Sprachwissenschaft.* Tübingen: Francke.

COWIE, Anthony Paul (1978): "The place of illustrative material and collocations in the design of a learner's Dictionary" in STREVENS, P. (Hg.): *In honour of A.S. Hornby.* Oxford: Oxford University Press. 127-139.

COWIE, Anthony Paul (1981): "The treatment of collocations and idioms in learners' dictionaries" in *Applied Linguistics (2).* 223-235.

COWIE, Anthony Paul (2007): "English phraseography" in BURGER, H./DOBROVOL'SKIJ, D./KÜHN, P./NORRICK, N. (Hgg. 2007b). 929-939.

CRUSE, D. Alan/HUNDSNURSCHER, Franz/JOB, Michael/LUTZEIER, Peter (Hgg.) (2002): *Lexikologie. Ein internationales Handbuch zur Natur und Struktur von Wörtern und Wortschätzen. Vol. 1* (Handbücher zur Sprach- und Kommunikationswissenschaft HSK, Band 21.1). Berlin et al.: de Gruyter.

DOMÍNGUEZ BURGOS, Andrés (2000): *Kollokationen in der Fachsprache: kontrastive Untersuchung syntagmatischer Beziehungen anhand der Meaning-Text Theory.* Heidelberg: Univ., Diss.

DORNSEIFF, Franz (1934): *Der deutsche Wortschatz nach Sachgruppen.* Berlin: de Gruyter.

DILLER, Hans-Jürgen/KORNELIUS, Joachim (1978): *Linguistische Probleme der Übersetzung.* Tübingen: Niemeyer.

ELSPASS, Stephan (1998): *Phraseologie in der politischen Rede.* Opladen/Wiesbaden: Westdeutscher Verlag.

ELSPASS, Stephan (2002): "'Alles unter den Tisch gekehrt' – Phraseologische Gebrauchsauffälligkeiten im Urteil von Sprachbenutzern" in HARTMANN, D./WIRRER, J. (Hgg.). 127-160.

EVERT, Stefan (2005a): *The Statistics of Word Occurrences: Word Pairs and Collocations.* Stuttgart: Dokumentenserver der Universität Stuttgart. http://elib.uni-stuttgart.de/opus/volltexte/2005/2371/pdf/Evert2005phd.pdf, zuletzt aufgerufen am 25.03.2014.

EVERT, Stefan (2005b): "The Statistics of Word Occurrences: Word Pairs and Collocations", *Abstract zur Dissertation*. Stuttgart: Dokumentenserver der Universität Stuttgart. http://elib.uni-stuttgart.de/opus/volltexte/2005/2371/, zuletzt aufgerufen am 25.03.2014.

FIRTH, John R. (1957a): *Papers in Linguistics 1934-1951*. London et al.: Oxford University Press.

FIRTH, John R. (1957b): "Modes of Meaning (1951)" in FIRTH, John R. (1957a). 190-215.

FIRTH, John R. (1968a): "Linguistic analysis as a study of meaning (1952/1953)" in PALMER, F. R. (Hg.). 12-26.

FIRTH, John R. (1968b): "A synopsis of linguistic theory (1957)" in PALMER, F. R. (Hg.). 168-205.

FLEISCHER, Wolfgang (1997² [1982]): *Phraseologie der deutschen Gegenwartssprache*. Tübingen: Niemeyer.

FLEISCHMANN, Eberhard/KUTZ, Wladimir/SCHMITT, Peter A. (Hgg.) (1997): *Translationsdidaktik. Grundfragen der Übersetzungswissenschaft*. Tübingen: Narr.

FLEISCHMANN, Eberhard/SCHMITT, Peter A./WOTJAK, Gerd (Hgg.) (2004): *Translationskompetenz*. Tübingen: Stauffenburg.

FLOROS, Georgios (2003): *Kulturelle Konstellationen in Texten: Zur Beschreibung und Übersetzung von Kultur in Texten*. Tübingen: Gunter Narr.

FOKOUA, Magloire Kengne (2009): *Methodische Probleme der Übersetzung unter besonderer Berücksichtigung der Übersetzungsprozeduren*. Hamburg: Kovac.

FORSTNER, Martin (Hg.) (1991): *Festgabe für Hans-Rudolf Singer*. Frankfurt a.M. et al.: Peter Lang.

FRAWLEY, William/STEINER, Roger (Hgg.) (1985): *Advances in Lexicography*. Edmonton, Alberta: Boreal Scholarly Publishers and Distributors Ltd.

FRIEDRICH, Johannes (1924) (Hg.): *Stand und Aufgaben der Sprachwissenschaft. Festschrift für Wilhelm Streitberg*. Heidelberg: Winter.

GALLEGO HERNÁNDEZ, Daniel (2012): "Traducir en tiempos de crisis: estudio comparativo de la traducción francés-español de colocaciones en el lenguaje de los negocios" in *Paremia (Heft 21)*. 151-162

GECKELER, Horst (2002): "Anfänge und Ausbau des Wortfeldgedankens" in CRUSE, D. A./HUNDSNURSCHER, F./JOB, M./LUTZEIER, P. (Hgg.). 713-728.

GERZYMISCH-ARBOGAST, Heidrun (2004): "Dimensionen textnormativer Äquivalenz" in ALBRECHT, J./GERZYMISCH-ARBOGAST, H./ROTHFUSS-BASTIAN, D. (Hgg.). 67-79.

GIACOMINI, Laura (2012): *Un dizionario elettronico delle collocazioni como rete di realizioni lessicali. Studio sul campo semantico della paura*. Frankfurt a.M. et al.: Peter Lang.

GLONING, Thomas (2002): "Ausprägungen der Wortfeldtheorie" in CRUSE, D. A./HUNDSNURSCHER, F./JOB, M./LUTZEIER, P. (Hgg.). 728-737.

GLÜCK, Helmut (Hg.) (2000²): *Metzler Lexikon Sprache.* Stuttgart/Weimar: Metzler.

GOEKE, Dieter/KORNELIUS, Joachim (1984): *Wortfelder aus bemessenen Ordnungen. Ein empirischer Beitrag zur Wortfeldforschung.* Trier: Wissenschaftlicher Verlag Trier.

GONZÁLEZ GRUESO, Fernando D. (2006): "Las colocaciones en la enseñanza del español de los negocios" in *MarcoELE: Revista de didáctica Nr. 2.* 1-39.

GÖPFERICH, Susanne (2004): "Die Fähigkeit zur übersetzungsgerechten Textproduktion als Teil der Translationskompetenz" in FLEISCHMANN, E./SCHMITT, P.A./WOTJAK, G. (Hgg.). 353-376.

GÖTZ-VOTTELER, Katrin/HERBST, Thomas (Hgg.) (2007): *Collocation and Creativity.* Zeitschrift für Anglistik und Amerikanistik – ZAA, 55.3. Berlin et al.: de Gruyter.

GRAUER, Christian (2009): *Lesen, Verstehen und Übersetzen: Kollokationen als Handlungseinheiten des Übersetzens.* Trier: Wissenschaftlicher Verlag Trier.

GRAUER, Christian (2010): "Using the Knowledge of the Crowd: Internet-Based Experiments on Collocation Translation" in *T21N – Translation in Transition (2010-14).* Verfügbar unter http//www.t21n.com/homepage/articles/T21N-2010-14-Grauer.pdf, zuletzt aufgerufen am 13.02.2015.

GREENBAUM, Sidney (1970): *Verb-Intensifier Collocations in English: An Experimental Approach.* The Hague et al.: Mouton.

HALKIOPOULOU, Sirmula (2006): *Syntagmatische Semantik im Kontext der fachsprachlichen Lokalisierung.* Trier: Wissenschaftlicher Verlag Trier.

HALLIDAY, Michael A.K. (1961): "Categories of the theory of grammar" in *Word (17/3).* 241-292.

HANDL, Susanne/GRAF, Eva-Maria (2010): "Collocation, anchoring, and the mental lexicon – an ontogenetic perspective" in SCHMID, H.-J./HANDL, S. (Hgg.): *Cognitive Foundations of Linguistic Usage Patterns. Empirical Studies.* Berlin et al.: de Gruyter. 119-150.

HANSEN, Gyde (2006): *Erfolgreich Übersetzen. Entdecken und Beheben von Störquellen.* Tübingen: Narr.

HANSEN, Silvia (2003): *The Nature of Translated Text: An Interdisciplinary Methodology for the Investigation of the Specific Properties of Translations.* Saarbrücken: DFKI & Saarland University.

HARTMANN, Dietrich/WIRRER, Jan (Hgg.) (2002): *Wer A sägt, muss auch B sägen. Beiträge zur Phraseologie und Sprichwortforschung aus dem Westfälischen Arbeitskreis.* Hohengehren: Schneider.

HAUSMANN, Franz Josef (1979): "Un dictionnaire des collocations – est-il possible?" in *Travaux de linguistique et de literature (XVII, 1).* 187-195.

HAUSMANN, Franz Josef (1984): "Wortschatzlernen ist Kollokationslernen" in *Praxis des neusprachlichen Unterrichts (31).* 395-406.

HAUSMANN, Franz Josef (1985): "Kollokationen im deutschen Wörterbuch – Ein Beitrag zur Theorie des lexikographischen Beispiels" in BERGENHOLTZ, H./ MUGDAN, J. (Hgg.). 118-129.

HAUSMANN, Franz Josef (1989a): "Le dictionnaire de collocations" in HAUSMANN, F.J./REICHMANN, O./WIEGAND, H.E./ZGUSTA, L. (Hgg.). 1010-1017.

HAUSMANN, Franz Josef (1989b): "Vorwort" in BENSON, M./BENSON, E./ILSON, R. 4-15.

HAUSMANN, Franz Josef (1989c): "Was ist und was soll ein Kontextwörterbuch?" in ILGENFRITZ, P./STEPHAN-GABINEL, N./SCHNEIDER, G. 5-9.

HAUSMANN, Franz Josef (2004): "Was sind eigentlich Kollokationen?" in STEYER, K. (Hg.). 309-334.

HAUSMANN, Franz Josef (2007): "Die Kollokationen im Rahmen der Phraseologie – systematische und historische Darstellung" in GÖTZ-VOTTELER, K./ HERBST, T. (Hgg.) (2007). 217-234.

HAUSMANN, Franz Josef (2008): "Kollokationen und darüber hinaus. Einleitung in den thematischen Teil 'Kollokationen in der europäischen Lexikographie und Wörterbuchforschung'" in *Lexicographica. International Annual for Lexicography (24/2008). Thematic Part. Collocations in European lexicography and dictionary research*. 1-8.

HAUSMANN, Franz Josef/REICHMANN, Otto/WIEGAND, Herbert Ernst/ZGUSTA, Ladislav (Hgg.) (1989): *Wörterbücher, Dictionaries, Dictionnaires. Ein internationales Handbuch zur Lexikographie. Vol. 1* (Handbücher zur Sprach- und Kommunikationswissenschaft HSK, Band. 5.1). Berlin et al.: de Gruyter.

HMELO-SILVER, Cindy E./BARROWS, Howard S. (2006): "Goals and Strategies of a Problem-based Learning Facilitator" in *Interdisciplinary Journal of Problem-Based Learning (Band 1, Heft 1)*. 21-39. Verfügbar unter http://dx.doi.org/10.7771/1541-5051.1004, zuletzt aufgerufen am 15.05.2015.

HOLDERBAUM, Anja (1999): *Englische Idiomatiken als Gegenstand einer empirischen Übersetzungsforschung*. Trier: Wissenschaftlicher Verlag Trier.

HOLDERBAUM, Anja (2003): *Kollokationen als Problemgrößen der Sprachmittlung*. Trier: Wissenschaftlicher Verlag Trier.

HOLDERBAUM, Anja; KORNELIUS, Joachim (2001): "Kollokationen als Problemgrößen der Sprachmittlung" in LEHR, A. (Hg.) (2001). 533-545.

HOLMES, James S. (Hg.) (1978): *Literature and Translation: New Perspectives in Literary Studies*. Leuven: Acco.

HOLZINGER, Herbert (2014): "Kollokationen im Deutschen und Spanischen" in MELLADO BLANCO, C. (Hg.). 155-166.

HÖNIG, Hans G./KUSSMAUL, Paul (2003^6 [1982]): *Strategie der Übersetzung. Ein Lehr- und Arbeitsbuch*. Tübingen: Narr.

ILGENFRITZ, Peter/STEPHAN-GABINEL, Nicole/SCHNEIDER, Gertraud: *Langenscheidts Kontextwörterbuch Französisch-Deutsch. Ein neues Wörterbuch zum Schreiben, Lernen, Formulieren.* Berlin/München: Langenscheidt.

ILSON, Robert (Hg.) (1985): *Dictionaries, Lexicography and language learning.* (ELT Documents 120). Oxford et.al.: Pergamon Press.

IPSEN, Gunther (1924): "Der Alte Orient und die Indogermanen" in FRIEDRICH, J. (Hg.). 200-237.

IPSEN, Gunther (1973 [1932]): "Der neue Sprachbegriff" in SCHMIDT, L. (Hg.). 55-77. [Erstmals veröffentlicht in *Zeitschrift für Deutschkunde 46.* 1-18.]

KABATEK, Johannes (ohne Datum): Beitrag "System, Norm und Rede" unter dem Stichwort "Zentrale sprachwissenschaftliche Begriffe" im Coseriu-Archiv der Neuphilologischen Fakultät der Eberhard-Karls-Universität Tübingen. http://www.coseriu.de/, zuletzt aufgerufen am 22.04.2013.

KADE, Otto (1968a): *Zufall und Gesetzmäßigkeit in der Übersetzung. Beihefte zur Zeitschrift Fremdsprachen I.* Leipzig: VEB Verlag Enzyklopädie.

KADE, Otto (1981 [1968b]): "Kommunikationswissenschaftliche Probleme der Translation", in WILSS, W. (Hg.). 199-218. [Erstmals veröffentlicht 1968 in Neubert, A. (Hg.): *Grundfragen der Übersetzungswissenschaft. Beihefte zur Zeitschrift Fremdsprachen II.* Leipzig: VEB Verlag Enzyklopädie. 3-19.]

KELLER, Jörg/LEUNINGER, Helen (2004[2]): *Grammatische Strukturen – Kognitive Prozesse. Ein Arbeitsbuch.* Tübingen: Narr.

KELLER, Nicole (2006): *Neue Wege in der Hilfsmittelkunde der Übersetzungswissenschaft: zur Herleitung webbasierter Terminologiedatenbanken im Kontext von CAT-Systemen.* Trier: Wissenschaftlicher Verlag Trier.

KELLER, Nicole/PRIEN, Michael (2007): "Über die Berücksichtigung von Kollokationen in Terminologiedatenbanken" in BRENNER, K./HOLDERBAUM, A. (Hgg.). 118-141.

KENNY, Dorothy (2001): *Lexis and Creativity in Translation. A corpus-based study.* Manchester: St. Jerome.

KIEFER, Ferenc (Hg.) (1969): *Studies in Syntax and Semantics.* Dordrecht: Reidel.

KIMMES, Anne (2009): *Exploring the lexical organisation of English: semantic fields and their collocational ranges.* Trier: Wissenschaftlicher Verlag Trier.

KIMMES, Anne/KOOPMAN, Hilko (2008): "Collocation Analyzer – Ein elektronisches Wörterbuch" in *AREAS – Annual Report on English and American Studies (35).* Trier: Wissenschaftlicher Verlag Trier. 45-71.

KIMMES, Anne/KORNELIUS, Joachim (2009): "Oftmals trügt der Schein: Bemessungen des collocational range und ihre Bedeutung für die Übersetzungspraxis" *in AREAS – Annual Report on English and American Studies (36).* Trier: Wissenschaftlicher Verlag Trier. 495-518.

KITTEL, H./FRANK, A. P./GREINER, N./HERMANS, T./KOLLER, W./LAMBERT, J./PAUL, F. (Hgg.) (2004): *Übersetzung, Translation, Traduction. Ein internationales Handbuch zur Übersetzungsforschung. Vol. 1* (Handbücher zur

Sprach- und Kommunikationswissenschaft HSK, Band 26.1). Berlin et al.: de Gruyter.

KLEPPIN, Karin (1998): *Fehler und Fehlerkorrektur.* Berlin/München: Langenscheidt.

KLEPPIN, Karin/KÖNIGS, Frank G. (1991): *Der Korrektur auf der Spur – Untersuchungen zum mündlichen Korrekturverhalten von Fremdsprachenlehrern.* Bochum: Brockmeyer.

KOIKE, Kazumi (2001): *Colocaciones léxicas en el español actual: estudio formal y léxico-semántico.* Alcalá de Henares: Universidad de Alcalá de Henares.

KOLLER, Werner (2004[7] [1979]): *Einführung in die Übersetzungswissenschaft.* Wiebelsheim: Quelle und Meyer.

KONECNY, Christine (2010): *Kollokationen. Versuch einer semantisch-begrifflichen Annäherung und Klassifizierung anhand italienischer Beispiele.* München: Martin Meidenbauer Verlagsbuchhandlung.

KORFF, Stephan (2004): *Die Übersetzungseinheit. Ein Überblick über die "Diskussion" eines übersetzungswissenschaftlichen Konzepts.* Trier: Wissenschaftlicher Verlag Trier.

KORFF, Stephan/LEVY, Miriam (2007): "Die Kollokation als Übersetzungseinheit" in BRENNER, K./HOLDERBAUM, A. (Hgg.). 169-190.

KORHONEN, Jarmo (Hg.): *Beiträge zur allgemeinen und germanistischen Phraseologieforschung.* Oulu: Veröffentlichungen des Germanistischen Instituts der Universität Oulu, Finnland.

KORNELIUS, Joachim (1982): "Übersetzungsübungen als Reduktion von Komplexität" in *Neusprachliche Mitteilungen (2).* 88-94.

KORNELIUS, Joachim (1995a): "Vom Printwörterbuch zum elektronischen Kollokationswörterbuch. Theoretische, methodische und praktische Überlegungen zur Erstellung eines Kollokationswörterbuchs" in *Lexicographica. International Annual for Lexicography (11/1995).* 153-171.

KORNELIUS, Joachim (1995b): "Über das Kollokationspotential in einsprachigen Lernerwörterbüchern am Beispiel des *Longman Language Activator* und des *Collins COBUILD English Language Dictionary*. Vom Printwörterbuch zum elektronischen Spezialwörterbuch" in BEYER, M./DILLER, H.-J./KORNELIUS, J./OTTO, E./STRATMANN, G. (Hgg.). 313-327.

KORNELIUS, Joachim (1995c): "Was beim Übersetzen an der Hochschule geschehen sollte" in BEYER, M./DILLER, H.-J./KORNELIUS, J./OTTO, E./STRATMANN, G. (Hgg.). 45-71.

KORNELIUS, Joachim (2004): "Texten und Übersetzen in vernetzten Wissenskonstruktionen" in *AREAS – Annual Report on English and American Studies (27/2).* Trier: Wissenschaftlicher Verlag Trier. 435-454.

KORNELIUS, Joachim (2011): "Vergessen und Übersetzen" in *T21N – translation in Transition (2011-03).* Verfügbar unter http://www.t21n.com/homepage/articles/T21N-2011-03-Kornelius.pdf, zuletzt aufgerufen am 13.02.2015.

KORNELIUS, Joachim/ORBÁN, Wencke (2008): "Kooperatives Übersetzen – Ein Beitrag für eine kommunikationsorientierte Translationsdidaktik" in *AREAS – Annual Report on English and American Studies (34).* Trier: Wissenschaftlicher Verlag Trier. 489-510.

KORNELIUS, Joachim/ORBÁN, Wencke/STUART, John (2010): "Cooperative Translation in the Paradigm of Problem-Based-Learning" in *T21N – Translation in Transition (2010-01).* Verfügbar unter http://t21n.com/homepage/articles/T21N-2010-01-Stewart,Orban,Kornelius.pdf, zuletzt aufgerufen am 15.05.2015.

KRINGS, Hans-Peter (1986): *Was in den Köpfen von Übersetzern vorgeht.* Tübingen: Narr.

KSIĘŻYK, Felicja (2014): "Zur Prüfung des Kollokationsstatus bei juristischen Wortkombinationen" in *Lebende Sprachen, Zeitschrift für interlinguale und interkulturelle Kommunikation (Band 59, Heft 2).* 331-342.

KÜHN, Peter (2007): "Phraseologie des Deutschen: Zur Forschungsgeschichte" in BURGER, H./DOBROVOL'SKIJ, D./KÜHN, P./NORRICK, N. (Hgg. 2007b). 619-644.

KUSSMAUL, Paul (2007): *Verstehen und Übersetzen. Ein Lehr- und Arbeitsbuch.* Tübingen: Narr.

ŁABNO-FALĘCKA, Ewa (1995): *Phraseologie und Übersetzen.* Frankfurt a.M. et al.: Peter Lang.

LARRETA ZULATEGUI, Juan Pablo (2001): *Fraseología contrastiva del alemán y el español. Teoría y práctica a partir de un corpus bilingüe de somatismos.* Frankfurt a.M. et al.: Peter Lang.

LARRETA ZULATEGUI, Juan Pablo (2002): "En torno a la semántica de las colocaciones fraseológicas" in *Estudios de Lingüística (Band 16, Heft 16).* 121-138.

LAUER, Angelika (1996a): "Lautes Denken und Übersetzen. Fehlerlinguistik, die LD-Methode und die Analyse von Übersetzungsfehlern" in LAUER, A. (Hg.). 239-250.

LAUER, Angelika (Hg.) (1996b): *Übersetzungswissenschaft im Umbruch. Festschrift für Wolfram Wilss zum 70. Geburtstag.* Tübingen: Narr.

LAUNER, Rebecca (2008): *Blended Learning im Fremdsprachenunterricht: Konzeption und Evaluation eines Modells.* Dissertation, LMU München: Fakultät für Sprach- und Literaturwissenschaften.

LEBEDEWA, Jekatherina (2007): "Shakespeare übersetzen – Sonett 66. Nachdichtungen russischer und deutscher Dichter im Vergleich" in BRENNER, K./HOLDERBAUM, A. (Hgg.). 191-207.

LEBEDEWA, Jekatherina (2013): "Tabu und Übersetzung" in LEHMANN-CARLI, G. (Hg.). 269-277.

LEHMANN-CARLI, Gabriela (Hg.) (2013): *Empathie und Tabu(bruch) in Kultur, Literatur und Medizin.* Berlin: Frank & Timme.

LEHR, Andrea (1996): *Kollokationen und maschinenlesbare Korpora.* Tübingen: Niemeyer.

LEHR, Andrea (Hg.) (2001): *Sprache im Alltag. Beiträge zu neuen Perspektiven der Linguistik. Herbert Ernst Wiegand zum 65. Geburtstag gewidmet.* Berlin et al.: de Gruyter.

LEISI, Ernst (1985^2 [1973]): *Praxis der englischen Semantik.* Heidelberg: Winter.

LEITNER, Gerhard (Hg.) (1986): *The English Reference Grammar. Language and Linguistics, Writers and Readers.* Tübingen: Niemeyer.

LORENZO, María Pilar (2004): "Conciencia de problemas y calidad de la traducción" in FLEISCHMANN, E./SCHMITT, P.A./WOTJAK, G. (Hgg.). 149-158.

LYONS, John (1991): "Bedeutungstheorien". Aus dem Englischen übersetzt von Arnim von Stechow, in STECHOW, A. von/WUNDERLICH, D. (Hgg.). 1-24.

MACKIN, Ronald (1978): "On collocations: 'Words shall be known by the company they keep'" in STREVENS, P. (Hg.). 149-165.

MALMKJÆR, Kirsten (2008): "Norms and Nature in Translation Studies" in ANDERMAN, G./ROGERS, M. (Hgg.). 49-59.

MEL'CUK, Igor (1984, 1988, 1992): *Dictionnaire explicatif et combinatoire du français contemporain. Recherches lexico-sémantiques I (1984), II (1988), III (1992).* Montréal: Les Presses de l'Université de Montréal.

MELLADO BLANCO, Carmen (2008a): "Introducción: colocaciones y algunas cuestiones teórico-prácticas de fraseografía" in MELLADO BLANCO, C. (Hg.). 7-32.

MELLADO BLANCO, Carmen (Hg.) (2008b): *Colocaciones y fraseología en los diccionarios.* Frankfurt a. M. et al.: Peter Lang.

MELLADO BLANCO, Carmen (Hg.) (2014): *Kontrastive Phraseologie Deutsch-Spanisch. Tübingen*: Stauffenburg.

MELLADO, Carmen/BUJÁN, Patricia/HERREO, Claudia/IGLESIAS, Nely/MANSILLA, Ana (Hgg.) (2010): *La fraseografía del S. XXI. Nuevas propuestas para el español y el alemán.* Berlin: Frank & Timme.

MOGORRÓN HUERTA, Pedro (2008): "Diccionario electrónico multilingüe de construcciones verbales aplicado a la traducción" in MELLADO BLANCO, C. (Hg.). 263-282.

NEUBERT, Albrecht (Hg.) (1968): *Grundfragen der Übersetzungswissenschaft. Beihefte zur Zeitschrift Fremdsprachen II.* Leipzig: VEB Verlag Enzyklopädie.

NEUBERT, Albrecht (2000): "Competence in Language, in Languages and in Translation" in SCHÄFFNER, C./ADAB, B. (Hgg.). 3-18.

NEWMARK, Peter (1988): *A Textbook of Translation.* New York et al.: Prentice-Hall.

NICKEL, Gerhard (1972): *Fehlerkunde: Beiträge zur Fehleranalyse, Fehlerbewertung und Fehlertherapie.* Berlin: Cornelsen-Velhagen & Klasing.

NIDA, Eugene/TABER, Charles (1969): *The Theory and Practice of Translation.* Leiden: Brill.

NORD, Britta (2002): *Hilfsmittel beim Übersetzen. Eine empirische Studie zum Rechercheverhalten professioneller Übersetzer.* Frankfurt a. M. et al.: Peter Lang.

NORD, Britta (2004): "Wer nicht fragt, bleibt dumm - Recherchekompetenz als Teil der Translationskompetenz" in FLEISCHMANN, E./SCHMITT, P.A./WOTJAK, G. (Hgg.) (2004): *Translationskompetenz.* Tübingen: Stauffenburg. 173-181.

NORD, Christiane (2010): *Fertigkeit Übersetzen. Ein Kurs zum Übersetzenlehren und -lernen.* Berlin: BDÜ Fachverlag.

ORBÁN, Wencke (2008): *Über die Entlehnung konstruktivistischer Lerntheorien in die Praxis der Übersetzungswissenschaft: kooperatives Übersetzen als kommunikations- und prozessorientierte Handlungsform des Übersetzers.* Trier: Wissenschaftlicher Verlag Trier.

ORBÁN, Wencke (2010): "Innovative Bewertungsmethoden in einem PBL-basierten Lehr- und Lernkontext – das Übersetzungsprojekt als exemplarischer Fall" in *T21N – Translation in Transition (2010-03).* Verfügbar unter http://www.t21n.com/homepage/articles/T21N-2010-03-Orban.pdf, zuletzt aufgerufen am 15.05.2015.

OSSNER, Jakob (2006): *Sprachdidaktik Deutsch.* Paderborn et al.: Schöningh.

PALM, Christine (1995): *Phraseologie. Eine Einführung.* Tübingen: Narr.

PALMER, Frank R. (1968a): "Introduction" in PALMER, F. R. (Hg.). 1-11.

PALMER, Frank R. (Hg.) (1968b): *Selected Papers of J.R. Firth 1952-59.* London et al.: Longmans.

PALMER, Harold E. (1933): *Second Interim Report on Collocations.* Tokio.

PENAS IBÁÑEZ, María Azucena (2012): "Colocación y solidaridad: Su relevancia lexicográfica para el Diccionario 'Coruña' de la lengua española actual" in *Dialogía: Revista de lingüística, literatura y cultura (Heft 6).* 45-81.

PERKUHN, Rainer/BELICA, Cyril (2004): *Eine kurze Einführung in die Kookkurrenzanalyse und syntagmatische Muster.* Mannheim: Institut für Deutsche Sprache. Verfügbar unter http://www1.ids-mannheim.de/kl/misc/tutorial.html, zuletzt aufgerufen am 16.11.2013.

PERKUHN, Rainer/KEIBEL, Holger/KUPIETZ, Marc (2012): *Korpuslinguistik.* Paderborn: Fink.

PORZIG, WALTER (1957^2 [1950]): *Das Wunder der Sprache.* Bern: Francke.

PORZIG, Walter (1973 [1934]): "Wesenhafte Bedeutungsbeziehungen" in SCHMIDT, L. (Hg.). 78-103. [Erstmals veröffentlicht 1934 in *Beiträge der deutschen Sprache und Literatur* 58. 70-97.]

POTTELBERGE, Jeroen van (2007): "Funktionsverbgefüge und verwandte Erscheinungen" in BURGER, H./DOBROVOL'SKIJ, D./KÜHN, P./NORRICK, N. (Hgg. 2007a). 436-444.

RASCH, Björn/HOFMANN, Wilhelm/FRIESE, Malte/NAUMANN, Ewald (2010^3a [2004]): *Quantitative Methoden Band 1: Einführung in die Statistik für Psychologen und Sozialwissenschaftler.* Berlin/Heidelberg: Springer.

RASCH, Björn/HOFMANN, Wilhelm/FRIESE, Malte/NAUMANN, Ewald (2010^3b [2004]): *Quantitative Methoden Band 2: Einführung in die Statistik für Psychologen und Sozialwissenschaftler.* Berlin/Heidelberg: Springer.

REDER, Anna (2006a): *Kollokationen in der Wortschatzarbeit*. Wien: Praesens.

REDER, Anna (2006b): "Kollokationsforschung und Kollokationsdidaktik" in *Linguistik Online (28, 3/06)*. Verfügbar unter http://www.linguistik-online.de/28_06/reder.html, zuletzt aufgerufen am 13.02.2015.

RESCH, Renate (1999): "Die Rolle der muttersprachlichen Kompetenz" in SNELL-HORNBY, M./HÖNIG, H.G./KUSSMAUL, P./SCHMITT, P.A. (Hgg.). 343-345.

RISKU, Hanna (1998): *Translatorische Kompetenz. Kognitive Grundlagen des Übersetzens als Expertentätigkeit*. Tübingen: Stauffenburg.

RIVAS GONZÁLEZ, Manuel (2008): "Sobre la vinculación de algunas estructuras a la fraseología. Las solidaridades de Coseriu y sus derivaciones" in MELLADO BLANCO, C. (Hg.). 147-162.

ROTHKEGEL, Annely (1994): "Kollokationsbildung und Textbildung" in SANDIG, B. (Hg.). 499-523.

RYCHLÝ, Pavel (2008): "A Lexicographer-Friendly Association Score" in SOJKA, P./HORÁK, A. (Hgg.). 6-9.

SABBAN, Annette (2004): "Zwischen Phraseologismus und freier Wortverbindung: korpusbasierte Untersuchungen zu Kollokationen und Kollokationsfeldern des visuellen Verhaltens im Französischen" in BURGER, H./HÄCKI BUHOFER, A./GRÉCIANO, G. (Hgg.). 61-72.

SANDIG, Barbara (Hg.) (1994): *EUROPHRAS 92: Tendenzen der Phraseologieforschung*. Bochum: Brockmeyer.

SCHÄFFNER, Christina (2004): "Sprach- und Textnormen als Übersetzungsproblem aus sprachwissenschaftlicher Sicht" in KITTEL, H./FRANK, A. P./GREINER, N./HERMANS, T./KOLLER, W./LAMBERT, J./PAUL, F. (Hgg.). 483-493.

SCHÄFFNER, Christina (Hg.) (1999): *Translation and Norms*. Clevedon et al.: Multilingual Matters.

SCHÄFFNER, Christina/ADAB, Beverly (Hgg.) (2000): *Developing Translation Competence*. Amsterdam/Philadelphia: John Benjamins.

SCHMID, Hans-Jörg/HANDL, Susanne (Hgg.) (2010): *Cognitive Foundations of Linguistic Usage Patterns. Empirical Studies*. Berlin et al.: de Gruyter.

SCHMIDT, Lothar (Hg.) (1973): *Wortfeldforschung – Zur Geschichte und Theorie des sprachlichen Feldes*. Darmstadt: Wissenschaftliche Verlagsgesellschaft.

SCHREIBER, Michael (1993): *Übersetzung und Bearbeitung. Zur Differenzierung und Abgrenzung des Übersetzungsbegriffs*. Tübingen: Narr.

SHUTTLEWORTH, Mark/COWIE, Moira (Hgg.) (1997): *Dictionary of Translation Studies*. Manchester: St. Jerome.

SIEMUND, Peter/KINTANA, Noemi (Hgg.) (2008): *Language Contact and Contact Languages*. Amsterdam/Philadelphia: John Benjamins.

SINCLAIR, John (1966): "Beginning the Study of Lexis" in BAZELL, C. E./CATFORD, J.C./HALLIDAY, M.A.K./ROBINS, R.H. (Hgg.). 410-430.

SINCLAIR, John (1986): "First Throw Away Your Evidence" in LEITNER, G. (Hg.). 56-64.

SINCLAIR, John (1991): *Corpus, Concordance, Collocation.* Oxford et al.: Oxford University Press.

SINCLAIR, John (Hg.) (2004): *How to Use Corpora in Language Teaching.* Amsterdam/Philadelphia: John Benjamins.

SNELL-HORNBY, Mary (1988): *Translation Studies. An Integrated Approach.* Amsterdam/Philadelphia: John Benjamins.

SNELL-HORNBY, Mary/HÖNIG, Hans G./KUSSMAUL, Paul/SCHMITT, Peter A. (Hgg.) (1999[2] [1998]): *Handbuch Translation.* Tübingen: Stauffenburg.

SOJKA, Petr/HORÁK, Aleš (Hgg.) (2008): *Proceedings of Recent Advances in Slavonic Natural Language Processing, RASLAN 2008.* Brno: Masaryk University.

SORVALI, Irma (2004): "The problem of the unit of translation. A linguistic perspective" in KITTEL, H./FRANK, A. P./GREINER, N./HERMANS, T./KOLLER, W./LAMBERT, J./PAUL, F. (Hgg.). 354-362.

SPILLNER, Bernd (1991): *Error Analysis. A comprehensive bibliography.* Amsterdam/Philadelphia: John Benjamins.

STECHOW, Arnim von/WUNDERLICH, Dieter (Hgg.) (1991): *Semantik. Ein internationales Handbuch der zeitgenössischen Forschung.* (Handbücher zur Sprach- und Kommunikationswissenschaft HSK, Band 6). Berlin et al.: de Gruyter.

STEINBÜGL, Birgit (2005): *Deutsch-englische Kollokationen. Erfassung in zweisprachigen Wörterbüchern und Grenzen der korpusbasierten Analyse.* Tübingen: Niemeyer.

STEINER, Erich (1983): *Die Entwicklung des Britischen Kontextualismus.* Heidelberg: Groos.

STEINER, Erich (2004): *Translated Texts: Properties, Variants, Evaluations.* Frankfurt a. M. et al.: Peter Lang.

STEINER, Erich (2005): "Some Properties of Lexicogrammatical Encoding and Their Implications for Situations of Language Contact and Mulitlinguality" in *Zeitschrift für Literaturwissenschaft und Linguistik (139).* 54-75.

STEINER, Erich (2008): "Empirical Studies of translations as a mode of language contact" in SIEMUND, P./KINTANA, N. (Hgg.). 317-345.

STEYER, Kathrin (2008): "Kollokationen in deutschen Wörterbüchern und in der deutschen Wörterbuchforschung" in *Lexicographica. International Annual for Lexicography (24/2008). Thematic Part. Collocations in European lexicography and dictionary research.* Berlin et al.: de Gruyter. 185-207.

STEYER, Kathrin (Hg.) (2004): *Wortverbindungen – mehr oder weniger fest.* Berlin et al.: de Gruyter.

STOLZE, Radegundis (2008[5] [1994]): *Übersetzungstheorien. Eine Einführung.* Tübingen: Narr.

STREVENS, Peter (Hg.) (1978): *In honour of A.S. Hornby.* Oxford: Oxford University Press.

THANNER, Kathrin (2014): *Die Rekonstruktion von privaten Textwelten: historische Tagebücher als Gegenstand einer gemeinsprachlichen Übersetzungspraxis.* Trier: Wissenschaftlicher Verlag Trier.

THIEL, Gisela (1990): "Übersetzungseinheiten" in ARNTZ, R./ THOME, G. (Hgg.). 184-190.

TOURY, Gideon (1978): "The nature and role of norms in literary translation." in HOLMES, J. S. (Hg.). 83-100.

TOURY, Gideon (1995): *Descriptive Translation Studies and Beyond.* Amsterdam/Philadelphia: John Benjamins.

TOURY, Gideon (1999): "A Handful of Paragraphs on 'Translation' and 'Norms'" in SCHÄFFNER, Chr. (Hg.). 9-31.

TRIER, Jost (1973 [1931]): "Über Wort- und Begriffsfelder" in SCHMIDT, L. (Hg.). 1-38. [Auszüge aus Trier, Jost (1931): *Der deutsche Wortschatz im Sinnbezirk des Verstandes. Die Geschichte eines sprachlichen Feldes. Bd. I: Von den Anfängen bis zum Beginn des 13. Jahrhunderts.* Heidelberg: Carl Winter. 1-26 und 310-322.]

TRIER, Jost (1973 [1934]): "*Das sprachliche Feld.* Eine Auseinandersetzung" in SCHMIDT, L. (Hg.). 129-161. [Erstmals veröffentlicht 1934 in *Neue Jahrbücher für Wissenschaft und Jugendbildung 10.* 428-449.]

VÁZQUEZ VEIGA, Nancy (2014): "Marcas de uso en el Diccionario de colocaciones del español" in *Zeitschrift für Romanische Philologie (Band 130, Heft 3).* 698-724.

VINAY, Jean Paul/DARBELNET, Jean (1977² [1967]): *Stylistique comparée du français et de l'anglais.* Paris: Didier.

VOLMERT, Johannes (Hg.) (2005⁵ [1995]): *Grundkurs Sprachwissenschaft. Eine Einführung in die Sprachwissenschaft für Lehramtsstudiengänge.* München: Wilhelm Fink.

WADDINGTON, Christopher (2004): "Should student translations be assessed holistically or through error analysis?" in *Lebende Sprachen (1/2004).* 28-35.

WANZECK, Christiane (2010): *Lexikologie. Beschreibung von Wort und Wortschatz im Deutschen.* Göttingen: Vandenhoeck & Ruprecht.

WEISGERBER, Leo (1962): *Grundzüge der inhaltsbezogenen Grammatik.* 3., neu bearbeitete Auflage [basierend auf Weisgerber, Leo (1953): *Die inhaltsbezogene Grammatik*]. Düsseldorf: Schwann.

WEISGERBER, Leo (1973 [1939]): "Vom inhaltlichen Aufbau des deutschen Wortschatzes" in SCHMIDT, L. (Hg.). 193-225. [Auszug aus Weisgerber, Leo (1939): *Die volkhaften Kräfte der Muttersprache.* Frankurt a. M.: Diesterweg. 12-33.]

WILL, Renate (1997): "Muttersprachliche Kompetenz – ein entscheidender Faktor im Übersetzungsprozess." in FLEISCHMANN, E./KUTZ, W./SCHMITT, P.A. (Hgg.). 234-240.

WILSS, Wolfram (1992): *Übersetzungsfertigkeit: Annäherungen an einen komplexen übersetzungspraktischen Begriff.* Tübingen: Narr.

WILSS, Wolfram (1996): *Übersetzungsunterricht. Eine Einführung. Begriffliche Grundlagen und methodische Orientierungen.* Tübingen: Narr.

WILSS, Wolfram (1997): "Textbausteine" in FLEISCHMANN, E./KUTZ, W./ SCHMITT, P.A. (Hgg.). 36-45.

WILSS, Wolfram (2004): "Komplexe Sinneinheiten in der Fachkommunikation - Produktion und Rezeption" in *Lebende Sprachen (1/2004)*. 22-27.

WILSS, Wolfram (2005 [1999]): *Übersetzen und Dolmetschen im 20. Jahrhundert. Schwerpunkt deutscher Sprachraum.* Berlin: Bundesverband der Dolmetscher und Übersetzer e.V. BDÜ. [Nachdruck der Erstausgabe]

WILSS, Wolfram (Hg.) (1981): *Übersetzungswissenschaft.* Darmstadt: Wissenschaftliche Verlagsgesellschaft.

WITTE, Heidrun (2000): *Die Kulturkompetenz des Translators: Begriffliche Grundlegung und Didaktisierung.* Tübingen: Stauffenburg.

WOTJAK, Barbara (1992): *Verbale Phraseolexeme in System und Text.* Tübingen: Niemeyer.

WOTJAK, Gerd (1994): "Nichtidiomatische Phraseologismen: Substantiv-Verb-Kollokationen: Ein Fallbeispiel" in SANDIG, B. (Hg.). 651-677.

12.1.2 Internetquellen

www1 http://www.coseriu.de/, zuletzt aufgerufen am 22.04.2013.

www2 http://www.romanistik.uni-koeln.de/home/blumenthal/colloc-fr.shtml, zuletzt aufgerufen am 17.07.2015.

www3 http://www.dicesp.com/paginas/index, zuletzt aufgerufen am 17.07.2015.

www4 http://lighthouse-unlimited.de/kollokationen, zuletzt aufgerufen am 17.07.2015.

www5 http://colloc.germa.unibas.ch/web/projekt, zuletzt aufgerufen am 16.12.2014.

www6 http://www.atilf.fr, zuletzt aufgerufen am 17.05.15.

www7 http://www.atilf.fr/IMG/pdf/Tutoriel_Frantext.pdf, zuletzt aufgerufen am 17.05.2015.

www8 http://corpus.rae.es/ayuda_c.htm#_Toc30228232, zuletzt aufgerufen am 21.09.2012.

www9 http://www.rae.es/rae/gestores/gespub000019.nsf/voTodosporId/E1E307BE0FBEE6FFC1257464003B0B63?OpenDocument, zuletzt aufgerufen am 21.09.2012.

www10 http://www.linguee.de/deutsch-englisch/page/about.php, zuletzt aufgerufen am 17.05.2013.

www11 http://www.t21n.com/homepage/articles/T21N-2010-14-Grauer.pdf, zuletzt aufgerufen am 14.02.2015.

www12 http://corpora.ids-mannheim.de/ccdb, zuletzt aufgerufen am 12.07.2015.

www13 http://www1.ids-mannheim.de/kl/misc/tutorial.html, zuletzt aufgerufen am 12.09.2012.

www14 http://www1.ids-mannheim.de/kl/projekte/korpora, zuletzt aufgerufen am 17.07.2015.
www15 http://www.dwds.de/ressourcen/korpora/#part_1, zuletzt aufgerufen am 12.09.2012.
www16 http://www.dwds.de/ressourcen/korpora/#part_2, zuletzt aufgerufen am 12.09.2012.
www17 http://www.dwds.de/ressourcen/kernkorpus/, zuletzt aufgerufen am 12.09.2012.
www18 http://methodenberatung.uzh.ch/datenanalyse/unterschiede/zentral/wilkoxon.html, zuletzt aufgerufen am 21.09.2012.
www19 http://methodenberatung.uzh.ch/datenanalyse/unterschiede.html, zuletzt aufgerufen am 21.09.2012.
www20 http://www.dwds.de/ressourcen/wortprofil, zuletzt aufgerufen am 17.02.2013.
www21 http://www.dwds.de/hilfe/panel/wortprofil3/, zuletzt aufgerufen am 17.02. 2013.
www22 https://www.eusa.ed.ac.uk/, zuletzt aufgerufen am 15.05.2015.
www23 http://www.linguistik-online.de/28_06/reder.html, zuletzt aufgerufen am 13.02.2015.
www24 http://corpus.byu.edu/coca/x.asp?w=1024&h=600, zuletzt aufgerufen am 22.09. 2012.
www25 http://corpus.byu.edu/bnc/x.asp?w=10246h=600, zuletzt aufgerufen am 23.10. 2012.
www26 http://corpus.byu.edu/, zuletzt aufgerufen am 22.09.2012
www27 http://corpus.byu.edu/coca/x.asp?w=1024&h=600, zuletzt aufgerufen am 22.09. 2012.
www28 http://corpus.byu.edu/coha/help/texts_e.asp, zuletzt aufgerufen am 22.09. 2012.
www29 http://corpus.byu.edu/coha/x.asp?w=1024&h=600, zuletzt aufgerufen am 23.10.12.
www30 http://www.rae.es/, zuletzt aufgerufen am 17.07.2015.
www31 http://www.rae.es/rae/gestores/gespub000019.nsf/voTodosporId/E1E307BE0FBEE6FFC1257464003B0B63?OpenDocument, zuletzt aufgerufen am 21.09.12.
www32 http://www.rae.es/rae/gestores/gespub000019.nsf/voTodosporId/B104F9F0D0029604C1257164004032BE?OpenDocument&i=1, zuletzt aufgerufen am 21.09.12.
www33 http://corpus.rae.es/ayuda_c.htm, zuletzt aufgerufen am 21.09.12.
www34 http://corpus.rae.es/ayuda_c.htm#_Toc30228232, zuletzt aufgerufen am 21.09.12.
www35 http://corpus.rae.es/citar.htm, zuletzt aufgerufen am 21.09.12.
www36 http://www.corpusdelespanol.org/x.asp, zuletzt aufgerufen am 21.09.2012.

www37 http://www.linguee.fr/francais-anglais/page/about.php, zuletzt aufgerufen am 21.09.12.

www38 http://www.linguee.de/deutsch-englisch/page/help.php?help=extended search, zuletzt aufgerufen am 17.05.2013.

www39 http://elib.uni-stuttgart.de/opus/volltexte/2005/2371/pdf/Evert2005phd.pdf, zuletzt aufgerufen am 25.03.2014.

www40 http://elib.uni-stuttgart.de/opus/volltexte/2005/2371/, zuletzt aufgerufen am 25.03.2014.

www41 http://www.t21n.com/homepage/articles/T21N-2010-14-Grauer.pdf, zuletzt aufgerufen am 13.02.2015.

www42 http://dx.doi.org/10.7771/1541-5051.1004, zuletzt aufgerufen am 14.05. 2015.

www43 http://t21n.com/homepage/articles/T21N-2010-01-Stewart,Orban,Kornelius. pdf, zuletzt aufgerufen am 15.05.2015.

www44 http://www1.ids-mannheim.de/kl/misc/tutorial.html, zuletzt aufgerufen am 16.11.2013.

www45 http://www.t21n.com/homepage/articles/T21N-2010-03-Orban.pdf, zuletzt aufgerufen am 15.05.2015.

www46 http://corpora.ids-mannheim.de/SemProx.pdf, zuletzt aufgerufen am 17.07. 2015.

www47 http://www.dicesp.com/app/webroot/files/file/Alonso%202010%281%29. pdf, zuletzt aufgerufen am 12.09.12.

www48 http://www.areas-online.com/artikel/Band27_2.pdf, zuletzt aufgerufen am 13.02. 2015.

www49 http://www.t21n.com/homepage/articles/T21N-2011-03-Kornelius.pdf, zuletzt aufgerufen am 13.07.2015.

www50 http://www.areas-online.com/artikel/Band34.pdf, zuletzt aufgerufen am 15.05.2015.

www75 http://www.t21n.com/homepage/articles/T21N-2016-03-Berty.pdf, zuletzt aufgerufen am 14.04.2017.

12.2 Wörterbücher

12.2.1 Wörterbücher in Printform

BENSON, Morton/BENSON, Evelyn/ILSON, Robert (1997): *The BBI Dictionary of English Word Combinations.* Amsterdam/Philadelphia: John Benjamins.

BOSQUE, Ignacio (Dir.) (2004): *REDES. Diccionario combinatorio del español contemporáneo.* Madrid: SM.

DEUTER, M./GREENAN, J./NOBLE, J./PHILLIPS, J./LEA, D. (Dir.) (2002): *Oxford Collocations Dictionary for students of English.* Oxford et al.: Oxford University Press.

DICTIONNAIRES LE ROBERT (Hg.), REY, Alain (Dir.) (2001^2): *Le grand Robert de la langue française.* Paris: Dictionnaires Le Robert.

DICTIONNAIRES LE ROBERT (Hg.), REY-DEBOVE, Josette/REY, Alain (Dir.) (2007): *Le Nouveau Petit Robert. Dictionnaire alphabétique et analogique de la langue française*. Paris: Dictionnaires Le Robert.

DUDENREDAKTION (Hg.) (2002²): *Duden Redewendungen. Wörterbuch der deutschen Idiomatik.* Mannheim: Bibliographisches Institut & F.A. Brockhaus AG. Ungekürzte Lizenzausgabe der RM Buch und Medien Vertrieb GmbH und der angeschlossenen Buchgemeinschaften.

DUDENREDAKTION (Hg.) (2007⁶): *Duden – Deutsches Universalwörterbuch.* Mannheim et al.: Dudenverlag.

DUDENREDAKTION (Hg.) (2011⁷): *Duden – Deutsches Universalwörterbuch.* Mannheim et al.: Dudenverlag.

DUDENREDAKTION (Hg.) (2010⁹): *Duden – Das Stilwörterbuch.* Titelzusatz: "Grundlegend für gutes Deutsch – Die Ausdrucksmöglichkeiten der deutschen Sprache – Bedeutung und Verwendung der Wörter im Satz – Rund 100 000 Satzbeispiele, Wendungen, Redensarten und Sprichwörter". Mannheim et al.: Dudenverlag (= Der Duden in zwölf Bänden, Band 2).

GUTIÉRREZ CUADRADO, Juan (Dir.) (1996): *Diccionario SALAMANCA de la lengua española.* Madrid: Santillana.

HÄCKI-BUHOFER, A./DRÄGER, M./MEIER, S./ROTH, T. (2014): *Kollokationenwörterbuch für den Alltag.* Tübingen/Basel: Francke.

ILGENFRITZ, Peter/STEPHAN-GABINEL, Nicole/SCHNEIDER, Gertraud (1989): *Langenscheidts Kontextwörterbuch Französisch-Deutsch. Ein neues Wörterbuch zum Schreiben, Lernen, Formulieren.* Berlin/München: Langenscheidt.

McINTOSH, Colin/FRANCIS, Ben/POOLE, Richard (Hgg.) (2009²): *Oxford Collocations Dictionary for students of English.* Oxford et al.: Oxford University Press.

MISH, Frederick (Dir.) (2003¹¹): *Merriam-Webster's Collegiate Dictionary.* Springfield, Mass.: Merriam-Webster.

MOLINER, María (2007³): *Diccionario de uso del español.* Vol. I, a-i. und Vol. II, j-z. Madrid: Gredos.

QUASTHOFF, Uwe (2011): *Wörterbuch der Kollokationen im Deutschen.* Berlin et al.: de Gruyter.

ZINGLÉ, Henri/ROBECK-ZINGLÉ, Marie-Louise (2003): *Dictionnaire combinatoire du français. Expressions, locutions et constructions.* Paris: La Maison du Dictionnaire.

12.2.2 Online-Wörterbücher

www51 http://www.merriam-webster.com/, zuletzt aufgerufen am 17.07.2015 = Dictionary and Thesaurus – Merriam-Webster Online.

www52 http://www.oed.com/, zuletzt aufgerufen am 17.07.2015 = Oxford English Dictionary [lizensierter Zugang über die Universitätsbibliothek Heidelberg].

www53 http://services.langenscheidt.de/, zuletzt aufgerufen am 27.10.2013 = Duden Deutsches Universalwörterbuch, basierend auf DUDENREDAKTION (Hg.) (2011[7]): Duden – Deutsches Universalwörterbuch. Mannheim et al.: Dudenverlag. © Langenscheidt KG, 2002-2013 [lizensierter Zugang über die Universitätsbibliothek Heidelberg].

12.3 Online-Textkorpora

www54 http://corpus.byu.edu/bnc/, zuletzt aufgerufen am 17.07.2015 = Mark Davies, Brigham Young University (Provo, Utah, USA) (2004-) BYU-BNC. Based on the British National Corpus from Oxford University Press.

www55 http://corpus.byu.edu/coca/, zuletzt aufgerufen am 17.07.2015 = Mark Davies, Brigham Young University (Provo, Utah, USA) (2008-) The Corpus of Contemporary American English: 450 million words, 1990-2012.

www56 http://corpus.byu.edu/coha/, zuletzt aufgerufen am 17.07.2015 = Mark Davies, Brigham Young University (Provo, Utah, USA) (2010-) The Corpus of Historical American English: 400 million words, 1810-2009.

www57 http://www.frantext.fr/, zuletzt aufgerufen am 17.07.2015 = Laboratoire ATILF (CNRS – Université Nancy): *Frantext général* [Lizensierter Zugang über die Universitätsbibliothek Heidelberg].

www58 http://corpus.rae.es/creanet.html, zuletzt aufgerufen am 17.07.2015 = Real Academia de la Lengua Española: *Corpus de Referencia del Español Actual* (CREA).

www59 http://www.corpusdelespanol.org, zuletzt aufgerufen am 17.07.2015 = Mark Davies, Brigham Young University (Provo, Utah, USA) (2002-) Corpus del Español: 100 million words, 1200s-1900s.

www60a http://www.ids-mannheim.de/cosmas2/, zuletzt aufgerufen am 17.07. 2015 = *Das Deutsche Referenzkorpus DeReKo* des Instituts für Deutsche Sprache, Mannheim.

www60b benutzerdefiniertes Korpus "Deutschland", zusammengestellt aus den öffentlichen Korpora (W-öffentlich) des Archivs für geschriebene Sprache (W) des *DeReKo* des Instituts für Deutsche Sprache, Mannheim [zur Zusammensetzung des Korpus vgl. Kapitel 6.4.2].

www61a http://www.dwds.de/, zuletzt aufgerufen am 17.07.2015 = Korpora des *DWDS* (Digitales Wörterbuch der Deutschen Sprache des 20. Jhd.) der Berlin-Brandenburgische Akademie der Wissenschaften.

www61b ZEIT&ZEIT online-Korpus des *DWDS* (Digitales Wörterbuch der Deutschen Sprache des 20. Jhd) der Berlin-Brandenburgische Akademie der Wissenschaften, verfügbar unter http://www.dwds.de/.

www74 Linguee Deutsch-Englisch, Deutsch-Französisch, Deutsch-Spanisch verfügbar unter http://www.linguee.de/.

12.4 Ausgangstexte und Textbeispiele

12.4.1 Ausgangstexte und Textbeispiele in Printform

BRUNENGO, Marco (2012): *El segundo sepelio del jefe y otros cuentos.* Madrid: Visión Libros. 32. (= Textbeispiel in Kapitel 10).

KAPLAN, Harriet/BALLY, Scott J./GARRETSON, Carol (1995²): *Speechreading: a way to improve understanding.* Washington, DC: Gallaudet University Press. 44 (= Textbeispiel in Kapitel 4).

L'EXPRESS, Artikel "Les femmes font-elles de meilleurs chefs?" Ausgabe vom 13.10. 2005 (= Ausgangstext Probe VD2).

12.4.2 Online-Ausgangstexte und -Textbeispiele

www62 http://www.nzhistory.net.nz/culture/declaration-of-independence-taming-the-frontier, zuletzt aufgerufen am 28.02.2013 (= Ausgangstext Probe VD1).

www63 La Vanguardia, Artikel "Europa felicita a España por el abrumador sí a la Constitución europea" vom 21.02.2005 – http://www.lavanguardia.es/politica/20050221/51262805274/europa-felicita-a-espana-por-el-abrumador-si-a-la-constitucion-europea.html, zuletzt aufgerufen am 05.07.2013 (= Ausgangstext Probe VD3.1).

www64 El País, Artikel "La UE no avanza en la reforma de la Constitución tras las primeras reuniones" vom 21.07.2007 – http://internacional.elpais.com/internacional/2007/06/21/actualidad/1182376811_850215.html, zuletzt aufgerufen am 14.07.2013 (= Ausgangstext Probe VD3.2).

www65 http://www.rootsweb.ancestry.com/~mimanist/1882ManHist1.html, zuletzt aufgerufen am 02.08.2013 (= Ausgangstext Probe EX1.1).

www66 http://newhavenheritage.org/canalhistory.html, zuletzt aufgerufen am 19.08. 2013 (= Ausgangstext Probe EX2.1).

www67 http://www.americanheritage.com/content/lincoln-highway, zuletzt aufgerufen am 22.08.2013 (= Ausgangstext Probe EX2.2).

www68 http://www.nps.gov/slbe/historyculture/ghosttowns.htm, zuletzt aufgerufen am 24.08.2013 (= Ausgangstext Probe EX3.1).

www69 http://www.essortment.com/paulding-lights-michigan-33376.html, zuletzt aufgerufen am 26.08.2013 (= Ausgangstext Probe EX3.2).

www70 http://www.washingtonexaminer.com/rob-portman-spoiling-for-a-fight-with-dems-on-trade/article/2564317, zuletzt aufgerufen am 29.05.2015 (= Textbeispiel in Kapitel 10).

www71 http://hawthorne.aps.edu/techpinkslips?no_controls=t, zuletzt aufgerufen am 29.05.2015 (= Textbeispiel in Kapitel 10).

www72 http://www.martinique.franceantilles.fr/regions/centre/luc-100-ans-et-fier-comme-un-coq-276986.php, zuletzt aufgerufen am 29.05.2015 (= Textbeispiel in Kapitel 10).

www73 http://gutenberg.spiegel.de/buch/verlorene-handschrift-3713/34, zuletzt aufgerufen am 20.02.2015 (= Textbeispiel in Kapitel 4).

12.5 Abbildungsverzeichnis

12.6 Tabellenverzeichnis

12.7 Abkürzungsverzeichnis

Beschreibung der Ausgangs- und Zieleinheiten	
AE	Ausgangseinheit
ZE	Zieleinheit
AT	Ausgangstext
ZT	Zieltext
KOLL	Kollokation
K1	niedriger Kollokationsstärkegrad
K2	mittlerer Kollokationsstärkegrad
K3	hoher Kollokationsstärkegrad
FWV-GUA	Gebrauchsunauffällige freie Wortverbindung
FWV-GA	Gebrauchsauffällige freie Wortverbindung
EWE	Ein-Wort-Entsprechung
X	Auslassung
F	Vorkommenshäufigkeit
EN	Ausgangssprache Englisch
ES	Ausgangssprache Französisch
FR	Ausgangssprache Spanisch
DE	Zielsprache Deutsch
Kombinationstypologie zur Beschreibung der Struktur der Einheiten	
L1.1	Substantiv (Akkusativ-Objekt, Basis/"Basis") + Verb
L1.2	Substantiv (Akkusativ-Objekt, Basis/"Basis") + (Verb + Präposition)
L1.3	Substantiv (Dativ-Objekt, Basis/"Basis") + Verb
L1.4	Substantiv (Dativ-Objekt, Basis/"Basis") + (Verb + Präposition)

L2	Substantiv (Basis/"Basis") + Adjektiv
L3	Substantiv (Subjekt, Basis/"Basis") + Verb
L4	Substantiv (+ Präposition) + Substantiv (Basis/"Basis")
L5	Adverb/adverbial gebrauchtes Adjektiv + Adjektiv (Basis/"Basis")
L6	Verb (Basis/"Basis") + Adverb/adverbial gebrauchtes Adjektiv/adverbiale Umschreibung)
L7	(Präposition + Substantiv (Objekt), Basis/"Basis") + Verb
LX	Strukturelle Sonderfälle
Nachschlagewerke	
BBI	The BBI Dictionary of English Word Combinations
DBd2	Duden – Das Stilwörterbuch
DCF	Dictionnaire combinatoire du français. Expressions, locutions et constructions
DUE	Diccionario de uso del español
DUW	Duden – Deutsches Universalwörterbuch
KonWB	Langenscheidts Kontextwörterbuch Französisch-Deutsch
LGR	Le grand Robert de la langue française
LNPR	Le Nouveau Petit Robert
MWO	Dictionary and Thesaurus – Merriam-Webster Online
OED	Oxford English Dictionary
OxCD	Oxford Collocations Dictionary for students of English
REDES	REDES. Diccionario combinatorio del español contemporáneo
SAL	Diccionario SALAMANCA de la lengua española
WKD	Wörterbuch der Kollokationen im Deutschen
Textkorpora	
COCA	The Corpus of Contemporary American English
COE	El Corpus del Español
COHA	The Corpus of Historical American English (COHA)
CREA	Corpus de Referencia del Español Actual
DeReKo D	benutzerdefiniertes Korpus "Deutschland" des DeReKo des Instituts für Deutsche Sprache
DWDS	Korpora des Digitalen Wörterbuchs der Deutschen Sprache des 20. Jhd.: Kernkorpus des 20. Jhd., des 21. Jhd., ZEIT & ZEIT online-Korpus
FRANTEXT	Frantext général
Linguee	Linguee Deutsch-Englisch, Deutsch-Französisch, Deutsch-Spanisch